世阿弥の能芸論

世阿弥の能芸論

西尾　実著

岩　波　書　店

目　次

第三部

はじめに

わたしが『能楽古典世阿弥十六部集』にはじめて巡り合ったのは、明治四十五年、長野県飯田市在住のころのことであった。この書は、明治四十二年に能楽会の名で非売品として出版され、関係方面に頒布されたものであった。わたしは、そのころ、五十嵐力の『新国文学史』を読み、この名著が吉田東伍博士によって発見され、頒布されていることを知ったけれども、どこの書店に注文しても入手できなかった。友人の森下二郎君が東京へ出た折に、あちこちと古本屋を探した末、中央線で帰郷しようとして、当時の始発駅飯田橋で汽車に乗ろうという時に、駅前の小さな古本屋をのぞくと、その書棚に、思いがけなくもこの『世阿弥十六部集』が一冊だけあった。驚喜して売価を尋ねたところ、七十銭とのことで、思いがけぬところで入手できたのであった。それからは、この一冊の『世阿弥十六部集』を二人で耽読した。

大正元年秋の新学期から、わたしは東大文学部の国文学科に選科生として入学した。翌大正二年度の文学概論「生命の文学」で松浦一講師が、この『世阿弥十六部集』を参考に用いたので、この書名が急に当時の東大学生のあいだに名高くなった。わたしは、前学年に芳賀矢一教授の文学概論を取っていたので、松浦講師から『世阿弥十六部集』についての講義を聞くことはできなかった。けれども、その年の十二月、両国の美術倶楽部で古書売立て会が催され、そこに顔を出したわたしに学友たちが伝えてくれた話によれば、「その売立て会に『世阿弥十六部集』が三冊出品されていたが、誰もそれを求めようともしないうちに、吉田東伍博士が現われ、こんな所に出してはもったいないといって、三冊とも自分で買い求めて帰られた」ということであった。

わたしが芳賀教授に、卒業論文に『世阿弥十六部集』を扱いたいと申し出たところ、芳賀先生は、「あれはすばらしい古典の発見だ。吉田東伍君は、あの本の発見だけでも文学史に名を残すだろう。しかし、君が卒業論文に取り上げるということは無理ではないか。あの古典の研究をするには、いま行われている謡曲や能について、よほど観能や研究ができていなくてはならない。君は去年東京へ出て来たばかりだ。これから卒業論文を書くまでの二年間に、それをやりとげることは不可能ではないか」という御返事であった。結局、わたしは本居宣長の国学をとりあげ、「国学における復古精神の発達」というのが大正四年度におけるわたしの卒業論文になった。

『世阿弥十六部集』を卒業論文にはすることはできなかったけれども、それはわたしにとって生涯の研究対象となった。当時のわたしは、大学に入って哲学を研究したいという願いをもっていたけれども、旧制高校を経ず、ドイツ語を学習していないため、哲学を専攻することは無理であった。と同時に、わたしの哲学専攻の目的が人間研究であったから、それは哲学でなくとも、もっと広い視野をもって人間研究を進める文学研究からでも、その願いを達成することができるのではないかと考えるようになった。大学の国文学科に進学したのも、世阿弥の遺してくれたこの『世阿弥十六部集』が、当時のわたしには、またとない恰好な研究対象と思われたからなのであった。

大正七年秋、松本女子師範学校に赴任し、教育の実践に携わるようになった後も、すこしでも余力が得られたら、芳賀教授に勧められていた卒業論文に新しい資料を補って出版するとともに、『世阿弥十六部集』の研究を進めようという希望を強く抱いていた。そのころ、長野県の各郡市の教育会に出張し、研究授業に参加したり、講演などもしなくてはならなくなったので、その材料には、以前から心をひかれて読み続けていた松尾芭蕉とともに、『世阿弥十六部集』を選ぶことが多かった。そして、大正八年十月号の雑誌『信濃教育』に、はじめて世阿弥関係の論文「初心不可忘」を掲載した。

たぶん、その年の十二月であったと思う。松本市教育会の講師として和辻哲郎氏が見え、「本居宣長の情熱」という講演をして、会員に多大の感動を与えられた。わたしも聴講して、わたしの卒業論文の題目など思い合わせて感銘が深かった。その講演の後、和辻氏を宿に送る一行に加わって浅間温泉に登る途中、わたしは、自宅西町へ曲る御徒町の角に立って、こういう対話を和辻氏とした。

それは多分、和辻氏がそのころ発表されるものが、西洋のものと日本のものとに亙っているので、「お忙しいでしょう」とわたしが言いかけたのに対する返事だったと思う。「わたしが今やっている問題は、方法論は西洋のそれを研究しなくてはならないし、材料は全部日本のものばかりなので、ややこしくて困ります」というような挨拶であった。が、それに続いて、突然のように、「今、『世阿弥十六部集』は小宮が読んでいます。小宮が読んでしまったら、わたしが読むことになっています」といわれた。わたしが『信濃教育』に世阿弥のことを書いたのを、たぶん松本へ来られて耳にされたからに違いない。小宮豊隆氏や和辻氏のような、後にすぐれた世阿弥研究を発表された学者でも、そんな経過があったものと見える。なお、安倍能成氏が『新小説』という雑誌に世阿弥のことを書かれたのも、その頃のことであったと記憶する。

『世阿弥十六部集』は大正七年にも版を重ねて、次第に読者の手に入り易くなった。したがって、職分の人や謡の師匠のほかに、室町時代の文化として盛んになった能芸やその創始者としての観阿弥・世阿弥を研究しようとする人々が、はじめて根本資料が公開された喜びを味わい、期待を新たにしたのであった。わたしもそういう機運に促され、わたし自身の研究をぼつぼつ進めていた。そして、何よりも、稽古の精進と累積によって、室町文化の花を開かせた観世父子の人間が研究対象の中心にならねばならなかった。

その後、大正十四年に、わたしは再び上京し、教師として勤める傍ら、国文学の研究に専念するようになった。昭和十一年以降、安倍能成氏・小宮豊隆氏・笹野堅氏・新関良三氏・野上豊一郎氏・能勢朝次氏・和辻哲郎氏などとともに、岩波書店の雑誌『文学』に「世阿弥能楽論研究」という座談会の筆記を連載するに至った縁故も、この大正八年の冬に和辻氏と話し合った対話にその端を発していたことが思い出される。が、このころになると、『世阿弥十六部集』の研究者は各方面に現われ、観阿弥・世阿弥を中心とした中世文化の研究が盛んに行われるようになった。

わたし自身も、別紙目録のように、ほとんど毎年のように何篇かを発表し続け、今日までに総計八十余篇に及んだ。そのうち、

初心不可忘(『信濃教育』大正八年十月号)
愚かなる眼(『信濃教育』大正十年四月号)
芭蕉と世阿弥(『潮音』大正十一年二・三・五月号)
伝統教育研究(『信濃教育』大正十二年十一月号から同十三年三月号まで)
稽古について(『信濃教育』昭和四年七月号)

の五篇は、わたしの初期の世阿弥に関する論考であるが、教育の問題にからめた発言が多いし、拙著『信州教育と共に』(昭和三十九年信濃教育会出版部刊)その他に収めたので、本書には載せなかった。

また、その後の主要論考のうち、

芸能における態と心(『文学』昭和十八年二月号)
中世芸能の意義とその限界(『文学』昭和二十六年五月号)
能における遺産継承の問題(『文学』昭和二十六年十一月号)
世阿弥が達した芸術意識の一極(『日本文学の遺産』昭和二十七年五月刊)
世阿弥の生涯と佐渡(『国語と国文学』昭和二十七年十月号)
発見された「拾玉得花」を読んで(『文学』昭和三十二年九月号)
世阿弥(岩波講座『日本文学史』第四巻 昭和三十三年四月刊)
歌舞劇としての能(『解釈と鑑賞』昭和三十三年十月号)
世阿弥の芸術論の特質と道元の影響(『文学』昭和三十六年三月号)

能芸における公衆の問題(『文学・語学』第二十一号　昭和三十六年九月)
世阿弥の生涯(『現代謡曲全集』第一巻　昭和三十六年十二月刊)
世阿弥の創造的演技(愛知文化会館『窓口』昭和三十七年五月)
道元から世阿弥へ(『日本文学古典新論』昭和三十七年十二月刊)
世阿弥の大衆的芸風(世阿弥の「衆人愛敬」)(『文学』昭和三十八年一月号)
能の世界(「世阿弥六百年祭記念能」プログラム　昭和三十八年九月)
世阿弥の主体的芸風(『道元と世阿弥』昭和四十年十一月刊)

の十六篇は、拙著『日本文芸史における中世的なもの』(昭和二十九年東大出版会刊)・『中世的なものとその展開』(昭和三十六年岩波書店刊)・『道元と世阿弥』(昭和四十年岩波書店刊)に収録してあるので、これも本書からは省いた。これらは、戦時中に書いた一篇を除き、すべて昭和二十六年から四十年にいたる十五年間の仕事である。戦後世阿弥研究が急激に進んだ時期に対応するわたしなりの努力であり、わたしの世阿弥研究の中軸をなすものといえる。

本書では、こうしたわたしの世阿弥研究が成立する以前のもの、即ち昭和三年以降昭和十八年までの、わたしが世阿弥能芸論を一篇々々探究してきた足跡を示す、いわば昭和前期の論文十三篇を第二部として収めた。また、前記の十六篇の拙著所収論文を書いた昭和二十六年からの十五年間の補遺の分をも含めながら、昭和四十一年以後の、いわば最近の主要な論文七篇を第三部とした。

近年に至って、森末義彰氏をはじめ、香西精氏・小西甚一氏・表章氏など、新資料をも加えて博捜し、貴重な能芸研究を進めるとともに、世阿弥の生涯に関する新発見を示して、学界を裨益しておられる。わたしもその恩恵に浴しているけれども、わたしの研究には、そのはじめから一貫した問題と態度があり、方法があるので、わたしなりの結論を試みなくてはならなかった。それが第一部の新稿「世阿弥の人と芸術」である。

昭和四十九年三月

西尾　実

第一部

世阿弥の人と芸術

一　少年世阿弥の登場

鎌倉期にめざましい発展を告げた語り物の文学に加えて、能と呼ばれる、行動を伴った舞台芸術を創始し、みごとな発展を示して、室町期芸能の花を開かせ、中世文化の基礎を築いたのは、観阿弥(一三三三—一三八四)・世阿弥(一三六三—一四四三)父子の力である。

観阿弥・世阿弥父子をして、この能芸の創始・発展の基礎を築くに至らしめたのは、応安七年(一三七四)、京都の今熊野で、将軍義満の求めにより、当時四十二歳の結崎座の太夫であった観阿弥と、その十二歳の長男世阿弥が演能の舞台に立ち、十五歳の青年将軍義満の目を驚かせたのに端を発している。以後、将軍自ら資を与え、物を授けて、経済的援助に力を注いだばかりでなく、大名たちも競って世阿弥に物資を与えた。それは将軍の心を迎えた行為であったことから、ある公家貴族のごときは、「費《つひえ》巨万に及ぶ」と難じ、かくの如きは、結局国を傾ける行為であると慨いている。それほど、経済的援助は絶大なものであった。文化の中心地に位置を占めた観世座が、やがて将軍による勧進申楽を演じ、満都の感嘆を浴びるに至ったことはいうまでもない。

しかるに、将軍義満の観世父子に対する傾倒は、少年世阿弥の美貌によるということが広く社会の注目をひき、ある公卿の遺している日記には、「乞食の所行なり」と非難されているが、世阿弥十六歳の時には、義満と席を同じくして祇園会を見物したこともあったと伝えられている。世阿弥は、「乞食の所行」と蔑視されても、そういう社会的批判にかかわらず、能芸の稽古に専念した。それとともに、彼が一時代の文化を創始し、発展させ得たのは、全力を尽した稽古の力によるとはいえ、生まれながらの人間的魅力が、その稽古にも先立つ要因であったことを見のがしてはならない。これは、青年将軍の寵童であったというような判断で解決される問題ではない。

また、二条良基の世阿弥寵愛の事実も、一つの問題である。世阿弥に藤若という童名を与えたのは、この良基である。さらに、世阿弥は、良基に従って連歌を学び、りっぱな付合の句をも遺している。世阿弥の能芸論に歌論や連歌論の影響が著しいのも、少年時代にこの良基と交渉が深かったからであると、これまで考えられていた。ところが、近年、伊地知鉄男氏の発見された資料(「世阿弥と二条良基と連歌と猿楽」—雑誌『観世』昭和四十二年十月号に紹介)に基づいて、義満の世阿弥愛寵が寵童へのそれではなかったかという人があるように、二条良基の世阿弥愛寵をも、一種の恋愛感情に帰して、良基は人に書かせた艶書を送ったとか、義満を取り巻く諸大名も、義満の意を迎えるために世阿弥に物や器物を与えたのではなく、その大名自身の恋愛感情を通じようとしたものであるなどという推理がしきりに行われている。それらはいずれも事実かも知れない。いや、おそらく事実に近いものであろう。が、そういうさまざまな階級の人々の世阿弥愛寵に対し、世阿弥がいかに反応し、いかなる影響を被っていたかということは、何ひとつ伝えられてはいない。わたしは、問題は、その点にこそかかって存在すると考える。すなわち、少年世阿弥は、すばらしい美少年で、彼にふれるあらゆる人々を魅了した。さらに、二条良基は、世阿弥に貴族の遊戯である蹴鞠をさせて、その足使いを嘆美し、連歌をやらせて、その才能に感嘆している。良基の、世阿弥に対する親しみが通り一遍のものでなかったことは肯かれる。けれども、ここで世阿弥が示した魅力は、連歌や蹴鞠のような、言動の芸術における生れながらの容貌美か、遊びに示された行動美そのものである。とすると、彼の能芸の創始・発展の基礎は、すでに生れながらの人として備わっていたという事実を見落してはならないのである。

二　稽古の人、世阿弥

1

世阿弥は、広くいわれているように、青年将軍義満に見出だされ、二条良基などに愛寵され、新興武家社会の関心を集め、その絶大な経済的保護のもとに、父観阿弥と共に、その頃まで田舎芸か祭礼の余興に過ぎなかった中楽の能を、京都という文化の中心地に進出させ、新興武家貴族をはじめ、町衆の鑑賞を得て、やがて、一時代における、全国民的な舞台芸術としての能芸にまで発達させた。

しかし、世阿弥がこの能芸界の天才として新しい伝統文化の一形態を創造し、それが現代にまで及んで、世界的芸術としての脚光を浴びるに至ったのは、このような武家貴族をはじめ、全国民の鑑賞と絶大な経済的保護を受けたことよりも、無類のきびしさをもって内なる稽古に精進させた父観阿弥の弟子として、稽古に没頭せざるを得なかった彼の環境が、かくの如き天才世阿弥を出現させていることに注目を向けなくてはならない。

彼の能芸発展の基礎となった「稽古」は、彼の三十八歳の応永七年の伝書「風姿花伝」の総序ともいうべきものの中に、「先づ、この道に至らんと思はん者は、非道を行ずべからず。」とあるように、一道集中の「稽古」に始まる。「歌道は、風月延年の飾りなれば、尤もこれを用ふべし。」といって、和歌の伝統を重んじ、続いて、「一、好色・博奕・大酒。三重戒。是古人の掟也。」という古人(観阿弥)の社会生活上の規制を掲げた上で、「一、稽古は強かれ、情識はなかれと也。」という稽古の内面的充実を主張するのである。しかも、彼は、「風姿花伝」の最初に「年来稽古条々」をおき、「七歳」「十二、三より」「十七、八より」「二十四、五」「三十四、五」「四十四、五」「五十有余」に至る七時期を立て、各年齢々々における稽古の方法と反省を、生理と心理のくわしい考究を通して、適切に説き尽くしている。

さらに、応永三十一年、六十二歳の伝書、「花鏡」の奥段になると、「然れば、当流に、万能一徳の一句あり。初心不レ可レ忘。此句、三ケ条の口伝あり。」として、

是非ノ初心不レ可レ忘。時々ノ初心不レ可レ忘。老後ノ初心不レ可レ忘。

此の三つ、よくよく口伝すべし。

と説き、その生涯に亙る稽古は、いつでも、どこでも光っていなくてはならない、瞬間といえども錆びついていてはならないゆえんを力説している。この句は、「万能一徳」といわれているように、その後、現代にも、多少の誤解・曲解をも含みながら、広く有名な一句として行われているが、「初心」はうぶ・謙虚な心であり、芸であって、しかも稽古の原動力であり、出発点であるという意である。そして、それは「是」なる初心も、「非」なる初心も、ともに忘れてはならないというのが第一条である。「初心を忘るるは、後心をも忘るるにてあらずや。」といい添え、稽古によって成果し発展した価値であり、美の結晶である「後心」をも見失うことになり、創造しえないことになるではないかと、深大な警告を行っている。また、第二条の「時々の初心」とは、二十歳には二十歳の初心を、三十歳には三十歳の初心を忘れてはならないとの意である。十体にわたって、能数の尽きない用意でもあるゆえんを明らかにしている。さらに、第三条の「老後の初心」とは、「前能を後心」とすることで、「せぬならでは手立なきほどの大事を、老後にせん事、初心にてはなしや。」と説いて、「命には終りあり、能には果《はて》あるべからず。」という、能芸の無限の発展を見た芸術家の自覚の深さを示している。この自覚の深さは、かつて、ギリシャの格言の一つが「人生は短かく、芸術は長し。」という訳語としてわが国にも伝えられたことと対比されるが、世阿弥の「命には終りあり、能には果あるべからず。」には、もっと体験的実感が深く、生き生きとした具体的表現が響いていて、千古の名言であると思う。世阿弥はこのような深い自覚を稽古によって確立しているから、「能の奥を見せずして生涯を暮すを、当流の奥義、子孫庭訓の秘伝とす。」というような、きびしくかつ深い稽古精神でこの条を結んでいるのである。

2

世阿弥は、「風姿花伝 第一 年来稽古条々」において、年齢に応じた稽古のあり方をくわしく要点的に論究する。次に、「第二 物学条々」を置き、稽古の対象である老・女・男を基本としたさまざまな階級的人物をはじめ、職業的地位のさまざまから、さらに、心理的な物狂《ものぐるい》に及んで、そこに憑《つき》物《もの》の物狂と物思い故の物狂との二種あることを挙げる。物狂こそ、「この道の第一の面白尽くの芸能」であるといい、「物狂の品々多ければ、この一道に得たらん達者は、十方へわたるべし。」と注意をうながす。憑物による物狂については、「憑き物の品々、神・仏・生霊・死霊の咎めなどは、その憑き物の体を学べば、易く、便りあるべし。」と比較的簡単にとりあつかっているが、「物思ひ」については、「親に別れ、子を尋ね、夫に捨てられ、妻に後るる、かやうの思ひに狂乱する物狂、一大事なり。」といって、人生悲劇が一大事だと分析している。なお、この物狂の演技に関しては、「思ひ故の物狂をば、いかにも物思ふ気色を本意に当てて、狂ふ所を花に当てて、心を入れて狂へば、感も、面白き見所《みどころ》も、定めてあるべし。かやうなる手柄にて、人を泣かする所あらば、無上の上手と知るべし。」と解説を加えている。

物狂の出立《いでたち》について、「時によりて、何とも花やかに、出で立つべし。時の花を插頭《かざし》に插すべし」

とあるのは、シェークスピアのオフェリアの出立ちなども思い合わされて興味がある。

このように、物狂についてさまざまな問題を取りあげた最後に、直面《ひためん》の物狂について、「直面の物狂、能を極めてならでは、十分にはあるまじきなり。顔気色をそれになさねば、物狂に似ず。得たる所なくて、顔気色を変ゆれば、見られぬ所あり。物まねの奥義とも申すべし。大事の申楽などには、初心の人、斟酌すべし。直面の一大事、物狂の一大事、二色を一心になして、面白き所を花に当てん事、いか程の大事ぞや。能々、稽古あるべし。」という問題にまで及んでいる。

法師・修羅については、比較的簡単に論及し、神と鬼は、いずれも、超人間的存在であるから、神が「神体によりて、鬼懸りにならんも苦しかるまじ。」と注した後、「神は舞懸りの風情によろし。鬼は更に舞懸りの便りあるまじ。」と区別点を明らかにする。「鬼」について、「これ、殊更、大和の物なり。一大事なり。」と注意を喚起しておいて、「そもそも、鬼の物まね、大きなる大事あり。よくせんにつけて、面白かるまじき道理あり。恐ろしき所、本意なり。恐ろしき心と面白きとは、黒白の違ひなり。されば、鬼の面白き所あらん為手は、極めたる上手とも申すべきか。さりながら、それも鬼ばかりをよくせん者は、殊更、花を知らぬ為手なるべし。されば、若き為手の鬼は、よくしたりとは見ゆれども、更に面白からず。鬼ばかりをよくせん者は、鬼も面白かるまじき道理あるべきか。委しく習ふべし。ただ、鬼の面白からんたしなみ、巌《いはほ》に花の咲かんが如し。」と結び、鬼の演技の花は、それとは対立的な要素である巌を基礎として展開する面白さであるとしている。

3

このように、世阿弥は、稽古の問題を取り上げる最初に、基本的態度としての主体的思考を生涯に亙って詳しくとりあげ、次に、演技の対象である「物まね」に及んでいる。主体的思考である稽古精神と客体的認識である演技とを発掘・結合した後、表現の発生点である主題の具体的な発展であり、成果である「花」や「位」の展開に及んでいる。「風姿花伝 第三 問答条々」がそれである。

「第三 問答条々」の第六の段には、「能に位の差別を知る事は如何。」という問をかかげて、「これ、目利《めきき》の眼には、易く見ゆるなり。」と注した後、「凡そ、位の上るとは、能の重々の事なれども、不思議に、十ばかりの能者にも、この位、おのれと上れる風体あり。但し、稽古なからんは、おのれと位ありとも、いたづら事なり。」といって、稽古が不可欠であることを強調している。続いて、「まづ、稽古の劫入りて、位のあらんは、常の事なり。」と位の成立の原則をいっておいて、「生得の位とは、長《たけ》なり。嵩《かさ》と申すは、別の物なり」と稽古を待たずして成立する「長」を挙げる。その「長」と同じように生得のものに「嵩」がある。この「長」と「嵩」とは、一見したところでは、舞台的効果は同じように見えるけれども、その本質は全然違っている。「嵩」については、「もの〳〵しく、勢《いきほひ》のある形なり。」とあり、また、「一切にわたる義なり。」とあるように、いわば、量的な成果である。「位・長は別の物なり。」とあるように、「長」は、「位」とともに、稽古から成立する質的な成果である。

次に、「生得幽玄なる所あり。これ、位なり。」といっている一節は、なんでもないことのように読み過してしまわれがちであるが、注目に値する。「嵩《かさ》」と「長《たけ》」とを明らかに区別した上で、その「長」にも幽玄の「位」と幽玄ならぬ「長」とがあるということを分析しようとして、ここに「生得幽玄なる所」といい、生れながらの「長」と、生得の「位」とは別であるということを問題にしているのである。「生得」というのは、「生まれながら」だけではなく、「体得」がなくてはならない。これは、この問題を提出した最初に「十ばかりの能者にも、この位、おのれと上れる風体あり。」と例示した後、「但し、稽古なからんは、おのれと位ありとも、いたづら事なり。」とはっきりことわっている思想と相応じた判断である。世阿弥は、以後、この「生得」の語を所々に用いているが、それはすべて稽古を経て「体得」のできた立場であることを知るべきである。

ここで彼は、ちょっと方向を変え、こういうことをいっている。「また、初心の人思ふべし。稽古に位を心掛けんは、返す〲叶ふまじ。位はいよ〲叶はで、あまつさへ、稽古しつる分も下《さが》るべし」といって、「位」と「稽古」の関係を問題にし、稽古の結果成立する位を、稽古の目的にすることは、その効果が現われないばかりか、かえって、稽古によって体得されたものが下るだろうと、警告する。「稽古の劫入りて、垢落ちぬれば、この位、おのれと出でくる事あり」なのであって、すべては稽古の結果に他ならない。それならば、何が稽古の対象であるのか。「稽古とは、音曲・舞・働・物まね、かやうの品々を極むる形木《かたぎ》なり」と具体的に指摘している。このように稽古の意義・方法・態度・対象を詳しく分析した後、「よく〲公案して思ふに、幽玄の位は生得の物か。たけたる位は劫入りたる所か。心中に案を廻《めぐ》らすべし。」といって、美的価値の発揮は生得のもの、絶大な可能性の発揮は稽古の劫を積んだ結果成立するもの、というように、あくまで体験の事実に照らしながら「位」に関する論を結んでいる。

つぎに、「第三　問答条々」の最後の段に、

能に花を知る事、この条々を見るに、無上第一なり。肝要なり。または不審なり。これ、いかにとして心得べきや。

という問を提起し、「花」が能における「無上第一」であり、「肝要」であり、「不審」であると予告した上、その深遠さと微妙さと見事さとを明らかにしようとする分析に立ち向っている。「花を知る」ということを「この道の奥義を極むる所なるべし」といって、「一大事とも、秘事とも、ただ、この一道なり」と喝破している。

ところで、「まことの花」は、「時分の花、声の花、幽玄の花」のようなものではなく、「咲く道理も散る道理も人のままなるべし」と説いているように、態《わざ》の稽古をしぬいた人に咲く「花」なのである。そして、それが「無」として開く花であることは、「第七　別紙口伝」の中にはっきり説かれている。なお、「人のままなるべし」と吉田本にある部分は、金春本その他には「心のままなるべし」とあるが、いまは吉田本の本文を採択した。そして、次に、「花は心、種は態なるべし」とある中の「花」は、「態」の稽古を「種」として、人の「心」に開かれた花であるから、その存在は「人のまま」なのである。

このことについて、「第七 別紙口伝」では、「先づ、仮令《けんりやう》、花の咲くを見て、万に花と譬へ始めし理《ことわり》を弁《わきま》ふべし」といい、さらに、「そもそも、花と言ふに、万木千草に於いて、四季折節に咲くものなれば、その時を得て珍らしき故に、翫ぶなり。申楽も、人の心に珍らしきと知る所、即ち面白き心なり。花と、面白きと、珍しきと、これ三つは同じ心なり」といっている。「花は心」における「花」の意義を明らかにした上に、例説を詳しくし、「されば、花とて、別にはなきものなり」といって、「花は心」の「花」は本来、「無」を基本とし、「物数を尽して、工夫を得て、珍しき感を心得るが、花なり。」という、態の稽古が種となって開く「花」であることを説き「花は心、種は態と書けるも、これなり。」と繰返して文を結んでいる。

以下、「細かなる口伝に云はく」としてあげている「花」は、音曲では「節《ふし》」の上の「曲《きよく》」であり、舞では、「手」の上の「品懸《しながか》り」であって、この「曲」も「品懸り」も「上手」のものだといっている。

続いて、「物まねの花」に及ぶ。「物まねに似せぬ位あるべし。物まねを極めて、そのものに真《まこと》に成り入りぬれば、似せんと思ふ心なし。」といい、この物まねの花も態の稽古を極めることがその「種」であることを指摘している。

さらに、「十体の花」、「年々去来の花」、「用心の花」、「秘する花」、「因果の花」、「時の花」などについて詳細を極め、機微をうがって、説き来り、説き去り、尽きることを知らない有様である。このように、能の花とその種である態との関係を周到に具体的に分析した最後に、「されば、この道を極め終りて見れば、花とて別にはなきものなり」と喝破し、「奥義を極めて、万に珍らしき理を我と知るならでは、花はあるべからず」といって、花のよって来る根本は稽古をしぬいた人にあると指摘している。

4

「風姿花伝 第一 年来稽古条々」で、稽古の主体的なものの深化を説き、「第二 物学条々」で、稽古の対象の広がりと深さを問題にし、「第三 問答条々」で、その稽古の成果としての、「位」や「花」を分析した世阿弥は、その考察を一転し、「風姿花伝 第四 神儀」においては、申楽能の起源・伝承を説話によって跡づける。欽明天皇の御代になって、秦河勝《はだのかうかつ》が現われ、宮中に召されていたが、聖徳太子は、彼に六十六番の物まねを演じさせ、御作の面を与えるとともに、本来は神楽だからといって神の字の旁《つくり》だけを残して「申楽《さるがく》」と名づけられたが、それは「楽しみを申す」からであるというように能芸稽古の由来を探究している。観阿弥から世阿弥への伝統として発達してきた、能芸の稽古とその成果の、衿を正させられるような展開は、この時に至って突如として出現したものではないことが明らかである。

この「第四 神儀」には、「旧約聖書」の「出エジプト記」のモーゼの生いたちの話を思い起こさせるような秦河勝の説話を記して、能が神聖な職業の伝統であることを跡づけようとしている。

この秦河勝と呼ばれているのは如何なる人間であったのか。「神儀」に伝えられているところに

よると、

大和国泊瀬《はつせ》の河に洪水の折節、河上より、一つの壺流れ下る。三輪の杉の鳥居のほとりにて、雲客この壺を取る。中にみどり子あり。かたち柔和にして、玉の如し。これ、降人《ふりびと》なるが故に、内裏に奏聞す。その夜、御門の御夢に、みどり子の云はく、「我はこれ、大国秦《しん》の始皇の再誕なり。日域《じちゐき》に機縁ありて、今現在す。」と云ふ。御門奇特に思し召し、殿上に召さる。成人に従ひて才智人に越え、年十五にて、大臣の位に上り、秦《はた》の姓を下さる。秦《しん》という文字、秦なるが故に、秦河勝これなり。

上宮太子《じやうぐうたいし》、天下少し障りありし時、神代・佛在所の吉例に任せて、六十六番の物まねを、かの河勝に仰せて、同じく六十六番の面を御作にて、則ち河勝に与へ給ふ。橘の内裏紫宸殿にて、これを勤《きん》ず。天下治まり、国静かなり。上宮太子、末代の為、神楽なりしを、「神」といふ文字の偏《へん》を除《の》けて、旁《つくり》を残し給ふ。これ、日暦《ひよみ》の「申」なるが故に、「申楽」と名付く。すなはち、楽しみを申すによりてなり。または、神楽を分くればなり。

かの河勝、欽明・敏達・用明・崇峻・推古・上宮太子に仕へ奉る。この芸をば子孫に伝へ、化人《けにん》跡を留めぬによりて、摂津国難波の浦より、うつほ舟に乗りて、風に任せて西海に出づ。播磨の国坂越《しやくし》の浦に着く。浦人舟を上げて見れば、形、人間に変れり。諸人に憑き祟りて、奇瑞をなす。則ち、神と崇めて、国豊かなり。「大きに荒るゝ」と書きて、大荒大明神《たいくわうだいみやうじん》と名付く。今の代に、霊験あらたなり。本地、毗沙門天王《びしやもんてんわう》にてまします。上宮太子、守屋の逆臣を平らげ給ひし時も、かの河勝が神通方便の手に掛りて、守屋は失せぬ。

と伝えられている。平安時代には、わが国には、キリスト教はまだ入っていなかったけれども、最澄・空海のような高僧が入唐した頃の唐には、景教碑文が残されているように、キリスト教の一派が景教と呼ばれて行われていたから、入唐した日本の僧達もそれにふれる機会もあったであろうとも想像される。それだけではなく、聖徳太子はさまざまの芸能や職業の元祖と仰がれているから、秦河勝に申楽の能を作らせたということの話もその一つといえよう。それはともかくとして、世阿弥が、申楽能の起源として、神話・仏説の類を引いていることは注目に価する。わたしはここには深くふれなかったが、申楽の、神話における起源も仏説における起源も簡単だけれども極めて具体的であるように、河勝の申楽の芸の創造と伝承の経過を述べる話も極めて具体的である。

世阿弥は、申楽が神聖な職業の伝統であることを伝説的に、また歴史的に跡づけながら、現申楽座の位置づけを試み、この「神儀」の最後には、現在行われている各座の分布を明らかにしている。なお、この時代から聖武天皇の奈良朝初期に及ぶ文化と仏教及び政治史の発展について、聖徳太子御筆の「申楽延年の記」に、

讃仏転法輪の因縁を守り、魔縁を退け、福祐を招く。申楽舞を奏すれば、国おだやかに、民静かに、寿命長遠なり。

とあったことを伝えている。これらの点については今後の研究に期待しなくてはならない問題がある。

平安朝に入り、村上天皇の代に、聖徳太子の御筆の跡により、当時、河勝の中楽の芸を伝えていた秦氏安が紫宸殿で演じた。その後、六十六番は一日では勤め難いということになって、「その中を選びて、稲経《いなつみ》の翁翁面・代経《よなつみ》の翁三番中楽・父助《ちちのぜう》、これ三つを定む。今の代の式三番これなり。」と伝えている。なお、「秦氏安より光太郎・金春まで、廿九代の遠孫なり。これ、大和国円満井《あんまんゐ》の座なり。」といって、中楽の伝統を円満井座即ち金春座まで歴史的に跡づけていることは、注目すべき記事である。

この「神儀」は、『世阿弥十六部集』の中に収める時、吉田東伍博士は偽書ではないかと疑っている。その理由は、この『十六部集』において、「神儀」の記事は歴史的資料によるとは認め難いという歴史尊重の立場からであった。その後、佐成謙太郎氏が、中楽が神職であるということを中楽者に自覚させるために書いたものであるといっている通り、中楽の起源を神話・伝説から説き起こしていることは、世阿弥が稽古の伝統の深さをさぐり求めた伝書として、極めて意義の深いものであるとわたしは考える。世阿弥の時代に至って、大和の春日神社に仕えている四座にしても、近江の日吉神社に仕える三座にしても、このような神職としての深い伝統を背景にしていることを忘れてはなるまい。

5

世阿弥は、能芸の稽古とその稽古の成果として成立する「位」と「花」とをそれぞれ分析的に考察し、さらに、歴史的、説話的伝承を参照した上、稽古の綜合的成果としての風態を「風姿花伝　第五　奥義」で取り上げ、能芸の人生的意義を考察し、その社会的意義を発掘している。

まず、彼は、「およそ、この道、和州・江州に於いて、風体変れり。江州には、幽玄の境を取り立てて、物まねを次にして、懸りを本《ほん》とす。和州には、先づ、物まねを取り立てて、物数を尽して、しかも幽玄の風体ならんとなり」と書き出している。幽玄という美的価値は、あらゆる風体が具えなくてはならない特色であるが、特に、江州の申楽はこの幽玄において他のすべてよりすぐれていた。これを物まねを中心とした和州申楽との対比としてとらえるには、その幽玄の基本であり、主軸である歌舞の風体として理解しなくてはならない。「しかれども、真実の上手は、いづれの風体なりとも、漏れたるところあるまじきなり」と論じた末に、父観阿弥の「静が舞の能、嵯峨の大念仏の女物狂の物まね、殊に〳〵得たりし風体なれば、天下の褒美・名望を得し事、世もて隠れなし。」と推重する。その上で、「これ幽玄無上の風体なり。」といい、物まね本位の風体である観阿弥が幽玄無上といわれるような風体を発揮して、「いづれの風体なりとも、漏れたるところあるまじきなり」という、風体の極致を実証したことを記している。

さらに、「また、田楽の風体、殊に格別の事にて、見所も、申楽の風体には批判にも及ばぬと、皆々思ひ馴れたれども、」と前置きをしながら、「近代にこの道の聖とも聞えし本座の一忠、殊に〳〵物数を尽しける中にも、鬼神の物まね、怒れる粧ひ、漏れたる風体なかりけるとこそ承りしか。」と田楽の一忠を認めた上、「しかれば、亡父は、常に、一忠が事を、我が風体の師なりと、正《まさ》しく申ししなり」と感激的に讃嘆している。

世阿弥は、このような行き届いた風体論を展開した上に、さらに、「風体・形木は面《めん》々各《かく》々なれども、面白き所は、いづれにも亙《わた》るべし。この面白しと見るは、花なるべし」と言って、十体にわたりながら、それぞれの時において、それぞれの花を咲かせることが、久しい名望を得る必要条件である所以を明らかにしている。さらに、「悉く物数を極めずとも、仮令《けりやう》、十分に七八分極めたらん上手の、その中に、殊に得たる風体を、我が門弟の形木にし極めたらんが、しかも工夫あらば、これまた、天下の名望を得つべし。」といって、十体のすべてにわたらなくても天下の名望を得ることができるということをことわり、「さりながら、げには、十分に足らぬ所あらば、都鄙・上下において、見所の褒貶《ほうへん》の沙汰《さた》あるべし。」といい、風体の花が何時でも何処でも鑑賞されるためには、いずれをも十分に極めなくてはならないと強調しているのである。

彼は十体にわたり、それぞれの花を咲かせることが天下の許されを得、遠国・田舎の人までもあまねく面白しと見る条件であるとし、さらに、「この工夫を得たらん為手は、和州へも江州へも、もしくは田楽の風体までも、人の好み・望みによりて、いづれにも亙る上手なるべし。」といっている。彼は、さらに問題をその根本に求め、「かやうに申せばとて、我が風体の形木の疎《おろそ》かならむは、殊に〳〵、能の命あるべからず。これ、弱き為手なるべし。」という。その根本として「我が風体の形木」を発見し、これを「能の命」であると言い切った上に、我が風体の形木に入らない為手は、「これ、弱き為手なるべし。」と指摘しているところに、彼らしい主体的な考えの徹底が感銘させられる。

このように問題の根本を発見した彼は、「我が風体の形木を極めてこそ、あまねき風体をも知りたるにてはあるべけれ。あまねき風体を心に掛けんとて、我が形木に入らざらん為手は、我が風体を知らぬのみならず、よその風体をも、確かにはまして知るまじきなり」といい、あまねき風体にわたり、よその風体を知る根底は、わが風体を極めることによって達せられるといっている。この問題をこのように力説しているところをみると、彼は、個を極めることが普遍に達する方法であるという近代思想に通ずるものを持っていたと理解される。このように、考察を深く進めた後で、「されば、能弱くて、久しく花はあるべからず。久しく花のなからんは、いづれの風体をも知らぬに同じかるべし。しかれば、『花伝』の花の段に、『物数を尽し、工夫を極めて後、花の失せぬ所をば知るべし。』と言へり。」という、稽古の実践問題でその考察を結んでいる。

なお、ここでは、
　およそ、能の名望を得る事、品々多し。上手は、目利かずの心に相叶ふ事難し。下手は、目利きの眼《まなこ》に合ふ事なし。下手にて、目利きの眼に叶はぬは、不審あるべからず。上手の、目利かずの心に合はぬ事、これは目利かずの眼の及ばぬ所なれども、得たる上手にて、工夫あらん為手ならば、また、目利かずの眼にも面白しと見るやうに、能をすべし。この工夫と達者とを極めたらん為手をば、花を極めたるとや申すべき。

といって、この風体の花が花の中の花であることを示している。

このように、風体の花について、時に関し、場所に関して考察した上、目利きの眼、目利かずの眼を相手とした問題をも論じ、さらに、大衆を相手とした問題に論及しようとして、彼は、まず、「秘儀」(吉田本)を引用することから問題に入ろうとしている。「そもそも、芸能とは、諸人の心を和《やはら》げて、上下の感をなさむ事、寿福増長の基、遐齢延年の法なるべし。極め〱ては、諸道悉く寿福延長ならんとなり。」という奥義を表明している。そしてまず、「この芸とは、衆人《しゆにん》愛敬《あいぎやう》をもて、一座建立の寿福とせり。」という綜合的、実践的判断が下され、また、「殊更、この芸、位を極めて、佳名を残す事、これ、天下の許されなり。これ、寿福増長なり。」とその意義を指摘している。この「寿福」を「福利」と注したり、さらに、「佳名を残す事」とあるためか、商業主義に傾いていると論じたりする向きもあるが、両者とも、「寿福」ということばの真意が理解されなかったための誤りである。ここに用いられている「寿福」の語は、生命の根源と幸福の源から祝福されている意味で、現代風にいえば、神にも人にも愛されるという意義であるとわたしは考えている。だから彼は続いて、「しかれども、殊に故実あり。上根・上智の眼《まなこ》に見ゆるゝ所、長《たけ》・位《くらゐ》の極まりたる為手に於きては、相応至極なれば、是非なし。およそ、愚かなる輩、遠国《をんごく》・田舎《でんじや》の賤しき眼には、この長・位の上れる風体、及び難し。これをいかがすべき。」という、大衆を相手とした問題を取り上げ、「この芸とは、衆人愛敬をもて、一座建立の寿福とせり。故に、あまり及ばぬ風体のみなれば、また、諸人の褒美欠けたり。」と解説し、「このために、能に初心を忘れずして、時に応じ、所によりて、愚かなる眼《まなこ》にも、げにもと思ふやうに能をせん事、これ寿福なり」という、奥義中の奥義を簡潔に述べている。大衆の問題をこのように深く位置づけた後、この奥義を実践した達人として、父観阿弥のことを、次のように、平淡に、しかし意義深く認めている、「しかれば、亡父は、いかなる田舎・山里の片辺《かたほとり》にても、その心を受けて、所の風儀を一大事に掛けて、芸をせしなり」と。

この観阿弥のすばらしい実践を受けて、彼は京都における名望が失われても、「田舎・遠国の褒美の花失せずは、ふつと道の絶ゆることはあるべからず。」と考え、「道絶えずは、また、天下の時に逢ふ事あるべし。」という伝統的自信を持って、この問題に対処している。

彼は、こういう現実問題を心にかけながら、「この寿福増長のたしなみと申せばとて、ひたすら、世間の理《ことわり》にかかりて、もし欲心に任せば、これ第一、道のすたるべき因縁なり。道のためのたしなみには、寿福増長あるべし。寿福のためのたしなみには、道まさにすたるべし。道すたらば、寿福おのづから滅すべし。正直円明にして、世上万徳の妙花を開く因縁なりとたしなむべし」という、人生の根本的な意義を率直に宣言して、この奥義を結んでいる。

最後に、このような奥義の根本として、「およそ、『花伝』の中、『年来稽古』より始めて、この条々を注《しる》す所、全く、自力より出づる才学ならず。幼少より以来、亡父の力を得て人となりしより、廿余年が間、目に触れ、耳に聞き置きしまま、その風を受けて、道のため、家のため、これを作するところ、わたくしあらむものか。」といっている、生き〱とした観世父子の伝統的精神の強固さには深く打たれる。このような、道としての能芸の創造が中世文化を展開させるに至ったのである。

三　世阿弥の能芸論の発展

世阿弥は、このように、稽古の主体と対象との関連を跡づけた後、あらゆる稽古の出発点に、対立的問題の所在を発見し、その調和的統一のため、また、弁証法的発展のために、まず、応永二十七年(五十八歳)、その概論ともいうべき「至花道」を書き、以後、次々と、それぞれの問題解決のために独創的な伝書を書き遺している。

「至花道」は、「二曲三体事」、「無主風事」、「闌位事」、「皮肉骨事」、「体用事」の五ケ条に亙る、体系的な能芸概論である。

「二曲三体事」では、まず、習道の入門は、二曲三体であるとし、二曲というのは、「舞・歌」であり、三体というのは、「老体・女体・軍体」の三つであるとした上で、「先づ、音曲と舞とを、師につきて、よく〳〵習ひ極めて、十歳ばかりより童形の間《あひだ》は、しばらく三体をば習ふべからず」と述べる。能芸的にも、年齢的にも、二曲が基本中の基本であるとし、「これ則ち、後々までの芸態に、幽玄を残すべき風根なり」といって、それが能芸美としての幽玄風を展開させる芸風の根本であると断言している。三体については、それぞれの特色を指摘した上に、「万曲の生景」を展開させる基本であるとし、この条の最後に、「最初ノ児姿ノ幽風ハ、三体ニ残リ、三体ノ用風ハ、万曲ノ生景ト成ルヲ知ルベシ」と記して、二曲三体の展開をはっきり跡づけている。

「無主風事」においては、まず、「この芸に無主風とて、嫌ふべき事あり。」といい、「これは、まづ、生得の下地に得たらん所あらんは、主《ぬし》なるべし。さりながら、習道の劫入りて、下地もまた、おのづから出《い》で来《く》べきやらん。」といって、あくまで、生得の下地が本質的には主風であるが、発生的順序からいうと、「習道の劫」が入って、生得の下地、即ち主風があらわれてくるであろうといっている。これは、ある注解者がいっているように、生得の下地が主風になる場合と、稽古の劫が入ってそれがもうひとつの主風になるという、二つがあるというのではなく、あくまで、主風は生得の下地の展開であって、ただ、稽古がなくても発現する場合と、稽古の劫が入って後、展開する場合とがあると言っているのである。そう解さなくては、生得の下地が主風の根本であるゆえんがはっきりしない。この生得と稽古との関係については、「風姿花伝 第三 問答条々」の「位の事」では、「生得」は「幽玄」と不可分であり、稽古は「闌《た》くる」という可能性と不可分であるように扱われていたが、「至花道」のこの条までくると、生得は本質であるが、発生的にいえば、稽古の結果として生得の下地もあらわれるのかも知れないという認識を出発点として、「師によく似せ習ひ、見取りて、我が物になりて、身心に覚え入りて、安き位の達人に至るは、これ、主なり。これ、生きたる能なるべし。」と主風創造の必要を方法的に説いている。さらに、「下地の芸力によつて、習ひ稽古しつる分力を、はやく得て、その物になる所、則ち有主風の為手なるべし」と解説している。

「至花道」は、「二曲三体事」にしても、また、「無主風事」にしても、根本的、基礎的な芸の稽古が創造性を発現させるという、稽古の発展を有力に跡付けている。世阿弥の芸は単なる模倣に過ぎないと、ある研究者はいっているが、それでは「風姿花伝」に出発した稽古論が、模倣から入門して、しかも、その模倣を乗り越えて創造的芸風を発展させている、「至花道」やそれに続く伝書をしっかり読み得ていないのではないかとわたしには思われる。

この条の最後は、「為《す》ることの堅きにあらず、能く為ることの堅きなり。」の引用で結ばれているのも、体験の深さがこの引用を求めているとしなくてはならない。

以上、取りあげてきた「二曲三体の事」にしても、「無主風の事」にしても、基本的な「態」をしっかり稽古することによって、その基本的な態を発展させて「万曲ノ生景」を創造したり、単なる模倣に過ぎない「無主風」の態を稽古してわがものにすることによって「有主風」の態を創造する、稽古の発展になっていたりしているのである。

続いて取りあげている「闌位の事」では、「是風」と「非風」という対立の芸風を稽古によって克服し、「非風却つて是風になる遠見あり。これは、上手の風力を以て、非を是に化かす見体なり。」という、弁証法的発展を成立させる創造を実現している。

このような創造的発展的芸風をも、彼は、「この闌《た》けてなす所の達風」と呼び、その成立を、「そもそも、闌けたる位の態とは、この風道を、若年より老に至るまでの年来稽古を、ことごとく尽くして、是《ぜ》を集め、非《ひ》を除けて、已上して、時々上手の見する手立の心力なり。これは、年来の稽古の程は嫌ひ除けつる非風の手を、是風に少し交《まじ》ふる事あり。上手なればとて、何のため非風をなすぞなれば、これは上手の故実なり。」と説いている。

このように非風の手を是風に交えることが、上手の故実であるのは、「善き風のみならでは上手にはなし。さる程に、善き所めづらしからで、見所の見風も少し目慣るるやうなる処に、非風を稀に交ふれば、上手のためは、これまた、めづらしき手なり」ということになる。ところが、初心の人がこれを学べば、「もとより不足なる手なるを、愚かなる下地に交ふれば、焰《ほのほ》に薪《たきぎ》を添ふるがごとし。」という結果になるという。しかも、「もし、闌《た》くると云ふ事を、態よと心得て、上手の心位とは知らざるか。よく〳〵案得すべし。」と分析して、「心位」すなわち弁証法的発展であることをはっきり位置づけている。

さらに、「孟子」の言葉を引いて、比喩的に、「上手の闌けたる手の、非却つて是になる手は、これ、上手にはしたがふ曲なり。下手にはしたがはぬ手なり。」ということを精しく解説し、「かやうの奥風を見るに付けても、初めの二曲三体の習風を、立ちかへり〳〵見得《けんとく》すべし。」と結んでいる。さらに、「法華云、未得為得、未証為証」ということばを言い添えている。

「至花道」においては、稽古の発展がそれぞれいかなる成果をもたらしているかということを論理的に分析しなくては、能芸概論たるこの伝書の真面目が闡明できないことに気づいて、その問題点の析出を試みている。そういう点に注目して、それぞれの章篇を通覧すると、「能芸」を呼ぶのに、「二曲三体の事」では、「当芸」であり、「無主風の事」では、「此芸」であり、「闌位の事」では、「此芸風」である。同じ「能芸」を呼ぶのに、その呼び方にいくらかずつのずれがあって、それぞれ、視角の違いを示している。が、これは、この「至花道」という伝書の上だけでなく、あらゆる伝書にわたって共通した傾向で、主要な用語だけを取り上げてみても、能芸・芸風・芸心・芸案・芸劫など、さまざまな観点に立って、さまざまな類義語を駆使している。ところが、第四の「皮・肉・骨の事」に至って、「芸態」という語を初めて取り上げ、しかも、「この芸態に、皮・肉・骨あり。」といって、この「芸態」という語を、「皮・肉・骨」の所在として定義していることは、「皮・肉・骨」そのものとともに、彼の能芸論の上で重大な意義を持っている。

「皮・肉・骨」なる語は、一体、いかなる意義を有するか。彼はまず、「この芸態に、皮・肉・骨あり。この三つ、そろふ事なし。」といった上に、「しかれば、手跡にも、大師の御手ならでは、この三つそろひたるはなしと申し伝へたり」といって、「そろふ」ということが容易でないことを書道を例として示している。

世阿弥はこういう前置きをした上で、「そもそも、この芸態に、皮・肉・骨の在所を指さば」と問題を限定し、「まづ、下地の生得のありて、おのづから上手に出生したる瑞力の見所を、骨とや申すべき。舞歌の習力の満風、見に現はるる所、肉とや申すべき。この品々を長じて、安く美しく極まる風姿を、皮とや申すべき」と芸態の構造を的確に分析している。

そこで、この芸態に関する当時の芸能界を観察して、「ここに、当世の芸人の事を見るに、この三つを持《ぢ》したる人なきのみにあらず、かやうの事のあるとだに知れる者なし。これは、亡父のひそかに申し伝へしによつて、身にもわきまへたり。今ほどの芸人を見及ぶ分は、ただ、皮《ひ》を少しするのみなり。それも、まことの皮にはあらず。また、似する分も皮のみなり。しかれば、無主の為手なり」といっているのは、「皮・肉・骨」を体得した為手がいないばかりか、皮・肉・骨が対立的、止揚的に展開された構造にほかならないことにも目が開いている者がないからなのである。

それでは、皮・肉・骨そろった、彼のいう芸態は如何にして成立し、如何にして鑑賞されるか。「もし、この三つを持したる為手なりとも、また、知るべき事あり。下地の得たらん所は骨、舞歌の達風は肉、人ないの幽玄は皮にてありとも、三つを持ちたるばかりなるべし。三つそろふ為手とは、なほも申しがたし。そろふと申さん位は、たとへば、かくのごとくの瑞風をことごとく極めて、既に至上にて、安く、無風の位になりて、」といって、骨風・肉風・皮風の瑞風を極めぬいて、至上に達し、「安く、無風の位にな」ることであり、「即座の風体は、ただ面白きのみにて、見所も妙見に亡じて、」というような恍惚境に入ることである。

さて、即座の鑑賞が終った後、反省的立場に立って、即座の印象を分析する時、「何と見るも弱き所のなきは、骨風の芸劫の感、何と見るも事の尽きぬは、肉風の芸劫の感、何と見るも幽玄なるは、皮風の芸劫の感」であると分析した上に、「離見の見に現はるる所を思ひ合はせて、皮・肉・骨そろひたる為手なりけるとや申すべき。」と結んで、その即座の直観や後心の案見が、単なる主観的自覚たるにとどまらないで、客観的に確かめられた自覚体系になっていなくてはならないと言い添えている。なお、以上の論述を進める途中に、「見・聞・心の三にとらば、見は皮、聞は肉、心は骨なるべきやらん。」という例説が挿入されている。

以上のように、彼は、稽古の発展によって、「芸態」なる構造を分析し、その上、その機能を具体的に指摘している。

「至花道」の最後にある「体用の事」は、この芸態の機能が、結局、有・無の対立を止揚した体・用の発展にほかならないとし、「体・用といふ時は、二つあり。体なき時は用もあるべからず。さる程に、用はなき物にて、似すべきあてがひもなきを、ある物にして似する所は、体にならずや」と分析し、「これを知ると者、用は体にあり、別にはなきものと心得て、似すべき理のなきを知る事、則ち能を知る者なり」と結んでいるのである。

終りに、彼は稽古の発展としての能芸の概論を自覚的に、また実践的に考察した立場から、

かやうの稽古の浅深の条々、昔は、さのみにはなかりしなり。古風の中に、おのづからこの芸力を得たりし達人、少々見えしなり。その比は、貴人・上方様の御批判にも、是をのみ御覧じはやされて、非をば御さんだんもなかりしなり。当世は、御目も弥《いや》闌けて、少しきの非をも御さんだんに及ぶ間、玉を磨き、花を摘める幽曲ならずは、上方様の御意にかなふ事あるべからず。さる程に、芸の達人は少なし。当道いよいよ末風になるゆゑに、かやうの習道おろそかならば、道も絶えぬべきかと、芸心の及ぶ所を、大かた申すのみなり。

といって、過去を回想しながら、現在を反省し、さらに将来のために警告を放っている。昔は、貴人・上方様が、ただ「是をのみ御覧じはやされ」たが、今は「御目も弥《いや》闌けて、少しきの非をも御さんだんに及ぶ」とあるのは、前者は義満将軍のこと、後者は義持将軍のことであると解されている。ところが、義持は田楽の増阿弥のためには十回も勧進田楽を催しながら、申楽の世

阿弥のためには一度も勧進申楽を行わなかったばかりでなく、次第に、世阿弥や元雅の活動範囲を縮減していった。義満の保護下で得意時代を経験した世阿弥の観世座は、義持将軍からは疎外の一途を辿るほかはなかった。しかるに、世阿弥は、その義持の疎外については一言の不平もいわず、また、追随もせず、むしろ、「御目も弥闌けて」とほめ、「少しきの非をも御さんだんに及ぶ」という、その批判のきびしさを前にして、一座の緊張と精進を激励しているのである。これは、世阿弥の成熟し、自信に満ちた自主的態度と判断してよいのではあるまいか。

いま述べたように、彼の有力なライバルであったはずの増阿についても、永享二年、世阿弥六十八歳の時の奥書がある、元能に対する芸談を記した「申楽談義」ではこういっている。

今の増阿は、能も音曲も閑花風に入るべきか。能が持ちたる音曲、音曲が持ちたる能なり。南都東北院《とうぼくゐん》にて、立合《たちあひ》に、東の方より西に立ち廻りて、扇の先ばかりにて、そとあひしらひて止めしを、感涙も流るゝばかりに覚ゆる。「かやうの所見る者なければ、道も物憂く」と(世阿弥は)語られしなり。しかれども、上果の所は、諸人の目にも耳にも及ぶやらん、「増阿が立合は、余のにも変りたる」など申す者あり。

と、増阿の芸を心から褒め、同感の深さを示した上に、「尺八の能に、尺八一手吹き鳴らいて、かく〳〵と謡ひ、様《やう》も無く、さと入る、冷えに冷えたり。」と、激賞している。これは、将軍の寵愛の厚い増阿弥の芸に追随しているのでもなければ、反撥しているのでもない。世阿弥はここでも、あくまで、自主的な批評者として堂々と批評している。

こういう自信と余裕がなくては数々の発展的な伝書を完成し、元雅・禅竹のようなすぐれた作家を育成することはできなかったであろうと思われるのである。

四　中世文化としての能芸の創造

「風姿花伝」が、「年来稽古」から「別紙」に至るまで、父から伝えられた「花智」の深い体得によるものであったのに対して、応永三十一年、世阿弥六十二歳の時の奥書を有する「花鏡」は、「題目六ケ条」から「事書十二ケ条」にわたって、世阿弥の、「四十有余」から「老後」に至るまでの、演技や稽古において、ひそかに「時々浮《ム》所《ノ》芸得」を書いたものであると、世阿弥は述べている。

「題目六ケ条」の第一「一調二機三声」では、調と声の対立について、「機」すなわち呼吸を媒介として一体化する道を見出している。第二の「動十分心・動七分身」では、心と歌舞の対立を前提として、省略の芸を成り立たせている。第三の「強《がう》身《しん》動《どう》宥《いう》足《そく》踏《たふ》、強《がう》足《そく》踏《たふ》宥《いう》身《しん》動《どう》」では、身動と足踏との対立から、「強」と「宥」とを対照的に演じることによって、そこに「面白き感」を成立させている。第四の「先《せん》聞《もん》後《ご》見《けん》」は、「聞」と「見」との対立から、時間的な「先」「後」によって調和美を成立させている。第五「先能其物成・去能其態似」では、演技の対象となる「其物」と演技する「其態」との対立から、「先能」と「去能」の時間的次序を媒介として、統一美を成り立たせている。第六「舞声為根」は、「舞」と「声」との対立において、「声」が根底であり、「舞」はその末としての表現体であるという本末を媒介として、歌・舞の構成美を成り立たせている。

以上は、「題目六ケ条」が歌舞の演技において、まず、対立的要素をとらえて、その心と態との、あるいは豊富と省略を、あるいは時間的展開を、あるいは空間的秩序を、あるいは声と舞との本・末などを論じて、それらが、あるいは調和統一美を、あるいは対照止揚美を成立させることを追求し、演技の構造を具体的に跡づけている。

わけても、「舞声為根」において、声を基本とした「舞」の発展を具体的に創造的に解明している深さと鋭さには目を見張らされる。「舞は、音声より出でずは、感あるべからず。一声の匂ひより舞へ移る堺にて、妙力あるべし。また、舞ひをさむる所も、音感へをさまる位あり」と具体的に跡づけ、さらに発声に関するさまざまな説を引用している。そして、それらは、「ただ、舞は音声の力足らずは、感あるべからず」という結論が力点になっている。

彼はこのように舞の成立を深く声に求めた上、舞を分類して、「一、手智。二、舞智。三、相曲智。四、手体智。五、舞体智なり」といい、それぞれを具体的に説明した後、「手《しゅ》をなすは有文風《うもんふう》、舞《ぶ》をなすは無文風なり。有無風を相曲に和合する所、既に見風成就なり。これ、面白しと見る堺曲《かいきょく》なり。この二道を心得て舞曲をなす」のが相曲智であることを指摘し、「およそ、三体の風姿にあてて見るに、男体には、手体風智相応なるべきか。女体には、舞体風智よろしかるべきかなり。よく〳〵、物まねの人体によりて、風曲をなすべきなり。」と言った上に、舞に「目前心後《もくぜんしんと》」という事があるといって、舞の構造の深さを次のように跡づけている。

「目を前に見て心を後に置け」となり。これは、以前申しつる舞智風体の用心なり。見所より見る所の風姿は、我が離見なり。しかれば、わが眼《まなこ》の見る所は、我見なり。離見の見にはあらず。離見の見にて見る所は、則ち、見所同心の見なり。その時は、我が姿を見得するなり。我が姿を見得すれば、左右前後を見るなり。しかれども、目前・左右までをば見れども、後姿をばいまだ知らぬか。後姿を覚えねば、姿の俗《しよく》なる所をわきまへず。さるほどに、離見の見にて、見所同見と成りて、不及目《ふぎふもく》の身所まで見智して、五体相応の幽姿をなすべし。これ、則ち、「心を後《うしろ》に置く」にてあらずや。返す〴〵、離見の見をよく〳〵見得して、眼《まなこ》まなこを見ぬ所を覚えて、左右・前後を分明に案見せよ。定めて花姿玉得の幽舞に至らん事、目前の證見なるべし。

といって、「離見の見」が「見所同心の見」であり、「我見」に対する「離見」であって、客観的な自己認識であることの深さを、「眼まなこを見ぬ所を覚えて」というような比喩によって、しっかりと跡づけている。その結果、「花姿玉得の幽舞」に至ることが、「目前の證見」だといっているところにも深くうなづかれる。

この「離見の見」という考えは、「至花道」の「皮・肉・骨の事」の最後に、「離見の見に現はるゝ所を思ひ合はせて、」といい、また、「九位」の中の「妙花風」の結びに、「無位の位風の離見こそ」といっているところを見ても、世阿弥の心中に絶えず往来していた問題であるに違いない。それを具体的にその成立まで分析しているのは、この「舞声為根」の結びにおいてである。

以上は、「題目六ケ条」が、歌・舞二曲の構造を自覚の深さにおいて考察した能芸論であることの概観であるが、それから以下の「事書十二ケ条」も、演出・演技により、体験的、自覚的に体得された能芸の構造の深さ・微妙さを論じている点において、彼が、「時々浮ムトコロノ芸得」といい、また、この「花鏡」を伝授された禅竹(貫氏)が「当流ノ瑞骨」と呼んでいることが深くうなづかれる。

事書の第一は、「時節当《ル》レ感《ニ》事」である。舞台上の場所や時節を型のように指定した後、「すは、声を出《いだ》すよと、諸人一同に待ち受くるすなはちに、声を出だすべし。これ、諸人の心を受けて声を出す、時節感当なり。」といい、「この時節は、ただ、見物の人の機にあり。人の機にある時節と者、為手の感より見《けん》する際《きは》なり。これ、万人の見心を、為手ひとりの眼睛へ引き入るる際なり。当日一の大事の際なり。」と、為手の感を持って当てるべき時節の構造を説いている。そのほか、舞台に舞い働く時、「顔をば桟敷の寸にあてて、桟敷をばまもるべからず」といい、さらに、「すは、声を出すよと、人の心に待ち受けて、心耳《しんに》を静むる際より、声を出すべし。ここにて、一調・二機・三声を以て、声先《こわさき》を出すなり。」などと、細かに演技の構造に説き及んでいる。

事書の第二は、「序破急之事」である。それは、一日の能の演出を、曲目の性質によって構造的に次序する、能芸演出上のもっとも基本的な条件である。序一段、破三段、急一段であるけれども、「序者、初めなれば、本風の姿なり。脇の申楽、序なり。直《すぐ》なる本説の、さのみに細かになく、祝言なるが、正《ただ》しく下《くだ》りたるかかりなるべし。態《わざ》は舞歌ばかりなるべし。」といい、二番目の申楽については、「これは、脇の申楽に変りたる風情なれども、いまだ、さのみに細かにはなくて、手をもいたく砕く時分にてなければ、これも、いまだ、序の名残の風体なり。」といい、「三番目よりは破なり。」「序と申すはおのづからの姿、破はまた、それを和して注する釈の義なり。」といい、「急と申すは、また、揚句《あげく》の義なり。」「破と申すは、序を破りて、細《こま》やけて、色々を尽くす姿なり。急と申すは、また、その破を尽くす所の、名残の一体なり。さる程に、急は揉み寄せて、乱舞・はたらき、目を驚かす気色なり。揉むと申すは、この時分の体なり。」と説いている。その他、貴人の希望により、または、演能の途中で貴人が「御入《おんいり》ある」時とか、また、酒盛の席の能とかいう場合には、それぐ、序破急に手心を加えなくてはならないというような注意にまで及んでいるが、「この時節の能、さらに出で来ず。」といって、貴人の要求によって序破急に無理を加えれば、芸術的には成功しないという、大事な体験をも忘れていない。

第三は「知ル二習道ヲ一事」、第四は「上手之知ルレ感ヲ事」、第五は「浅深之事」、第六は「幽玄之入ルレ堺ニ事」、第七は「劫之入ル用心之事」、第八は「万能縮《ツナグ》ヲ二一心ニ一事」、第九は「妙所之事」、第十は「批判之事」、第十一は「音習道之事」、第十二は「奥ノ段」と、演能・演技に関する理論を実践的に説いているが、その根底は「知」とか「感」とかいっているような、直観的、綜合的判断でないものはない。しかも、「幽玄之入ルレ堺事」では、人《にん》ないの幽玄、詞《ことば》の幽玄、音曲の幽玄、舞の幽玄、物まねの幽玄、鬼の幽玄などを具体的にとり立てた上に、「見る姿の数々、聞く姿の数々の、おしなめて美しからんを以て、幽玄と知るべし。この理《ことわり》を我と工夫して、その主《ぬし》になり入るを、幽玄の堺に入る者とは申すなり。」といっている。古代の歌論における幽玄は、「見る姿」の類型として成立する様式であったが、世阿弥の能芸論においては、「聞く姿」の類型としての様式をも総合し、幽玄美の成立を構造的に跡付けている。かく中世的様式の創造を自覚していることは、世阿弥能芸論の、歌論からの発展であり、近世歌論に至っての、「しらべ」や「ひびき」が歌の本質であるという所説をも基礎づけていることになる。こうして、歌論史のみならず、謡い物や演劇史の基礎をも開拓していることは、彼の功績として認められなくてはならない。

また、「批判之事」を見ると、世阿弥においては、批判とは、鑑賞であり、解釈であり、批判そのものでもある。

世阿弥は「能批判といふに、人の好みまち〳〵なり。しかれば、万人の心に合はん事、左右なく有り難し。さりながら、天下に押し出されん達人を以て、本《ほん》とすべし」といった後で、「見《けん》より出でくる能」、「聞《もん》より出でくる能」、「心《しん》より出でくる能」を生き〳〵と構造的に分析している。その中で、「心より出でくる能」を「無上の上手の申楽に、物数の後、二曲も物まねも義理もさしてなき能の、さび〳〵としたる中に、何とやらん感心のある所あり。これを、冷えたる曲とも申すなり。この位、よき程の目ききも見知らぬなり。まして、田舎目ききなどは、思ひも寄るまじきなり。これは、ただ、無上の上手の得たる瑞風かと覚えたり。これを心より出で来る能とも云ひ、無心の能とも、または、無文の能とも申すなり。」としている。「人」にある有・無の対立を越え、その有・無の対立を止揚・発展させた能芸の構造を具体的に跡づけ、「出来庭《できば》を忘れて能を見よ。能を忘れて為手を見よ。為手を忘れて心を見よ。心を忘れて能を知れ。」という道破は美事という他ない。

なお、同じ「花鏡」の「万能綰二一心一事」には、この「無心の感」を次のように具体的に、また比喩的に分析している。まず、「せぬ所が面白き」などと「見所の批判」に言われていることばを取り上げているが、この「せぬ」という問題については、すでに「風姿花伝」の「年来稽古条々」の中の「五十有余」の条に述べている。「このころよりは、大方、せぬならでは手立あるまじ。」といい、亡父観阿弥の芸につき、「およその頃、物数をば、はや初心に譲りて、安き所を、少々《すくな》と色へてせしかども、花は弥増《いやま》しに見えしなり。これ、まことに得たりし花なるが故に、能は、枝葉も少く、老木になるまで、花は散らで残りしなり。」と説明している。老木と、それに残る花とを比喩的に掲げているところに、有・無対立の弁証法的統一が「せぬ」芸の母胎であることを暗示している。ところが、「万能綰二一心一事」になると「せぬ所が面白きなり。」と見所の批判にいわれていると問題を提起し、その手立を具体的に「舞を舞ひやむひま、音曲を謡ひやむ所、そのほか言葉・物まね、あらゆる品々のひま〳〵に、心を捨てずして、用心を持つ内心なり。この内心の感、外に匂ひて面白きなり」と分析する。さらに、この「内心の感」がもし見えれば、態《わざ》になってしまう。したがって「せぬにてはあるべからず。」ともいっている。その後で、操り人形の例を引いて、この人形をあれこれと動かすものは「糸のわざなり。」といった後、「申楽も、色々の物まねは作り物なり。これを持つ物は心なり。この心をば、人に見ゆべからず。もし〳〵見えば、あやつりの糸の見えんがごとし。返す〴〵、心を糸にして、人に知らせずして、万能を綰《つな》ぐべし。かくの如くならば、能の命あるべし」と結論しているのである。

世阿弥は、上述したように、「風姿花伝 第七 別紙口伝」において、「音曲の花」は節の上の曲で、これは上手の音曲であるとし、同じように、「舞の花」は、「手」の上のかかりを舞うことで、やはり上手のものだとした後、物まねの花、用心の花、因果の花、時の花などを詳しく分析した後、「されば、この道を極め終りて見れば花とて別にはなきものなり。」といい、さらに、「経に曰はく『善悪不二、邪正一如』」ということばを引用した後、「ただ、時に用ゆるをもて、花と知るべし。」と結んでいる。

以上は、応永九年、世阿弥四十歳頃と思われる、稽古による「花」そのものの禅的展開であるが、六十二歳の「花鏡」の事書きの中の、「上手之知ㇾ感事」には、「舞・はたらきは態なり。主になるものは心なり。また、正位なり。」といい、さらに、「しかれば、まことの上手に名を得ること、舞・はたらきの達者にはよるべからず。これは、ただ、為手の正位心にて、瑞風より出づる感かと覚えたり」といって、「心」の内面的構造を跡づけている。この「心」こそ「せぬ」芸を成立させる根底であって、この「心」によって、「せぬ所が面白きなり。」という問題に進み、「風姿花伝」の有・無の対立を弁証法的に止揚しているのである。

その後で、彼はまた、「惣じて、即座に限るべからず。日々夜々、行住座臥に、この心を忘れずして、定心に綰《つな》ぐべし。かやうに油断なく工夫せば、能いや増しになるべし。」と日常生活の全面に稽古を生かして、「定心」即ち禅定の心として持続しなければならないといっている。「上手之知ㇾ感事」に「正位」という禅語を用い、この節にいたって、「定心」即ち禅定心という意味の語を用いて、生活面そのものを稽古の展開として跡づけている稽古論の深化・発展は重大である。「この条、極めたる秘伝なり。」と結んでいることは当然であるが、彼は、さらに、「稽古有二緩急一。」といって、稽古が生活の全面に発展しているから、その稽古には、当然、緩急があるということを付言しているのである。この付言は、稽古が全生活面に及べば、即座の稽古とは違って、生命そのものが持っている緩急が稽古に反映しなくてはならないという意味である。全生活を稽古として、生かし得るか得ないかの分け目を明らかにする条件である。

世阿弥のこのような、稽古を日常生活の全面に位置づけている禅的傾向は、すでに、「風姿花伝」の「問答条々」の「花を知る事」の条などを始めとして、同じく、「風姿花伝 第五 奥義」や、「風姿花伝 第七 別紙口伝」などにも、既に現われている。これが基本となり、出発点となって、この全生活面への展開に到達していることは、見落してはならない、彼の稽古の本質的、主体的な発展である。

なお、この他に彼は二部の極めて重要な伝書を遺している。いずれも「風姿花伝」をはじめ、「至花道」及び「花鏡」の稽古論を前提とした内容の伝書であるが、その成立年次は不明である。その一は、「遊楽習道風見」である。これは名の示すように、能芸を中心とした、遊楽一般の習道における見風、すなわち、表現問題の考察である。五十八歳の伝書「至花道」が能芸概論であるとすれば、この「遊楽習道風見」は、能芸を中心とした遊楽一般の習道哲学であって、世阿弥の能芸論が室町期芸能の展開を跡づけていることが深く注目される。他の一部は「九位」である。これは、能芸論の発展を、体系的に、跡づけたものとして、「花鏡」とともに、その能芸論に体系を与えた、重要な伝書である。

世阿弥は、遊楽一般の表現的構造を跡づけるために、この「遊楽習道風見」では、「詩経」をはじめ、「論語」「般若心経」などを引用している。中国文学の原典ともいうべき「毛詩」、即ち「詩経」を引いて、少年の習道は、少年の心理や身体に相応した稽古でなくてはならない、そうでないものは、将来も成長しない相だといって、「なすわざのその体に相応する所を以て、成就とするなり。成就これ満風なり。」と断言している。

能芸の幼時の稽古が歌・舞二曲で、それが能芸における幽玄美の根本であり、それを土台として、三体即ち老体・女体・軍体の芸が発展し、その三体の芸風が「万曲ノ生景」となるという、歌・舞を根本とした稽古の発展は、すでに「至花道」において考察しているが、この伝書においては、その発展を「論語」の「苗・秀・実」の比喩にもとづいて解説し、この発展は、能芸の「一生の間の序・破・急の稽古なるべし。」といっている。

中国古典の代表である「詩経」と「論語」を引用して彼の本来の習道論を解説してきた世阿弥は、ここで、さらにその意義を深く探るために、これも仏典として名高い「般若心経」の一節、「色則是空、空則是色」を引き、「諸道芸に於ても、色・空の二つあり。苗・秀・実の三段終りて、安き位に至りて、万曲こと〴〵く意中の景に満風する所、色則是空にてやあるべき。しかれども、無風の成就と定位する曲意の見、いまだ空則是色の残る所、若《も》し、未《み》得為證《とくゐしよう》にてやあるべき。しからば、智《ち》外《げ》の是非の用心、猶以て危みあるべし。この用心の危みもなく、何となす風曲も闌《た》けかへりて、まさしく異相なる風よと見えながら、面白くて、是非・善悪も無からん位や、若し、空則是色にてあるべき。」と、諸道芸における色と空との対立を分析する。その対立を弁証法的に超克した立場に発展させれば、「是非共に面白くは、是非あるべからず。智外の用心もまたあるべからず。」ということになるわけで、そこに禅的な統一を見出だし得る。

なお、定家の「駒とめて袖打ちはらふ蔭もなし、佐野のわたりの雪の夕ぐれ」の歌を引き、

そもそも、この歌、名歌なれば、もとより面白く聞えて、さて面白き所を知らず。ただ、旅行の折ふし、雪降りて、立ち寄るべき蔭もなき、路次《ろし》の体《てい》かと聞えたり。ただし、歌道は不知の事なれば、別の感心もやあるらんと、道の人に尋ぬれども、ただ、歌の面風のごとしとなり。しかれば、聞ゆる所、さればとて雪を賞翫の心も見えず、在所《ざいしょ》を知るにも遠見などもなき山河のほとりに、誠に蔭も寄るべも便りなき道行《みちゆき》ぶりの、面《おも》にまかせたる口ずさみかと聞えたり。

と、定家の名歌を味わいつくし、鑑賞の真実を披瀝している。さすがに世阿弥だと感心させられる。これを受けて、「若し、堪能その人の態は、かやうに言はれぬ感もあるやらん。『天台妙釈』にも、『言語道断、不思議、心行所滅之処、是妙也』と云へり。かやうの姿にてやあるべき。」と、「天台妙釈」を引いて説明し、さらに、「当芸にも、堪能その物なむどの位に至らん時は、この『駒とめて』の歌の如く、まさしく造作の一もなく、風体心をも求めず、無感の感、離見の見に現はれて、家名広聞《くわうもん》ならんをや、遊楽の妙風の達人とも申すべき。」と結んでいる。「離見の見」は、自己の眼でも

心でも、見ることも知ることもできない自己の奥深い所を、自己を離れて識ることなのである。

最後に、歌・舞二曲については、これまた、「論語」から「器」という語を見出し、「そも〳〵、器の事、当芸に於て、まづ、二曲三体より万曲となる数達人、これ、器用なるべし。」といって、「器」の働きを説明した後、「有・無二道にとらば、有は見、無は器なり。」と、「器」は無としての存在であることを位置づけた後、「有を現わす物は無なり」と解説し、さらに、「遊楽万曲の花種をなすは、一身感力の心根なり。」と具体的に芸の構造を分析した後、水晶の空体が火や水を成し、桜の木からみごとな花実が生れるように、「意中の景より曲色の見風をなさん堪能の達人、これ器物なるべし。」といって、無である「器」の働きを象徴として考察している。

「至花道」に於ける二曲三体の解説以来、この「遊楽習道風見」の色・空の解説に至るまで、ただ「意中の景」といってきたものを、この構造論に至って、「遊楽万曲の花種をなすは、一身感力の心根なり。」といって、生きる態度として具体的に指摘するに至ったことは、彼の能芸稽古論における、一つの目ざましい発展である。

彼のこのような稽古や演能・演技についての論の充実と呼応して、能芸論の展開を綿密に結論づける重量感をもって書かれた伝書が、「九位」である。この「九位」の成立年代は記されていないけれども、応永三十年の「三道」をはじめ、次々に、「花鏡」、「二曲三体人形図」、「音曲声出口伝」、「風曲集」、「五音」、「五音曲条々」等を書いている、旺盛な伝書著作期を代表する体系的な能芸論である。

「九位」には、芸位の品等と稽古の順序とを統一して、「中初」、「上中」、「下後」という段階が示されている。まず、「中初」とあるように、「中三位」の稽古を初めにおき、「上三花」の稽古を中に、「下三位」の稽古を最後に置いているところに、きわめて重要な問題が含まれている。「中三位」の芸風は、「浅文風」を入門とした「広精風」である。「浅文風」は「浅きより文を顕はす義なり。」の意味であって、「道の道たる、常の道にあらず」という「老子」の語を引いて、「常の道を蹈んで、道の道たるを知るべし。」といっているように、彼の古典からの引用や禅語の引用は、彼の自主的な理解にもとづく引用に限られている。それは、彼の本来のものの自覚にもとづくものである。この「老子」のことばの引用をはじめ、その他、年と共に多くなっている古典や禅語の引用にも、彼のこの独自性の取捨によらないものはない。

「広精風」は、「碧巌録」から、「語り尽す、山雲海月の心」とある語を引いて、山の満ち溢れるような雲と満月に照らされた海の広景を想起して、夏の天地の広大と充実とをもって象徴しているとともに、「ここより前後分別の岐堺なり。」と説き加えている。

ここから「上三花」にのぼる。その「上三花」には、まず、「正花風」に達しなくてはならない。それをば「霞明らかに、日落ちて、万山紅なり。」という、禅林の詩句らしいものを引いて、紅葉の美しさに輝く秋の野山によって象徴している。「中三位」の「広精風」から「上三花」にのぼった芸位を呼ぶのに「正花風」という「花」という語を用いて、「中三位」から「上三花」へ発展すべき手がかりとしている用意は見のがしてはならない。「上三花」の入門にあたる「閑花風」は、「銀垸裏に雪を積む」という「碧巌録」などの語を引いて、「雪を銀垸裏に積みて、白光清浄なる現色、誠に柔和なる見姿、閑花風と云ふべきか」と解説している。以上によって、「中三位」からの美の品等を分析すると、「浅文風」は早春の自然をもって、「広精風」は真夏の天地の広景を、「正花風」は秋の山の美しさを、「閑花風」は冬の雪の白光清浄を象徴としている。すべて京都の四季の推移が考察の地盤になっている。

「寵深花風」については、「五燈会元」その他に出ている、曹山本寂禅師に対する僧の問として広く知られている、「雪千山を蓋ひて、孤峰如何か白からざる」という一句を引いて、その象徴的表現としている。これは、やはり、「閑花風」の発展として、雪の白光清浄な現色の深景を捉えたものである。ある人が、「富士山高うして雪消せず」といったところ、唐人がそれを非難して、これは、「富士山深うして雪消せず」でなくてはならないといったということを引いて、「至りて高きは深きなり。高きは限りあり。深きは測るべからず」と説き、「しかれば、千山の雪、一峰白からざる深景、寵深花風に当るか」と結んでいる。わたしは松本に四、五年住んだが、日本アルプスの全山脈が白皚々たる雪に蓋われて一望される時、その山脈の中に一段と高く聳える槍ケ嶽の峯は、認識を絶するかのように、深くかすかに聳えている光景に接したことが思い出される。世阿弥はさらに、この「寵深化風」を「有無中道の見風の曲体」とも位置づけている。

「妙花風」は、「夢中問答」などに出ている「新羅、夜半、日頭明かなり。」という有名な禅語を引き、「妙と云ぱ、言語道断、心行所滅なり。夜半の日頭、これまた、言語の及ぶべき処か、如何。」

と問題を具体的に分析した後、「しかれば、当道の堪能の幽風、褒美も及ばず、無心の感、無位の位風の離見こそ、妙花にやあるべき。」という、弁証法的、飛躍的判断で結んでいる。

世阿弥はさらに、この「妙花風」を「有無中道の見風の曲体」から発展したものであるという位置づけを行い、「この上は、言語を絶して、不二妙体の意景を現はす処、妙花風なり。これにて、奥義至上の道は果てたり。」と、「妙花風」の体系上の位置を示唆している。

「中三位」から「上三花」に達する発展は、以上のように、正花風・閑花風・寵深花風・妙花風と、「この道の奥義至上の道は果てたり。」という最高位を極めるところまで、構造的に、また体系的に分析されている。この向上的発展に対し、「中三位」からの下向的発展を同じように構造的、体系的に跡づけているのが「下三位」であって、強細風・強麁風・麁鉛風と次序されている。

まず、「強細風」は、「金鎚影動きて宝剣光寒《すさま》じ」と形容されているように、刀鍛冶の工場における鍛鉄の作業で、鍛えられた宝剣の光が燦然と光を放つ光景によって象徴され、「細見にもかなへり」と美的鑑賞も成立すると註している。

次は「強麁風」で、「虎生れて三日、牛を食ふ気あり」と、「石門文字禅《せきもんもんじぜん》」などから引用して形容しているが、これには美的鑑賞というほどのものは成立していない。ただ、「虎生れて三日、則ち勢ひあるは強気《がうき》なり。牛を食ふは麁きなりといへり。」と解説しているように、「強き」という美的なものがそなわっているが、その「強き」にもいつわりが含まれると麁くなるほかはない。

さらに、「麁鉛風」になると、「荀子」から引用して、「木鼠は五の能あり。木に登ること、水に入る事、穴を掘る事、飛ぶ事、走る事、いづれもその分際に過ぎず」と説明し、「芸能の砕動ならぬは、麁くて鉛《なま》るなり」と規定している。

世阿弥は「下三位」のそれぞれを以上のように解説した後、改めて、構造上、体系上の問題を、「下三位に於て、三数の道あり。」といって、徹底的な分析をはじめる。「中初より入門して、上中・下後と習道したる、堪能の達風にては、下三位にても、上類の見風をなすべし。中位、広精風より出でて下三位に入りたるは、強細・強麁の分力なるべし。その外、徒に下三位より入門したる為手は、無道・無名の芸体として、九位の内とも云ひ難かるべし。これ等は、下三位を望みながら、下三位にも座段せぬ位なり。」まして、中三位等なんどに至らん事、思ひもよらぬ事なり。」といって、一応の芸位をそれぞれ位置づけた上、もう一段高く位置づけられている芸位を指摘する。「古来、上三花に上《のぼ》る堪能の芸人共の中に、下三位には下らざる為手どもありしなり」という芸位があるが、その多くは、「大象、兎蹊に遊ばず」とある引用のように、最高位に達し得たものの自己満足であって、いわゆるのぼりっぱなしで、もう一段上の稽古が必要なことを気づかずにいる者が多い。「ここに、中初・上中・下後までを悉く成しし事、亡父の芸風にならでは見えざりしなり。」といって、観阿弥の芸位こそ、真に極致を極めた、稀有な絶対的存在であったと位置づけている。

このように、「九位」の構造と体系を分析した後、もう一度、その体系を繰り返して、次のようにまとめている。「その外、一座棟梁の輩、至極、広精風までを習道《しゆだう》して、正花風にも上らずして、下三位に下りて、終に出世もなき芸人ども、あまたありしなり。結句、今ほどの当道、下三位を習道の初門として、芸能をいたす輩あり。これ順路にあらず。しかれば、九位不入の当道多し。」

以上のように、九位習道の次第を整理して、「上三花」に達した達人が、その無上の「妙花風」の上に「下三位」を位置づけて演ずるのが、中初・上中・下後の中の下後であって、下後の「後」はたんに時間的な後ではなく、ぎりぎりの習道の極致であることは明らかである。

なお、この最高位に達した達人が演ずる「下三位」の芸については、大衆の目にもその芸の面白さが理解される点で、「和風の曲体」であるとも呼んでいる。もとよりこれは、あらゆる芸位の習道をし尽した達人が、態《わざ》を越えた心位の花を咲かせた芸であり、「非《ひ》を是《ぜ》に化かす」見体であって、「麁鉛風」のような、単なる行動に過ぎない態でも、是風の芸の中に取り入れられると、是風になる遠見があるといわれてきた「闌位」の芸である。

世阿弥の能芸論は、稽古によって発展に発展を重ねてきているが、六十一歳の「三道」から、六十二歳の「花鏡」、「九位」(成立年次未詳)、六十八歳の「習道書」に至るまでの能芸論の完成的発展は、中世文化の真髄たる舞台芸術としての能芸の確立を基礎づけ得ている。これら伝書の成立期は、父観阿弥の伝統を継ぐ謡曲についても、元雅・禅竹その他と共に、多くの作品を創作し、また、一座とともに舞台上の演出にも力を入れた時代であったと推定される。

「九位」は、こういう旺盛な、能芸の各方面の確立期を背景として書き上げられた伝書であるために、実践的、自覚的に能芸論の構造と体系を遺憾なく論じ尽している。探求すればするほど、能芸の伝統が如何に深いものであり、同時に中世文化の特質が如何に個性的、創造的なものであったかに驚かされる。

五　中世文化としての能芸の確立

応永年間の能芸は、世阿弥の稽古を基礎とし、世阿弥とその一統の、能曲の創作及び演出・演技によって展開している。世阿弥の伝書「三道」と「習道書《しゆどうしよ》」とは、この能芸の窮極の問題をとり上げている。「三道」は、応永三十年二月、六十一歳の時、長男元雅の弟元能《もとよし》に伝授したものであり、「習道書」は、永享二年、六十八歳の時、一座のために書いたものである。その他、六十八歳（永享二年）に、元能が聞書した「申楽談義」にも、当時の能芸に関するさまざまな談義とともに、晩年における世阿弥の煮詰められた能芸論が収められていることも見のがせない。

「三道」は、すぐれた創作論である。世阿弥は、すでに、「風姿花伝 第六 花修」において、「能の本を書くこと、この道の命なり。極めたる才学の力なけれども、ただ工《たく》みによりて、よき能にはなるものなり。」といって、能作を「この道の命なり。」と重大視し、それをば、きわめぬいた知識や学問の力はなくても、「工み」によって良い能にはなるのだといって、態《わざ》の稽古から成立するとしているのである。そうして、世阿弥は、演者としての立場に立って、「音曲・働き一心になる稽古」を論じ、「万曲一心たる達者《たつしや》」に論及している。

ところが、「三道」になると、「まづ、種《しゆ》・作《さく》・書《しよ》、三道より出でたり」といって、能本創作の方法を具体的に跡づけるに至っている。ことに、この能本創作における、題材展開のエネルギーたる主体的真実即ち「主題」を「種」とよび、その種の自律的展開である「構想」を「作」と呼び、さらに、その主題と構想との言語的定着である「叙述」を「書」と呼んで、それぞれの展開過程を具体的に論じている。

まず、「種」については、「芸能の本説に、その態をなす人体にして舞歌のため大用なる事を知るべし。そもそも、遊楽体とは、舞歌なり。舞・歌二曲の態をなさざらん人体の種ならば、いかなる古人・名匠なりとも、遊楽の見風あるべからず」といって、「種」を、能作における主体的思考が、客体的認識としての、舞歌を演ずる人体を捉えた可能体であるとしている。次に、この主体的真実である「種」の展開としての「作」は、その人体の「なす所を定」めることであって、それが即ち構想の展開であるとわたしは言いたい。それは、序・破・急の三段をとって展開し、さらに、その破は三段に分かれて、結局、序・破・急五段の展開を「本風体」として跡づけている。さらに、叙述即ち「書」は、この五段に、それ〴〵いかなる音曲を配当するかという、最も具体的な展開であるから、音曲化されたことばの定着である。この外、「よき言葉・名句などをば、為手の言ふ事に書くべし」というような注意も加えられている。この「書」即ち叙述については、同じ頃書かれたものと推定される「曲附次《ふしづけし》第《だい》」にもあって、くわしく五音六調子などに亙って論じた末、「声無クテ聞キ、色無クテ見ル」という「礼記」のことばを引いて、深く考えさせている。

このような「三道」を基準とし、世阿弥の能芸論の発展をしっかり参照した上で、謡曲そのものの作品研究を改めて行わなくてはならないとわたしは考えている。そうすれば、主として応永年間に制作された、世阿弥とその一統が創作した室町能の構造が明らかになると思う。

そういう作品研究を行うためには、以上分析してきた「三道」のほかに、各能芸論の発展を見るとともに、その発展の結びともいうべき「習道書」によって、一座の組織と各役々の「曲力和合《きょくりきわがふ》」とを解明しなくてはならない。

「習道書」は、一座の「連人一同の倶行」のために書かれた伝書である。したがって、この伝書は、能芸の世界を究めるためには、不可欠の伝書である。しかも、他の伝書が元雅とか元能とかいう個人に対する伝書であるのと違って、棟梁の為手・脇の為手・鼓の役者・笛の役者・狂言の役人などに伝授したものであるから、一座の全体的関連において、「連人」のそれぞれに、「倶行」の方法を説いているのである。

この伝書の成立した永享二年は、あたかも、義教が将軍職に就いた翌々年であり、世阿弥は義教の排斥に逢って心細さを感じ始めた時だから、観世座の前途のために一座の結束を考えなくてはならなくなって、書かれたのではないかという推測をもって、この伝書を解説している研究者もある。もちろん、世阿弥の内心にはそういう心理も働いていたかも知れない。が、このような一座連人の協力の必要は、すでに、「風姿花伝」中の「奥義」の所々に論じられている。「あまねき風体を心に掛けんとて、わが形木に入らざらん為手は、わが風体を知らぬのみならず、よその風体をも、確かには、まして知るまじきなり」といっているように、あまねき風体をよく知ろうとすれば、わが風体をきわめることであり、また、「目利かず」の人にも面白いように能を演じ、「愚かなる眼《まなこ》」の人にもなるほどと思うように演じることが、わたしには、曲力の和合を得て一座を成就するための倶行の根本要件をなしていると考えられる。「習道書」に至って、この一座の成就を連人の「曲力和合」にはっきり見出だしたことは、世阿弥の能芸論の発展である。

まず、「棟梁の為手」については、「返す返す、一身・一音・一曲の節風《せっぷう》を、叶はねばとて、人数を立て、剰《あまつ》さへ、下座より同音を謡ふこと、さらにさらに、道にてはあるまじきなり」と、その独自性を強調し、さらに、「諸曲においても、棟梁の為手になる事は、上手と許さるる際《きは》なり。その際目の目前の證見と者、たとひ、音声不足なりとも、即座の曲をなす分力なくは、上手とは言ひがたし。物に上手と申すは、かなはぬ所の事をなすをもて、道に至る為手とは申すべきなり」といって、為手役の任務を「一身・一音・一曲の節風」と明確に規定している。「さて、それより後は、既に脇の為手も立ち並び、問答・助音《じょいん》も、一座の人数、平頭《へいとう》の事をなすたよりとして、他数に相同《あいどう》じて、惣曲をもて、見聞一座の事をなす心を持つべし。これ、棟梁の道なりとす」といって、棟梁の道を説き、「その外、論義づかひの声《こわ》さき、為手一人の役なりとす」と説いて、為手役が有力な演出家でもなくてはならないとしているところ、その任務を実践的に説いて、余す所がない。

次に、「脇の為手」については、「先づ、切初《さいしょ》に出でて、開口より、その題目のいはれを分明に云ひをさめて、一会の事をなす事、これ、脇の為手の一人一心の芸役なり」と言い、さらに、「それより後は、一座の平頭の倶行を本として、棟梁の掟の程拍子《ほどひやうし》を、心中に案得《あんとく》して、倶行・同心の曲風をなすべし」と脇の為手の心得を明かにしている。「倶行・同心の曲風」ということばはこれまた適切であり、「棟梁の為手」には「節風」といい、脇の為手には「曲風」といっているところにも、意味の的確さを感じる。また、「棟梁不足なればとて、脇の為手の上手・別心の曲をなさば、一座不同にして、能の順路あるべからず。」といった後で、「善きにもしたがひ、悪しきにもしたがふをもて、脇の為手とす。これ、第一の倶行なり」と結論している。

以下、「鼓の役人」の心得、「笛の役者」の心得、「狂言の役人」の心得など、役々の個性・独立性をそれぞれ詳細に説くとともに、「曲力和合の遠慮」を説くこと、これまた至れり尽くせりの感がある。それらを受けて、最後に、「申楽の番数の事」を説いて、「昔は、四五番には過ぎず。今も、神事・勧進等には、信の能の申楽三番、狂言二番、已上五番なり。」であるから問題はないが、「近年、貴所さまにて仕《つかまつ》る」ことは、番数が重なると、序破急がまた改まるから、「曲道も前後する風体」となる。そこで、貴命である以上仕方がないから、「破急にかかる所を休息して、手を惜しみ、曲をひかへて、能の風体、品々の奥を残す手立を案得すべし。堪能達人の芸力、この時あらはるべきか。よく〱、かねての公案をもて、能の序破急を延曲《えんきょく》すべし」と力説し、「申楽一会の習道、かくのごとし。」と結んでいる。

ここで、「貴所さま」とか、「貴命」とかいっている、観衆の中の有力者、即ち、将軍とか、大名とか、武家の有力者とかいうような武家貴族社会の求めによって演じる場合は、能の序破急が乱れるから、これをどう処理するかということについては、彼が三十八歳の伝書「風姿花伝 第三 問答条々」でいっている判断に比べて、非常な覚悟の相違が現われていることに深い注意を払わなくてはならない。「問答条々」では、「申楽は、貴人の御出《おんい》でを本《ほん》とすれば、もし早く御出である時は、やがて始めずしては叶はず。さる程に、見物衆の座敷、いまだ定まらず。或は遅れ馳《おくば》せなどにて、人の立ち居《たゐ》しどろにして、万人の心、いまだ能にならず。されば、左右《さう》なく、しみ〴〵となる事なし」といい、さらに、そういう場合の対策を考えた後、「さやうならんに付けても、殊更《ことさら》、その貴人の御心に合ひたらん風体をすべし」といっているために、能芸は、その時代における成上り者たる武家貴族の意を迎えることに専念した幇間芸能に過ぎないという判断に陥っている批判がいまも跡を断たない。

わたしは、「問答条々」でも、世阿弥が貴人の鑑賞を尊重しているのは、社会的条件で止むをえないといっているまでで、「万人の心、いまだ能にならず。されば、左右なく、しみじみとなる事なし」という一句を挿入して、そういう貴人尊重は芸術的には無価値であり、無意味であることをはっきりことわっていると考えている。ところが、この五十八歳の伝書になると、「堪能達人の芸力、この時あらはるべきか」といい、「よく〳〵、かねての公案をもて、能の序破急を延曲すべし」といって、最後までこの重要問題を追求しているのである。この不可能をも可能に切り替えなくてはやまない旺盛な探求力は、この三十年間における不撓不屈の稽古がもたらした発展である。わたしは、世阿弥の能芸の成果は、あくまで、生涯にわたる稽古によって生み出されたものであると信ずる。世阿弥の、一曲々々の有機的、立体的な構成にしても、また演技における倶行同心の「曲力和合」にしても、彼の実践からの発展であり、創造である。晩年におけるかくのごとき充実と発展は、彼の、環境的条件を乗り越えようとする積極性として理解しなくてはならない。

世阿弥以後の、たとえば禅竹の能芸論になると、仏教的教理や世阿弥の伝書の所説が先行し、稽古はそれに従って行われている。稽古と伝書の関係が世阿弥の場合とは逆である。その点で世阿弥の六十七歳の伝書「拾玉得花」などが、世阿弥の能芸論の晩年における発展だと認めることはわたしには承認できない。

「拾玉得花」は、その名が示しているように、これまでに経験してきた玉を拾って得た花を禅竹のために蒐集した伝書であって、厳密な意味における、世阿弥晩年の発展や創造を示した伝書ではない。なんとなれば、世阿弥は、彼の稽古そのものによって、中国の古典の所論や禅的傾向をも基礎づけているのに、禅竹は、仏教の教理や世阿弥の芸論によって稽古を跡づけているに過ぎない。禅竹は世阿弥のよき継承者ではあるが、この「拾玉得花」には、世阿弥特有の体系化も創造もない。このような、世阿弥と禅竹の相反する行き方を明確に把えなくては、われわれの能芸史は全きを得ない。

わたしは、世阿弥の能芸論は、ことに、その稽古論は、道元の禅とかかわるところが深いと考えている。香西精氏は、『観世』昭和三十三年一月号に、「ふかん寺二代――竹窓智厳のこと――」を発表され（『世阿弥新考』所収）、生駒宝山寺所蔵の旧金春家文書中、世阿弥自筆書状の一通、五月十四日付、金春大夫宛の返事を正しく読みなおして、この書中にある「ふかん寺二代」が、「竹窓智厳」であり、この智厳は道元八世の法孫であることを明らかにされた。また、この発見にヒントを得て、表章氏は、この大和(奈良県磯城郡)にある補巌寺《ふがんじ》を親しく調べ、そこの納帳を見たところが、その中に、「至翁禅門」の名で世阿弥が、「寿椿禅尼」の名で世阿弥の老妻が、各〻一段歩を永代供養料として寄進していることを発見・報告されている。

世阿弥が妻とともに補巌寺の檀越であり、納帳にその名が記されているということは、世阿弥の生涯を知る上の一大発見である。この補巌寺二代竹窓智厳のことばとして、世阿弥は「仏法にも、しうしの、さんがくと申ハ、とくほう以後のさんがくとこそ、ふがん寺二代ハおほせ候しか。」と記している。道元が生涯にわたって実践し、弟子たちにも勧めて止まなかったのは、この「得法以後の参学」であり、悟後の修証であったことから推しても、観阿弥・世阿弥はもとより、禅竹に至るまで、この道元的血脈につながることが立証されたことは、世阿弥研究上、貴重な発見である。

ちなみに、香西氏は、世阿弥の禅的教養が義持の臨済禅的ではなく、道元の曹洞禅的であったことをも指摘している。義持に限らず、足利将軍の禅的教養は義持以前から臨済禅的であり、将軍は臨済僧を、政治顧問として、外交官として、あるいは貿易の仲介者として重く用いた。

やがて、この臨済禅はいわゆる五山文学を発達させた。後になって、歌人・連歌師などにも、五山の出身者も現われて来て、世阿弥の能芸論と同じように、室町文化の形成に参加しているけれども、世阿弥の能芸論の発展は、あくまで、世阿弥本来の稽古からの創造であり、発展であった。観阿弥・世阿弥の接近した禅の本源である道元は、求道専念の道者であり、その師、中国天童山の如浄から帰国の時委託された「城邑・聚落に住する勿れ。国王・大臣に近づく勿れ。深山・幽谷に居して、一箇半箇を接得し、わが宗をして断絶せしむる勿れ」を、ことば通り実践した生涯を送った宗教家であった。観世父子の能芸の稽古が、この道元の影響を受けたものであったことは、香西氏がいっているように、世阿弥伝書に引用してある禅語の上からも明らかである。

ただ、わたしの読んできた世阿弥の伝書における稽古論からいうと、それらの禅語は、香西氏のいわれているように禅宗の影響として外から学んだものではなくて、その根底は、父観阿弥の伝えようとしたものを伝えようとする、また、父と別れた後の四十年間に、世阿弥自身がその稽古や演出・演技において、「時々浮ム所ノ芸得」といっている稽古の発展に存する。もとより、晩年になるほど、多くの禅語の引用がある。けれども、それと同時に、中国の古典や仏典の引用も少くない。しかも、それらの引用は、原典への深い理解を示していると共に、それよりも彼自身の稽古による体得の深さを基礎としている。

以上、わたしは世阿弥の能芸論を、各時期にわたり、かつ、代表的伝書によって比較的詳しく紹介してきた。それは、中世文化の核心をなす室町文化の創造と確立とが、彼が二十余年にわたって能芸論を発展させ、旺盛な能作者として創作・作曲にはげみ、元雅・元能・禅竹らとともに盛に演出・演技を行って来たこと、特に彼の晩年十年間の稽古と自覚とによるものであることを、実証しようとしたものにほかならない。

六　悲劇の人となった世阿弥

世阿弥は、将軍義持の疎外にも屈せず、田楽の増阿弥が時代の寵児として年々勧進田楽を張行した名声にも屛息させられてしまわないで、観世一座を率いて、演出に、能作に、芸論に、目覚ましい活躍を続けて来たが、永享四年、七十歳の八月一日に至り、長男元雅の早世に逢って、思いもうけなかった悲劇の人となった。この悲劇のまっただ中で書いたのが、「夢跡《ゆめのあと》」と「却来花」である。したがって、この「夢跡」は、今までの伝書のような、能芸のための論議ではなく、能芸の完成に対する希望を失なった老詩人の悲嘆の告白である。

その悲嘆の告白は、「さても、さる八月一日の日、息男善春《ぜんしゆん》、勢州安濃《あの》の津《つ》にて身まかりぬ。老少不定の習ひ、いまさら驚くには似たれども、あまりに思ひの外《ほか》なる心地して、老心身を屈し、愁涙袖を腐《くた》す。」に始まって、

さるにても、善春、子ながらも、類《たぐひ》なき達人として、昔、亡父この道の家名を受けしより、至翁、また、私なく当道を相続して、いま七秩に至れり。善春、また祖父にも越えたる堪能と見えし程に、「共に云ふべくして云はざるは、人を失ふ」と云ふ本文に任せて、道の秘伝・奥義、ことごとく記し伝へつる数々、一炊の夢となりて、無主・無益の塵煙となさんのみなり。今は、残しても誰《た》が為の益《やく》かあらん。

という追懐に及び、

「君ならで誰にか見せん梅の花」と詠ぜし心、まことなるかな。しかれども、道の破滅の時節到来し、よしなき老命残つて、目前の境界に、かかる折節を見ること、悲しむに堪へず。あはれなるかな。(中略)善春、幻に来つて、仮の親子の離別の思ひに、枝葉の乱墨を付くること、まことに思ひの余りなるべし。

思ひきや身は埋木《むもれぎ》の残る世に盛りの花の跡を見んとは

永享四年九月日　　至翁書

いくほどと思はざりせば老の身の涙の果てをいかで知らまし

と述べて、悲嘆の限りを尽している。

世阿弥は、七十歳で「夢跡」を書いて、元雅の早世が彼の晩年に於ける能芸活動の終止符となった嘆きを嘆いている。ところが、さらに、翌永享五年三月の日附をもった「却来花」を書き加えている。

「却来花」は、父観阿弥から、後継者であり、発展者であった世阿弥を経て、長男元雅に伝授しようと志した秘曲がありながら、その元雅が、伝授を証すべき五十歳を待たずして死去したために著わされた。相伝すべき後継者に先立たれた悲運は、やる方なき妄執とあきらめようとしてあきらめきれぬ悲嘆の中に世阿弥を突き落した。せめて、その秘曲の曲名だけでも紙墨に残さないではいられなくなって書いたのが、この一巻である。

その「却来花」には、元雅のことばとして、「最期近くなりし時分、よくよく得法して、無用の事をばせぬよし、申しけるなり」と、彼の得法の事実を追懐的に伝えるのみである。しかも、「さるほどに、嫡孫はいまだ幼少なり。やる方なき二跡の芸道、余りに余りに老心の妄執、一大事の障りともなるばかりなり。たとひ他人なりとも、その人あらば、この一跡をも預け置くべけれども、しかるべき芸人もなし。ここに金春大夫、芸風の性位も正しく、道をも守るべき人なれども、いまだ向上の大祖とは見えず」と、元雅の死によって惹き起された悲嘆を二つ書きとめている。

その一つは嫡孫のまだ幼少であることであり、女婿禅竹は、これは大物になるかも知れないという期待を抱かせるけれども、それはいわば未知数であることである。もう一つは、「たとひ他人なりとも、その人あらば」と期待される後継者のないことである。ところが事実は、「却来花」を書いたその翌月には、甥元重が音阿弥を名乗って観世大夫を継いでいる。世阿弥の甥として、元雅の先輩として、世阿弥の熱心な薫陶を受けて育成された元重である。それを一言半句も問題にしないで、「たとひ他人なりとも、その人あらば」というほど激しい言い方で否定し、無視したのは、何故であったか。元重は、観世座の棟梁として、堂々と糺河原で勧進能を興行し、つゞいて多武峯で演能し、一代の名声を挙げている。

将軍義教は、青蓮院門跡時代から深く元重を愛しており、元重が音阿弥となる以前から、それまで世阿弥と元雅の任務であった、上皇御所の新年に於ける演能をば元重に代わらせていた。観世家の系譜には、元重が観世大夫を継いだことは、「依ル二上意ニ一」と記されている。上意はいうまでもなく将軍義教の命令に依っての意味である。

この義教によって、世阿弥は、永享六年、佐渡に流された。その原因については、義教が公卿六十人を遠島にしたような異常心理の持ち主であったためと言われ、野々村戒三氏は、観世一座は足利将軍家とは対立関係にあった南朝系の地方勢力と関係が深かったから、義持・義教の時代になると、反幕府的な政治的情報の間諜者ではないかと疑われるようになり、その結果、義持の、世阿弥への疎外となり、義教の弾圧となったと説明している。その後、野上豊一郎氏らは、世阿弥が音阿弥に伝書を伝授しなかったり、世阿弥の作品を演じさせなかったりしたことが、音阿弥愛護者であった将軍義教の怒りを買い、佐渡配流になったと考えた。

これらの諸説は、いずれも、多かれ少なかれ、当っている部分もあるに違いない。けれども、世阿弥が元雅の早世にあって悲嘆にくれた時、「たとひ他人なりとも、その人あらば、この一跡をも預け置くべけれども、しかるべき芸人もなし」という烈しいことばで、甥であり、また弟子として育成してきた音阿弥を無視し、否定している感情は、いな、感情より深い根拠は、何であったか。

この問題については、香西氏は、『続世阿弥新考』で、「元雅行年考」の一章をもうけ、文献の博捜と精緻な考証の結果、一仮説を提出された。元重養嗣子説にもとづく、実子元雅誕生後の観世座の後継者決定に関する対立を応仁の乱に喩え、観世一門の応仁の乱と呼んで、それを養嗣子元重と実子元雅との勢力争いとして巧妙に分析されている。これはこれまで行われて来た諸説のどれよりも、問題を元重と元雅との対立に絞って考察している点で、音阿弥・世阿弥の対立から将軍義教による世阿弥佐渡配流に至る事実の真相に迫っていることを認めざるを得ない。

が、わたしは、この元重と元雅との対立は、単なる地位の問題やそれにまつわる感情的ないきさつなどではなく、もっと深い根拠によったものであると思う。そうでなくては、世阿弥は、あれほど断固として、元重の存在を無視し、元重に根本的な否定を加えることができなかったはずである。

それは何であったかといえば、元重はひとつも能作をしていないということである。世阿弥とその一族は、元雅も女婿の禅竹も、みな、能作を残している。しかもその能作の意義については、「風姿花伝　第三　問答条々」(三十八歳)において、勝負立合の手立として、「自作なれば、言葉・振舞、案の内なり。」といって、演技においても自作の能を持つべきであるとし、「風姿花伝　第六　花修」(四十歳)においては「能の本を書くこと、この道の命なり」といっている。六十一歳の時、元能に伝授した「三道」では、種・作・書の三道を、種たる舞歌の人体である主題から、その人体のなすところである構想へ、さらに、「この人体にてはいかやうなる言葉を書きてよかるべし。」というような叙述へと、立体的な展開として定着させている。それを序・破・急の、序一段・破三段・急一段という五段に次序することを「本体風」となし、さらに、そこに取り上げられる人体をば老体・女体・軍体・放下《はうか》・砕動風鬼・力動風鬼に分ける。つまり、人間生活のあらゆるよりどころを深く探り、それによっていわゆる尽十方世界を展望して、天人・修羅・鬘物から狂鬼にまで及んで、超人間世界の真実までをも表現しようとしている。能作はこれほど深く人生を究めなくてはならないのに、元重が一曲も能作を遺していない以上、観世座の継承者たる根本的な資格を欠いている者として扱わねばならなかったことは、当然過ぎるほど当然な処置であったに違いないとわたしは考えるのである。

このように、世阿弥の世界を分析してくると、能芸論が確立され、それを根本として発展・発達を遂げた能作や演出・演技を完成して、能芸による一時代の文化を築くに至ったことは、日本文化の伝統上、注目すべき一時期を実現させたものとしなくてはならない。世阿弥は、能芸の構造においても、「論議」「問答」のような談話形態をとり入れて、和文物語や軍記物語などのような抒情的、叙事的な表現形態とは異った、談話的討議(ディスカッション)形態を成り立たせ、内省的沈潜の味を加えている。また、彼は、立体的、行動的な舞台芸術として、鎌倉時代以来、田楽の能などと共に、田舎芸能に過ぎなかった申楽の能に一大革新を与え、文化の中心地たる京都に進出し、古代的、貴族的な洗練をも加えて、その面目を一新し、すぐれた舞台芸術を完成した。その能は、日本文化の伝統上目覚ましい業績として、五世紀を経た今日まで継承され、さらに、世界的な演劇文化の創造のために新しい脚光を浴びるに至っている。

しかも、その根底は能作の創造である。したがって、能作を一作も残していない元重が観世座を相続する資格の欠如した存在であったことは、どうすることもできない、元重無視の理由であったに相違ない。

わけても、「花伝 第七 別紙口伝」(応永二十五年)の奥書に、「この別紙の条々、先年弟四郎に相伝するといへども、元次、芸能感人たるによつて、これをまた伝ふる所なり」とあり、その元次は長男元雅でなくてはならないと判断されているところから推すと、この頃はすでに実子元雅に後継者として相伝し、甥の元重は後継者の地位から除外されていたものと考えられる。したがって、香西氏の所説のように、元重・元雅の対立が応仁の乱に喩えられるような争いであったなどとは考えられない。

世阿弥の能芸論は、漢学や禅語を本則として、そこから展開された芸案などではなく、世阿弥本来の天分と稽古によった創造であり、ところどころに引用されている古典の本文や禅語も、このような本来的なものの創造や発展を一般的にわかりやすく表現するためのものにほかならない。

室町時代の観世座の能芸は、近世の歌舞伎のようなにぎやかなものであったらしいが、江戸時代に及んで、能芸が「能楽」と呼ばれて幕府の式楽となり、名人の輩出によって、洗練・発達を遂げて今日に至っていると考えている人がいまでも少くない。もちろん、幕府の式楽としての位置の獲得と時代々々の名人による洗練は認められなくてはならない。しかし、そういう位置づけや洗練は、応永年間における能芸の完成とその深い自覚の中に準備されていたものの展開にほかならないとわたしは思っている。

「中楽談義」には、「静かなりし夜、砧《きぬた》の能の節を聞きしに、かやうの能の味はひは、末の世に知る人あるまじければ、書き置くも物ぐさき由、物語せられしなり」と世阿弥が感慨をもらしたことを伝えている。これを一般には世阿弥の音曲的名人ぶりとして伝えられているけれども、このすぐ後には、「しかれば、無上無味のみなる所は、味はふべきことならず。また、書き載せんとすれども、更に、その言葉なし。位上らば自然に悟るべき事と承はれば、聞書《ききがき》にも及ばず。たゞ、浮舟・松風村雨などやうの能に相応たらんを、無上の物と知るべし、と云々」と説かれている。それは、単なる音曲的才能だけではなく、能芸術の窮極を問題にしていることは明らかである。「申楽談義」にはこれに続いて、世阿弥の芸風を分析していろいろ指摘しているのであるが、世阿弥の能芸論研究のためには、この窮極としての、一曲々々の作品研究を成し遂げる必要がある。本章においてわたしが行って来たのは、このような能作の作品研究を成し遂げるための基礎的、準備的な問題の考察である。これからの研究には、作品の一つ一つをとりあげ、改めてその世界を、これまでのように個々の能芸論の例説として部分的に引照するだけでなく、それぞれ独立した作品構造として探究することが肝要である。それらの作品が、この時代の文化として、伝統上如何なる位置と意義を占めるものであるかという根本問題に答えるとともに、近世における能楽が、いかなる能楽師によってこの室町文化の伝統を継承し進展させたかという歴史的研究をも行わなくてはならないと思う。

世阿弥の晩年の伝書にはもはや能芸論の発展はない。ただ、思いがけなかった一子相伝の相手である元雅の早世に逢って、その悲運を嘆き、元雅への口伝のすべてを回想し、せめて「却来花」という名称だけでも、もし相続する人が将来現われれば、「世阿が後代の形見」として残そうとしたものである。また、世阿弥が、応永から永享初年にかけての活動期から顚落し、悲劇の運命に陥ってしまったことを示すものでもある。

けれども、彼は能芸を見捨てた、閑暇の人となることができないで、女婿禅竹のために、正長元年に「拾玉得花」を書いている。これは、名の示すように、能芸の玉を拾い、体得した花を集めて、「いまだ向上の大祖とは見えず」といわれた愛婿禅竹のために、なんとかして、「向上の大祖」に育てたいという深い愛情から遺したもので、それまでの伝書のような構造もなければ、体系の発展もない。拾った玉、体得した花を集めているだけである。わたしは、「却来花」を、「風姿花伝」や「花鏡」のような、時代を劃する伝書と認めることは適当でないと考えるとともに、「拾玉得花」の如きも、世阿弥晩年の重要な伝書と認めることには賛同できない。

まして、禅竹の「六輪一露」を、世阿弥の芸論の発展として考えることなどには賛同しがたい。禅竹は、素直に世阿弥の能芸論を受け入れている、よき伝承者ではあるが、世阿弥のような創造性・発展性は示していない。世阿弥の溢れるような愛情と伝授を受けたけれども、世阿弥が案じていたように、ついに「向上の大祖」にはなれなかったものと考えられる。この世阿弥と禅竹の違いを正しく判定しなくては能芸史の体系は理解できないであろうというのがわたしの立場である。

その後二年、次男元能は、「申楽談義」の終りに、

たらちねの道の契りや七十路《ななそぢ》の老《おい》まで身をもうつすなりけん

はゝそ原かけ置く露のあはれにもなほ残る世のかげぞ断《た》ち憂《う》き

棄恩入無為　真実報恩者

立ち返り法《のり》の御親《みおや》の守りとも引くべき道ぞせきな留めそ

永享二年十一月十一日

為ニ二残志ノ一秦ノ元能書スレ之ヲ

という悲痛な別れのことばを残して、能芸界を引退して、大和の国越智《おち》に遁れている。

この次男元能は、「三道」の伝授を受けたり、当時の能芸界に於ける世阿弥の芸談を書きとめたりしており、世阿弥一門の俊秀ではあったが、恐らく、将軍義持の世阿弥・元雅等に対する疎外、さらには将軍義教に及んでますます甚だしくなる弾圧に失望を禁じ得なくなって引退したものと思われる。これも晩年の世阿弥にとっては大きなショックであったに違いないが、元雅の生前であったので堪えることができたのであろう。永享六年、七十二歳の世阿弥は将軍義教の弾圧下に、遠い佐渡に流された。

七　佐渡の世阿弥

わたしは昭和二十六年の冬、新潟県教育会の招きによって、三日間、佐渡に講演に赴いた。毎日午前中、講義をし、午後は、世阿弥の遺跡を訪問した。会場に集った方々は高等学校における各教科の先生であったが、世阿弥が佐渡に配流された能役者であることを知っている人が少なかったことには驚かされた。その時の見聞や記録は「世阿弥の生涯と佐渡」(『国語と国文学』昭和二十七年十月号)の中に附記し、その後、昭和三十六年に『中世的なものとその展開』(岩波書店刊)に収めている。

佐渡配流から帰った世阿弥は、嘉吉三年に八十一歳で没するまで、奈良の金春禅竹家に身を寄せていたともいわれ、または大和の越智に引退していた次男元能のもとに身を寄せていたともいわれているが、佐渡から帰った後の動静は茫漠としてさだかでない。ただ、越智の観世家と奈良の金春家には多くの伝書が残っている。

佐渡に流された世阿弥は、将軍を恨みもせず、将軍のいうままに弾圧の手をゆるめなかった周囲の人々を恨みもせず、小謡集《こうたいしゅう》「金島書《きんとうしょ》」に天才詩人の面影をとどめているだけで、最後には、彼はなんの執念もなく、あたかも、熟した木の実が深まる秋と共に枝から離れるように、この世からその姿を隠している。

わたしが佐渡における世阿弥の遺跡を尋ねた時、世阿弥最後の配所であった正法寺には、世阿弥遺愛の能面といわれるものが一面保存されていた。それは、京都から佐渡へ携えてきた面であるともいい、また、佐渡で世阿弥が彫刻した面であるとも言われていた。その時はまだ専門家の調査も行われていないということであったが、面の上部である額から鼻のあたりにかけては、能面特有の明晰さがあるのに、下部の口辺から顎のあたりにかけては、上部のような明晰さが失なわれているようにわたしには感じられ、なんとなく刀の凝滞ともいうべきものが認められた。

「金島書」に「げにや、罪なくて、配所の月を見る事は、古人の望みなるものを、身にも心のあるやらん」と嘆かれているように、その心境の奥底には、彫刻の刀の乱れとなった断ち難い感慨がかすかながらその跡をとどめていたのも、やむをえない彼の真実ではなかったろうか。

また、正法寺の庭の片隅には「腰かけ石」という彼の遺跡があった。案内してくれた寺の人の話によると、世阿弥は時々、この腰掛け石にかけて、遠く金北山を望み、「山より出づる北時雨、山より出づる北時雨、行方や定めなかるらん」という、感慨とも謡いともつかぬものを低く口ずさんでいたという。これは謡曲「定家」の次第になっているから、「定家」は佐渡での世阿弥の作だという伝説もあるが、それは事実ではなく、「定家」は、世阿弥の没後の誰かの作で、おそらく女婿禅竹が、この世阿弥のことばを「次第」とし、そのままこの曲に生かしたものではなかろうかという想いがわたしの心にいくたびとなく繰り返された。わたしもこの腰掛け石に掛けて、島の北方に聳えている金北山を望みながら、この「山より出づる北時雨、山より出づる北時雨」と心の中で静かに繰返し、「行方や定めなかるらん」と続けていると、この「次第」を口ずさんでいたという世阿弥の心境がわたしの胸にも迫ってくるように感じられた。

さらに世阿弥は、自分と同じように百年前ここに配流された歌人、京極為兼が、配所に近い八幡で、ほととぎすがしきりに鳴くのを聞いて、「鳴けば聞く、聞けば都の恋しきに、この里過ぎよ、山ほととぎす」という歌を詠んだところ、その後はこの八幡の森ではほととぎすが鳴かなくなったという伝説があることを聞いて、「声もなつかし、ほととぎす、ただ鳴けや、〳〵、老の身、われにも故郷《こきやう》を泣くものを、〳〵」という小謡の一節を「金島書」に遺している。

この為兼の歌は、「鳴いてくれるな。山ほととぎす。鳴けば都の恋しきに」と改作されて、いわゆる佐渡おけさとしていまもひろく歌われている。世阿弥のこの小謡もぜひ佐渡おけさのひとつに加え、歌い伝えてほしいとわたしは思い、「なけや八幡《やはた》の山ほととぎす。我も都を泣くものを。」と改作を試みてみた。「金島書」に佐渡の自然を神代以来の尊さとして謡った世阿弥は、また、佐渡の人々の人情の暖かさを心から讃えている。

中世文化の花としての能芸を創造し、かつ完成した世阿弥は、ただ、能芸家及びその愛読者の間に伝えられているだけでよいものだろうか。わたしは、あらためて全国民の感謝と讃嘆の焦点に位置づけられる日が一日も早くめぐってくることを期待してやまないひとりである。

（一九七三年三月十九日）

第二部

世阿弥の芸道教育論

一

能楽の大成者世阿弥元清については、明治四十二年に、故吉田東伍博士が、新たに安田善之助氏の蔵に帰したその遺作を『世阿弥十六部集』として校訂・刊行されて以来、大正二年から三年にかけて、故藤代博士によって京都片山家所蔵の別な「花伝書」(宗節本)が雑誌『芸文』に発表され、更に近くは、これ等を底本とした野々村戒三氏編の『校註世阿弥十六部集』、及び岩波文庫第百七十一篇、野上豊一郎氏校訂の『花伝書』等が相次いで刊行され、年と共に世人の注目する所となって来た。

又この『世阿弥十六部集』の研究に於ては、まずこれが解説としては、佐成謙太郎氏の口語訳が雑誌『謡曲界』に連載され、池内信嘉氏の『世阿弥十六部集意訳 能と謡の根原』が昨年刊行されている外、更にその批評的研究として纏ったものでは、早くは五十嵐力氏著『新国文学史』中に世阿弥の幽玄論・物真似論等の項がある外、松浦一氏著『文学の本質』中に世阿弥の芸術観が概観されており、又雑誌『謡曲界』および『国文教育』特輯号等に、佐成氏の研究等が発表されている。

私が始めて『世阿弥十六部集』の名を知ったのは、明治四十三年に、五十嵐氏の『新国文学史』

を読んだ時であった。五十嵐氏のこの著は、国文学史の上に学術的に新生面を開くというよりも、国文学の滋味を一般化する上に貢献する所にその特色があるように思われたが、只謡曲に関する章に於ては、当時のどの文学史よりも、たしかに一頭地を抜いたものがあった。そして、それは主として『世阿弥十六部集』の研究および紹介に拠るもののようであった。そこで、私は吉田博士が始めてそれを紹介された雑誌『能楽』を捜し求め、又非売品として頒布されてあったこの『世阿弥十六部集』を友人から借覧することができて、異常な感激で読み耽ったことを覚えている。爾来二十年足らずの間に、世阿弥に関する研究・考察が、年と共に少しずつでも進んで来たことを思うと、当時未だ極めて少数の人にしか注意されていなかった状態に思い比べて感慨の深いものがある。

私は今、この間にぽつぽつと読み来った所に省みて、能楽の直接問題よりも、彼が能楽に於て徹し得た、もっと普遍的な思想に関して、二、三の考察を試みたいと思う。

世阿弥が能楽論の一特質は、稽古尊重の思想である。彼は開演能の準備としてこれを重んじたばかりでなく、生涯を通じて稽古一片となりきることに、独立した意義をさえ認めようとした。この方面に関する彼の思想は、まず「非道を行ずべからず」の一句によって代表せられているといってもよい。この思想は「花伝書」の総序ともいうべき端書に見える所であるが、吉田博士は、これを同書中「第四　神儀」と共に、後世の竄入・偽托なりと断じていられるけれども、たとえこれを竄入とするも、「非道を行ずべからず」の思想そのものは、他の諸所にも見出される所であり、且つその表現もまた世阿弥的であって、世阿弥思想の一主題として誤らない所であると信ぜられる。

今、この端書について見るに、

先、此道に至らんと思はんものは、非道を行ずべからず。但、歌道は風月延年のかざりなれば、尤もこれをもちふべし。

とある。即ち、歌道は能楽道の理想と相通うものがあるが故に(このことの考察は後にゆずるが)これを取り入れなくてはならない。が、その他の諸道は一切行じてはならぬ。これがこの道に達しようと志すものへの条件であるとしている。「覚習条々」にも、その「奥段」に、

まことにまことに能を知らんとおもはば、先諸道諸事をうち置きて、当芸ばかりに入ふして、連続に習ひ究めて、劫を積む所にて、おのづから心にうかぶ時、是を知るべし。

と言っている。

いうまでもなく、ここにいう「非道」は背道徳を意味する非道ではなく、「諸道諸事をうち置きて」といっているように、能芸以外の事象を指すものであることは、「但、歌道は云々」といって例外を挙げている関係からも推定される所であるが、それにしても、能楽以外を敢て「非道」と呼んで、これを稽古の上から拒斥しようとしている態度・覚悟は、理解や趣味の広きを誇ろうとする現代意識の意想外とする所でなければならぬ。

世阿弥元清が、父観阿弥清次と共に、初めて室町幕府に仕えたのは、永和元年、観阿弥四十三歳、世阿弥十三歳の時であったが、その地位の如きは、誠に微々たる童坊に過ぎなかった。然も、その任とする所はといえば、遊観・娯楽の提供である。その地位より見、その任より考える時は、そこ

に格別自重を要すべき何ものもなく、従ってまた生活の上に特殊な羈束の要せらるべき何ものもなさそうである。しかるに、なお、この端書の最後に於ては、

一　好色・博奕・大酒、三重戒、是古人掟也。

一　「稽古は強かれ、諍識はなかれ」と也。

の二条を立てて、生活の規範としている。かくの如きは、どうしても彼が芸道精進の至心から出でたものであると解する外に道はない。

いうまでもなく、この二条の禁戒は「非道を行ずべからず」という精神の展開であって、前者はその消極的方面を、後者はその積極的方面を基礎づけるべき覚悟である。今まず、この積極的方面について考えて見るのに、「花伝書　第三　問答条々」に、

上手は下手の手本、下手は上手の手本なりと工夫すべし。下手の善き所を取て、上手の物数に入ること、無上至極の理なり。人のわるき所を見るだにも、我が手本なり。況んやよき所をや。「稽古は強かれ、諍識はなかれ」とは是なるべし。

と説明している如く、その精神とする所は、私心なく、ただ芸道のために芸道をはげみ、いかなる芸位にも稽古の対象を見出そうとする事にあるのであって、それがためにはあらゆる驕慢や、嫉妬や、競争心や、負け惜しみの根底にあって、常に学道の自由を妨げる「諍識」が深く戒められなければならなかった。

この「諍識」については、吉田博士が既に語義不明確の符を附している如く、典拠も明らかでな

く、他書に用例も見当らぬのであるが、これを世阿弥の用語例について考えて見ると、

若しよき所を見たりとも、我より下手をば似すまじきと思ふ諍識あらば、その心に繋縛せられて、我がわろき所とも、いかさま知るまじきなり。是則ち、究めぬ心なるべし。

とあって、我意・我執から生起する「あらそひ」の意識をさすもののようである。又同じ「条々」に、

「我は、あれ体にわろき所をばすまじきものを」と慢心あらば、我がよき所をも真実知らぬ為手なるべし。

といい、

されば上手にだにも諍慢あらばわろかるべし。況んや、かなはぬ諍識をや。

といっているのに見ると、慢心・諍慢等にもつながる意識である。上位にある者の慢心を懇切に戒めた後、一転して、「況んや、かなはぬ諍識をや」と、下位の芸にありながら、我意・我執のために謙虚に学ぶことのできない意識を否定しているのは、誠に人性に徹した明眼といわねばならぬ。諍識の意義と位置とはこれでほぼ明らかにされると思う。

かくて、彼は稽古の切要を説くと共に、これが妨害となるべき意識を反省し、否定しようとしているのであって、この精神こそ世阿弥が能楽道大成の契機であると言わねばならぬ。

世阿弥の、この「稽古は強かれ」の精神は、更に、

惣じて即座に限るべからず。日々夜々、行住坐臥に、この心を忘れずして定心につなぐべし。

かやうに油断なく工夫せば能いやましなるべし。（「覚習条々」）

という念々相続の工夫となって、その稽古を、舞台の上のみに限らず、「日々夜々、行住坐臥」にまで、これを拡張した。ここに至って、稽古は、単なる限られた作業としての努力ではなくて、全生活においてすべき全人的鍛錬であるが故に、朝念暮思、一刻たりとも放慢に過すべきではない。そこに又、自ら日常生活の規矩としての三重戒が立てられねばならなかった。

彼にとって能楽は、単なる技芸でもなければ、まして単なる職業でもない、実に道そのものであった。他の一切を「非道」として捨離せねば止まぬ程に、唯一の神聖な道であった。この磨ぎ澄まされた鏡にも比すべき彼の芸道意識の上には、一念の揺ぎ、一思の乱れも実に大きな瑕疵であり、障碍でなければならなかった。従って、彼は、時と力の僅少な浪費をも惜しむと共に、又その心境を乱すべき逸楽・戯技をも恐れ避けたのであった。そして、その遺著の到る処に横溢している一道徹底の覚悟は、その全生活を以て稽古となし、全心身を以て芸道となさねば止むことのできないものであった。そこに芸道はやがてまた道徳をふくみ、宗教に達した深い統一境として成立したのであって、能楽に関する世阿弥の一言一句に人生そのものの深さを読み得るのは、全くこのためである。

かくて、彼が「非道を行ずべからず」と立言した根本は、生活の放漫を戒め、諸道諸事を放擲して、専念、能芸に集中し、しかもその全生活を率いて能芸の稽古たらしめようとする勇猛心にあった。しかも、そのためには、各人の意識の底に潜んでその勇猛心を衷から障碍する諍識の反省と戒慎とを忘れなかった。

「非道を行ずべからず。」この一言は、実に、地位や博識や教養を以てものを言おうとせず、ただ、道そのものを以て言う所あらんとした彼の毅然たる覚悟を示すものであって、この覚悟こそ将来永く能芸の上に品位と尊厳とを保たせた力であった。そして又、これこそ、古来の宗教家が「一事を事とせざれば一智に達することなし」といい、「better は best の敵である」といったその精神であって、ここに既に宗教的精進にまで高められた芸道修行の姿を見ることができる。

能楽は既に完成した芸術であって、もはや後人の開拓すべき余地がないといわれている。そして室町時代以後は、只、その反覆・相続が行われているに過ぎないものであって、新作が試みられても、いつしかそれが行われなくなり、大成当時の作のみが繰り返されている有様であるという。抑も、これは何を語るものであろうか。凡そ能楽に限らず、あらゆる芸術の完成は、必ず、そこに優れたある個人を俟って始めて遂げられるのがその常である。言い換えれば、具体的な個人格を離れて、ある芸術様式の完成を考えることは不可能である。和歌における人麿の如き、俳諧における芭蕉の如き、また茶道における利休の如き、それぞれその展開史上、こういう個人の存在を除外しては、どうしても、今日までの、その後の展開を考えることはできないものがある。しかも能楽の如き、人間生活のあらゆる象面が総合されている芸道に於ては、一人の完成がやがて万人の完成であるというような、包括的意義が著しいために、特にこの世阿弥的完成が、やがて能楽そのものの完成を結果したのであろう。更にまた、これにもまして、かくの如き結果に導いた有力な理由は、世阿弥その人の能楽大成に於ける態度が、「非道を行ずべからず」というような、あくまで能芸中心の集中生活であったと共に、その集中がやがてまた全人的要求の統一生活であったがために、即ち、能楽以外の諸道諸事を打ち棄てて、しかも人間生活の全意義を生かすというような集中と統一があったがために、その個性的な完成が最も深い意義において普遍的完成となったのであろう。従って、これが相続と反覆とが、あたかも普遍的真理の自覚における関係の如く、それぞれの場合において、新たな意義であり、新たな力でなくてはならぬ。「稽古」の意義はここにその全意義を完結するものであって、この意味に於て、発展のなかったかに見える能楽の歴史的事象は、能楽大成の源頭において既に決定されていたところであるとも考えることができる。「覚習条々」の「奥段」に、

能の奥を見せずして生涯を暮すを、当流の奥儀、子孫庭訓の秘伝とす。

といっているのも、他の重要な意義を語るものであると共に、またこの稽古の絶対的価値を信ずる者のみの言い得るところでなくてはならぬ。

かくて、世阿弥の「非道を行ずべからず」の思想は、他の諸道諸事の拒否に於て、一見唯美主義的、又は芸術至上主義的傾向の一面と相触れるところがあるもののようであるが、その精神と帰向とを比較する時は、両者の間に著しい差異の存することに気づかせられる。

今これを道徳との関係に於て見るも、芸術至上主義もしくは唯美主義の意向には、美又は芸術の絶対的価値を主張する反面には、善もしくは道徳との背馳・牴触を予想し、肯定しているところがある。これは芸術なり美なりを重んじつつ、却ってこれを局限していることであって、そういう意

識の潜む間は、相対的意義を脱することは出来ないのみならず、道徳を他律的側面に解して、これを拒斥することによって、相率いて芸術および美の意義をも低下せしめつつある。

然るに、世阿弥にあっては、道徳的生活は芸道修行者の心身を内から調え、これに稽古の自由を得させることであると共に、芸道に達することは、やがて又、人生そのものの深さに達することであったがために、そこには道徳を含み、宗教に通じて、人間性の最も本質的なものを統一し、具現した境地が開かれて来た。現代の新しい美学が、真・善・美として各ゝ特立させる価値としての美ではなくて、真・善・美を内に包んだ総合的価値を「聖」と呼び、これを芸術の理想とする思想は、既に世阿弥が能芸の上にこれを具現し、体得していた境地であった。しかも、世阿弥がこれを成すに当っては、与えられた低い地位に安んじつつ、内には深く放逸を戒め、我執を抑え、単なる遊観・娯楽の能芸に携わりつつ、修道者の忍苦と精進を以て、これを「道」の名に価するものに完成したのであって、彼の生涯にもまして真に芸術を尊み、美に仕える道は世になかろうと思われる。しかも、この特質は、一に、彼が「非道を行ずべからず」の思想に根基するものであること上叙の如くである。

二

世阿弥の著を読んで動かされる大きな理由の一つは、生涯*を以て能芸の稽古たらしめようとしたその生活態度にある。彼のいかなる思想といえどもこれを根基としていないものはないが、わけてもこれを当面の問題として全体的に叙したものは、「風姿花伝　第一 年来稽古条々」に示された芸道の稽古および教育論である。

「花伝書」のうち、この「年来稽古条々」は「物学条々」及び「問答条々」と共に、応永七年(三十八歳)の述作であることは、その奥書によって明らかである。

＊　世阿弥の生年及び没年を決定すべき最も確実な材料は、『世阿弥十六部集』に収められてある「夢跡一紙」に、「むかし、亡父此の道の家名をうけしより、至翁、又わたくしなく当道を相続して、いま七秩にいたれり」とあり、更にその奥書に「永享二二年九月日　至翁書」とあることであって、「至翁」は故吉田博士も言われたように「老翁」であろう。それが前後の関係によって世阿弥を指していることは明らかである。ただ「七秩」を概数ととるか、文字通り七十歳ととるかによって少し変って来る筈であるが、今、後者に従って、この永享四年を七十歳とすれば、彼の生年は貞治二年(一三六三)であり、応永七年(一四〇〇)は三十八歳に当る。

本文は「七歳」「十二、三より」「十七、八より」「二十四、五」「三十四、五」「四十四、五」「五十有余」の七項にわかち、生涯の各時期に於ける特質と稽古の覚悟とを述べたものであって、よく根本精神を簡勁に道破しつつ、しかも細大洩らす所のない注意を加えたものである。

今この本文を見るに先立ち、述作の年代について考えて見るに、「花伝書」のうちこの三篇以外の諸篇は、「奥義」(宗節本)が「于時応永第九之暦暮春二日馳筆畢　世阿有判」、「音曲声出口伝」(宗節本)が「応永六年六月日　世阿判」、「花伝書　別紙口伝」が「応永廿五年六月一日　世花押」等の日附を有していて、前後二十年に亙る述作であったが、他の諸作も、その奥書を有するものは、何れもそれ以後の述作であるから、「年来稽古条々」「物学条々」「問答条々」は、先ず以て世子最初の述作であると見て大過はないであろう。更にまた、その内容の検討によるも、以下の諸篇諸作はこの三篇の展開としても見られる関係にあるのだから、これは世阿弥最初の述作であると共に、また全体にわたる基礎的な試作であるとも見られぬことはない。殊に「年来稽古条々」は、問題の性質上、人性観と芸道観とを基礎とした立論であるだけに、彼が全思想をここに見るべく、しかも、単なる萌芽としてこれを有するのみでなく、十分に自覚された意識に於て概観されている趣である。

彼が「年来稽古条々」に述べている思想の特質は、人間の生理的、心理的発達に即して、芸道発展の意義を見究めようとしていることである。彼は何れかといえば唯心的芸道観に立ちながら、しかも、心理的、生理的条件に対する深い洞察と理解とを持ち、決してこれを無視するようなことはなかった。むしろ、生理的、心理的自然をあるがままに識って、深くこれに随順しつつ、そういう間から、一歩々々、生理的自然以上、心理的自然以上の或るものを鍛え出し、磨き出して行こうとした。

彼は、かくの如き立場から、先ず生涯に於ける最も重大な時期として、四十歳前後を見出し、これを中心として、四十歳以前・四十歳以後という立て方をしている。この篇でも、「二十四、五」の項に於て、

年盛りに向ふ芸能の生ずる所也。

といい、また、「三十四、五」の項に於ては、

この頃の能、盛りの極めなり。ここにて、此の条々を究め悟りて、堪能になれば、定めて天下に許され、名望を得つべし。

といって、この頃を心理的、生理的発達に伴った芸位発展の極として考えている。

然らば、以後に於ては、全く芸位の発展はあり得ないであろうか。彼は更に語をついでいう、

若しこの時分(三十四、五)に、天下の許されも不足に、名望も思ふ程もなくば、如何なる上手なりとも、未だ真の花を極めぬ為手と知るべし。もし極めずは、四十より能は下がるべし。それ、後の證拠なるべし。さる程に、上がるは三十四、五までの頃、下がるは四十以来なり。

と。即ち、この年齢が、極めない為手の退化する時期とされている反面には、極めた為手ならば、なお、これから後の発展の存することが暗に示されていると推想せねばならぬ。

かくて「四十四、五」の項に述べられたところは、主として、これまであった生理的優越の失墜であって、まず、「この頃よりは能の手立、大方変るべし。」と概言し、ついで、

仮令、天下に許され、能に得法したりとも、それにつけても、よき脇の為手を持つべし。能は下がらねども、力なく、やうやう年闌けゆけば、身の花も、よそ目の花も失するなり。

と内省・観察し、今まで能芸と相関的に進んで来た生理的条件の衰退が頓に著しく、それに伴って能芸そのものの退化もまた免れがたい関係に立つ所以を明らかにしつつ、しかも一面には又、「能は下がらねども」という限定を忘れない。かくて、「若しこの頃まで失せざらん花こそ、真の花にては

あるべけれ。」と明言し、更に、「五十有余」の項では、

麒麟も老いては駑馬に劣ると申す事あり。さり乍ら、真に得たらん能者ならば、物数は皆々失せて、善悪見所は少なしとも、花は残るべし。

と確言して、最後に亡父観阿弥が五十二歳で死去した年の五月四日、駿河の国浅間神社の神前で法楽を執行し、非常に見事な出来栄えであった事を追憶した後、

これ、誠に得たりし花なるが故に、能は、枝葉も少なく、老木になるまで、花は散らで残りしなり。これ、眼のあたり、老骨に残りし花の證拠なり。

という、やや晦渋で、重厚味のある叙述を以て結んでいる。これに見ると、彼は生理的条件が衰退した後の芸能とその価値について、異常な感嘆を懐いていたことが認められる。

更にこれを「覚習条々」「九位次第」等について見れば、能楽究竟の価値として重んぜられているのは、明らかに「四十四、五」及び「五十有余」の項に述べられた芸風であって、ここに至っては、彼のいわゆる「年盛りの芸能」はやはり「年盛りの」であって、まだ純粋な意義に於て能楽の極致を成すものではない。ただ、やがて能楽の聖境を建立すべき階梯であるに過ぎないかに見える。が、一方、ここに重心を置きつつも、なおそこに至るべき各年齢々々に於ける特質と価値とを十分に認め且つ尊重し、深くその生理的自然に随順しつつ、その進展を期しようとしているところに、彼が単なる論理家でなく、生活そのものを以てせる体得の人であった確かさが感銘される。然らば、彼は、生理的自然の衰退によって、そういう条件の支持を失った能芸を、若年以来習い徹して来た稽

古の中から、いかなる価値を、いかなる覚悟によって体現すべきであると考えたのであろうか。まずその点についての彼の思想を吟味したい。

「三十四、五」の項に於て、彼がこの期の著しい点として認めていたことは、「この頃の能、盛りの極めなり。」と書出している如くであって、名人として天下に許されることを必要と考え、この条件が備わらない程度の為手ならば、「四十より能は下がるべし。それ後の證拠なるべし。」といっていることは前に述べたところであるけれども、更に彼は、最も重要な内的証徴として、

ここにてなほ慎むべし。此の頃は過ぎし方を覚え、又行く先の手立てをも覚る時分なり。

と道破し、自己の過去がその意味を開示し来ると共に、理想そのものが「行く先の手立」として具体的に自覚されて来るのを以てこの期の意義となし、更に新たに開拓さるべき芸道の新天地が、如何なる基礎の上に成立すべきであるかを示している。故に、次に来るべき「四十四、五」の項は、更にこの精神の徹底であって、まず芸風の上には、

仮令、天下に許され、能に得法したりとも、それにつけても、よき脇の為手を持つべし。(中略)此の頃よりは、さのみ細かなる物真似をばすまじきなり。大方似合ひたる風体を、安々と、骨を折らで、脇の為手に花を持たせて、あひしらひのやうに、少々《すくなすくな》とすべし。たとひ脇の為手なからんにつけても、いよいよ細かに身を砕く能をばすまじきなり。

といって、

(一) 自己を立てる代わりに、他を立て、他を生かす工夫に入るべきこと。

(二) 自己の芸は、生理的自然に逆らわないで、「少な少な」と手を惜しむべきこと。

(三) 主観的には「安々」とした心の状態を失なわないこと。

等の注意を列挙し、最後に、「かやうに我身を知る心、得たる人の心なるべし。」という千古の至言を遺しているのであって、ギリシャの古聖が「汝自らを知れ」といったと同じ精神に至り得ている。

更に「五十有余」に進んでは、まず、

此頃よりは、大方せぬならでは手立あるまじ。

と概言し、進んで、「麒麟も老いては土馬に劣ると申す事あり。」と戒めつつ、更に、

さり乍ら真に得たらん能者ならば、物数は皆々失せて善悪見所は少なしとも、花は残るべし。

という自信ある期待となり、更に、亡父観阿弥の追憶と、その晩年の芸風に対する嘆美によって文を結んでいることは前言の如くであるが、芸そのものへの精進が、やがて自覚としての深さ・偉大さに達し、更にまたここに「せぬならでは手立あるまじ」の如き、絶対境の暗示となっている。

この「せぬならでは手立あるまじ」については「覚習条々」奥段で「年来稽古条々」を概括した中にも、「五十有余よりは大方せぬをもて手立とするなり。」とあって、文字通りに解すれば、矛盾した言い方のようであるけれども、またその矛盾によってのみ生かされ得る力強い何ものかが止揚されている。一体に世阿弥は高い境地を言わんとする場合、往々この種の表現法を用いている。

そこで、先ず考えられる意味は、四十以後の芸風として挙げられた「少な少な」の程度を更に高めることである。たしかに五十有余の芸風としても、この「少な少な」が数えられてはいる。即ち、「此

の時分の習ひ事とは、先づ物数を少くすべし。」とか「舞などをも手を少」くの如き文字があって、手立てを少な少なとすることが要求されている。けれども、この語の示す全意味は単に手立てだけではなく、それに即した更に深い何ものかを暗示しようとしているものでなければならぬ。四十以後の風体として手を少な少なとする道が開かれたのであったが、ここに至ってはその程度を高める外に、更にその意向の徹底として、この「せぬ」という境位が所期せられたものでなければならぬ。「奥段」の終りに於て、「『せぬならでは手立なき』程の大事を老後にせん事、初心にてはなしや」といっている如き、そこには新たな段階としての意識が含まれている。なお「万能縮一心の事」に、

　見所の批判に云はく、「せぬ所が面白き」などいふ事あり。是は為手の秘する所の安心なり。先づ二曲を始めとして、立働・物真似の色々、悉く皆身になす態なり。せぬ所と申すは其の隙なり。

とあり、更にこの「隙」を説明して、

　是は油断なく心を縮ぐ性根なり。舞を舞ひ止むひま、音曲を謡《うた》ひ止む所、その外、言葉・物真似、あらゆる品々の隙々に、心を捨てずして、用心をもつ内心なり、この内心の感、外に匂ひて面白きなり。かやうなれども、此の内心ありと、よそに見えては悪かるべし。若し見えば、それは態になるべし。せぬにてはあるべからず。

としているのであって、これによって見れば「せぬ」とは、態と態との間に介在する「隙」である。勿論これを重要な一意義とすることは能楽のすべてに通じた精神であるが、老後の手立ては特にこ

の点に対する集中でなければならぬとするもののようである。即ち老後の手立ては、態そのものよりも、この「隙」をいかに生かすかが新しい工夫でなければならぬとするにある。かくてこの「隙」は、単なる「隙」ではなく、「内心の感」であり、「万能を一心にて綰ぐ感力」であって、音曲を絶し、舞働を絶した最も深い充実境でなければならぬ。しかもこの充実たる、生理的優越を以て達することもできなければ、又知識によって窺うこともできない。ただ生涯を尽し、生涯の鍛錬によってのみ悟達される「無心の位」がこれを体現し得るとしているのである。

三

世阿弥は能楽の稽古における完成を「せぬ位」において見た。この芸位は、彼のいわゆる、「我が心を我にも隠す安心にて、せぬ隙の前後をつなぐ性根」であって、これは決して単なる舞台上の「心づかひ」ではなく、実に「日々夜々、行住坐臥に、この心を忘れずして、定心につなぐ」能芸三昧の生活裡から長養され来った「能の命」でなければならぬ。「年来稽古条々」は、まさにかくの如き完成を将来に期しつつ、その基本たるべき発達期の稽古を遂げて、今や「年盛りの芸」に達し得た三十八歳の彼によって述べられた思想である。したがって四十以後の芸位の発展については、その芸境を直接の体験としてこれを叙することはできなかったけれども、しかも眼のあたり亡父の上に見聞した、その綱領と輪廓とは遺憾なくそこに尽されたものであったことは、上叙の如くである。

私が世阿弥の芸道教育論を考察しようとするに際して、まずこの四十歳以後に関して叙べたのは、これによって能楽が到着しようとしていた目標がいかなる境界に存するかを概観し、その上に、かくの如き境界を目ざしつつ、少青年期から壮年期にかけての稽古をいかに果してゆこうとしたかを考えようとしたのであった。

ここに今翻って、彼が四十歳以前の稽古についての思想を討ねるに、この、私のいわゆる発達期は、くわしくいえば更に一つの転換期を含み、これを中心として前後の二期に分ち考えることができるもののようである。そしてその転換期は、十七、八歳の、即ち少年期から青年期への過渡期を指すものであって、稽古上には、少年期の生れながらにしてもつ美しさ・自由さを失って、その方面には全く行きづまってしまいながら、しかもまだ何ら新しい力の手がかりをも捕えることのできない暗黒時代である。この時期を岐界として、少年期の稽古とそれ以後の稽古とが全く趣を異にしなければならぬとしているのは、極めて当然のことといわなければならぬ。今この考え方にしたがって彼の稽古観を眺めるに、その前期をなす時期については、「七歳」「十二、三より」「十七、八より」の三項を含み、この間約十年間にわたる彼の体得と観察とを叙している。

彼はまず「七歳」の項において、「此の芸に於て、大方七歳を以つて初めとす」と書き出し、その特色については、

此の頃の能の稽古、必ず、そのもの自然としいだす事に、得たる風体あるべし。

といって、この頃の自然性に具備している美的価値を認め、したがって、

ふとしいださん風情《かかり》を、まづ打ち任せて、心のままにせさすべし。

という自由放任を採ろうとした。したがってまた、

さのみに善き・悪しきとは教ふべからず。余りにいたく諫むれば、童《わらんべ》は気を失ひて、能もものぐさくなり立ちぬれば、やがて能は止まるなり。

といって、教説や鞭撻を用いないで、ただ稽古そのものを楽しむことによって成長させようとした。更に又、稽古の種類も音曲及び舞・働き等の伝統的、基本的なもののみに限定して、一般的には物真似を禁じ、

さのみの物真似は、たとひすべくとも、教ふまじきなり。

といって、子供を早く大人にしようとしないで、できるだけ素直に大きく育てようとする方針に出た。かくて最後に、

大場なんどの脇の申楽には立つべからず。三番・四番の時分の良からんずるに、得たらん風体をせさすべし。

という行き届いた注意を加えて、この項を結んでいる。

今この僅少なる文字について考えて見るに、そこに読み得る意味は、誠に広く通じ、深く徹したもので、これを他の諸作に展開された思想から回想するとき、更にその意義の甚深なるに驚嘆を禁じ得ないものである。

能楽の全形態から観れば、この頃の芸の範囲はわずかにその一小部分に過ぎぬ。しかもその一部

分さえ完全な様式を具備しているのではない。然るに、なお、彼がこの期の芸を「得たる風体」として考えようとしたのは、何故であったろうか。

この問題について彼は後年の著作において二つの理由を示している。即ちこの期において、なるべく物真似を避け、しかもその基本形態たるべき三体、即ち老体・女体・軍体をもさせないで、ただ児姿のままで舞わしめようとしたのは、やがて扮すべき三体に、その人その人の自然的素質を生かさんがためであった。これを「二曲三体絵図」では、

三体を児姿の間、しばらくなさずして、児姿を三体に残す事、深き手立なり。

といっている。彼がいかに、能芸上、個性尊重者であったかはここにも既にその鋒鋩を見ることができる。しかしながら、これではなお単に完成の準備とし、基礎として、自然性が尊重されているものであるが、進んでは、彼はこれを以て直ちに完成の一様式であるとさえ見ようとした。即ち「遊楽習道見風書」に、

其故は、諸芸に於て、為すわざの其体に相応する所をもて成就とするなり。成就是満風なり。

といっているのがそれであって、これによれば彼は能芸は固定された型ではなく、態と体との相応・調和を以て成就であり、完成であるとする見解にあったのであった。

かくの如き根拠を以て、彼は、この年齢における稽古を自然放任の裏に打ち立てゆこうとした。今日、能楽といえば、伝統的に完成された型の反覆演出であるかのように考えられているけれども、その源頭における創始者の意図は、もっとその人の素質の自然と交渉の深いものであって、その本

真をのびのびと発達させんがために、又その素質を癖づけ損わないために、この時期には外からの教導・鍛錬を加えることなく、ただ稽古を楽しませつつ、静かに、自然に、その生長を待とうとしたのであった。即ち晩年における能楽の美的価値が、生理的衰退期に入って始めて成立するものであるとしているのに、ここではその生理的、心理的自然そのものが直ちに能芸としての美的価値とされているのであって、この出発点における自然性の尊重については、著しく今日の自由教育に類したところがあるように見えるけれども、全体として見れば、この両者間には非常な相違がある。即ち、今日の自由教育においては、この時々刻々に変化すべき生理的、心理的自然性を、永遠かつ絶対なものとして価値づけようとしているのに対して、世阿弥は、それを時と共に亡ぶべきものと認め、ただ徹底した稽古によってのみ、この失わるべき自然性の中から不滅のあるものを打ち出すことができるとした。

しかも、彼は、この拘束なき、自然性の十分なる発達を基礎とすることなくしては、来るべき最高境界の開拓は不可能であるとしているのであって、この点、とかく自然性克服に偏しがちな、いわゆる鍛錬主義とも類して斉しからざるものがある。しかして教育における自由主義・鍛錬主義の二者は、互に相まって始めて自らを充実・完成し得るものであるにもかかわらず、実際においては常に対立を示し、とかく生きた教育力として統一を得がたい境に彷徨しがちであるのに、彼にあっては、これを真の能芸を完成すべき両要素として渾然たる統一の下に生かし、一つの深くして確かな中道を指示し得ているのであって、そこに、彼が単なる理論家ではなく、実行の徹底から来た円満な智恵と理想の具足者であったことが認められる。

「十二、三より」に関しては、この時期を、

先づ童形なれば、何としたるも幽玄なり。声も立つ頃なり。二のたよりあれば、悪き事は隠れ、善き事は愈々花めけり。

という生理的条件の優越に住する順調期であるとなし、稽古の注意としては、

此年の頃よりは、既《は》や、やうやう声も調子に懸り、心附く頃なれば、次第次第に物数をも教ふべし。

といって、稽古を始めた七歳頃との相違を教え、更に、

大方児の申楽に、さのみに細かなる物真似などはせさすべからず。当座も似合はず、能も上らぬ相なり。

という少年期一般の注意を繰り返し、再び、この期の特色にかえって、

但、堪能になりぬれば、何としたるもよかるべし。児といひ、声といひ、而も上手ならば、何かは悪かるべき。

というように、優秀者ならば、体形も優美・純潔であり、声音も花やかな頃だから、何をしても優れて出来栄えがする由を述べ、一転して、

さりながら、この花はまことの花にはあらず。ただ時分の花なり。

と断じ、これは単に年齢の故に有する一時的価値であって、永遠の価値ではない。故に、ただこれ

のみを以て一生の能芸の判定とすることはできないという見識に達している。

少年期の優秀を認め、しかもこれを以て一生涯を計る標準にはならないとする識見と力量があって、始めてこの期の教育が行われ得る。現代の教育がややもすれば、少年期の、少年期なるが為にのみ有する優秀を以て、直ちに天才であるかのように賞揚し、為に児童をしてその一時的優秀に甘えて、先人を軽んじ、安易に自己を肯定して精進の道を回避せしむる弊におちいらしめているのに思い合わせては、古人の教育精神の厳粛さ・確かさに襟を正さしめられるものがある。彼は稽古の方法を、

この頃の稽古、易き所を花にあてて、態をば大事にすべし。働きをも確やかに、音曲をも文字にさはさはとあたり、舞をも手を定めて、大事に稽古すべし。

となし、決して調子に乗って懈怠に陥らず、舞も働きも音曲も、我流に流れないで、典拠的正確さをもった稽古たらしめなければならぬとした。ここにも彼のゆき届いた人生観と、徹底した稽古の態度が読まれると思う。

「十七、八より」は、かくの如き少年期の生理的、心理的優越が失われて自信を失う時期である。即ち生理的方面においても、

先づ、声変りぬれば、第一の花失せたり。体も腰高になれば、風情失せて、過ぎし頃の、声も盛りに、花やかに、易かりし時分の移りに、手立はたと変りぬれば気を失ふ。

となる。しかもこの年齢における心理の常として、こういう不調和な体格や変声期の音声等に対する「見物衆もをかしげ」な様子のために、内には強い羞恥心に囚えられる。即ち、

はづかしさと申し、彼是、玆にて退屈するなり。

というような頓挫・停滞に際会し、「この頃は又、余りの大事にて稽古多からず。」という動揺を味わわねばならぬ。

しかし、これは単に能楽稽古に限ったことではない。真摯に生きようとする何人もが経験するこの期の特質であり、動揺であって、彼がこの概観の中には青年心理に対する深い理解がある。然らば彼はこの動揺期をいかに経過すべきであると教えているであろうか。彼は言う、

此頃の稽古には、ただ指を差して人に笑はるるとも、それをばかへり見ず、内にては声の届かん調子にて夜・暁の声をつかひ、心中には願力を起して、一期の堺今なりと、生涯にかけて能を捨てぬより外は稽古あるべからず。ここにて捨てれば、そのまま能は止まるべし。

と。即ち志のみ大きくして自信なく、又ただ無邪気という上にのみ成立していた従来の美点は既に失われ、いまだ新らしい力の手がかりだに握ることのできないこの時期に対して、

(一) 他人の批評を意に介せず、ひたすら稽古の一点に集中し、

(二) 生理的自然に随順しつつ、しかも、

(三) 「一期の堺今なり」という勇猛精進に住し、

(四) 「生涯にかけて能を捨てぬ」決定心を以て、

断乎として押し徹すより外に道はないとしている。彼の如く身を以てこの一道を体得し来った、しかもまた、彼の如き大力量の先達の、この適切な助言は、懐疑・不安の青年期の心理にいかばかりの光明と力とを与え得たであろうか。更に附け加えた注意は、やはり生理的条件における無理を戒めたもので、

惣じて、調子は声に因るといへども、黄鐘・鸞鏡までを用ふべし。調子にさのみかゝれば、身形《みなり》に癖出で来るものなり。又、声も年により損ずる相なり。

という、例の通り親切を極めたものである。今日、学校教育において、中学の上級から高等学校時代の学生に対して、果してどれだけの教育力が働きかけているのであろうか。多くは彼等の動揺を傍観し、その熱心な求めとは何の交渉もない単なる知識の伝達を事とするか、或は又、青年心理におもねることを以て理解ある態度であるかのように思い、その弱点を煽動し甘やかす外、この重大な時期に対して何等の批判も与え得ない状態にあるのが、その一般ではあるまいか。机上における青年心理の研究はいか程あっても、身を以てこの人生の急湍を渉り得た体験の深さから、「一期の堺今なり」といい、「生涯にかけて能を捨てぬ」という獅子吼を以てこれを率いようとする確信と権威を有する人が幾人あるであろうか。自己の青年時代を省み、現代の青年教育を思い見て、更にこの数行の叙述に含まれた意義の深さに稽首せざるを得ないものがある。

この覚悟と、この忍耐と、この精進とを以て、即ち絶大な意志力の発揮によって、ただこの危機を押し切りさえすれば、そこには再び順調な新しい道が開けて来る。かくて、「二十四、五」から「三

十四、五」にかけての第二の順調期に入るのである。

この「二十四、五」、即ち壮年期の特質は、生理的条件においては、「已に声もなほり、体も定まる時分なり。」といっている如く、まず能芸に直接関係を有する声と身形とはこの時期に決定する。故に、

この頃、一期の芸能の定まる初めなり。さる程に稽古の堺なり。爰を三体の初めとす。

といって、新たな準備の下に、いよいよ能楽の諸条件を具備した稽古に進む時期であるとし、「歳ざかりに向ふ芸能の生ずる所なり。」としている。

然るに、この期の心理的側面においては、

さる程に、他所目にも、すは上手いで来たりとて、人も目に立つるなり。もと名人なんどなれども、当座の花に珍らしくして、立合勝負にも一旦勝つ時は、人思ひあげ、主も上手と思ひ始むるなり。これ、返す返す、主のため仇なり。

の如く、一種の危機が潜在する。

当時の能芸が、いかにも新興勢力たる武士階級の鑑賞に資せられたらしく思われる一つは、いわゆる能の立合勝負であるが、この種の場面においては、たまたま名人の枯れた芸風よりも、却って新人の生々した芸の方が当座の感嘆を買い易い。が、しかし、

これも誠の花には非ず。年の盛りと見る人の、一旦、心の珍らしき花なり。誠の目利きは見

分くべし。

であって、これもまた、この年齢によってのみ有し得る価値であり、したがってまた年齢の経過に伴って失われるべき価値であって、変化を喜ぶ観衆の喝采は博し得ても、「誠の目利き」によっては「誠の花」にあらざることが看破される。故に、

この頃の花こそ初心と申す頃なるを、極めたるやうに主の思ひて、早や申楽にそば見たる論《りん》説《ぜつ》をし、至りたる風体をする事、あさましき事なり。*

* 「そば見たる論説」は、吉田博士本では「そは見たりむぜつ」となっていて、意義不明符が附せられているが、野々村氏本及び野上氏校『花伝書』では、「そば見たる論説」と解されている。「りむせつ」は「申楽談義」にも「文盲にして、りんせつ交る故に悪し」などあって、「論説」であることは間違いのないところであろう。「そば見たる」については野々村氏は「偏りたる」と註記しておられるが、そしてそれでも意味が通らぬことはないが、むしろ源氏物語などに「そばみたる古言」などある場合と同じく、「気取った」の意に解した方が近くはあるまいか。

とこの時期に陥り易い自負・傲慢を戒め、更に

仮令、人も誉め、名人なんどに勝つとも、これは一旦珍らしき花なりと思ひ悟りて、いよいよ物真似をも直ぐに仕定め、名を得たらん人に事を細かに問ひて、稽古を弥増してすべし。されば時分の花を誠の花とする心が、真実の花になほ遠ざかる心なり。

と謙虚・真摯な稽古の必要を説き、最後に、

我が位の程を能々心得ぬれば、それ程の花は一期失せず。位より上の上手と思へば、もとあ

りつる位の花も失するなり。

といって、己れの分を知ることのみが真の完成であるとしてこの項を結び、更に三十四、五歳の極盛期に筆を進めようとしている。

かくて「三十四、五」の項に述べられたところは、この時期は体格の成熟と稽古の発達において、両者融合の極致を示す年齢であり、したがって、名人として一般に認めらるべき時期であって、「体の能」はここにその発達の絶頂を見、四十以後の「心の能」がやがてここから拓かれ、しかもその転移は自覚の道として達せられるとしていること既に述べた如くである。

今ここに改めて、「年来稽古条々」の上に示された生涯の稽古を概観するに、四十歳頃を中心として発達・完成の二時期を劃し、発達期をば「体の能」として特質づけ、完成期の意義を「心の能」たらしめる点に見出し、更にこの心の能は「無心の位」に達することによって完全な実現を見るとした。而して、それがいかにもよく人性の自然に順応した精進であることはそれぞれの条下に叙し来ったところであるけれども、更に、この概観の上に現われて来る彼の偉大さは、「体の能」としての発達を前後に劃する十七、八歳の過渡期的動揺を生活的自然の労《いたわ》りと絶大な意志力の発揮とによって経過せしめようとし、四十四、五の生理的衰退期を自覚に徹することによって「心の能」として、更に「無心の位」として開拓しようとしている精神に存すると言わねばならぬ。彼が能楽の一道に専念精進することにおいて、人生そのものの普遍的意義を把握し得たものであることは、この一点においても十分に窺知することができるであろう。

四

世阿弥が芸道教育思想には、上来観来った、年齢に伴う生理的、心理的自然を標準とした稽古の展開の外に、更に能の美的価値を標準とした芸位の発展と、それに伴う稽古の次第とを考えた、重要な他の一面がある。前者は「花伝書 第一 年来稽古条々」に見ることができ、後者は「九位次第」にその綱要が尽されている。そして「年来稽古条々」が、年齢に伴った芸位の発展である意味において、発生論的、心理的考察であったのに対して、後者は芸位そのものの展開を中心とした能芸美の体系論である意味において、一種の美学的考察であるといい得るであろう。

彼は、まず能芸における芸位を九段階に品等し、更にこれを三位階に概括した。今これを便宜上表示すれば左の如くである。

(一)上三花
- 一 妙花風
- 二 寵深花風
- 三 閑花風

(二)中三位
- 四 正花風
- 五 広精風

(三)下三位
- 六　浅文風
- 七　強細風
- 八　強麁風
- 九　麁鉛風

今この分類を概観するに、上三花・中三位・下三位の三位階において、上三花のみを「花」と呼び、またこれに属するものとして分類された各々をも、「何々花風」と「花」を以て称えているのは、彼が能芸美の至極を示すに当って、常に「花」という譬喩的呼称を用いたことの一例であって、これを各芸位の説明について見れば、「美の中の美」ともいうべき意味の呼称である。殊にこの次に位置された中三位のうち、最高の一段階のみにこの「花」を許して「正花風《しょうかふう》」とよび、上三花との関連を示しているなど、なかなか周到な用意の下に行われた体系であることが認められる。

今その各芸位について、彼が定位の理由を観るに、まず下三位の最下位、「麁鉛風《そえんふう》」については「五木鼠《ごもくそ》」と提示し、

孔子云はく「木鼠は五つの能あり。木に登る事、水に入る事、穴を掘る事、飛ぶ事、走る事、何れもその分際に過ぎず」云々。芸能の砕動ならぬは、麁《あら》くてなまるなり。

と説明している。身を激しく働かし、足を強く踏む、勢い込んだ姿においては、「心身に力を入れずして身の軽くなる所」が大切である。そうすれば働きが細かに砕けて来るので、そこが即ち「砕動」である。勢のある姿はこの砕動を保持することによって、単なる力ではない、一種の美的価値を備

え得る。動作のみあって力の感銘もなく、美もないもの、これを「麁くて鉛る」芸風として、あらゆる芸位の最下に置いたのである。

次にその一段上位なる「強麁風《ごうそふう》」については、「虎生れて三日、牛を食ふ気あり。」と示し、「虎生れて三日、則ち勢あるは強気なり。牛を食ふは麁きなりといへり。」と説いている。これはまだ美的要素のない、麁い芸風である。しかし、前者のなまっているのに対して「強さ」がある。美の基礎をなすべき力の感銘がある。この点において一歩美の段階に近づいたものである。

更に下三位中の上位を占める「強細風《ごうさいふう》」については、まず、「金鎚《きんつい》影動きて、宝剣光寒し。」と案じ、金鎚の影動くは、強動風《がうどうふう》なり。宝剣光寒きは、冷えたる曲風なり。細見にも協《かな》へりと見えたり。

と註している。強動風は、力を本体とした芸風である。金鎚の影動いて響きを発する、あの影と響きとは、まさに力そのものの象徴である。しかも、その底に鍛成された宝剣の光が冴え来るように、一閃の寂静美が感得される。全体からいえば力の芸であるが、ここでは既に単なる力ではなく、一種の威厳として感じられるところに、「冷えたる曲風」が成立するのであって、それは進んだ鑑賞にも価するというのである。

以上三様の芸風は、器量不足の場合、往々止むを得ずして陥る段階であって、直接稽古の対象とはなり得ないものである。故に能芸の稽古は直ちに中三位から始めなくてはならぬとするのが彼の見解であった。

中三位の最下段は「浅文風《せんもんふう》」であって、「道の道たる、常の道にあらず。」と道破し、

常の道を蹈みて、道の道たるを知るべし。これ、浅きより文を顕す義なり。然れば浅文風を以て九位習道の初門と為す。

と述べている如く、能芸の能芸たるゆえんは、卑近・流俗なところにはないが、その卑近なところから劫を積んで能芸の究竟に到らねばならぬ。浅いところから出発して、歩を進めるにしたがって次第に深玄な美を実現してゆくこと、これが能芸修行の要道であるとした。

「広精風《こうしょうふう》」は、浅文風から一歩を進めた境界であって、まず、「語り尽す、山雲海月の心。」と起し、

山雲海月の心、満目青山の広景を語り尽す所、広精風の習道に尤もこれあり。是より前後分別の岐堺なり。

と解明されていて、季節としては夏の万物繁茂の光景が想起され、浅文風の浅春らしい趣致からの展開を示しつつ、山・海・空の広大な、しかもあらゆる変化を包容した趣致で象徴される芸風であるとしているところ、恰も能芸の芸位展開上の基底をなしているものであって、「芸能の地体」であり、「広く細やかなる万得の花種を顕す所」である。故にこれが「前後分別の岐堺」であって、進んで正花風に達する者と、進むと思いながらいつしか下三位に下る者とが分れるのは、この芸位を素地とし、器量により、稽古によって現われ来る結果である。

このあらゆる変化の美を集めた広精風から、一歩芸位を進めたのが「正花風《しょうかふう》」であって、中三位の最上階をなしつつ、上三花への連絡を示すべき「花」がここに現われ初めるのであって、しかも

その方向は一種の単純化にある。今日の能楽は知らず、能楽の起源における美の意向は、確かに単純化に存するものであったことはここにも明瞭に現われている。例によってまず、「霞明かに、日落ちて、万山紅なり。」という光景を掲げ来って、

青天白日の一点、万山早白《いちじろき》遠見は正花風なり。是れは広精風より秀でて、既に得花に至る初《しょ》入頭《にっとう》なり。

と解明している。季節は秋、時は午後、夕陽花やかに万山の紅葉を映射する大観がこの正花風であって、「美の中の美」ともいうべき段階である。しかし能芸の能芸たる所以はここに止まらず、更に、

今までの芸位を直下に見下して、安得の上果に座段する位。

である「閑花風《かんかふう》」に上り行かねばならぬ。

この閑花風については、まず、「銀垸裏《ぎんわんり》に雪を積む。」と道破し、

雪を銀垸裏につみて、白光清浄なる現色、誠に柔和なる見姿、閑花風と云ふべき歟。

と解いている。正花風の「美中の美」が、更に一段の洗練と浄化とを経て、白光清浄の境に至っている。正花風が晩秋の落暉に照された紅であったのに、これは銀碗に盛られた雪を以て象徴されている。

かくしてこの上三花は更に清浄化をつづけて「寵深花風《ちょうじんかふう》」に達するのであるが、これは閑花風の清高そのものともいうべき「銀垸裏の雪」を以て象徴された芸位の発展として、有限界を超えてまさに無限の世界に移り行かんとする、いわゆる「有」から「無」への超出を境位とした芸風であっ

て、既に、「雪千山を蓋《おほ》ひて、孤峰如何か白からざる。」の一句が、その深高・漂渺の趣致を語るものである。更に説いていうところは、

古人云はく「富士山高うして雪消せず」といへり。是を唐人難じて云はく「富士山深うして」云々。至りて高きは深きなり。高きは限りあり。深きは測るべからず。然れば、千山の雪、一峰白からざる深景、寵深花風に当たる歟。

であって、白皚々たる高山連亙の上に、更に秀出した一孤峰が、まさに視力の範囲を超えた無限の空に消え去ろうとする「深景」がその象徴である。ここに至れば、既に清浄や高潔ではない。知覚を絶せんとして絶せざる神秘の漂蕩である。かくて「有無中道」の妙境を示現しつつ、最高芸位の暗示となっている。

上三花の最高段階は「妙花風《みょうかふう》」である。妙花風はいわゆる「言語を絶して、不二妙体の意景をあらはす所」で、「新羅《しんら》、夜半、日頭明かなり。」と、冒頭にまずその絶対境たるを示し、更に註していう、

妙といふは、言語道断、心行所滅なり。夜半の日頭、是又言語の及ぶべき所か、如何。然れば、当道の堪能の幽風、褒美も及ばず。無心の感、無位の位風の離見こそ、妙花にやあるべき。

言葉を以て言うこともできず、行を以ても心を以ても量り得ない一境、これ恰も「夜半の日頭」である。已に相対を離れ、言思を絶した幽境であるが故に、観者もまた、あらゆる思量・分別を止め、

是非を離れ、純一無雑な観照境に入って始めて感得・受容することができるとした。

しかしながら、世阿弥の稽古の対象はここにもなお尽きていない。この上三花に至り得て、しかもなほ「下三位の風にも遊通してその態をなせば、和風の曲体ともなるべし。」といっている。そしてこの「和風の曲体」は「亡父の芸風ならでは見えざりしなり」と述べて、真個の達人のみの有し得る、至上の芸風であるとしている。これは世阿弥思想一般に通じた特質であるが、たとい最深・最高の境地に至り得ても、そのままそこに止まろうとしないで、必ず、再び平明・淡浅の境に還り来るべき用意がある。これは、仏者が和光同塵といい、還相というにも比すべきものであって、真に高きに至り得た人々には必然な帰結である。しかし、かくして還り来った平明・淡浅は未熟者の住するそれではない。外見こそ淡浅であり平明であっても、その価値においては熟達者の有する深玄さと高朗さとが、その深玄さ・高朗さを撥無して、自由に下三位を生かし、中三位がそのまま上三花に高められる芸道上の神秘である。「高さ」以上の「尊さ」「和《やわ》らかさ」である。而してこれは技巧ではなくて、「位」そのものから来る無為の為である。彼が亡父の芸風において始めて見得たところとしているのも宜なりといわねばならぬ。

彼はかく能芸美を体系づけると共に、更にこれを稽古の対象として考察していること、上叙の如くである。そして芸位そのものを示す上三花・中三位・下三位の上・中・下と、稽古の順序を示す初・中・後とを結合した「中初」・「上中」・「下後」というテクニックによって、彼の稽古観を成立せしめている。ここに現われた彼の精神は、今日の学校教育の課程案と比べて著しい特色のあるものであるばかりでなく、当時の能芸の一般的方法とははなはだ異るものであった。というのは、習道の入門はかく中三位からする外に、芸位上最低位たる下三位から入る場合があるわけであり、またそれが当時一般に行われていた順序であったらしい――そして今日の教育課程案もそれである。しかし、世阿弥によればそれは邪路であって、「徒に下三位より入門したる為手は、無道・無名の芸体として、九位の内とも言ひ難」いものであり、「下三位を望み見ながら、下三位にも座段せぬ位なり。まして中三位等なんどに至らん事、思ひもよらぬ事なり。」として否定せられている。かくて中初・上中・下後の順序は稽古課程の理想であるが、各人の機根には勝劣があって、一様にこの全理想を実現するということは不可能であるから、実際において能芸者が達し得る芸境には、自ら、次のような三つの場合が生じて来る。

一、浅文風から入門して広精風に進み、上三花に至ろうと努めながら、いつしか下三位に陥る場合――劣機者

二、浅文風から入門して広精風に進み、これを出て上三花に入る場合――勝機者

三、二の如く上三花に達しながら、更に下三位にも遊通する場合――最勝機者

以上が彼の所説の概要である。初め、私は、この篇があまりに引用が多いのと、図表的分類があまりに機械的に整頓され過ぎている為に、これが果して世阿弥の遺作であろうかという心持がした。然るに、繰返し読むにつれて、次第に動かすべからざる世阿弥的表現にふれ来るとともに、この図表的分類も、彼が稽古の徹底と内観の深さから必然的に自覚され来った、生きた内容と根底とを有

するものであることが会得されて来た。又しきりに老・儒・仏、殊に禅の成句を襲用しているのも、彼の表現せんとする芸位の内容が、普通の叙述や描写を以ては表わし難い、いわば言説の相を絶したものがあるために、象徴的、端的に、もしくは比喩的に道破せんがための活手段であって、決して衒学でも文飾でもない。したがってそれ等の成句を引用しつつも、必ずしも原典の意義に従うのではなく、彼自身の内容を表現せんがために縦横にこれを駆使し、しかも的確有力な世阿弥思想の表現たらしめ得ているのであって、ここにも、彼がいかに創造性に富み、充溢した自信ある思想家であったかを語って余りあるものが見られる。

私はこの小篇においては、主として教育論的興味から彼の芸道観を見ようとした。が、これは彼が稽古三昧の生活裡から身を以て証取し、実現し来った、生きた能芸美の体系であって、美学として見てもはなはだ意義深いものでなければならぬ。のみならず、ここに述べられたところはあくまで能芸に関する立言であるには相違ないけれども、それは又同時に、道徳及び宗教に関する、最も深い東洋的な精神と相通うものとなり得ている。彼が「覚習条々」において、

初心不可忘
時々初心不可忘
老後初心不可忘

といった、不撓不屈の求道心と不退転の精進とは、彼をして能芸の一道に徹することによって、この普遍的な東洋精神の精髄に参ぜしめたのであった。彼が、

命には終りあり、能には果てあるべからず。

という深い慨きを味ったのも、能芸の上に無限を見たからでなくてはならぬ。自己の仕事の中に無限を見、省みて我が生の須臾なるを痛感しつつ、念々精進に住する者、これこそ誠に人中の覚者である。かく考え来る時、私は単に彼が能芸の達人であったばかりでなく、我が文化史上に傑出した哲人の一人であったというに憚らないものである。

(「一」は、原題「世阿弥雑記」として『国文教育』昭和三年二月号、「二—四」は本論文と同題で、同誌昭和三年三・四・六月号に連載。)

世阿弥の幽玄と芸態論

一

近年に於ける中世文学研究への関心は、「幽玄」なる概念を仮定として、その本質を、或は実証的に、或は哲学的に考究しゆくことにあるといっても過言ではない状態にある。かくの如き幽玄は、中世に於ては、ただに文学に限らず、諸芸道に通じた理念であって、能楽の大成者世阿弥元清の如きも、これを美の原理としてその能楽論を発展させている。従って彼の思想・芸術は、その幽玄の意義を明らかにすることによって、始めて正しい理解に導かれる如き関係にある。

が、一体に世阿弥の所論は、その最も体系的なものといっても、今日われわれのいう如き意味に於て論理的に整頓された体系ではなく、いわば体験から体験に語られた秘伝であり奥儀であって、一事が万事であり、全思想が一句に籠められているが如き趣を有しているために、これを的確に理論化し、しかもその含蓄を逸することなくわれわれの理解に持ち来たそうとすることは容易ならぬ難事である。幽玄に関する彼の思想も、もとより、かくの如き性質を免れ得るものではない。が、彼のいわゆる芸態についての所説は、やがて幽玄の内面的構造を暗示するものであるから、この方面から彼の幽玄思想を考察しようとするのが本稿の意図である。

世阿弥は幽玄に関し、まず「覚習条々」に、

諸道・諸事に於て、幽玄なるを以て上果とせり。殊更、当芸に於て、幽玄の風体第一とせり。

といって、幽玄は同代芸道一般に重んじられたが、特に申楽にあっては第一の要件とせられたことを表明している。

今、彼の幽玄をその語義について見るに、「何と見るも花やかなる為手、これ幽玄なり。」(「覚習条々」)といい、「唯美しく柔和なる体、幽玄の本体なり。」(「覚習条々」)といい、又、「見るすがたのかずかず、聞くすがたのかずかずの、おしなめて美しからんをもて幽玄と知るべし。」といって、美しさの中でもまず華麗・優美を意味するものであった。更に人体の上ではこれを童形にのみ許そうとしている所に見れば、その華麗は現代語の「艶」という如き意識に方向づけられるそれではなく、天真・無垢を性質とする、純真な華麗・優美であったとしなくてはならぬ。更に「覚習条々」には、

世上の有様を以て人の品々を見るに、公家の御たたずまひの、位高く、人望世にかはれる御有様、是れ、幽玄なる位と申すべきやらん。

の如き叙述があって、ここでは貴族的品位として意識せられている。貴族的ということは、童子的とは隔る所が大きいように思われるが、その意識内容に立ち入って見れば、世塵に染まない貴族の純雅は、やがて又童子的な天真無垢と相通うものである。即ちその何れもが、生まれたままの純一さ、又は世俗化せられない高雅さを具備している点に於て、共通性を有するものとして意識された

のであろう。かくて始めて「至花道書」にある「原註」に、

白鳥花を啣《ふく》む。是れ幽玄の風姿歟。

といった譬喩が全幅の意義に於いて頷かれる。

幽玄の語義を世阿弥の用例に探れば以上のようである。しかしこれは語義からの帰納である。更に彼がそういう幽玄の所在を如何なる所に見、又その存在の仕方を如何に考えていたかを明らかにすることによって、その全意義が闡明せられるであろう。彼は、後にも述べるように、歌・舞二曲を以て遊楽一般の根源となし、更に三体を以て物真似への発展的基礎形態となし、あらゆる曲体・曲風はこの二曲三体の稽古から成果すべきを信条としている。而して又、そういう二曲の本風は児姿の歌舞にあるとし、これを以て幽玄の根本芸風であるとしている。

然らば彼は「児姿の歌舞」に如何なる特色を認めていたであろうか。「年来稽古条々」に於ける「七歳」の項について見れば、彼は、「その者自然としいだすことに、得たる風体あるべし。」といい、又、「ふとしいださんかかりを、先づ打ち任せて、心のままにせさすべし」といっている外に、「十二、三より」の項では、

先づ童形なれば、何としたるも幽玄なり。声も立つ頃なり。この便りあれば、悪き事は隠れ、善きことはいよいよ花めけり。

といって、等しくその純真性と自然性とを尊重している。

しかし、これは、彼のいわゆる「時分の花」で、年齢の経過と共に亡び去るものである。が、か

くの如き「時分の花」は、稽古の如何によっては、やがて又、時と共に亡びゆくことのない「誠の花」を実現すべき素地でもある。この意味に於いて、彼は「時分の花」に即して「誠の花」を成立せしめようとしていたものであって、自然性にしたがいつつ、自然性以上のものを実現させるのが彼の稽古であったということが出来る。彼が「二曲三体絵図」に於いて、

三体を、児姿の間暫くなさずして、児姿を三体に残す事、深き手立なり。

といい、「至花道書」に於いては、

これ則ち、後々までの芸体に幽玄をのこすべき風根なり。

といって、児姿の歌舞を幽玄発展の素地・根源としている。この意味に於いて、彼は、亡びゆく自然性・純真性に即して、亡びることのない幽玄を感知していたともいうことが出来るであろう。

次に三体に於いては、「二曲三体絵図」にある如く、女体を「幽玄の根本風」となし、わけても女体の舞を「幽玄妙体の遠見」であるとしている。三体のうち、老体は「閑心遠目」を特質となし、「神さび、閑全」の用風の出所とされ、軍体は「力を体にし、心を砕くあてがひ」をその特質として、身動足踏の生曲を出生せしめるものであるとされているのに対し、この女体は、「心を体にして、力を棄つる宛てがひ」がその特質で、「幽玄雅びたる由懸」がその用風として成立するとされている。老体・軍体にも幽玄がなくてはならぬことはいうまでもないが、殊に女体をその根本であるとしている所に、彼が「柔和」といい「雅び」といった、その幽玄観を窺うに足りるものがある。而して、その理由とするところは、女体はその姿態上、舞歌と最も自然に一体たり得るにあるものの如く、

「舞歌一心妙得の感風」が、この女体の幽風にあるからであるとしている。われわれはここに於いて、再び、彼の幽玄が優美・閑雅を内容とするものであることを覚ると共に、これもまた、児姿の稽古を基礎にして成立するものであるとされているところに、その優雅が深い洗練の成果であることを思わねばならぬ。

更に曲目のすべてに、従って物真似の何れにも、幽玄が存しなくてはならぬという立場から、「覚習条々」に於いて、世上の有様を例として、

なにの物真似に品をかへてなりとも、幽玄をば離るべからず。

といい、

例へば、上﨟・下郎・男女・僧侶・田夫・野人・乞食・非人に至るまで、花の枝一房づつかざしたらんを、おしなめて見る如し。

といっている譬喩によって、写実以外に存する美を要としていることが明らかである。

又これを音曲について見るも、「五音曲条々」に於いて、彼は音曲を祝言・幽曲・恋慕・哀傷・闌曲の五つとなし、それぞれを松木・桜木・紅葉・冬木・杉木に喩え、更に桜木に喩えられた幽曲をば、祝言にかかりを添えたものとなし、「声位を靡《なび》やかにやりて、曲を埋みて、上を美しくして、しかも正しき曲流なり。」と説き、「花月の夕曙を同時一見の眺なり。」と譬えている。しかも、「かくの如きの位を得て、その曲主となるを、唯一の上手とは申すなり。」といい、「幽曲は五音曲に通ずる曲風なり。」としている上に、幽玄曲風の音曲上の位置の重要なこと、及び、それがここにも優美・

華麗の純美を意味するものであることが明らかとなる。

更に「能作書」に、能楽の素材を考えて、女御・更衣・葵上・夕顔・浮舟の如き貴人の女体をあげ、更に、

　かくの如きの貴人妙体の見風の上に、或は、六条御息所の葵の上に附き祟り、夕顔の上の物の怪に取られ、浮舟の憑物などとて、見風の便りある幽花種、会ひ難き風得なり。

といっている上にも、彼が題材の上に貴族的、女性的美に加えるに、超自然的余韻を求め、これを最上の幽玄としていたことを知ることが出来る。かくて、彼が幽玄の所在について述べているところを通観しても、そこに見出されるものは、やはり、童子的な純真、貴族的、女性的、平安朝的な華麗・優美・閑雅等であって、殆んど語義として帰納されたところを裏書するものに止まるものである。

然らば、かくの如き所在と意義とを有する幽玄は、如何に存在するとされているか。「覚習条々」の「幽玄之入レ堺事」に於いて、彼は、世上の有様を始め、歌舞・物真似等のあらゆる上に幽玄の所在を説くにあたって、まずその存在の仕方を、人間即ち姿として意識している。やはり、「覚習条々」に於いて、

　その人の品々は変るとも、美しの花やと見ん事は、皆、同じ花なるべし。この花は人ないなり。

とある。この「人ない」なる語は、次の章句では、すぐ「姿」という語で承けられ、

唯ややもすれば、その物、その物のまねばかりをし分けたるを、至極と心得て、すがたをわするるゆゑに、さうなく幽玄のさかひに入らず。

とされている。即ち真似かたの仕様によって幽玄を出そうとすることを否定し、姿そのものを幽玄にすることが根本であるとしているのである。

然らば、人体即ち姿の幽玄は如何にして成立するとしているかというに、

まづ大かたは、幽玄のふうてい目前にあらはれて、是をのみ見所の人も賞翫すれども、幽玄なる為手さうなくなし。是、まことに幽玄のあぢはひを知らざるゆゑなり。（「覚習条々」）

とあって、扮装した人体美を直ちに幽玄なりとする一般的鑑賞を否定して、まことの幽玄は他にありとなし、「幽玄なる為手」が希有であり、「幽玄のあぢはひ」が知り難いものであることを述べている。この叙述はやがて、幽玄は表現者その人にあり、表現者その人の人体に存することを暗に主張したものと解しなくてはならぬ。したがって、

物まねには、三体の姿、かかりうつくしくは、是、幽玄にてあるべし。

といっている「かかり」のうつくしさは、二曲三体の稽古による洗練を意味し、又、

すがたをよく見するは心なり。

といい、更に、「言葉の幽玄」のためには歌道を、「姿の幽玄」のためには「尋常なるしたての風体」をならふことがそれであって、これが「うつくしく見ゆる一かかり」であり、「幽玄の種」であるとしているところに見れば、彼が「心」といっているのは教養の意で、つまり教養的品位を意味するの

であろう。かくて、稽古による洗練、または教養による品位の如き内面美の表現された姿が幽玄であるとする時、始めて、あらゆる物真似の基礎に幽玄を要求することが可能になり、「怒れるよそほひ」や「鬼人」などにも「うつくしきかかり」を存し、いわゆる「鬼の幽玄」をも考えた意味が明瞭となる。

しかしながら、彼がかくの如き表現主体そのものを幽玄にすることに力を入れたということは、彼が扮する人体の幽玄如何を顧みなかったということではない。わけても、演能の工夫を説くに当っては、物に扮装すべき人体の幽玄を重視していたことは、後に述べようとする、物真似に関する彼の思想中、物真似の対象を選択する必要をいい、真似る程度の濃淡を説いている上にも明らかなところである。最近小沢健雄氏によって紹介された観世宗家所蔵、伝世阿弥筆の「花伝　第六　花修」のうち、能の「つよき」「ゆふげん」と、「よわき」「あらき」との区別を説いた中には、この方面に関する彼の思想が散見している。即ち、

もしつよかるべきことを、ゆふげんにせんとて、物まねにたらずは、ゆふげんにはなくて、これよわきなり。

といい、又、

ゆふげんとつよきとべちにあるものと心うるゆゑに、まよふなり。このふたつは、その物の体にあり。

といって、「その物の体」を対象の人体の意とし、人に於いては女御・更衣・遊女・好色・美男、草

木に於いては花のたぐいが「幽玄のもの」、武夫・荒夷・鬼・神、又は草木には松・杉は「つよきもの」である。これをよく似せることによって、或は幽玄が、或は「つよく」が成立すると例説しているところによれば、物真似の幽玄は、幽玄にしようとする仕方によって成立するものではなく、真似る対象そのものの上に存するとしているのであって、「覚習条々」に、扮装の姿・風情を嗜むことの必要を説いた上に、

このことわりを我とくふうして、そのぬしになり入るを、幽玄のさかひに入るものとは申すなり。

とか、

このしなじなをくふうもせず、ましてそれにもならで、ただ幽玄ならんとばかり思はば、生涯、幽玄はあるまじきなり。

とかいって、扮装を美しくし、扮した人体になりきることが、幽玄をして幽玄たらしめる条件であるとしているのと一致している。

かくの如く、彼は幽玄の存在を姿として意識し、しかもその姿は演者の内面美の表現としてのそれであると共に、演出される対象の美でもなければならないとした。否、この両者の融合でなければならないとしている。この点に於いて、彼の幽玄はその芸態論を究めることによって、始めて、その全幅を示し、更にその内面的構造をも明らかにするものであるといわねばならぬ。

二

一体に、世阿弥ほど、芸術をさまざまな側面から、さまざまな角度で考察した人は少ないであろう。彼が当時の申楽なる舞台芸術に即して考えた、芸術のそれぞれの意義・作用を言い表わさんが為に用いた語のうち、「芸」なる文字を含んだもののみをあげてみても、芸道・芸劫・芸能・芸得・芸風・芸態・芸体・芸位・芸力・芸心・芸案・芸曲・芸跡の如く、その数の多いことと変化に富んでいることとは実に驚くべきものがある。そして、その一々の用例について見れば、事により、場合に応じて、極めて自由に、しかも極めて的確に、これらの諸語を用い、体験に基礎づけられた彼の思想に陰影に富んだ、力ある表現を与えている。これらの諸語の中には、彼の新造語らしいものの外に、当時の一般的な語の襲用もあれば、他の特殊語の転用もあるけれども、それらの何れもが、世阿弥的に意義づけられ、位置づけられて、特色ある彼の芸術観の表現を可能ならしめている点において、等しく驚くべき力を発揮している。

私がここに考えようとしている芸態の如きも、その著しいものの一つで、彼が申楽能に即して、芸術の具象的、全体的な対象を言表せんとしたものである点に於いて、特に注目すべき語である。尤も、この語は、姿・風姿・風体等の、ある場合と共通した意義を有しつつ、これらが主として芸術化された人体そのものを意味するのに対して、体も曲も舞も総合された統一体としての純粋な芸術性を意味する語として用いられているともいうべき趣がある。

而して、この如き芸態が如何なるものであり、又如何にして成立するものであるかは、「至花道書」に考察されているところであって、これは、やがて世阿弥の幽玄の内面的構造の分析ともいうべきものである。

「至花道書」の成立は、その奥附が「応永二十七年六月　日　世阿書」となっているのによって明らかなように、既に「花伝書」を書き終った後の世阿弥の五十八歳の時の述作で、全篇「二曲三体事」「無主風事」「闌位事」「皮肉骨事」「体用事」の五章から成り、「花伝書」が、忠実に父から伝えられたものを伝えようとしての述作であるのに対し、これはむしろ、世阿弥自身の体得を根底にして、新申楽の神髄を闡明し、彼の芸術思想を全体的に述べようとしたものであるというに近い。

「花伝書」の「奥儀」には、

およそ花伝の中、年来稽古よりはじめて、この条々を注すところ、全く、自力より出づる才覚ならず。幼少以来、亡父のちからを得て人となりしより廿余年があひだ、目にふれ、耳に聞き置きしまま、その風を受けて、道の為、家の為、是を作するところ、わたくしにあらん物か。

とあるのに対し、「至花道書」には、

さるほどに芸の達人は少し。当道いよいよ末風になるゆゑに、かやうの習道おろそかならば、道もたえぬべきかと、芸心の及ぶ所を大かた申すのみなり。

とあって、この間の相違は誠に明らかである。のみならず、「至花道書」中「二曲三体事」に於いて

は、

ここに当世のさるがくの稽古を見るに、二曲三体の本道よりは入門せずして、あらゆる物まね、異相の風をのみなせば、無主の風体になりて、能弱く見劣りして、名を得る芸人さらになし。

といい、又「皮肉骨事」に於いては、

ここに当世の芸人の事を見るに、この三を持したる人なきのみならず、かやうの事のありとだに知れるものなし。

といい、更に又、

今ほどの芸人を見及ぶ分は、ただ皮をのみ少しするなり。それもまことの皮にはあらず。又似する分も皮のみなり。しかれば無主の為手なり。

といっている如く、彼の所論は、当時の申楽に対する批判に発している。いうまでもなく、この事は、彼の所説の内容そのものが伝統に対して非常な変化を生じているとか、又は、伝統に対して著しい独自性を発揮しているとかいう意味ではない。ただ、全叙述の意向・動因が、「花伝書」においては、あくまで伝統に対する尊信・随順にあったのに、「至花道書」においては、もっと現実的、実践的態度の決定から来ている点に於いて、著しく根本的であり、弁証的でさえあるというに過ぎない。

従って、全叙述が部分的、細節的綿密さとは異った、一種の全体的な体系を有し、伝授をそのままに伝授しようとする述作が、ともすれば断片的、類聚的になり易いのと異って、これでは概観的、体系的な展開が認められる。

一体に、世阿弥の能楽論は、その根幹は能楽稽古論であるということが出来る。彼はしばしば工夫・公案の必要を言っているけれども、これとても、稽古を尽しゆく上に始めて可能になり来る作用であって、稽古を離れて成り立ち得るものではない。又、「能作書」とか「曲附書」とかいうような制作に関する論もあれば、「申楽談義」のような能楽成立の史料ともいうべき述作もある。けれども、それらさえも、稽古を離れた所論・述作ではない。すべては、何を如何にして稽古すべきかということに基調したものであり、もしくはそういう稽古の成果について述べたものである。したがって、あらゆる事象が稽古を中心として成立し、発展する関係に立っている。彼にとっては、稽古こそ、能楽の諸要素を生かし、あらゆる作用を可能ならしむべき原動力である。

「至花道書」もまた、かくの如き稽古を基礎とした所論であって、「花伝書」を述作し終え、今や稽古を尽し、舞台経験を重ねて、円熟期にある世阿弥が、能楽の全貌を根本的、構成的に考察した概論的な述作である点において、彼の芸術観の構成を明らかにする上には極めて重要な遺著である。

今本書を通観するに、まず、「二曲三体事」においては、二曲三体なる、稽古の基本的要素を述べ、次いで「無主風事」「闌位事」においては「主風」「闌位」等の基本的な性質を考え、更に「皮肉骨事」においては、かくの如き諸要素の結合点に成立する全体的、具象的な直観内容としての芸態を考察し、進んで「体用事」においては、能における本質的なものとその作用との関係を論じ、小篇ながら、要素に関し、性質に関し、構成に関し、作用に関しての所論としての組織を有し、能楽の根本に関する体系的な考察である。

彼は芸態について、「至花道書」の中、「皮肉骨事」において、

> 此芸態に皮肉骨あり。この三そろふ事なし。しかれば手跡などにも、大師の御手ならでは、この三そろひたるはなしと申し伝へたり。

と書き出し、この「三をもちてあるばかり」ではなく、更にもう一段の発展を得て「三そろふ」という位に達しなければならぬとし、それは、

> やすく無風の位になりて、即座の風体はただおもしろきのみにて、見所も妙見に亡して云々。

という如き、理解・判断を絶した直感的な恍惚境であるとしている。彼が「覚習条々」その他において能楽の極致を、「かたちなきすがたなり」といい、「無心の能」といい、又「無心・無風の位」といっているのもかくの如き境である。又、彼が能楽鑑賞の心得を説いて、

> てきはを忘れて能を見よ。能をわすれて為手を見よ。為手をわすれて心を見よ。心をわすれて能を知れ。

という「ことば」を引いているのもこの精神で、目にうつるわざの奥に能を見させようとし、その能を知るためには、まず人を見、心に入り、この深さからわざを見、人を見得た時、始めて能そのものを真に知ったといい得るとしているのであって、鑑賞作用を説いて深くその要核に触れ、しかも、総てをその要核の発展たらしめなければやまぬ、彼の深い体得がうかがわれる。この引用は直

接芸態を説いた所言ではないけれども、鑑賞の心理を説きつつ、やがて芸態そのものを暗示した叙述であるといえよう。

彼が更にかくの如き芸態を省察し、体得の自覚としてこれを分析しているのが「皮肉骨事」であって、彼はかくの如き内省作用を「後心に案見して」といっている。「後心」は「初心」に対していう場合と、「即座」に対する後日の心識を意味する場合とあるが、ここでは後の意味にとって、即座の感銘を、後日、心のうちに省察することとするのが彼の意味したところであろう。彼はかくの如く直観された芸態を省察し、分析して、

なにと見るもよわき所のなきは、骨風の芸劫の感、なにと見るもことのつきぬは、肉風の芸劫の感、何と見るも幽玄なるは、皮風の芸劫の感にて、離見の見にあらはるる所を思ひ合はせて、皮・肉・骨そろひたる為手なりけりとや申すべき。

といっている。

「離見の見」は、「覚習条々」の中の「無声為根」の条において、「見所より見る所の風姿」といい、「見所同心の見」としているそれであって、「我見の見」に対する作用として、「心をうしろに置く」ことであり、われとわが後姿までも見ることである。彼は、こういう立場に立って、自己の全一な姿を見、それによってのみ可能となる具体的分析を試みようとしている。

彼は、かくして成立する「芸劫の感」を骨風・肉風・皮風の三者となし、そのそれぞれを感銘としていえば、「よわき所のなき」「ことのつきぬ」「幽玄なる」であるとしているのである。

まず、「なにと見るもよわき所のなき」という骨風の芸劫の感は何により、如何にして成立するとしているか。

　まづ、下地の生得ありて、おのづから、上手に出生したる瑞力の見所を、骨とや申すべき。

というのが彼の所見である。

　而してこれは又、同じ「至花道書」中、「無主風事」の項において、「主風」の「主」を定義して、

　これは、まづ、生得の下地に得たらん所のあらんは、主なるべし。

とあるのに一致している。「下地の生得」又は「生得の下地」はいうまでもなく先天的素質を意味し、「おのづから上手に出生したる瑞力」は、稽古によって完成した、すぐれた表現力であり、「得たらん所」は体得・完成などの意に近く、その成立からいえば「骨」と「主」とは同一なものである。したがって、彼が「骨」といい、「主」というは、先天的素質の芸術的完成を意味し、この意味での個性でなければならぬ。

　しかしながら、これはまだ意義の限定である。「骨」なり「主」なりは、先天的素質の芸術的完成であると定義したに過ぎない。しかるに、これはともすれば、意識としての発生的先後をいったもののようにも解せられる言い方である。故に、これにつづいて、更に、

　さりながら、芸道の劫入りて、下地もまた自ら出で来るべきやらん。

といって、時間的先後においては、まず稽古が先行し、稽古の徹底の結果として、その芸風上に素質的なものが発現し来るものであろうとしているのである。

故に、稽古において師の芸を習い似せる間はまだ「主」がない。そこで、

師によく似せならひ、見とりて、わが物になして、身心におぼえ入りて、安き位の達人にいたるは、これ主なり。これ生きたる能なるべし。

という如き境地、即ち師の芸と自己との対立なり、間隔なりが撤去され、したがって習道のための努力の意識が介在しなくなった時、師の芸と自己とが一体となって働く時、否、更に、師の芸が全然自己のものとして体得された時、それは既に師の芸ではなくて我が芸であり、ここにいわゆる主風が成立し、「生きたる能」となるのである。しかし、かくの如き稽古もまた、本義上、その基礎は素質的芸力に存しなくてはならぬ。故に、

下地の芸力によりて、習ひ稽古しつる分力をはやくみて、そのものになる所、則ち有主風の為手なるべし。

となし、本質的意義においては、あくまで素質の完成として、即ちその意味においての個性的芸風としての定位を以てこの考察を結び、更に、最後に、

返す返す、有主・無主の変りめを見得すべし。孟子に云はく「為不固、能為固」〔スルコトノカタキニアラズ、ヨクスルコトノカタキニアリ〕。

という言葉を加えている。これは演能をして単なる形似的反覆に終らしめることなく、稽古の徹底によって個性を発現せしめる事が真に「能くする」所以であるという彼の持論であり、体得言である。

その他、彼が、「覚習条々」では、音曲と風体の一心ならぬを「よわき」といい、「花修」では物真似にはずれるところがあるのを「よわき」であるとしているのに見ても、「よわき所のなきは」と彼がいったのは、諸要素の統一的完成、芸の渾然たる一体感から来る確かさの意であって、そういう確かさも、その根本は稽古によって曲主となるところから生ずるのであるから、この意味における個性的生命感を、彼は「骨」としたのである。

次に「肉風の芸劫の感」については、

舞歌の習力の満風、見にあらはるる所、肉とや申すべき。

とあって、「骨」が先天的素質の完成であるならば、これは後天的な稽古そのものの完成を意味する。然らば、この「ことのつきぬ」という芸劫の感を成果する稽古は何を対象として、如何に行われなくてはならないか。「至花道書」の中「二曲三体事」の項に、

当芸の稽古の条々、その風体おほしといへども、習道の入門は二曲・三体を過ぐべからず。二曲と申すは舞歌、三体と申すは物まねの人体なり。

とあって、二曲・三体が稽古の入門であるとされている。ところが更に進んでは、これは啻《ただ》に入門であるのみならず、まことはこれ以外に「別の曲道の習ひ事」はないとし、

この外の風曲のしなじなは、みな、この二曲三体よりおのづから出で来る用風を、しぜんしぜんに待つべし。(中略)もし、なほも芸力おろそかにて、この用風生ぜずとも、二曲三体だにきはまりたらば、上果の為手にてはあるべし。

と断じ、あらゆる風曲は二曲三体の稽古から自然に発展し来る作用であり、若し又、未だこれが発展し来らないにしても、二曲三体さえ究め得れば、已に上果の為手であると許している。かくて二曲三体は、いわゆる「定位本風地体」として、稽古の入門であると共に、能芸の基礎であり、又能芸の総てでもあるというのが、彼の見解である。したがって、二曲三体の稽古を欠く時は、無主風の能になるのはいうまでもなく、稽古としても「無体枝葉の稽古」であるとして否定している。

なお、かくの如き二曲三体は、如何なる意義のもとに、如何なる順序を以て稽古されたかを見るに、彼はまず年齢の上からいって、少年期の稽古を児姿でする二曲に限り、「年来稽古条々」には、「二十四、五」の項において「爰《ここ》を三体の初とす」としてある。

しかるに、「遊楽習道見風書」によれば、二曲即ち歌舞は「遊楽の惣物風」であり、「惣物の器」であるとされてある。そして「器」については、

有・無二道にとらば、有は見、無は器なり。有を表はす物は無なり。

といい、

万物の出生をなす器は天下なり。

といって、桜木の無色から春の空に花を開かしめるように、

遊楽万曲の花種をなすは、一身感力の心根なり。

としているところから見ると、彼は特に二曲を以て遊楽美の根源となす立場にあったと考えられる。

そして、児姿でこの二曲の稽古を徹底すれば、三体は勿論、あらゆる曲体にわたって、「歌へば感あ

りて、舞へば面白」いという如き発展が生ずるというのが、彼の二曲観であった。

なお、彼が、児姿の間は、物真似は勿論、三体の稽古をも禁じて、専ら二曲の稽古のみに限ったことについては、二つの理由が数えられている。その一は、「遊楽習道見風書」に、

なすわざの、その体に相応する所をもて成就とするなり。成就是れ満風なり。

とあるのがそれで、今一つは、「二曲三体絵図」に、

三体を児姿の間しばらくなさずして、児姿を三体に残す事、深き手立なり。

とあるのがそれである。即ち、一つには、児姿には歌・舞が最も自然で且つ適応するを以て、その美を十分に発揮させるためであり、又一つには、生得のものを素直に伸ばし鍛えて、ありのままの姿態そのものを真に美しく、又可能力あるものとする為でもあったのであろう。したがって、二曲の稽古は、直接の意義からいえば、やがて「骨風」を成立させるところにその意義を有するものであったが、同時に又、三体の基礎をなすものでもあったのである。

三体は、物真似の人体であって、老体・女体・軍体がそれである。これは二曲とともに稽古の主要対象とされているものであるが、更にこの三体のことを明らかにする為には、まず能楽における物真似を、彼がいかに考えていたかを一瞥することが必要であろう。

彼は、能楽の表現様式を、しばしば、音曲・舞働《まひはたらき》・物真似なる語を以て言い表している。そして、音曲・舞働即ち歌舞的要素と、物真似即ち写実的要素とを、性質の異るものとして扱い、時にはこの両者を対立関係においてさえ考えている。この意味において、観阿・世阿父子によって創成

せられた新申楽の根本課題は、幽玄の象徴としての歌舞と、当時の新興遊楽たる物真似とを如何にして総合し、統一するかに存したといっても過言ではないであろう。そして彼は、物真似を主とする大和申楽の家に出生しつつ、しかもその基礎に歌舞的要素を導くことに努め、当時の遊楽一般がいわゆる解頤的道化として行うに過ぎなかった物真似を、根本的に歌舞化し、幽玄化することによって、歌舞に新発展を与え、当時の申楽の性質を一変して、新申楽を創成したのである。そして、かくの如き歌舞的要素と物真似的要素とを統一すべき基礎として見出されたものが、この三体であった。

彼は、物真似については、「物学条々」において、

およそ、何事をも残さず、よく似せんが本意なり。

といい、「覚習条々」では、

その外、一切の物まねの人体、まづ、そのものによくなるやうをならふべし。さてその態をすべし。

として、人体をそのものになることを根本としている。即ち動作によって模するのではなく、人体をそのものになり切るところから態をも発展せしめようとしている。が、更に「申楽談義」では、

よろづの物真似は心根なるべし。

といって、人体の模倣に止まらず、深く内面的一体に達しなくてはならぬとし、更に「花伝書 別紙口伝」では、

物マネニ、似セヌ位アルベシ。物マネヲキハメテ、ソノ物ニ、マコトニ成リ入リヌレバ、似セント思フ心ナシ。

と道破し、「年ヨリノ若フルマヒ」という如き例をあげて、物真似は「心根」に入り、彼・我渾融境に立ってすべきであると説いている。即ち、体も心もそのものに成りきることが、彼のいう物真似であった。

しかしながら、かくの如き物真似の根本においては、「物学条々」に、

事によりて濃き・淡きを知るべし。

とあり、

似事の人体によりて浅深あるべきなり。

とあって、対象の選択に、又真似る程度の深浅に、他の原理が働かなくてはならぬことを示している。即ち彼の物真似は、単なる写実ではなくて、申楽の伝統的要素たる歌舞をその象徴とする幽玄美発展の要請に出づるものであって、彼が三体を物真似の基本的な人体となし、しかもこれを、二曲の稽古をしぬいた児姿の発展たらしめようとした用意は、ここに由来するものでなければならぬ。かくて三体は、物真似の基本形態であるとともに、舞・歌二曲の稽古によって形成された幽玄美の発展的基礎形態でなければならなかった。

彼は、遊楽美の象徴であり、又その原型ともいうべき二曲と、その発展的基礎形態ともいうべき三体とをかくの如く位置づけることによって、「万曲の生景」を展開せしめ、これを以て「なにと

見るもことのつきぬ」という如き肉風の芸劫感を成立せしめるべき稽古の対象としたのであった。

しかしながら、彼が肉風の芸劫感を成立せしめる為の用意は、かくの如き稽古の対象のみならず、更に、これをいかに稽古するかという方法の上にも著しく示現されている。「至花道書」の「闌位事」は、あたかもその概観的考察であって、闌位の語義については、既に「花伝書 問答条々」に

「能に位の差別を知る事如何」の一条があって、能でいう「たけ」と「かさ」とを区別し、

かさと申すは、ものものしく勢のある形なり。又云はく、かさは一切にわたる義なり。

として、単なる量的豊富を意味するが、「たけ」は、

稽古の劫入りて、あか落ちぬれば、この位、おのれといでくる事あり。

とした如く、質的洗練として成立する芸位である。更にこの「たけ」に、幽玄な「たけ」と幽玄ならぬ「たけ」とを区別し、

幽玄の位は別伝の所か。闌けたる位は劫入りたる所か。

と限定している如く、本義上からいえば「生得上がる位」、即ち先天的素質の優秀も「闌けたる位」であるが、これは「幽玄の位」として定位されるから、狭義の「闌けたる位」は稽古の集積から形成されるすぐれた芸術的品位と、異常な可能力を意味するというのが彼の限定である。故に「至花道書」では、「闌けたる位のわざ」を説明して、

若年より老にいたるまでの年来稽古を悉くつくして、是をあつめ、非をのけて、以上して時々、上手の見する手立の心力なり。

といい、更にこれは、態としては年来稽古の間は嫌い退けた非風の手を時々是風に交えることで、これは「上手の故実」であるとしている。

何故に非風を交えるか、又何故にそれが「上手の故実」であるかについての彼の考察は、まことに至りつくしたものである。即ち、まず、上手にはよき芸風のみ存する。故によき所がめずらしくない。観客は何となく単調さに倦きて来る。そこで非風の手を交えると、それが珍しく、新鮮に感じられる。即ち非風は是風となって、全曲の上に特殊の精彩を与える。しかしながら、これは、あくまで、上手の芸力で非を是に化《ば》かすのである。

しかるに、初心者は、これをただ面白き手とのみ心得て、模倣する。即ち、その人、その位にあらずして、単なる形骸を模し、これを生かすべき芸力なくして、非風の手を愚かしい素質に交えるのであるから、その結果は、炎に薪を添えるように、いよいよ益ゝ見られないものとなる。これは「闌くる」ということを「わざ」であると心得て、「心位」であると知らないからである。のみならず、上手は、これは非風の手であると知って、しかもやむなく用いるのに、初心者はこれを是風の手であると見妄《けんもう》して、喜んで似せるのであるから、上手と初心者との心理的距離は黒白の違いである。かく説いた後に、

　かやうの奥風を見るにつけても、はじめの二曲三体の習風を、立ちかへり立ちかへり見得すべし。

というのが彼の結語であって、更に「法華経」を引いて「未得為得　未證為證、心得べし」と云い

添えている。彼のいう闌位は、実にかくの如き異常な統一作用であり、可能力であった。彼が、肉風の芸劫の感を、その成立の側面から「舞歌の習力の満風、見にあらはるる所」といい、又その鑑賞的側面から、「なにと見るもことのつきぬ」といったのは、二曲三体を対象としての、かくの如き境地への到達を意図した稽古の充実・完成を意味するものに他ならなかった。

次に「皮風の芸劫の感」については、

このしなじなを長じて、やすくうつくしくきはまる風姿を、皮とや申すべき。

といって、成立としては、骨風・肉風の極致とし、鑑賞としては、幽玄美そのものとして直観されるのが、この皮風であるとしている。しかもこの皮風は、個性的なものが個性的なものとして目立つことなく、稽古の完成が稽古の完成として意識されることもなく、ただただ「やすくうつくしくきはまる風姿」として、純一そのもの、美しさそのものとして感銘されるのでなければならなかった。

而して、彼が、同代芸人の遊楽観と彼のそれとはその根底を異にするものであるといった、その相違点は、かく、即座においては、ただ美しさそのものとして直観される「皮」の根底に、「骨」「肉」の存在を要求していることであって、かくの如き基礎が存することによって始めて、「皮」が真に「皮」になるとするところに、彼の時流を抜いた立場がある。かくて、為手その人の先天的素質を芸態上に生かし、稽古の積み重ねから成る品位と自在力とを芸態上に実現し、確かさと豊かさとに裏づけられた、深みのある美しさとして完成されたものが、彼の「皮」であった。

かくの如く、彼の芸態は、表現様式としての普遍的な型でもなく、表現者の扮装した人体でもない。即ち抽象的な形式でもなければ、感覚的な形態でもない。まず二曲三体の稽古を徹底し、これによって先天的素質を実現し、異常な品位と可能力とを獲得した為手の芸として発現し来る、渾然たる美的恍惚境であって、これこそ内面的、具象的な芸術的現実態として、能楽鑑賞の真の対象をなすものでなければならぬ。彼の皮・肉・骨は、かくの如き直観的、具象的な芸術的統一感の体験的分析であり、自覚的内容であって、「なにと見るもよわき所のなきは」といい、「何と見るもことのつきぬは」となし、更に「何と見るも幽玄なるは」という如き芸劫の感として後心に案見される時、始めて真の芸態が芸態として定位されるというのが彼の所見であった。

而して、かくの如き芸態こそ、幽玄の存在様式であって、皮風の芸劫の感がやがて幽玄の感であることは上叙の如くである。したがって皮風の芸劫の感の成立は、やがて又、幽玄の内面的構造を示すものでもある。彼の幽玄意識は、ここに至って始めてその全意義を展望せしめるものであって、これによれば、彼の幽玄は、先天的素質の完成としての個性的な深さ・確かさを基礎とし、精進・稽古の徹底から成果した洗練・純化を経た美しさ——それが、華やかさの極みとして表現されようとも、また、寂びそのものとして表現されようとも——でなければならなかった。

三

かくて世阿弥の幽玄は、語義としては華麗・優美・閑雅等の意味を有し、この意味においては、同代文化の性質を反映した平安朝貴族文化憧憬の一表示であるといわねばならぬ。しかしそれは語義であって、実際において彼が舞台上で演出したものは、単なる華麗・優美・閑雅ではなかったと信じられる。勿論、彼は、舞台芸術家として、まず時代の好尚を考慮して、かくの如き美の理念を申楽の原理に持ち来ったのであろう。

しかし、それにしても、それはただ出発点をそこに置き、それを考慮の中に置いたというまでであって、彼が、他に何等の要求も独創もなく、ただ、こういう時代的好尚に終始したものだということでないのは勿論である。又、彼が、時代的好尚と自家の理想との二つを等分ににらんで、或時は前者に、或時は後者に傾きつつ、賢くもその調和点を歩いたものであるとも考えられない。彼は、常に、何事についても、もっと徹底的である。調和し、統一する場合には、必ず、更に深い基礎からこれを為し遂げようとしている。

なるほど、世阿弥が能楽の至上境として立てているところは、「花伝書 問答条々」に「しをれたる風体」として説き、「覚習条々」中、「妙所之事」の条には「無心無風の位」といい、「幽玄風体の闌けたらん」と述べ、また同条々中、「批判之事」では「冷えたる曲」といい、「無心の能」といっているものであって、「九位次第」で「無心の感」「無位の位風」といわれている「妙花風」もまたこれである。この境になれば、既に花・紅葉の美もなければ、千山を蓋う白雪の荘厳も清浄もなく、また有無中道の深さも意識されない。それらのすべてを絶し尽した、いわゆる「言語道断、心行所滅」の境でなければならなかった。然らば、これは既に幽玄概念の外であるかどうか。少なくもそれは、単なる華麗・優美・閑雅とは相去ること遠いものといわねばならぬ。然らば、幽玄は世阿弥芸術に一貫した原理たり得ぬものであるかどうか。

これに答えるものは、上来述べ来った彼の芸態論であり、更に又、彼に一貫している思想形態そのものである。まず彼の思想形態の一般を見るに、例えば「九位次第」において、その至上境を下三位・中三位・上三花のうちの上三花となし、更に上三花中の最上に位するものを「妙花風」となしつつ、しかもまたそこにのみ止まらないで、再び下三位に下ることを「堪能の達風」となし、この域に達した唯一の人として亡父を追憶・感嘆してやまぬ如く、又「花伝書 奥儀」に、能の為手と観客との関係を考えて、「目きかずの眼」にも面白いと感ずるように能をするのが「花を究めたる」為手であるとしている如く、一旦深所・奥所に至り尽した後は、必ず、また平明・浅淡の境に還り来って、その境を真に生かすを以て達人の至境としているのであって、一道の究竟に達した彼としては、これは当然の要求であったろうと思われる。

したがって、「花伝書 奥儀」に、

> このため、能に初心を忘れずして、時に応じ、所によりて、愚かなる眼にもげにもと思ふ様に能をせん事、これ寿福なり。

といっているのは、一見いかにも全観客の喝采を目当にした演出の工夫のようにもとれるけれども、これを、上手に於きての故実・工夫なり。

といい、更に、

たまたま得たる上手になりたる為手も、身を憑み、名に化かされて、この故実なくて、徒に名望よりは寿福かけたる人多き故に、これを歎くなり。

といって、上手や名人が、この境に安住することを戒める精神に発していること、従って、寿福をいいつつも、「寿福のためのたしなみ」を拒けて、「道のためのたしなみ」でなくてはならぬという立場から、「世間の理にかかり」、「慾心に住」することの危険を戒めていることによって見れば、これは、止むを得ず観客のために芸位を下げることではなくて、彼の芸道的良心そのものの根本要求に出ずるものであったとしなくてはならぬ。

彼が芸態論において、最も深く且つ根本的なものとしての「骨」を求めながら、また最も表面的なものとしての「皮」を重視し、しかも「骨」と「肉」とに裏づけられた「皮」にして始めて真の「皮」であるとしている如き、又、上述の如き世阿弥的特質の一示現であるとしなくてはならぬ。

かく考える時、彼の幽玄の語義として帰納される華麗・優美・閑雅等の概念も、その具象的意義においては、彼が「妙花風」といい、「無心の能」といった境位と別なものではなく、却って、そういう閑雅・崇高の境に徹し、その境位によって生かされた華麗であり、優美・閑雅であるのが、世阿弥のいわゆる幽玄であったといわなくてはならぬ。従って「妙花」もまた、美を尽し、洗練を極め、深さを絶した「妙花」であり、又「無心」も「はでやかさ」「しとやかさ」を絶した、いわゆる

「さびさびとしたる中に、何とやらん感心のある所」という如き「無心」であって、これはそのままに華麗以上の華麗であり、優雅以上の優雅であるともいい得るであろう。総ては一にして二、二にして一、その表わされたものによって含むものを感じ、含むものによって表わされたものを見るのが、彼の要請していた鑑賞であり、理解である。そしてまた、能楽におけるあの華麗・優雅も、閑雅・枯淡も、かく解することによってのみ、その由って来るところが明らかにされる。よしまた、世阿弥の意識においては単なる華麗・優雅に過ぎない場合があったにしても、彼が所期した如き鍛錬の果として表現される芸態においては、その華麗・優雅も単なる華麗・優雅ではなく、更に深く、更に高い境地によって裏づけられた、即ち「たけ」「位」のある華麗・優雅として観客の心に映じなくてはやまぬものであったろう。この意味において、世阿弥こそ、中世の芸術的理念としての幽玄を、——人により、時代によって、或は余情・幽遠として、或は華麗・艶美として、或はまた閑寂・平淡として求められた幽玄を、それらの純化とし、結晶として、体現し、自覚した第一人者であったといい得るであろう。

（『国語と国文学』昭和六年十月号）

世阿弥の芸術論に於ける大衆的傾向

一

世阿弥元清が、父観阿弥と共に、将軍足利義満の保護の下に能楽を大成した一天才であったことは、夙に知られていたところであるが、明治四十一年、故吉田東伍博士によってその遺著十六部が発見せられて以来、彼は単に舞台芸術家としての達人であったのみならず、作家として、また芸術批評家として、我が芸術史上稀に見る傑出した存在であったことが実証されるに至った。われわれは彼を読むこと久しくして、いよいよ、彼の人間として、また芸術家としての深さ・偉大さに感嘆せざるを得ない。

彼の遺著、「花伝書」「申楽談義」によれば、彼の当時、既に各地に猿楽の座を生じ、大和には春日神社の神事にしたがうもの四座、近江には日吉神社の神事にしたがうもの三座(後六座)、伊勢には二座、丹波には法勝寺の御修法、又は加茂・住吉両神社の神事にしたがうもの三座(摂津・河内をも含む)等があって、なかんずく、大和・近江の申楽が特色ある発達を遂げている。また田楽においても、本座・新座を存して、申楽の能に近い程度の能を行っていたものの如くである。この田楽はもとは農民の間に発達した遊楽であるが、既に北条高時がこれを熱狂的に愛賞し、又、貞和五年六月四日には、四条河原で勧進田楽が行われたが、あまりの盛況で桟敷が崩壊し、大混乱を現出した由が「太平記」に見えている。――この勧進田楽のことは、「申楽談義」にも引かれている。

観世父子が大和申楽の結崎座に出でたことはいまさらいうまでもないが、「花伝書 奥儀」によれば、観阿弥は、田楽の一忠を「わが風体の師なり」といっていたとある。これによって当時の申楽と田楽とがいかに接近したものであったかを知り得るとともに、ここにも時代の、そして観世父子の総合的な傾向が認められる。

かくて、観世父子の申楽創成は、その起源はともかくとして、当時にあっては、地方的、民衆的芸術として存在したものを、――時々京都において催されることはあったにしても、それはたまたま田舎から上ったもので、座そのものが京都にあったのではなかった――始めて幕府の保護の下に、幾百年の文化の中心地たる京都へ入れたということと深い関連を有する。すなわち、世阿弥の時代においては、申楽能の鑑賞者は、都の人々がその主体となり、わけても「貴人・上方さま」の御批判が当面の対象であって、「遠国・田舎の卑しき眼」には、「たけ・位の上れる風体」は鑑賞の及び難いものとなり、したがって地方人はすでに観客の主要部分をなすものではなくなっている。ここに申楽能の発達があり、完成の方向が存した。換言すれば、地方的、民間的に発達していたものが、都会的、貴族的洗練を経たところに、能楽の芸術としての創成があったということができる。

しかし彼が常に意識に置かなければならなかった、観客としての「貴人・上方さま」は、必ずし

も彼の芸の上で絶対の意義を有する観客ではなかった。即ちこれは、

貴人の御意によりて仕る能は、次第不同なれば、かねての宛がひ変るなり。（「覚習条々」）

という如く、芸術的理解のない観客である。しかも彼等はその「御意によりて」演出しなければならないばかりでなく、進行の途中に入来があれば、それを顧慮して進行をも調節しなければならなかった。それのみならず、

自然、期せざる御会の申楽ありて、大御酒の時分など、俄かに召されて能を仕る事あるべし。（「覚習条々」）

とある如く、突然に、しかも酒宴の興を添えるために演能を命ずることさえある如き、暴君的な観客である。「至花道書」に、

その頃は貴人・上方さまの御批判にも、是をのみ御覧じはやされて、非をば御算段もなかりしなり。当世は御目もいやたけて、少しきの非をも御算段に及ぶ間、玉を磨き、花を摘める幽曲ならずは、上方様の御意にかなふことあるべからず。

とある記事さえ、この「貴人・上方さま」が観客として芸を率いたものではなく、むしろ芸に率いられて進歩したものであることを示している。

然らば、彼が芸そのものの上で、絶対的な権威として意識したのは、いかなる種類の観客であったろうか。換言すれば彼が「目利きの眼」といい、「上智・上根の眼」といったものを、彼はどこに認めていたか。それは彼の遺著のどこにも具体的には指示されておらぬ。彼はすぐれた鑑賞の標準

を説き、またその仕方を論じつつも、その人が誰であり、どこにそういう眼が光っていたかを述べた条は遂に見出だされない。彼が「目利きの眼」といい、「上智・上根の眼」といっているものも、結局は彼自身の眼ではなかったであろうか。

「申楽談義」には「砧の能、後の世には知る人あるまじ、もの憂きなり」とあるが、後の世でなく同時代においても、かかる奥所を真に理解できる人は、彼自身を除いて幾人あり得たであろうか。もとより彼の芸術を嘆賞し、ある程度までこれに理解と同感をもつ人々は都会の比較的教養ある人士の間には少なくなかったであろうし、彼がこういう人々の批判を重んじたであろうことは想像せられる。しかしながら彼が「上智・上根の眼」といって、常に自ら反省の標準にしたものは、彼の芸道的良心でなければ、亡父観阿弥、その他の達人の眼を不知不識心の上に描いていたそれではあるまいか。そして、かくの如く常に勝れた人々を心に置き、これによって自己の反省と精進を怠らないのが真に勝れた人々の特質であって、彼の芸が絶えざる進歩をなし得た一つの原動力はたしかにここに存したのであろう。

しかしながら、「後の世には知る人あるまじ、もの憂きなり」という言葉の中には、いかにしても、高所・奥所に達した人の孤高・寂寥の感のおおいがたいものがある。彼もまた、すぐれた人々の例にもれず、この寂しさを味わわねばならぬ一人であったのであろう。が、彼は、かくの如き至妙の境を他に伝えがたいものとして、ひとり自ら高しとなし、又はその境に安住する人ではなく、彼のうちには、更に、自己の芸に今一段の発展を期しなくてはいられぬ健全さと、あくまでこの境を具体化して諸人の鑑賞に供えようとする至心とがあった。これが今、私のいおうとしている問題であり、彼の大衆的傾向である。

二

世阿弥の能楽論において、大衆的な性質を明らかに示した最初の述作は、「花伝書 第五 奥儀」であるが、この篇は宗節本の奥附に

于時応永第九之暦暮春二日馳筆畢　世阿 有判

とあるのによって、父観阿弥没後十九年、彼が四十歳の時の作であることが明らかである。而して本書述作の意向については、

凡そ、花伝の中、年来稽古より始めて、この条々を注す所、全く自力より出づる才覚ならず。幼少以来、亡父の力を得て人となりしより廿余年が間、目に触れ、耳に聞き置きしまま、其風を受けて、道の為、家の為、之を作する所、私にあらんもの歟。

とある如く、ひたすら芸道のため、家のために、父観阿弥から受けた「風姿の花」を伝えようとするものであった。しかし彼は、この「花」を概念として説き、概念として教えようとせず、あくまで体験から体験に伝えようとした。したがってこの「花」は伝えられた「花」であると共に、又世阿弥が体得した「花」でもある。彼が「奥儀」の着筆に、

当世、この道の輩を見るに、芸の嗜みは疎かにて、非道のみ行じ、たまたま当芸に至る時も、たゞ一せきの気せう、一旦の名利に染みて、源を忘れて流を失ふ事、道既に廃る時節とこれを歎くのみなり。

とあるのに明らかなように、一道の興廃を双肩に感じつつ、父から伝えられたものを、自己体得の深さから語ろうとしたのがこの篇である。

彼は本篇において、観客問題に論及し、

上手は目利かずの心に合ひ叶ふこと難し。下手は目利きの眼に合ふ事なし。下手にて目利きの眼に叶はぬは、不審あるべからず。上手の、目利かずの心に合はぬ事、是れは目利かずの眼の及ばぬ所なれども、得たる上手にて工夫あらん為手ならば、又目利かずの眼にも面白しと見る様に能をすべし。此工夫と達者とを究めたらん為手をば、花を究めたるとや申すべき。

といい、又、

このため、能に初心を忘れずして、時に応じ、所によりて、愚かなる眼にも、げにもと思ふ様に能をせん事、これ寿福なり。

といって、観客としての「目利かずの眼」を疎外せず、「愚かなる眼」を重視したところに、その大衆的傾向が認められる。しかも彼はこの大衆の鑑賞に叶うことを以て、「花を究めたる」為手たるべき条件とさえしている。

然らば、いかにしてかくの如き条件は充たされるとしているか。上の引用においても、「能に初心を忘れずして、時に応じ、所によりて」とある如く、態としては時・処・位に適応した演出たるべきを言っているに過ぎないけれども、この時・所・位に適応した演出を可能ならしめるためには、まず「普き《あまね》風体」に通達することを必要とした。このため、彼においては和州・江州等の流派の別は問題とするところでなく——和州では物真似即ち写実的要素を主として、変化を求めつつ、しかも幽玄の風体にしようとし、江州では幽玄を取り立てて、歌舞的要素を主とし、物真似を次にして風情を重んじた——よきものは悉く採って以てわが師としようとしたのであって、

真実の上手は何れの風体なりとも漏れたる所あるまじきなり。一向の風体ばかりをせん者は、まこと得ぬ人のわざなるべし。

というのが彼の信念であり覚悟であった。故に、彼の父であり、師であった観阿弥が、和州はいうまでもなく、江州の風体にも達し、更に世人がややもすれば軽視しがちな田楽の風体にさえ通じて、常々田楽本座の一忠のことを「わが風体の師なり」といっていたことは、彼にとっては絶えざる感激の泉であった。したがって、彼は「一向の風体」のみを得て、「他の風体」を嫌う如き独善を難じ、これを力の不足であり、「かなはぬ諍識」であるとして排撃している。

彼は、かくの如く、観客たる「諸人の褒美」を求め、そのためには「普き風体」に渉ることを要としたが、しかもこの「諸人の褒美」は花を究めた為手の条件であり、「上手の故実」として位置づけられるものであった。したがって、

かやうに申せばとて、我が風体の形木の疎かならんは、殊に殊に、能の命あるべからず。

といい、つづいて、

我が風体の形木を究めてこそ、普き風体をも知りたるにてはあるべけれ。普き風体を心にかけんとて、我が形木に入らざらん為手は、わが風体を知らぬのみならず、よその風体をも確かには、まして知るまじきなり。

といって、単によいものをかき集めて模倣することが他を学ぶことではなくて、まず、真に自己を究めることが他を知る道であり、個に徹することが普遍を得る所以であるという基礎に立脚した。即ち、彼は「我が風体」を究めた上に、他を学んで「普き風体」を得、「上智・上根の眼」に合った上に、更に「愚かなる眼」にも面白いという如き演出を展開させようとし、ここに大衆的傾向を以てほとんど完成の標準であるかの如くに意義づけ、位置づけている。

世阿弥がその能芸を大衆的鑑賞に供えようとし、そのためには、為手においては、「普き風体」を用意しなくてはならぬとしていたことは上叙の如くである。そしてそれは、実に、大衆的ならぬもののの発展としての大衆的傾向であり、「わが風体」に徹することを基礎とした「普き風体」であることも上叙の如くである。然らば、彼はその根底においては大衆的であったといわれないのであるか。これに答えるものは、芸術の目的に関する彼の所言である。彼はいう、

秘義云、そもそも、芸能とは、諸人の心を和げて、上下の感をなさんこと、寿福増長のもとゐ、遐齢・延年の法なるべし。究め究めては、諸道悉くに寿福延長ならん。

と。又いう、

この芸とは、衆人愛敬をもて、一座建立の寿福とせり。

と。即ち、彼は、諸人上下の和合感、衆人愛敬が人生における能楽の意義であり、したがって「一座建立の寿福」であるとしているのであって、為手にしても、貴所・宮寺から田舎・遠国の諸社の祭礼に至るまで、普く観衆の意にかなって非難を受けないのが「寿福の為手」であり、かくの如き衆人の愛敬の欠けたのは、「寿福増長の為手」とはいわれないとしている。が、彼のいう「寿福」は、単なる名望や観衆の喝采ではなく、したがって「世間の理にかかり」又は「慾心に住する」ことから成立するものではない。あくまで道を守り、道に終始するところにのみ存在するものであって、彼は、これを、

道のための嗜みには、寿福増長あるべし。寿福のための嗜みには、道まさに廃るべし。道廃らば、寿福自ら滅すべし。

といって、「寿福」は求めて得られる功利ではなく、却ってこれを捨てて道を嗜むことによって与えられる祝福であるという信条に立脚していた。彼の芸術論に大衆的傾向の存するのはこのゆえんであり、またその大衆的傾向が、芸道に徹するところに成立し、大衆的演出の工夫が直ちに達人の工夫でなければならなかったゆえんはここに存立するというべきであろう。

以上は「花伝書　奥儀」における彼の観客論に示された大衆的傾向の一斑であって、能楽に対する素人をも、鑑賞力に乏しい地方人をも、観客として重視し、その理解・鑑賞に叶うことを、最後の、したがって最高の目標としている。しかし、これは芸位を下げることによって、かくの如き観衆に

おもねることでもなければ、またこれと妥協することでもなく、自己を練りぬくことと、観衆に対する和合感による演出とによって、人々のうちに、生得的に普く存在する、人間的な美のセンスに訴えることに外ならなかった。換言すれば、至らざるなき芸力の鍛錬と演出の工夫とによって、「目利きの眼」と共に「目利かずの眼」にも通ずる演出たらしめることを以てこの道の完成とするところに、彼の大衆的傾向が存立したということができよう。

三

彼の大衆的傾向をかく考えて来ると、これは、単に観客の問題のみに止まるものではなく、したがって、大衆的傾向という如き概念に包括することは妥当を欠くものであるかも知れない。例えば、彼が芸位の発展と習道の順序を考察している「九位次第」においても、彼は、まず芸位を、したがって能楽美の品等を、下三位・中三位・上三花の三段階に分ち、更に下三位を麁鉛風・強麁風・強細風、中三位を浅文風・広精風・正花風、上三花を閑花風・寵深花風・妙花風の如く、それぞれを発展的に品等した後、習道の順序は、初に中三位を浅文風から、次には上三花を習い、上三花のうち至上境・絶対境ともいうべき妙花風を究めて、最後に下三位を習うべきであるとし、「中初・上中・下後」の如き成語を得、これを各所に用いているのであって、同じ下三位でも、最初にこれから入門した為手は、「無道・無名の芸体」として、九位の内にも入らず、まして中・上に上る見込みはない。

又、中上から下三位に入ったのは下三位そのものであるが、中初から入って上中・下後と習道した達風は、下三位も単なる下三位ではない。かくの如く、「中初・上中・下後」と悉く成して、この下三位をも上花に生かし得たのは亡父の外にはないと感嘆している。「申楽談義」においても、

上花に上りても山を崩し、中上に上りても山を崩し、又下三位にくだり、塵にも交はりしこと、観阿一人のみなり。

の如き語がある。彼のいう中三位は、美の萌芽からあらゆる美を展開させ、更に美の中の美ともいうべき集中・純化の方向に発展させる芸風であり、上三花はまず「銀垸裏に雪を積む」という如き「白光清浄なる現色」から、「有無中道の見風」を経て、「無心の感、無位の位風」に達し、言語を絶し、心も行も滅し去った「不二妙体の意景」を現わす芸位である。しかるに、下三位は、彼が芸風の上から最も忌むところの「あらく・なまる」芸で、能楽美の理念に背くものでさえある。かくの如き下三位を、彼は上三花を得た達人の習道となし、これを「上類の見風」として生かそうとさえしている。これは彼の観客論としての大衆的傾向ではないけれども、これと深く関連した思想であり、軌を一にした思想形態であることが注意せられる。

又、これを「花伝　第三　問答条々」における一条に見るも、「聖人の一失、愚人の一徳」という如き語を掲げて、「上手にも悪き所あり。下手にもよき所必ずあるものなり。」という説明をした後に、

上手は下手の手本、下手は上手の手本なりと工夫すべし。

という結論を示し、うちなる慢心や排他心を棄てた稽古・工夫の肝要を述べ、しかもかくの如く、

下手の善きところを採って上手の物数に加えることが、「無上至極の理」であるとしている。更に又、「至花道書」の「闌位事」においては、同じく「上手の故実」として、「非風の手」を交えることを述べている。「非風の手」はどこまでも「非風の手」であるけれども、これを上手の是風に交えると、上手には是風の手のみで、したがって観客がこれに目馴れて来ているところへ、この「非風の手」を稀に交える時は、上手の芸風においてはこれが却って新鮮な味を与えるものとなるからである。故に「わざ」としては非風であるものが、全体の上では是風に生かされる。これはあくまで「上手の風力」のなすところで、初心者の企て及ばぬ境である。「わざ」ではなくて「心位」である。

したがって、これを得るには、こういう達風そのものを学ぼうとしないで、よく自己現在の芸位を弁え、基本的な是風を稽古する外はないとしているのであって、彼が、稽古の上に、下手を下手として見限らず、又芸風に関しても、非風を非風として捨てないで、上手に学び、是を極めた上、かくの如く乏しきもの、非なるものをさえ、生かし用いようとしていることは、観客において「目利かずの眼」を忘れず、「愚かなる眼」を無視しなかった傾向と相通う思想であって、彼の芸術論の根底を一貫した要求であり、彼の総ての所論に示されている思想形態である。

即ち、彼は、常に、個に徹することによって普遍を得、深く達することによって平明に出で、根本を究めることによって枝葉を生かそうとする。そして概念としては明らかに対立し、矛盾するものをも、総合と調和に置こうとする。しかもその総合・調和は、実践的、根本的に深く徹することによってのみ実現される止揚・統一として求められている。

かくの如き思想形態は、仏教、わけても禅宗によって養われた当時の思想傾向を示すものであり、或は彼自身の禅的体得の結果でもあろうけれども、しかしながらこれを以て同代の仏教的文芸——例えば、歌道の外に仏道はないといい、又は連歌こそ真の祈禱であるといって、実作の上にはどこにも宗教的契機を生かしてはいないような、流行的概念の反覆ではない。むしろ、芸そのものに集中した上に発現された時代性であり、又彼の人間的傾向としての完成である。種々の文化が総合し、統一しようとする要請に立ちつつ、多くは繊弱・低劣な寄木細工に終っている同代において、彼はかくの如き思想形態を実現して、彼の芸術に深さと共に透徹さを与え、能楽の如き総合の芸術を創成したことは、驚異すべき事実でなければならぬ。

更にいえば、彼が、彼の芸術を享受するために要せられる特殊的もしくは一般的教養を有しない者を、疎外し、蔑如することなく、彼の芸術の自律性に集中すればするほど、かくの如き大衆の鑑賞に叶うことに努め、これを以て芸を究め、芸を完成するための課題としていることは、現代にとっても一つの新しい問題でなければならぬ。即ち、文学・芸術がその自律性を強調しては、高踏的傾向に止まり、大衆性を主張しては、低調・卑俗を免れ難い現在を省みて、彼が大衆的傾向を完成の段階の課題として発展的に定位したことには、深い理由が認められなくてはならぬ。

又、現在、文学の歴史的研究においては、一つの新しい文学の時代が始まり、又は一つの新しい文学形態が発生する素地を大衆に置き、これが理由としては、文学・芸術の基礎を人間的、普遍的生命に認めている。これと同じ理由によって、世阿弥が大衆的傾向を完成の段階に揚挙していることとは、深い意義を有するものであるとしなくてはならぬであろう。

（『国文学誌』昭和六年十月号）

世阿弥元清の生涯と著述

一　家　系

能楽が能楽としての性質と形態とを始めて真に決定し、驚くべき芸術的発展を示して、中世芸術の極致を体現するに至ったのは、主として観阿弥清次・世阿弥元清父子の力によるものであることはいうまでもない。

従来、この観世父子の家系につき、またその生涯に関して伝えられていたものは、仮構に出づるものが多く、従って彼と是とが一致しがたい場合があって、その事と人との真実がどこに存するか適帰するところに迷う有様であった。かの現行曲目の多くが世阿弥作とせられ、わけても名作と呼ばれるものの大部分が彼の作とされて来たにもかかわらず、それは単なる曲附のことであって、詞章のごときは同代の歌人・文人の制作したところであろうと一時疑われるに至ったごとき、その一例であって、これは一に信憑するに足るべき資料を欠如していた結果にほかならぬ。しかるに明治四十一年に至り、吉田東伍博士は、新たに安田氏所蔵に帰した能楽古書数帖が世阿弥の遺著なる由を聞かれ、これを借覧・繙読した後、その概要を『能楽』誌上に報告され、翌年、これを『世阿弥十六部集』の名を以て刊行せられて以来、能楽の由来が明らかにされ、観世父子の事業と生涯とが確かめられるとともに、世阿弥がすぐれた能役者であり、能作者であった上に、更に、古今に稀な芸術哲学の建立者でもあったことが新たに知られるに至った。以後、今日まで、漸次、遺著発見の数を加え、また今後の発見も期待されて、ますます彼の思想と原始能楽の拠って立った原理とが明らかにされようとしていることは、わが文芸史の上に、また思想史の上にまことに慶すべきことであるといわねばならぬ。

観世父子が室町将軍義満の保護を受けて、応永猿楽革新のことを大成するに至る前は、春日神社の神事猿楽四座の一つである結崎座を成していた。この結崎座はあいの座から出で、更にあいの座の先は山田猿楽であったというのが「申楽談儀」の所伝である。ところが、この「申楽談儀」の所伝は大和四座の起源に関して最も信憑すべき記事として諸書に引用されているにもかかわらず、文面が種々に解され、かつ傍証に乏しいために、これが解釈において、また地理的適用において、さまざまな異説を生じている。今、大和猿楽に関する「申楽談儀」の本文を吉田博士校註『世阿弥十六部集』によって引用すれば、

やまと《大和》さるかく《申楽》は、かうかつ《河勝》より、すくに《直》つたはる《伝》、あふみ《近江》は、きのかみ《紀頭》とて有し人のすゑ《末》也、さて《即》きうち《紀氏》也、時代能々たつぬへし、やまと《大和》たけた《竹田》のさ《座》とあい《安部?》のさ《座》、はうしやう《宝生》のさ《座》と、うち入〳〵有、たけた《竹田》は、こんほん《根本》のかうかつ《河勝》よりのめん《面》なと重代有、てあい《手掻?》のさ《座》は、先は山た《田》さるかく也、伊賀の国（原注、平氏也）、服部の杉の木《内?》と云人の子息、おゝた《太田ひ?》の中と申人、やうし《養子》にして有しが、

京にてらくいはら《落胤腹》に子をまうく《儲》、其子をやまた小み《山田美濃》の大夫と云人やうし《養子》て有しが、三人の子をまうく、ほうしやう大夫《(原注、宝生、ちゃくし)》、生一《(原注、中)》(イ生市)、観世《(原注、おと)》、三人、此人のなかれ《流》也、彼山た《田》の大夫は早世せられし也、こんかう《金剛》は、まつ《松》、たけ《竹》とて、二人かまくら《鎌倉》よりのほ《上》りし者也、名字なし、猶たつ《尋》ねてき《記》しおくへし、

のごとくである。いうところは、

一　大和猿楽は、秦河勝の直系であること。

二　大和申楽の竹田の座・あいの座・宝生の座は、非常に密接な関係で経過し来っていること。

三　その竹田の座には、元祖河勝から重代して来た面などがあり、またあいの座の先は山田猿楽であったこと。

四　あいの座の祖先は伊賀の国、服部の杉の木という人の子息を、太田備中という人が養子にしておったが、その養子が京都で落胤腹に子を儲けた。その子を山田小美濃大夫という人が養子にしてあったが、これに三人の子が生れた。即ち嫡子が宝生大夫、中が生一、末が観世であること。

五　金剛は、松・竹という二人の鎌倉から上った者が建てた座で名字はないこと。

ここにいう竹田の座が今春であることはいうまでもない。又同座が、当時、大和国磯城郡竹田に住んで、最も家系の古い座であったことは多くの記載の一致するところである。しかるにあいの座・山田申楽の「あい」・「山田」の地理的所在については学者の間に説を異にしている。

まず、吉田東伍博士は『能楽』(第三巻第六号)において、山田は大和国桜井駅附近なる山田村、又「あい」は安部村に起った座であろうとし、桜井駅は上古伎楽師味摩之の徒の楽部の置かれた地であるから、その由来もあろうかとしていられる。

野々村戒三氏は、『能楽古今記』『観世四代事蹟考』その他において、「山田」は伊賀の山田、「あい」は、一本に「ああい」とあることと合わせ考えて、同国阿拝郡の阿拝ではないかとし、阿拝を昔は阿閉・敢・綾郡に訛っている上に、土地では安波以とよんでいるから、あいの座を阿拝の座、敢の座とすることは根拠のない臆説ではないとして、伊賀一の宮、敢神社に仕えた座であろうとしていられる。

また、高野辰之博士は『日本演劇の研究』第二集所載「能楽大和四座考」において、大和四座の先住地をいずれも摂津国淀川流域とせられ、「山田」は、同国三島郡の山田村、「あい」は安威で、今の同郡石川村・見山村の地であろうとしていられる。

以上三説のうち、吉田博士の「山田」・「あい」大和説は、附近に坂門・服部・矢田、または竹田・結崎・外山《とび》のごとき猿楽諸座名と関係ある地名が存し、また附近一帯に河勝の後裔たる秦氏が住んでいた土地であり、聖徳太子時代に楽戸が置かれたこともある関係等から推定せられた説である。野々村氏の伊賀説は、上掲「申楽談儀」の観世の流祖が伊賀出身であることと関連している所に特殊な根拠がある。また高野博士の摂津説は、大和申楽としての活躍に至るまでの醞醸期を、土俗芸としていくつかの集団状態を呈して交渉して来たであろうという立場に立って、同地(摂津三島郡中部)三里四方ばかりの間に、円満井・安威・宿・山田・宝生山・金剛院・鳥養、また淀川を隔てて榎並等、世阿弥の伝書や当時の記録に散見する猿楽座名に合致する地名・寺院名等が見出されるという所に根拠を有し、且つ当時の記録の一たる看聞御記に宿・鳥養・榎並等がいずれも摂津申楽とされているのをもって、この推定の理由としていられる。

以上吉田博士の大和説、野々村氏の伊賀説、高野博士の摂津説等、いずれもそれぞれ根拠を有する立説であって、能楽史考察の上に貢献するところが少なくないけれども、三説中いずれかの一説に決定するためには、更に何等かの資料にまたなくてはならぬ。

私は以上の諸説の紹介にあわせて、これら諸説の出発点とされている「申楽談儀」の本文から、「あい」「山田」の所在関係がどう考えらるべきかをここに附言して見たいと思う。上叙三説に共通した特色は「あい」と「山田」とが同一地方として考えられてあることである。しかしこれは、本文からは必ずしも同一地方として決定されているわけではない。むしろ、山田は竹田・あい・宝生相互の関係よりも、発達上もしくは地理上において、これらと離れた関係にあったらしく感じられる文勢である。次にあいの座は、竹田の座・宝生の座とともに当時大和にある座として述べられていることは、文面上明らかである。従って山田は、発達が別系統であったとすれば、その附近にあってもよく、地理的に離れていたとすれば、大和以外として考えてもよいことになる。

もし山田が大和以外であるとすれば、どこであろうか。本文においては、山田の所在を特に示すことなく、ただちに血族関係をあげ、山田申楽の小美濃大夫の孫として生れた宝生・生一・観世の三人は血縁の上では伊賀の服部の杉の木という人の子孫であるとしているのである。あるいは、山田については大和とも伊賀とも京都とも断わっていないところからすれば、その全文が大和猿楽のことをいっている条ゆえに、大和として解せられぬこともない。しかしまた「申楽談儀」中「面のこと」を述べた中に、

　此座の翁はみろく打なり。伊賀をばた《小幡》にて、座を建てそめられし時、伊賀にて尋ね出したてまつりし面なり。

とあるのによれば、観世は血縁上だけでなく座の発祥も伊賀であったということになる。そうすれば、山田も、あるいは伊賀にあった地名であったかもしれぬ。但し山田を伊賀とすれば、山田猿楽なるものが、かなり有名な猿楽として一般に知られていたのでなくてはあの文勢は理解出来ない。

かくて「申楽談儀」の本文解釈からいえば、観世座は小幡(伊賀)―山田(大和または伊賀)―あい(大和)――結崎(大和)のごとき経過をとって観阿弥の時代に至ったことになる。

なお、「伊賀の国、服部の杉の木と云人」の服部は地名であるか、氏の名であるか。この文についていえば地名らしく思われるけれども、「四座役者目録」には、観阿弥の出を「伊賀の甲族服部氏なり」とあり、その他にもこれを氏にしている記録が多いところから見れば、氏であったかと思われる。西村紫明氏は『謡曲界』(第廿一巻第三号)所載「金春の円満井と観世の服部」において、伊賀の服部は饒速日命の後裔麻羅宿禰の後で、平氏でもなく、秦氏でもないことを、「新撰姓氏録」によって立証し、従って観世の祖たる服部は、伊賀ではなくて、大和にある秦姓の服部氏であろうという

立場から、吉田博士の説を支持していられる。

しかし、世阿弥が遺著の奥書において秦姓を用いているのを、血縁上の関係からとのみ断定してしまうことが正しいであろうか。上にいったごとく、大和猿楽は秦河勝の直系であり、少なくもあいの座は大和猿楽である上に見ても、彼の祖父が入って継いだ山田座なり、あいの座なりの関係上から、いいかえれば、猿楽の伝統上から秦姓を名乗ったものであろうと考えるのが、むしろ自然のように思われる。

二　生　没

観阿弥・世阿弥の生没年代については従来諸説があって一定しなかった。しかし、これも遺著の発見とともに漸次明確さを加え、これと従来の諸説との関係は、既に吉田東伍博士の『世阿弥十六部集』の序引(かつて『能楽』掲載のもの)、及び、野々村戒三氏の『能楽古今記』等に詳しい。今ここには世阿弥の遺著によって明らかにされた観世父子の事蹟を略述し、世阿弥の生涯と人物とを考えるための準備としようと思う。

まず観阿弥の生存年代に関し根拠とすべきは、「花伝書」の「年来稽古条々」に世阿弥が書いている、

亡父にて候ひし者は、五十二と申しし五月十九日に死去せしが、その月の四日の日、駿河の

国浅間の御前にて法楽仕り、その日の申楽、殊に花やかにて、見物の上下、一同に褒美せしなり。

の記事である。しかしその没年については明記がない。観世十五代の大夫元章が明和二年に書いた「二百十番謡目録」及び、浅野栄足が文政頃に書いた「観氏家譜」には、康正元年八十一歳没ということになっていて、いずれも音阿弥が建てたといわれている大徳寺塔頭真珠庵の碑、

応永十三丙戌五月十五日

南無観世音菩薩

康正元乙亥七月二十二日

を根拠にしていることが明らかであるが、これは音阿弥建立ではない上に、他の信ずべき多くの資料とも一致しがたい。しかるに、『常楽記』には至徳元年の条に、

五月十九日、今河五郎入道云々。

同月同日、大和猿楽観世大夫於駿河死去。

とある。『常楽記』は永仁三年から応仁元年に至る百七十三年間の過去帳で、この間に死没した著名な人々を挙げたものであるが、いずれも信憑される記事である上に、著者は当時の能芸関係に注意を払ったらしく、この方面の記事が少なくないところから見ても、また、他に散見する観阿弥年代との関係から考えても、信憑するに足りるものであると思う。そこで今この至徳元年(一三八四)五十二歳という説を根拠として逆算すれば、その生年は元弘三年(一三三三)になる。

また、世阿弥については、『十六部集』中の「夢跡一紙」に、

昔、亡夫この道の家名を受けしより、至翁、又わたくしなく当道を相続して、いま七秩にいたれり。

とあり、この「夢跡一紙」は永享四年の奥書であるから、この永享四年を七十歳として逆算すれば、生年は貞治二年(一三六三)となり、他の年代記事によく一致する。又彼の没年については、「金島集」の奥書が永享八年であることによって、七十四歳まで生存していたことには確かな証拠が存するけれども、その後のことは不明である。ただ八十一歳で没したとする「観氏家譜」によれば、没年は嘉吉三年(一四四三)であり、八十三歳とする「秦曲正名閟言」に従えば、文安二年(一四四五)になるわけである。しかし「秦曲正名閟言」は他にも信じ難い記事が多く、この点でも前者が正しいらしいことは、「翰林葫蘆集」の「観世小次郎画像」の真賛に八十一歳になっていることによっても信じられる。

三　生　涯

能役者としての世阿弥元清が世人の注意を引いた最初の記録は、彼が十二歳(応安七年)、父観阿弥が、海老名の南阿弥の推薦により、京の今熊野で始めて将軍義満の前に演能を行った時、当時十七歳の義満に見出されたことである。爾来、義満の寵幸を得、その異常に厚い保護と彼自身の不退転

の精進とによって、遂に能楽大成のことを成就するに至ったのであった。
しかし、当時の世阿弥が義満の寵幸を一身に集めたのは、その芸によるのみではなかったらしいことは、当時の記録のみならず、「申楽談儀」によっても推知せられるところであり、又当時の能芸界の状態から考えても有り得べきことのように思われる。即ち後押小路内大臣忠嗣の日記「後愚昧記」永和四年六月七日の条に、

大和申楽児童、自ニ去頃一大樹寵ニ愛之一、同レ席伝レ器。如レ此散楽者、乞食所行也。而賞翫近仕之条、世以傾寄之由、出ニ賜財産一、与ニ於此児一之人、叶ニ大樹之所存一。依大名等競而賞ニ賜之一、費及ニ巨万一。

のごとき記事がある。永和四年は世阿弥の十六歳に当っている。「観世小次郎画像」にも、

結崎有ニ好男一、所謂世阿弥者也。鹿園相公所ニ愛幸一也。

とあり、「四座役者目録」にも、

鹿園院殿世阿弥ヲ愛幸被レ成、是ヨリ打続、観世ハ公方ノ御大夫ニ成ル。

とあり、「申楽談儀」にも、

この道は礼楽にとらば楽なり。人の中をにつことなすべし。しかれば、色知りにて無くは、住する時節あるべし。鹿苑院の御思ひ人高橋殿(東洞院の傾城なり)、これ万事の色知りにて、殊に御意よく、遂に落目なくて果て給ひしなり。上の御機嫌を守らへ、酒をも強ひ申すべき時は強ひ、控ふべき所にては控へなど、さまざま心遣ひして立身せられし人なり。かやうのこと

は世上に沙汰することを記す。世子かやうの所、殊に名人なりとて、皆々褒美あり。

とある。彼が最初に受けた寵幸が、芸のみによるものでないことを示すと共に、またその社会的位置がいかに低かったか——或いは「乞食所行」と呼ばれ、或いは傾城に比較されるごとき——を物語っている。彼等のかくのごとき地位関係は、芸の保護者たる将軍が、時には却って芸そのものを阻害するごとき暴君でさえあったらしい記事のあることによっても知られる。彼等は実にかくのごとき地位に甘んじ、かくのごとき保護と妨害とを同時に同一人の手から与えられつつ、能楽の創成を徐々に実現したのであった。

観阿弥が幕府に抱えられて後、世阿弥もまたこれに伴われ、その薫陶の下に、異常な稽古を積んだであろうことは、彼の遺著そのものから推定せられるところである。かくて至徳元年、二十二歳の五月十九日に、父であり師である観阿弥を失ったのであった。

観阿弥に関しては、このほかに、永和四年六月七日に、当時四十六歳の観阿弥が、京都祇園会の神輿迎えの時に、将軍義満に召されて、四条東洞院に桟敷を構え、「其徒の童部」に伎芸を行わせて御覧に入れたということが「観氏家譜」及び「後愚昧記」に見えている。十六歳の彼が「大和散楽」の「童部」として、将軍御覧の前にその伎を演じたものであろう。又「申楽談儀」には、

たうらうの能を書きて、観阿脇になりて世子せられしに、失せて出で来たる風情をせしを、光太郎が面影ありと語られけるなり。かのたうらう、世子の狂ひ能真似かたの初なり。

とある。年代は不明であるが、世阿がシテ、観阿がワキになって演じたとあるから、世阿弥が既に

相当の年齢に達した、観阿弥没年に近い頃のことであろうと思われる。同書には、なお、

習道書に種々の定めあれば、委細書き置かず。笛のことにつき、年より・わらんべとあるは、観阿・世阿両人のことなり。少将の能とて、丹波の少将帰洛ありて、「おもひし程は」のうたよみたる所の能なり。

とある。これは「習道書」に、名生という笛の名人のことを述べた条に、ある神事猿楽の際、「シテの棟梁」と「わらんべ」とがロンギを歌う時に、シテの声は鸞鏡調であるのに、「わらんべ」の声はまだ盤渉がかりでゆくという風で、両人の調子が揃わず一座の感興が破れそうになったのを、この名生が、本来の調子である鸞鏡に笛を吹きながら、若声の方をば少し盤渉がかりに色どって吹いたところが、この老声・若声がよく調和して興が深かった。一座にはそれと聞き知る人もなかったが、後になって、シテが名生に向って、「今日の笛は殊に殊に神変であった」と褒美した時に、名生が「聞き出されたから申しますが、老声・若声のロンギの調子の故実、随分仕立てました」といったとある興味深い插話を指すものであって、この話も年代不明であるが、これは遙かに早い頃のことであったであろう。

父没後の世阿弥はその遺業をついで観世座を率い、観世大夫となった。「春日詣の記」によれば、応永元年三月、彼が三十二歳の時には、義満に召されて春日詣に従っている。

応永十五年三月には、義満は、北山の別邸に後小松天皇の行幸を仰ぎ、当時四十六歳に達している世阿弥の芸を天覧に供えた。

又世阿弥の逸話として伝えられているものに、世阿弥五十歳の応永十九年十一月、彼の芸に霊験が現われて、橘内蔵頭から「赤き衣」を下賜されたこと、応永二十九年彼六十歳の十一月十九日に、相国寺辺の檜皮大工の娘が重病の時、世阿弥が北野聖廟の霊夢に現われた話などがある。事の真偽は別として、当時の社会に既に彼がいかなるものとして考えられていたかを窺うに足りるものである。「四座役者目録」に、

世阿弥陀仏の奇妙不思議の咄、其紙上に載がたし。

とあるのにも、達人に対する当時の社会らしい感嘆の仕方を伝えている。

又、世阿弥の芸が芸として当時の人々の心にいかなる印象を与えていたかというに、当時の文献にこれをさぐることは困難である。「申楽談儀」も、元能が世阿弥の言行を自己の見聞として記した聞書であるために、世阿弥の芸そのものについての直接の記事は少ない。けれども、この書は聞書であるとはいえ、講演の速記でもなければ座談の記録でもなく、長い年月にわたる父世阿弥の言行を記憶のままに叙説し、列記したという種類のものであるために、換言すれば世阿弥その人を伝えようとする筆者の意識がかなり強く働いているために、元能が見聞した当時の世阿弥評をも所々に交えている。例えば、当時田楽界の名人で、他芸をもやってのけたと伝えられている増阿の言葉として、

「有りがたや和光守護の日の光、ゆたかに照らす天が下」など、たぶやかに云ひ流す所は犬王。「蟻通」の初めより終りまで喜阿。かいつくろひかいつくろひ、曲舞働きは観阿なり。

とあるごとき、又「位の事」について風曲集を引いて、「無文音感は、有文音感も籠るから、これが第一であり、至上の位である」となし、その例として喜阿のかかりを述べ、

真実になりかへり、一塵も心なく、実盛などに、「名もあらばこそ名のりもせめ」などやうなる、昔もなかりけるなり。

という世阿弥の嘆辞を叙した後、更に筆者の語として、

この「せめ」、沙汰ありし所なり。いづれと申しながら、殊にかかる位、世子一人のものなりと、右京兆もおほせけるなり。

と書き添え、右京大夫細川持之（管領細川勝元の父）の世阿弥評をあげているごときはその例であって、世阿弥の芸に、彼に先駆した犬王・喜阿及び父観阿の俤が認められるとなし、しかも最上の位たる無文音感に至っては世子一人のものであるというのが、当時の人々の眼に映じた世阿弥の芸であったことが知られる。その他、「鬼」の演出においては、榎並の馬の四郎の「鬼」、又「燈籠」の能の後ジテとしては、金春光太郎の面影などが世阿弥の芸に認められるという評のあったことなどが散見している。

それでは世阿弥その人はこれら先人の芸をいかに見ていたか。次にこれを同書の上にさぐって見ると、まず、

一忠・清次法名観阿・犬王法名道阿・亀阿、是当道の先祖といふべし。

とある。そして一忠については、観阿は「わが風体の師なり」といったが、世阿弥は一忠を見なか

った。しかし京極の道誉や海老名の南阿弥陀仏の所言によって推察するに、「俗めいたる仕手」であるが、これは田楽の能であるからだとしている。亀阿(又喜阿)については、ただ音曲の先祖であるとしている。而して彼が能楽美を価値的に品等し、芸位の発展を次序した九位*(「九位次第」参照)のうちでは寵深花風に上ったものであるとし、彼が十二の年、奈良法雲院の装束賜りの能を見物に行った時の印象として、

喜阿、尉になりて、苧の附髪に直面にて、「昔は京洛の花やかなりし身なれども」の一うたひ、様もなく、真直に、かくかくとうたひし、よくよく案じ解《ほど》けば、後も猶おもしろかりしなり。

といい、又、

「炭焼」の能に、苧の附髪を頂に折り返して結ひて、今増阿着る尉の面を、一色にさいすき、練貫に水衣、玉襷挙げ、薪負ひ、杖ついて、橋中にて咳《しはぶき》一つし、「あれなる山人は荷軽きか、家路に急ぐか、嵐の寒さに疾く行くか。同じ山に住まば、同じかざしの木を伐れとこそいふに、疾く行くか。重なる山の木末より」と、一声に移りし曲者なり。ことう(古代?)の物を見る様なりしなり。

といった最後に、

天性奇特の所は、昔の名人の中にも秀でける者なり。

と嘆賞している。

* 九位とは妙花風・寵深花風・閑花風の上三花と、正花風・広精風・浅文風の中三位と、強細風・強麁

風・鉋鉛風の下三位とで、世阿弥は稽古の順序を中三位・上三花・下三位とし、これを中初・上中・下後と熟語している。

犬王については、九位のうちでは上三花に位する者であるとし、「音曲は中上ばかりか」といっている。芸の印象としては、「葵上」「天女」「念仏」「もりかた」「こは子にてなき」などの能について述べているが、中でも「念仏」の猿楽を演じた時の扮装から仕草を具体的に述べた後に、

言葉のつまに、「南無阿弥陀仏」と、一心不乱に、誠に常のやうに申して、彼方《あなた》へゆらり、此方《こなた》へゆらりと立ち歩《あり》きてし面影、今も見るやうなり。

と含んで持つようにいっている。そして当時の近江猿楽については、

音曲も延び腐りたるなり。近江の風体かくの如し。

と評して、今更に昔の道阿、即ち犬王の芸のすぐれていたことを追懐している。その他、増阿については、「閑花風に入るべき歟。」と評価し、「能が持ちたる音曲、音曲が持ちたる能」であるところにその特色を認めている。その他、犬王の脇としてとよ・岩松・牛熊の名をあげ、観阿の脇として十二三郎・助九郎、及び「下にてつけ」た十二六郎をあげ、又、狂言の大槌などをあげているごとき、世阿弥がいかなる人々の間に、いかなる態度をもって、自己の芸の完成に努力したかを語る、興味深い事実であると共に、能楽史考究の上にも見逃すべからざる資料である。

最後に、父観阿弥については、彼はその遺著のいたる処に、至上者に対する崇敬を以て語りかつ称えている。一体に、彼は同代の能芸については、否定の立場にあって、いつもその本格的でない

ことを攻め、真の芸道の人の存しないことを嘆いている。その彼が、先人の芸に対するや、衷心からの崇敬と感激とを以てこれを伝え、これを賛嘆していること上叙のごとくである。然してその最も著しいのは観阿弥に対してである。

世阿弥が観阿弥の下に育てられ、芸の薫陶を受けたのは二十二歳までであった。彼は生涯に幾度かこの年月を回想すると共に、この年月の間に受けたものの意義を新しく発見した。彼は「年来稽古条々」において亡父を回想した時も、

これ、まのあたり老骨に残りし花の證拠なり。

といって、父が晩年の芸風を印象深く記念した。以後、彼は自ら一歩を進み、一境をひらく毎に、そこに父観阿弥の姿を見出して、新たにその偉大さを意識するという風であった。

彼の「花伝書」及び「申楽談儀」に伝えるところによれば、観阿弥は「舞歌・幽玄を本風として、三体相応の達人」であった。「申楽談儀」に、

何にもなれ、音曲としかへられし事神変なり。

とあるごときも、その芸風が幽玄本位のものであったことを伝えるものにほかならぬ。なお、同書には、

大男にてゐられしが、女能などには細々《ほそぼそ》となり、自然居士などに、黒髪着、高座に直られし、十二三ばかりに見ゆ。

とあり、更にこれを見物していられた義満将軍が世子に向って、

ちごはこまたをかかうと思ふとも、ここはかなふまじき。

といって「御感の余り」冗談せられたとあり、又「別紙口伝」にも、

かやうに、若き時分には、行末の年々去来の風体を得、年寄りては、過ぎし方の風体を身に残す為手、二人とも見も聞きも及ばざりしなり。

として、曲中の人体に化することの自在さにおいて無二の達人であったことを感嘆し、更に「談儀」においては彼の芸の印象を述べた末に、

この道に於きては、天降りたる者なりとも、及びがたく見えしなり。

と極言している。

又「九位次第」において、美の最高、芸の究竟ともいうべき「妙花風」についてのべた後、更に一転して、

安位・妙花を得て、さて却来して、下三位の風にも遊通してその態をなせば、和風の曲体ともなるべし。

という芸風観を述べ、

ここに、中初・上中・下後までを悉く成しし事、亡父の芸風にならでは見えざりしなり。

といい、「中楽談儀」にも、

上花にのぼりても山をくづし、中上にのぼりても山をくづし、また、下三位にくだり、塵にも交はりし事、観阿一人のみなり。

といって、彼が往還二相を併わせ得た、無碍自在な芸術家であったことを讃えている。彼はまた、能に十体を立て、そこに自己による芸の拡張と発展とを自信しようとしたことを叙し、しかし、これも到達して見れば、既に観阿の開拓し建立してあった天地に過ぎなかったとして、

かの先祖の風体を合せて、世子一建立の十体に引き合はすれば、観阿一建立の上に、猶漏れたる事あるべからず。

と述懐して、無限に深い観阿弥の芸を今更のように感嘆している。

われわれは歴史的に観阿弥がいかなる種類、いかなる程度の芸術家であったかをつまびらかにすることは出来ない。しかし、彼は一子世阿弥の中に、相伝の高弟の衷に、かくのごとき意義と姿において生存した。彼は二十余年間世阿弥を育て、世阿弥を鍛えた父であり、師であったのみではなく、その一生にわたって、その意識の中に現在する生きた大師であった。世阿弥は、終生、この師を見つめて精進した。この意味において、原始能楽においては、観阿弥なくして世阿弥の存在を考えることは出来ないと共に、世阿弥なくしては観阿弥の存在もまた考えられない。自らは黙々として自らたり、しかしてかくのごとき精神的、肉体的の後継者を遺し得た観阿弥の生涯こそ、誠に意味深いものであるといわねばならぬ。

今世阿弥の生涯を考え、晩年の彼をのべるに当って、少しく当年の猿楽界一般の形勢を見ようと思う。

猿楽に先行して上下の鑑賞を受けた田楽は、かつては素朴な田家・村里の娯楽であったが、鎌倉期に入って武家の娯楽に供せられるようになった。北条高時の田楽熱狂は「太平記」に名高い。殊に貞和五年、四条河原で催された田楽が、観衆殺到のため桟敷の倒壊を来たしたことは、「太平記」のほか、「申楽談儀」にも伝えられている。しかしかくのごとき田楽隆盛も、本座の道蓮・香蓮、新座の花夜叉・藤夜叉、つづいては一忠・喜阿のごとき名人の名を留めたのみで、やがて徐々に新興猿楽にその位置を譲るに至った。

世阿弥当時の猿楽分布については、「花伝　第四　神儀」の終に、

一　大和国春日御神事相随申楽四座
　　外山《トヒ》　結崎《ユフサキ》　坂戸《サカト》　円満《エンマン》井
一　江州日吉御神事相随申楽三座
　　山階《ヤマシナ》　下坂《シモサカ》　比叡《ヒエ》
一　伊勢　主司《シウシ》、二座
一　法勝寺御修正参勤申楽三座
　　新座《エナミ》　本座《ヤタ》　法成寺《シユク》
　　　此三座、同賀茂・住吉御神事にも相随

とあるのが最もすぐれた資料であることは一般に認められるところであって、吉田東伍博士のごとき、この「神儀」を後人の竄入と断じながらも、この概観、殊に最後の傍注を喜び、「*今此の傍註に

て不図一益を得たり」と言っておられる。

＊　吉田博士『校註世阿弥十六部集』序引

次に、当時の一般的記録として最も信憑すべきものは「看聞御記」「満済准后日記」であるが、いずれにも当時の猿楽関係の記事が見える。而して、前者は後花園天皇の御父として太上天皇の尊号と後崇光院の院号を受けられた伏見宮貞成親王の日次の御記であるだけに、猿楽に関しても、年々三月十日及び九月十日に行われた御香宮神事猿楽を主として、山田宮・法安寺・即成院・権現の猿楽等、伏見猿楽関係の記事が多い。又後者は義満の養子となり、醍醐寺座主に任ぜられた満済の日記であって、猿楽に関しても、同寺管轄の神社たる清滝宮で、年々、四月十七・十八両日に行われた神事猿楽を主とし、その他、正月十一日義教将軍院参の際、仙洞御所で行われた猿楽の記事等が多い。「看聞御記」は応永二十三年正月から文安五年四月までの間の日記であるが、これを記された御香宮神事猿楽の楽頭は八田(矢田)愛王大夫であった。しかるに同楽頭は応永二十二年以来、罪科によって隠居窄籠の身となり、同二十九年に許され、一時榎並に売り渡してあった楽頭を買い戻したけれども、翌々三十一年五月十日には、「公家人疲労の事」を狂言にしたために、「公家居住の在所に於て尾籠の至り」であるというので又々叱責をこうむり、種々陳謝した末、三十二年には無事に勤めたらしい。三十三年から永享二年までは記事を欠いているが、永享四年三月十四・十五両日には伏見宮の御所へ推参して猿楽を行っている。しかるに永享七年には摂津において猿楽を行い、その後で喧嘩が起って、この矢田楽頭は笛吹と共に殺されるという不幸に逢った。かくて永享十年には、観世に楽頭職を書き入れて千疋の金を借用したのが返済出来なかったために、多年の楽頭職を観世に譲渡せざるを得ざるに至った。

矢田はかくのごとき波瀾に富んだ運命に置かれたためか、春秋二季に行われた伏見猿楽には、時々他郷猿楽を雇っている。今その年次と猿楽名とを摘記すると、

応永二十三年三月十日		大法師丹波猿楽
同	二十五年三月	摂津国鳥養
同	年九月	近江猿楽未満寺
同	二十六年三月	梅若
同	年九月	梅若部類
同	二十七年三月	摂津猿楽恵波
同	二十八年四月	梅若
永享	七年三月	摂津宿猿楽
同	十年三月	エナミ
同	年九月	宇治かう
嘉吉	元年三月	今春党尊寿
同	三年三月	宇治香

のごとくである。なおその他の猿楽についても、

永享　四年十月　鳥羽　女猿楽勧進
同　五年四月　たゝす河原　観世大夫勧進猿楽
同　七年二月　御所(伏見宮)　越前猿楽　観世五番 越前八番

等の記事が見え、又前掲法勝寺御修正会に参勤した「新座」なる「エナミ」は摂津猿楽であり、「法成寺」なる「シュク」も同じ摂津猿楽であること、「本座」なる「ヤタ」は伏見なる御香宮神事猿楽の楽頭を勤めた矢田であること、又当時において、大和四座の外に、摂津に榎並・鳥養・宿、伏見に矢田、宇治に香大夫等があり、その他、丹波猿楽・伊勢猿楽・越前猿楽、及び丹波猿楽の出なる梅若等があったことなども知られる。

次に「満済准后日記」は応永十八年正月から永享七年三月までの日記であるが、清滝宮神事猿楽の楽頭が定まったことが明記されているのは、応永三十一年四月十七日の条に、観世大夫が楽頭になったのが初めで、観世任用の理由としては、以前の楽頭は「去年不儀」があったために譴責したところが、即座に死去し、更に職をその弟に与えたところ、その弟も又死去したから、「神慮に背く歟」というにある。〔その前年即ち応永三十年四月十七・八の両日、清滝宮神事猿楽を勤めたのは十二五郎(七十一歳)であるが、この十二五郎はつづいて同月二十二日には清滝宮の舞台で長尾法楽を勤めているし、応永三十五年(正長元年)七月十七日の条には、観世三郎と共に室町御殿の猿楽に出て、同書にも「十二五郎七十六歳云々」と記されてあるから、譴責されて死んだ楽頭はこれとは別人であったことが明らかである。〕その外、応永三十年前後に清滝宮猿楽を勤めた猿楽者で、その名が同

書に存するものの大体を摘記すれば、

応永二十一年四月　　　ヱナミ大夫

同　二十二年四月　　　観世四郎

同　二十三年四月　　　ヱナミ大夫

同　二十四年四月　　　観世猿楽

同　二十六年四月　　　丹波日吉梅若

同　二十九年四月　　　観世五郎、同三郎

のごとくである。

なお、当時の猿楽愛好はひとり室町将軍のみのことではなく、後崇光院の矢田*における、青蓮院門主(後の将軍義教)の榎並**における、又仙洞の梅若***におけるごとく、公武に通じた事であって、これは一面には当代猿楽流行の極盛を示すものでなければならぬ。

* 看聞御記　永享　七年八月八日

** 同　　応永二十七年三月九日

*** 同　　同　二十八年四月十日

上叙のごとき応永・永享の猿楽界にあって世阿弥の晩年はいかに送られたか。

世阿弥の晩年の運命と密接な関係に置かれているのは応永三十五年の義教の嗣立であり、更にいえば、その義教の音阿弥に対する庇護の厚かったことである。今この関係を具体的に伝えている、清滝宮神事猿楽の楽頭職に関する経緯を「満済准后日記」に探れば、世阿弥が清滝宮猿楽の楽頭になったのは、上叙のごとく、応永三十一年将軍義持の時であった。そして彼は定例日が雨のため日延になった四月十八・十九両日を勤め、禄物としては、今後、公方から十疋、諸院主房官侍中寄合から十疋、地下郷民等から千疋ないし三千疋ということが定められた。更に同二十一日には楽頭最初の法楽を所望し、禄として馬二十疋分を下賜され、うち公方からは十疋、残りの十疋は諸院主房官侍中が分限によって負担したという記事がある。翌三十二年はその頃の記事を欠いていて不明。三十三年四月には、

十七日　晴。……猿楽夜宮如レ常。自二二番間一降雨乃止レ之了。

十八日　降雨。……酉初漸属レ晴間自二入逢之後一猿楽在レ之。……猿楽最中自二南方一空事出来。諸人猥雑以外キ。如レ此猥雑及二両度一了。併猥雑マキレニ物取ラム為歟。検断以下公人等未練故也。今夜八番在レ之。

とあるから、おそらく世阿弥がこれを勤めたものであろう。ところが、同二十一日の条には、

廿一日　晴。自二十四日一不動護摩結願。恒例。今日於二社頭一ヱナミ大夫生熊法楽猿楽在レ之。如二先々一見物。馬十疋賜レ之了。

とある。榎並は前々からこの宮の猿楽と関係をもっている。その他御香宮にも出て、青蓮院門主(義教)の寵愛といい、当時かなり有力な座であったらしい。三十四年四月は十七・十八両日、二十一日の法楽も、観世大夫即ち世阿弥であった。三十五年四月十七・十八両日も、同様、観世大夫で

あったらしい。

この応永三十五年は改元されて正長元年となったが、その正月には将軍義持が病死し、青蓮院門主が代って家督をつぎ、義宣(後に義教)といった。翌正長二年には更に改元されて永享となり、その三月には、義教が将軍職を拝した。しかるにその永享二年四月十七・十八両日の清滝宮神事猿楽は、観世三郎即ち音阿弥の勤仕するところとなり、しかもこれは義教の推挙に出づるものであったことは、「満済准后日記」永享二年四月十七日の条に、

今夜申楽如レ常。於二拝殿前一沙二汰之一。当年観世三郎勤仕。自二室町殿一内々依レ被二挙仰一也。六番令二沙汰一。驚レ目了。……観世三郎ニ千疋別而賜レ之。自二公方一沙汰也。

とあるのによって明らかである。音阿弥が満済の許へ御礼言上に参り、彼もその父四郎も禄を賜ったことが十九日の条には記されている。越えて二十三日、金剛輪院南庭に舞台を設け、音阿弥の猿楽十一番を見物するなど、新将軍が音阿弥の引立に執心している様がうかがわれる。以後、永享三年も四年も音阿弥が勤めたらしく、永享五年には、観世大夫の名で書かれている。が、この年の観世大夫は世阿弥でもなければ元雅でもない。何となれば永享元年には既に元雅が観世大夫であるが、* その元雅は永享四年八月には伊勢の安濃津で病死しているから。**

* 申楽談儀に「永享元年三月、薪の神事後に(中略)観世大夫(原註、元雅)八幡放生会の能をす」とある。

** 永享四年九月の奥附を有する「夢跡一紙」に「去る八月一日の日、息男善春、勢州安濃津にてみまかりぬ」とある。

かくのごとく義教が将軍となって間もなく、新将軍の内意によって、音阿弥が清滝宮神事猿楽を勤めるようになったことが知られるのであるが、ここに至るまでには、将軍義教の音阿弥引き立て、世阿弥抑圧の意向が様々の事例によって帰納されるものがある。まず「満済准后日記」について見るに、正長元年七月十七日の条に、

今日於二室町殿一申楽在レ之。観世三郎並十二五郎一手ニ成テ施二芸能一。十二五郎七十六歳云々。此老者如二若者一種々クロイ能共沙汰。驚レ目了。

とあって、音阿弥が、十二五郎と共に、室町殿に召されている。次に、正長二年正月十一日の条には、

於二仙洞一観世三郎致二芸能一。

とあり、更に同年五月三日の条には、室町殿において観世大夫両座を一手とし、宝生大夫と十二五郎とを一手として出合申楽を行い、十五番を演じたとあるが、越えて十三日の条には、

就二仙洞申楽事一、観世十郎並世阿両人不レ可レ被レ召之由、可レ申二仙洞一旨被レ仰間、一往不便次第申入了。

とあって、将軍義教から満済に、仙洞猿楽には元雅及び世阿弥をお召しにならないように申上げよとの意向が申越されている。果せるかな、翌永享二年正月十日の条には、義教から満済に問尋三ケ条があった中の一条として、仙洞猿楽に関し、

次猿楽ハ観世三郎也。非二仙洞御賞翫猿楽一。且依レ仰被二召進一也。爾間為此御所別而物ヲ雖

レ不レ被レ下、猿楽不レ可レ有二子細一如何云々。

とあり、更に十一日の条には、

於二院前一観世三郎芸能申レ之。

とある。これによってこれを見れば、清滝宮神事猿楽が、永享二年以降、音阿弥の手に帰するに至るまでには幾多の経過があったわけである。即ち義教は、嗣立以来、音阿弥の引き立てに執心し、まず、音阿弥を室町殿に招いて猿楽を演ぜしめ、次に、仙洞猿楽に関しては露骨に世阿弥・元雅の両人を斥けて、仙洞の御寵愛でない音阿弥を推挙し、清滝の神事猿楽をも義教の計らいとして音阿弥の手に帰せしめている。——何故にかく義教が世阿弥貶斥に熱心であったかは明らかでないが、将軍襲職以来、権力ある諸侯に対して抑圧の態度に出ていることとあるいは同様の関係ではなかろうか。襲職以前には、榎並寵愛のことはあるが、格別、音阿弥愛好のようには見えない。

「申楽談儀」に載せられている、上掲の正長元年七月十七日の室町殿の猿楽に、音阿弥と共に舞台に立った、「十二五郎」なる多武峰十二大夫康次から当時世阿弥に送った手紙には、当時における世阿弥の立場を髣髴させるような一脈の情懐をさながらに伝えている。

久けさん《(見参)》に入らず候。御ゆかしく存候。此度長々御目にかかり、くわしく申度事候て両度参候へども、御出の時分参候て御見参に入ず候。所存のほかに候。此度めしのぼせられ候。当年のことは、いよいよ老耄仕候。かた〱斟酌にて候。其よしをも申候へども、上意にて候間、不レ及レ力候。参、度々能仕候。上意其ほかの御さた、子細なく候事、老のめんぼくにて候。兼又、かやうの事につけ候て、申度子細候。かやうに年より候迄も、子細なき御意に預候事、一向御扶持にて候。先年身の能の事、御指南を憑入候しに、うけ給候し、北山の時分、御懇にうけ給候し事、いまにわすれず候て、其心にて今まで仕て候。乍レ去、たとひ其心候共、身ににあはぬ能をば仕らんには、今程の御意にあひ候まじく候。身の為、えてむきの能あまた御書き候て、仕をきて候。左様の能ども皆々人々もしられて候。人の御能にてはあふまじく候。あひたる能にて候はずは、えたるつぼへは入間敷候。是一向御ふちにて候。心中に存候事、申度候て両度参候しに、御留守の時参合候事、御心元なく候。身は本よりかたかなをもえかかず、状更になほ／＼かきえず候程に、人にかかせ申候。定て、ことばにたるまじく候。参候て申度候へ共、御いとま申して候。長々逗留不レ可レ然候て、夜のうちにくだり候程に、状をあづけおき進之候。ふと御下向も候はば、懸二御目一、くはしく申度候。期二見参時一候。恐々謹言。

八月四日　　　　　　　　康　次（判）

即ち、世阿弥が召されなかった室町の演能に、かつて世阿弥の指南と援助とを受けた十二五郎は召された、そしてその日の演能が上意にかなって老いの面目を施した、それにつけても世阿弥の平生の恩義が思い合わされるというあいさつで、両度訪ねてついに面会を得なかったという遺憾と共に、「身の一期の事、御扶持、孫子までもわすれ申間敷御ことにて候。」という袖書が加えられてあるのにも、不遇な人に対する同情と慰撫が文字の底に流れているように思われる。

その後、細川若党共が将軍の御許で素人猿楽をやった時に、同舞台に観世大夫元雅及び入道世阿弥の両人が一番ずつ演じたことが同書永享四年正月二十四日の条にあるが、上叙のごとく、その年の八月には元雅は伊勢の安濃津で病没した。この事は永享四年九月の奥附を有する「夢跡一紙」に、

去る八月一日の日、息男善春、勢州安濃津にてみまかりぬ。

とあるのによって知られるのであって、この善春が元雅でなければならぬことは、吉田博士が推定されて以来、何人も疑わぬところである。世阿弥が永享五年三月の奥附を有する「却来華」（世子七十以後口伝）において、

思はざる外、元雅早逝するによつて、当流の道絶えて、一座既に破滅しぬ。

と悲しみ、又、

やるかたなき二跡の芸道、あまりに〳〵老心の妄執、一大事のさはりともなるばかりなり。たとひ他人なりとも、其人あらば、此一跡をも預け置くべけれども、しかるべき芸人もなし。

と嘆いているのは、この善春が十郎大夫元雅と同一人でなければならぬことを示して余りあるものである。しかも彼はなお一人の息元能を有し、これも応永三十年には「能作書」の伝授をうけ、永享二年には、「世子六十以後申楽談儀」に筆を執った程の器量を有したにもかかわらず、「申楽談儀」の聞書を機会に引退したらしい奥書を存して、以後何ら記録に現われるところがない。従って、世阿弥の身辺はいよいよ心細いものになったであろう。彼の佐渡配流のことは、かくのごとき重なる悲嘆の中に落ち来った、真に老骨を打ち砕きぬべき最後の鉄鎚であった。

彼の佐渡配流が永享六年七十二歳の五月であったことは「金島集」の明示するところであるが、

これが何によって生じたかについては、なんら直接の史料がない。ただ将軍義教と上叙のごとき関係であったことが遠因であり、更に元雅の死によって観世大夫の継嗣を失ったのを機とし、将軍義教は、おそらく、在来の経過上、世阿弥が承認することの出来ないような音阿弥をしてこれを継がしめようとし、世阿弥は、又、現に一座に音阿弥があるのに、「やるかたなき二跡の芸道」をわざわざ問題にし、「たとひ他人なりとも、其人あらばこの一跡をも」と断言しているごとき、音阿弥否定の心理にあったところから、世阿弥遠流の運命が決せられるに至ったものであろう。それにしても世阿弥が「たとひ他人なりとも其人あらば」と切言した永享五年三月の翌四月二十一日には、「蔭凉軒日録」に、

河原勧進、千載一遇、一代典型也。永享年中、音阿為二大夫一勤レ之。

とあるごとく、又「看聞御記」・「満済准后日記」のいずれにも、義教将軍後援のもとに花々しく行われたとあるごとき勧進猿楽が、わが甥であり、しかも父観阿弥以来忍苦と精進とによって建設し来ったわが地位のすべてを奪った将軍から与えられている音阿弥によって行われるに至ったことは、世阿弥にとってはいかに悲痛な事件であったであろうか。この後、佐渡遠流に至るまでの一ヶ年間はなんら消息の伝えるべきものがないけれども、それが彼にとって惨憺たる月日であったろうことは推想に難くない。

かくて彼が、佐渡在島のままに七十四歳を迎えたことは、「金島集」の奥書によって明らかであるが、その後の消息は不明のままに残されている。「四座役者目録」その他には在島中の作が世上に

流布した末、天皇の御目に止まり、わけても「定家かつら」に御感あり、佐渡に置くことは不便であるとの故を以て、公方に召還方勅諚があって京に召還されたとある。かくて女婿金春禅竹方に留まり、嘉吉三年、八十一歳で世を去ったもののようである。

四　遺　作

彼が能作について説いたものは、応永三十年二月六日の奥書を有する「能作書」で、「曲附書」もこの方面の原理と方法とを述べたものであるが、既に「花伝　第三　問答条々」中、猿楽の勝負における「立合の手立」を説いている中に、能数を持つことの肝要を述べ、

序に云はく、歌道を少し嗜めとは、是れなり。これ、芸能の作者別なれば、如何なる上手も心のままにならず。自作なれば、詞・ふるまひ、案の内なり。されば、能をせん程の者の知才あらば、申楽を作らんこと易かるべし。これ、この道の命なり。

といって、作能の必要と可能とを主張している。最近公刊された「花伝　第六　花修」にも、

能の本を書く事、この道の命なり。究めたる才学の力なけれども、ただたくみによりて、よき能にはなるものなり。

と書き出して、能作の故実と方法とを述べている。

今世阿弥の作としてその遺著の上に記載されている曲をあげてみれば、まず「申楽談儀」に「新

作の本」として、

八幡（放生川）　相生（高砂）　養老　老松　塩竈（融）　蟻通　箱崎　鵜羽　盲打（改作か）　松風村雨（汐汲を改作）　百万（嵯峨物語を改作）　檜垣の女（檜垣）　薩摩守（忠度）　実盛　頼政　清経　敦盛　高野（改作か）　逢坂（相坂物狂）　恋重荷（綾の太鼓を改作）　佐野の船橋（改作）　泰山府君

の二十二曲があり、外に「鵜飼」・「柏崎」の二曲は、榎並左衛門五郎の作を世阿弥が改作し、又「佐野の船橋」は田楽にあったのを彼が改作したものであるとしている。

又同じ「申楽談儀」中、「能書くやう」を述べた条に、「弓八幡」「西行」「阿古屋の松」（廃曲）を彼の作とし、「丹後物狂」は昔の「笛物狂」に彼の修正が加わっている由を記している外、「土車」には「世子作」という註記がある。「浮船」は横尾光久作に世阿弥が曲附したとある（「申楽談儀」）。この外「布留」も彼の作らしく解される。

以上は世阿弥遺著の上に、明らかに世阿弥作、もしくは世阿弥改作なる由を記しているもののみを数えたものである。しかし、遺著の上に見ても、時に同一曲名のものが観阿弥作と世阿弥作との両方に存するところから考えると、改作・合作が行われたものらしく、事実、改作の過程の明記されたものも少なくない。そして、新作・改作・合作が近い意味で行われたであろうことは、能楽の性質上からも考え得られるところであるが、「能作書」にも、

凡そ、近代作書する所の数々も、古風体を少し模《うつ》し取りたる新風なり。……かくの如く、

いづれも〳〵本風を以て再反の作風なり。その当世々々によりて、少々言葉をかへ、曲を改めて、年々去来の花種を成せり。後々年以て同反たるべき定、かくの如し。

といって、時代に従って各曲の改作が必要であることを主張している。

その他、「能本作者註文」・「二百番謡目録」・「観世大夫書上」等に世阿弥作の曲名を連ねているが、その中で最も多い「能本作者註文」では百五十五番を挙げ、且つ「彼作数百番有レ之」といっている。かくて「四座役者目録」に、

総テ今ニ世間ニモテハヤス好キ能謡ハ大形世阿ノ作ナリ。

とあるのは事実である。ただ同じ曲でも、現行曲が当時の原型とどういう関係にあるかは、十分な史料を得て明らかにしなくてはならぬ問題である。

最後に能役者としての彼の態度を見るべき一、二の断片を見れば、まず「申楽談儀」のうち、「能かくやう」で、新作能の芸位を述べている条に、

西行・阿古屋の松、大方似たる能なり。後の世、かゝる能書くものやあるまじきと覚えて、この二番は書き置くなり。

とある。彼が「かゝる能」といっているのが、是等の曲のいかなる性質を指しているかは考究を要するけれども、「西行の能、後はそとあり、昔のかゝりなり。」とある言によって、ややその性質が推想される。いずれにしても、この二曲に対する彼の心往の深さが、この言表の上に認められる。

更に「砧」の能については、聞書した元能が、

静かなりし夜、砧の能の節を聞きしに、かやうの能の味はひは、末の世に知る人あるまじければ、書き置くも物臭きよし、物語せられしなり。しかれば、無上無味のみなる所は味ふべき事ならず。又書き載せんとすれども、更にその言葉なし。位上らば自然に悟るべき事とうけたまはれば、聞書にも及ばず。

といい、又彼自身、

砧の能、後の世には知る人あるまじ、物憂きなり。

といっているのも前条と共通な心境を語ると共に、彼の心往が特にいかなる曲に深かったかを一層明らかに示している。その他「能作書」の終りに、

応永年内の作能の数々、末代にも、さのみ甲乙あらじと覚えたり。

といい、「申楽談儀」にも、

応永年中の所作、末代にもさのみ甲乙あらじと、三道にも云へり。

と繰り返している上に、彼の能作者としての自覚と自信が表明されている。なお「申楽談儀」に、

丹後物狂、夫婦出でて、物に狂ふ能なりしなり。幕屋にて、俄に、ふと今の様にはせしより、名ある能となれり。

とあるのによれば、彼が一座から得ていた信頼の深さと共に、その作家的天分の豊かさがうかがわれる。

五　遺著

世阿弥が能役者として不世出の天才であったのみではなく、また能作家としての大才であったことは上叙し来ったごとくである。しかるに、すぐれた能役者であり、能作者であった彼は、そのためにまたすぐれた能批評家でもあって、彼のこの方面に関する遺著が発見されたために、彼の作家的地位が確立し、更に批評家として、芸術哲学者としての彼の地位と業績とが明瞭するに至ったことは、明治末年における一大収穫でなくてはならぬ。遺著とはいうまでもなく、既に上に述べたごとく、吉田東伍博士により、『能楽古典 世阿弥十六部集』の名によって刊行されたもので、これが発見の事情・経過等の概要は、同博士によって当時の「能楽」誌上に発表せられ、現に『能楽古典 世阿弥十六部集』の「序引」として収められているところである。

その後、京都片山家蔵、世阿弥後七代の観世大夫宗節筆写の「花伝書」が、藤代博士によって『芸文』(大正二年八月号)に紹介され、更にその本文が『芸文』(大正三年三・五・六月号)に発表されるに至って、吉田博士本の補われたところも少なくなかった。わけても、吉田博士が俗間に伝わっていた偽書「花伝書」の中から、応永の逸文と思われるもの数条を撰んで『十六部集』に附録してあったものと殆ど同じ内容のものが、「音曲声出口伝」として発見されたことは、世阿弥遺著捜索上、著しい新事実であった。ただ、これを欠如していた「花伝　第六」に擬したことは、昭和五年、観世宗家所蔵の「花伝　第六　花修」が小沢健雄氏によって紹介されるに至って、誤りであることが明らかにされた。「花修」はその後「能楽資料　第一編」としてコロタイプ版で頒布され、世阿弥遺著はここに重要な一資料を加えることになった。更に、観世宗家所蔵の「花修内抜書」が『観世』(昭和六年六月号)に発表せられ、「五音」もまた近く公刊の運びにあるという。わが文芸史上、まことに喜ぶべきことといわねばならぬ。

今これを稿本・写本についていえば、吉田博士の『能楽古典世阿弥十六部集』の原本は安田善之助氏蔵の古写本であったが、大正十二年、関東地方の大震火災によって烏有に帰している。又観世家所蔵「花伝　第六　花修」、「第七　別紙口伝」、「花修内抜書」は世阿弥筆と伝えられていて、その真偽についてはなお考究の余地があるにしても、書体は応永、もしくは応永を去ること遠からざるものであるという。これについては京都片山家所蔵の宗節本「花伝書」であるが、これは「花伝　第六　花修」を欠き、「音曲声出口伝」を第六に擬していることは上に述べたごとくである。しかるに、斎藤香村氏は『大観世』(昭和六年四月号)に、「完本花伝書の発見と花修の発表」と題し、同氏蔵宗節本複写と認めらるべき、慶長前後筆写本を紹介し、そのうちの「花修」を掲載しておられる。この「花伝書」は大本上下二冊より成るもので、

風姿花伝第一　年来稽古条々　上
風姿花伝第二　物学条々　中
風姿花伝第三　問答条々　下

第四　　　　神儀云　奥儀讃歎云（以上上巻）

　　　　　　音曲声出口伝

花伝第六　　花修云

花伝第七　　別紙口伝

　　　　　能序破急事（以上下巻）

のような巻次として示されている。更に氏は、

　最後の「能序破急事」は応永二十五年二月十七日の跋を添へて「花習内事書一ケ条」なる旨を記してある。これは「花鏡」中の一項に相当するものであるが、著作年月と辞句の同異より推して、「花鏡」中同篇の未定稿と見るべき頗る貴重なるものである。

と追記していられる。「花習内事書一ケ条」と記されている「能序破急事」は宗家蔵「花修内抜書」と同一書で、これが筆写の際便宜ここに綴り込まれたものであろう。

　なお第五の位置に置かれている「音曲声出口伝」はその奥附が応永二十六年で、第三・第四の奥附と隔ることあまりにはなはだしく、且つ「第七　別紙口伝」の奥附は応永二十五年になっているけれども、これは「先年相伝」のものを再伝した場合の年代であるから、その成立はもっと第三・第四に近いはずである上に、所論の内容からいっても、これを篇中の一とすることは不自然であるとの理由から、「音曲声出口伝」を「花伝書」から独立させることが穏当であるとしている能勢朝次氏の所説（『岩波講座　日本文学』「花伝書」）及びこれに賛意を表された野々村戒三氏の所説（『能楽古今記』「花

伝書考」)はもっともであると思う。もう一つ考えらるべき点は、「年来稽古条々」・「物学条々」・「問答条々」の三篇が「風姿花伝 第一」・「風姿花伝 第二」・「風姿花伝 第三」とされている外、上・中・下のごとき篇次を有していることで、これは「問答条々」に最初の奥附があること、及び、この三篇が、内容上、「花伝」のうち最も具体的、基礎的な問題に関する体験的考察であることにおいて一致しているのと合わせ考えられる。これに比し、「神儀」「奥儀」の二篇は共に第四として上巻に入れ、下巻も「花伝 第六 花修云」・「花伝 第七 別紙口伝」以外の篇にはあまり関係の緊密さがない。いずれにしても、上中下三篇のごとき緊密さと体系を有していない。よって、現在のところでは、「花伝書」を第一 年来稽古条々・第二 物学条々・第三 問答条々・第四 神儀云・第五 奥儀云・第六 花修云・第七 別紙口伝のごとく篇次するとするも、前三篇と後の四篇とは、一体系的発展であるよりも、むしろ体系的なものに特殊的なものが添加した結果であるとするのが事実に近い考え方であろう。今以上の遺著を奥書によって年代順に列挙すれば、

応永　七年(三十八歳)　年来稽古条々・物学条々・問答条々
応永　九年(四 十 歳)　神儀云・奥儀云
応永二十五年(五十六歳)　花習内抜書
応永二十六年(五十七歳)　音曲声出口伝
応永二十七年(五十八歳)　至花道書
応永二十八年(五十九歳)　二曲三体絵図

応永 三十 年（六十一歳） 能作書
永享 二年（六十八歳） 習道書・申楽談儀
永享 四年（七 十 歳） 夢跡一紙
永享 五年（七十一歳） 却来華
永享 八年（七十四歳） 金島集

のごとくで、外に「別紙口伝」〔応永二十五年（五十六歳）〕があるけれども、これは上叙のごとく再度伝授の年であることが明らかであるから、最初の成立はこれよりも早いはず故、成立年代不明に属する。よって年代不明の遺著としては、「花伝書 別紙口伝」・「五音曲条々」・「異端（覚習条々）」・「九位次第」・「遊楽習道見風書」・「曲附書」・「風曲集」・「五音」の八篇が現存するわけである。なおこの外に、これら遺著のうちに、彼の著作と覚しき書名で諸所に引用されているものに、左の五篇がある。

秘義・批判・担板感・花鏡・三番の口伝

うち「秘義」は、「問答条々」に、

秘義に云はく、「抑、一切は陰陽の和する所の境を成就とは知るべし。」云々。

とあり、又「奥儀」には、

秘義云「抑、芸能とは、諸人の心を和げて上下の感をなさん事、寿福増長の基、遐齢延年の法なるべし。究め究めては諸道悉に寿福増長ならん。」

という引用があり、更に「覚習条々」には、

秘義に云はく「能は若年より老後まで習ひ徹るべし。」

のごとくある。「秘義」が世阿弥の著であることの明記はないけれども、引用の思想・文辞の上から見て、能に関してかくいうものが世阿弥の外にあったろうとは思われぬ。

「批判」は「覚習条々」に、

批判に云はく、「できばを忘れて能を見よ。能を忘れて為手を見よ。為手を忘れて心を見よ。心を忘れて能を知れ。」

とあるのがそれであるが、これもまた思想上、世阿弥その人の著でなくてはならぬ。

「担板感」については「覚習条々」に、

担板感に云はく、「惣じて、舞・働に至るまで、左右前後と思ふべし。」

という一処があるに過ぎないけれども、これも問題と思想の上から世阿弥著作の一であろうと思われる。

「花鏡」は「二曲三体絵図」にある、

花鏡に云はく「先其物能成、後其態能似」

花鏡に云はく「身強動、足宥蹈、足強蹈、身宥動」

のごとき二処であって、これはいずれも「覚習条々」中の文句とほとんど一致している上に、最近発見の「花習内抜書」又は「花習内事書一ケ条」の本文が、「能序破急事」で、これが同じ「覚習

条々」中の「序破急の事」とほとんど同一であるところから考えると、現在のところでは「花鏡」と「覚習条々」(異端)とは同一本ではあるまいか、少なくも部分と全体との関係に置かれるものではあるまいかという推定が成立する。そうすると更に「花習」もまた「花鏡」と同一であるか、部分と全体との関係に立つか、あるいはまた一が他の未定稿であるかの問題を生ずることになる。元和七年、金春八左衛門・大蔵庄左衛門が署名して、金春七郎重勝に渡した「七郎殿へ渡申候書物覚」の中には「花のかゝみ(又クワキヤウとも云)」があり、又金春安住の「系譜集録」に、「花鏡が該本家に伝へ在る由」をいい、その「花鏡」は発端に「一調二機三声」と書き、奥書に、

風姿花伝、年来稽古より別紙ニ至までは此道を顕《アラハス》花智秘伝也。是は亡父芸能色々を廿余年間、悉為ニ書習得一条々也。此花鏡一巻、世阿私に四十有余より老後ニ至まで時々浮所《ウカムトコロノ》芸得《ゲイトク》、題目六个条、事書《コトガキ》十二个条、連続為レ書、芸跡《トシテ》残所也。

応永卅一年六月一日　世阿　判

此一巻、世子孫の家に伝、雖レ不レ可レ出レ他、重レ道心、通ニ冥慮一、則得ニ此書一。然ば当流依レ為ニ骨瑞一、為レ道為レ家、自写書所也、穴賢々々、不レ可レ有ニ他見一。

永享九年八月　日　貫氏　判

とあるとしている。而して、吉田東伍博士は、「禅竹集」のうち「歌舞髄脳記」の解説において、「貫氏」を佐渡から帰還後の世阿弥であろうとしていられるが、それは後跋の本文上肯うことの出来ぬ推定で、後跋によれば、父元雅を失い、祖父世阿弥遠島後の嫡孫(嫡孫があったことは、「却来

華」に「嫡孫は未だ幼少なり」とあることによって明らかである）所持の本を、何人かが転写したもので、転写を許したのは、あるいは帰還後の世阿弥であったかも知れぬけれども、書写した貫氏は別人でなければならぬ。

それはともかくとして、「花鏡」は「風姿花伝」と相対し、しかも「花伝」が亡父の芸能を習得したものであるのに、「花鏡」は世阿自身の芸得が中心であるという意識がこの奥書に示されている。そして、これは応永三十一年の奥書である。かく数えて来ると、「覚習条々」は「花鏡」の一部で、「花習」は「花鏡」と同一書か。「花習内抜書」の奥に、「花習内、題目六ケ条、事書八ケ条」とあるのと、「花鏡」の奥書として伝えられているものに、「題目六ケ条、事書十二ケ条」とあるのも参考になる。あるいは応永二十五年の「花習」が、漸次、修正・増補せられて、応永三十一年の「花鏡」になったのか。「花鏡」の発端に「一調二機三声」とあるとすれば、これだけは「音曲声出口伝」に一致する。あるいは、疑えば「音曲声出口伝」もその一部か。「花習」同様その未定稿か。「花伝」が三篇を基礎として、かなり各種各様の篇を加えた伝書であったごとく、「花鏡」もまた、その後の成立を有する諸目諸条の集成であったかも知れぬ。ちなみに吉田博士が「覚習条々」と命名した一帖二十九紙の外題はもともと「異端」であったという。博士はこれを「異風瑞相」の「異瑞」かと疑っていられる。私は更にこの疑いを延長して、上掲後跋中に「当流依レ為二骨瑞一」とある「骨瑞」ではなかったろうかという疑いをひそかに抱いている。

最後に「三番の口伝」に関しては、「神儀云」において、秦氏安が一日に六十六番の申楽を紫宸殿で勤めたが、これは勤め難いことであるというので、その中から選んで稲積の翁(翁面)、代継の翁(三番中楽)、父の尉の三を定めた。これが今の式三番であるとし、これは法・報・応三身の如来をかたどったものであるとして、

三番の口伝、別紙にあるべし。

といっている。「中楽談儀」中にも、

翁の装束、真実の時のなりは、定めて、別に口伝あるべし。

とあり、「却来華」には、

翁の舞、中楽の舞の本にてやあるべき。それは別に口伝あり。たやすからず。深秘深秘。

とある。

後の二者は文字通りの口伝ともとれるけれども、最初のは、明らかに「別紙」とあるところからすれば、「式三番の口伝」を書いたものがあるはずである。そうすれば、後の二者もそれを指すとする方が自然である。なお、既に発見されている諸篇中には、この「式三番」について以上の箇所ほどくわしく書かれた条はほかにないから、これは現存遺著の外に成立していたものであるとしなければならぬ。

以上数篇のうち、最も明らかに遺著として存したものは「花鏡」であって、上叙のごとくその一部、あるいは未定稿は、別名によってわれわれが既に接しているものであるかも知れぬ。「秘義」「批判」「担板感」の三篇は既存の書であったはずであることはいうまでもない。又「式三番」についての

伝書は、本文の引用があるわけではないから、これを書いて置こうとして書かなかったのかも知れないとも考えられるが、「却来華」の口吻では、既に成立していたものと考えなくてはならぬように思われる。ちなみに上掲「大観世」誌上に香村氏の書かれているところによれば、

世阿弥の遺著にして、未だ世に発表されないものが家蔵中に数部あるが、その中から「花伝第六 花修」の一篇を発表する。

とある。なお、ここで発表された「花修」は、上掲宗家本のそれに比し、多少字句の異同が存する。今後比較研究を要する資料というべきであろう。

以上遺著に関し、成立年代のほぼ明らかなものを中心として考えると、評論家としての彼の生涯は次の三期に劃され得るであろう。

一　花伝書時代　（四十歳前後）

二　至花道書時代　（五十八歳前後）

三　却来華時代　（七十歳前後）

以下、評論家としての彼の思想的展開を跡づけることによって、かくのごとき時期設定のゆえんを述べようと思う。まず彼の一般的教養——猿楽以外の——が、いかなる範囲及び程度に行われ、又それが、芸術家として、ないし芸術思想家としての彼の上に、いかなる影響を及ぼしているかを考えるに、彼の遺著に引用されている書名を数えると大体次のようである。

漢学方面では、

毛詩・詩序・箋(鄭箋)・漢書・大学・中庸・論語・孟子・釈(孟子)・礼記・老子・易

仏教に関するものでは、

経・心経・天台妙釈・法華・観音偈

和歌に関するものでは書名をあげたものはないが、その歌について見れば、

古今集・新古今集・詞花集・新千載集

等が多く、その他「古今和歌六帖」及び「宝物集」の引用があり、また、「方丈記」も「長明曰」として引かれている。

以上を概観すれば、彼の教養は比較的漢学に詳しいかのようで、わけても「論語」の引用は五、六回に及んでいる。しかし、実際に遺著そのものの空気からいえば、和歌及び仏教に対して、より多くの薫染が感じられる。彼の思想そのものから見ても、彼が仏教の教理に達していたことがうかがわれるのは勿論、禅の語録類など、彼自身の言葉であるかのように自由に引用して、一々書名を掲げず、又多少の変形をも敢えてして顧みないという趣きである。従って漢籍の名を比較的多く掲げたのは、かえって親近の少ない学問であったためとも見られよう。もっとも、この時代は、時代そのものとしても、一方において禅が生活の中に浸透しつつあったと共に、一方には漢学が新しい知識となり、次の時代の学問として用意されつつあった時代であるから、彼の引用形式も自然かくなったのであるかと考えられる。和歌は、彼が能役者の教養の一として認めていたもので、能以外の

諸道諸事一切を「非道」として禁じていた彼も、歌道だけは除外例[*]としたばかりでなく、更に能作[**]上にこれが必要をさえ認めている。

＊ 花伝書 端書

＊＊ 花伝書 第三 問答条々

しかし、「遊楽習道見風書」に「歌道は不知の事なれば」の語がある位で、歌道に関する専門的知識の不十分を認めつつ、ひそかに彼独得の解釈を試みている程度である。又、彼が能の十体を立てているのは、歌論における和歌十体から来たものであることは明らかであるが、しかしそれは名称のみのことであって、立論の根拠が能の形態に存することはいうまでもない。

次に、禅の方面について、彼が果して禅家と交渉があったか、あるいは単なる時代の空気として呼吸したものか、彼の芸道精進によって吸収・体得されるに至ったものであるか、これを明らかにすべき証拠をもたない。ただ「四座役者目録」には、一休に参じたとあり、佐渡から帰還を許されたことも一休のとりなしのように伝えられている。一休が禅竹と交渉のあったことは禅竹の遺著の上に明らかであるから、世阿弥とも全然関係がなかったろうとは断定出来ない。けれども、一休の生年は応永元年で、世阿弥はそれよりも三十二歳の年長であったから、参学したというのは、いかがであろうか。かの夢窓は世阿弥出生の十一年前に世を去っており、その他前代以来多くの名僧が輩出して、一般社会の上に、恐らく前後を通じて禅的空気の最も濃厚な時代であり、義堂・絶海等の晩年とは同時代人として生息していたのであるから、彼がこの方面の何人かと交渉があったということは極めてあり得べきことのように思われる。いずれにしても、彼のごとき傾向を有し、しかも当時の社会にあって、全然弁道のことに無関心であり得たはずはない。しかも、彼が一言もこの事に言及していないのは、むしろ人間としての根底的条件として当然事と考えていた結果ではなかろうか。

世阿弥の遺著のうち、最も早い成立を有するものは「花伝書」であり、「花伝書」のうちでは、「年来稽古条々」・「物学条々」・「問答条々」が最初の成立であることは、篇次により、奥書によって明瞭であるのみならず、この三篇は、他の四篇に比し、「神儀」が道の由来を深遠にし、「奥儀」が道の発展を無限ならしめ、「花修」・「別紙口伝」が芸の精華に関し、能作問題に関して説いているのと異って、演能そのものに関する最も直接的、具体的問題を全般的に考察している点において明らかである。

「花伝書」は、『岩波講座日本文学』の「花伝書」に能勢朝次氏が説かれているごとく、彼のいわゆる花に関する伝書である。而して彼が花の成立に関し、存在に関し、本質に関して説くところは、この三篇にその全体系が基礎づけられているといってよい。

しかるにこの三篇のうちの最後の篇、「問答条々」の奥書には、

凡そ、家を守り、芸を重んずるに依つて、亡父の申し置きし事どもを心底に留めて、大概を録す。(宗節本。「録する所、世の譏を忘れて、道の廃れんことを思ふによりて」) 所詮、他人の才覚に及

ぼさんとにはあらず。唯子孫の遅疑(宗節本。「庭訓」)を遺すのみなり。風姿花伝条々以上。

とある。即ち「伝えられたものを伝えよう」とするところに、最も深い動機が存する。更に又これを二年後の「奥儀」について見るも、

凡そ、花伝の中、年来稽古より始めてこの条々を注す所、全く自力より出づる才覚ならず。幼少以来、亡父の力を得て人となりしより廿余年が間、目に触れ、耳に聞き置きしまま、その風を受けて、道の為、家の為、之を作する所、私にあらんものか。

のごとく、伝統に対する感激が基底に流れている。このことは単にこの「奥書」の文字によっているのみではなく、「花伝書」全篇に共通した思想的一特質である。もちろん、「伝えられたものを伝える」といっても、単なる知識としての授受ではなくて、体験から体験への相承を基礎としたものであるから、各篇各章、一語一句、彼自身の体験として語られ、又は体得を基礎として言われていない所はないけれども、その根底には、なおかつ、伝えられたものを正しく伝えようとする至心が貫いている。父から受けたものの、言いかえれば、伝統そのものの正伝が、彼の責務として実感されている。しかもこれは「別紙口伝」においていうごとく、「家の大事」として、「一代一人の相伝」として尊重されたところであるけれども、その家、その「一人」は単なる血族的、私的なそれではなく、

家、家にあらず、続くを以て家とす。人、人にあらず、知るを以て人とす。

とあるごとく、正伝の存する所が家であり、人であるとする、彼の伝統尊重思想を見ることが出来

る。

しかるに「至花道書」に至れば、伝統中心・芸道中心たることには変りがないけれども、これを説く上に、「今時の芸人」に対する批判を動機とした傾向を増し、従って、自己の体得を体得として語ろうとする態度が著しくなっている。一種の時代的進歩、ことに「貴人・上方さまの御批判」の進歩を認めるにつけても、道の達人が乏しく、習道の疎かなことを嘆くというごとき、現実的な関心に出発している。全体の構造は、能楽の体系的な論述であるが、「花伝書」の体系的なのがもう一歩深められて、いわば、世阿弥自身の思想体系としての純化が成立している。この事は上に引いた金春安住の「系譜集録」所載の「花鏡奥書」に、「風姿花伝」はこの道を顕わす花智秘伝で、亡父から習得したところを書いたものであり、「花鏡」はその後、老後に至るまでの芸得であるといっている上にも明らかに看取されるところであって、もし「花鏡」の全体が発見されるならば、あるいは、この「花鏡」がこの時代を代表する伝書であるかも知れぬ。しかし、その成立は、この「系譜集録」に引かれている応永三十一年よりも早いはずである事は、応永二十八年の奥書を有する「二曲三体絵図」の中に、「至花道書」と共に引かれていることによっても推定せられるところであって、「花習」「覚習条々」等の関係からすれば、あるいは応永二十五年以後三十一年頃までの間に成った未定稿の小篇が集成されたものであるかも知れぬ。しかし、これが発見されていない現在としては、「至花道書」がこの期のうち、最も全体的、基礎的な問題の体系的論述であって、よく花伝書時代の思想を基調としつつ、そこに一つの発展を実現し得ている。（「世阿弥の幽玄と芸態論」の項参照）私がここに至花道書時代を劃そうとするゆえんである。

彼のこの期における他の著はもっと部分的な問題を扱っているものが多い。又奥書のない年代不明の遺著も、問題から考え、文致から推して、多くはこの前後の成立であるように思われる。

彼は、六十一歳に「能作書」の著を得て後、更に六十八歳の「習道書」「中楽談儀」(元能聞書)、七十歳の「夢跡一紙」、七十一歳の「却来華」、七十四歳の「金島集」を遺しているのであるが、「習道書」は、中楽座の構成に関する苦心・用意であって、そこには新しい問題もあり、世阿弥らしい深さも存するけれども、能楽そのものの中枢的な問題ではない。中枢的問題を尽した後にこういう問題にも言い及んだという形である。「中楽談儀」は、当時の能芸界の消息を伝え、原始能楽を考える資料に富んでいるけれども、芸術論としては既述のものの反覆が多い。むしろ、元能の見聞としての世阿弥その他の言行である。「夢跡一紙」は、相伝の子を失った悲嘆の中に書かれた老芸術家の述懐である。ここにわれわれは孤高・孤独に陥った大芸術家の心境にそぞろ同情の禁じがたいものを覚える。しかし彼の芸術観の発展は認め難い。しかるに「却来華」に至れば、やはり元雅を失った悲嘆に包まれての述作ではあるが、その核心は芸道問題に存し、四十以前には外見あるまじき秘曲「却来華」を、元雅に口授のみして、その曲風はいまだ現わさなかったところ、その元雅が早世したから、後には曲名さえ知る人がなくなるであろうことを傷み、紙墨に載せるゆえんであるとしている。しかも一方に、音阿弥は、この書の書かれた翌月、糺河原で盛大な勧進猿楽を催している。従ってこの頃は既に行わるべき勧進猿楽のうわさが広まり、また準備が進行しつつあったことであ

ろう。世阿弥はその中で、

若し若しその人出で来は、世阿が後代の形見なるべし。深秘深秘。

といって、ただ後世に期待している。

かくて「却来華」がいかなる花であるかは明らかでないけれども、元雅が既に芸力においては、これを伝えるべき位に達したことを述べている中に、

最期近くなりし時分、能く能く得法して、無用の事をばせぬ由、申しけるなり。無用の事をせぬと知る心、即ち能の得法なり。

とある一節は深く注意せらるべきである。この「無用の事をせぬと知る心」は、やがて「却来華」がいかなる方向として成立するかを示すものではなかろうか。彼は曲名と共にそれが成立の方向をせめてもここに書き遺そうとしたのである。

かく考えて来れば、彼が晩年における芸術観の究竟を示し、発展の極致を示すものは、実にこの「却来華」一篇である。(この後の「金島集」が芸術論とは異る性質のものであることはいうまでもないから。)而して花伝時代・至花道(もしくは「花鏡」)時代を進めて、ここにまた新しい発展を跡づけた時代を代表するのは、「却来華」でなくてはならぬ。

なお、彼の遺著に示された能楽論ないし芸術論については、これは本稿所述の背景的基礎をなすものであることはいうまでもないが、稿者としては一、二発表した論考もあり、且つ近く細論の機会を得たい考えであるから、本稿においては紙数の関係上、必要に応じて随処にこれに触れるに止め、

特に項を設けて考察することは省略する。

六　時代と彼

世阿弥がいかにすぐれた芸術家であり、批評家であるといっても、突如として時代の表面に出現した存在であり得ないことはもちろんである。われわれは、彼の遺作に接し、彼の遺著を探れば探る程、彼がいかに同代及び前代文化に負うところが多く、又同代及び後代文化に影響するところが深いかに驚異せざるを得ない。従って、彼に対する理解は歴史的、社会的でなければならぬと共に、彼を全的に理解することは、やがてその時代を闡明するゆえんでもあり得る。

彼が生存した応永・永享年間における猿楽界の状勢に関しては、前章既に叙したところであるが、当時における猿楽の分布はかなり広汎にわたったものであり、これが京都において演じられるに当っても、あるいは臨時に、あるいは定期的に、なかなか盛大なものがあったらしい。ことに、座と座とがいわゆる立合猿楽と称して競演を試み、その勝劣を争ったごとき、その興隆がいかに真剣・活潑なものであったかをうかがうに足るものがある。彼が能楽論において立合猿楽に言及していることが一再でないのによっても、その一斑が察せられる。猿楽界の状勢がかくのごとくであったから、当時名人と呼ばれ、又は公武の寵をこうむったものは、世阿弥の外にも少なくはなかった。しかるに、かくのごとき間に立って、彼一人——あるいは父観阿弥と共に——能楽創成者の名誉をもっぱらにするに至ったのは何によるであろうか。もちろん、彼が、父以来、将軍保護の下に、室町猿楽の大夫たる地位を得ていたことも原因の一つであるに相違ない。しかし、彼は、かくのごとき地位を占め、かくのごとき名誉を得、更にかくのごとき名誉と地位を担うに足るべき力を持つことのみによって安んずる人ではなかった。彼は全心身を傾け、全生涯を献げて、能の奥を究め、能の無限に参ぜずには止まれぬ大願と気根の所有者であった。故に、彼にとって、能楽は人生そのものであり、道そのものであった。彼は無上道に対すると等しい至心と志気とを以て芸に仕えた。彼が同代・同芸の何人よりも徹底的に稽古に集中したゆえんはここに存する。又彼が同代遊楽界の中に在りながら、一介の芸人たるに終らないで、真の人たり得たゆえんも又ここに存する。

彼は稽古の対象を二曲・三体とした。二曲は、遊楽美の本風であり、原型である歌と舞とであり、三体は、写実の基礎形態たる老体・女体・軍体である。彼は年少の間は専ら二曲の稽古に没頭し、この伝統的遊楽美を体現することによってそれぞれの先天的素質を実現させ、伝統と個性との相即たる芸体を基礎として、更に能楽美の発展的形体たる三体を習得しようとした。彼においては、この二曲・三体の稽古のみが真の稽古であって、これによってあらゆる曲体美の成立が可能になると考えた。要するに彼は、稽古における基本的、本格的な要素を見出し、これの徹底的稽古によってすべてが発展し、成立するものと信じた。しかるに、彼の見た同代同芸の人々は、かくのごとき本格的稽古を度外視して、いずれも直ちに演出曲目そのものの稽古にのみ走っている。これを彼の立場から評すれば、「無躰枝葉」の稽古に過ぎなかったのである。

次に、彼の稽古の態度を見るに、深く生活の放慢を戒めてこの一道に集中し、更にこれを生涯にわたって不断に持続し、生存そのものを挙げて稽古たらしめようとした。かくして、彼は自己を開拓しつくし、精錬しつくすと共に、他に対しては、たとい一点においてなりとも己れにすぐれたものがあれば、採って以て自家の養となすはもちろん、下手の中にさえ、なお、何らかのよきものを見出してこれを学ぶというごとく、あらゆる存在をわが師たらしめようとする、無私・謙虚な求道者の態度に出た。その結果、当代及び前代の田楽・猿楽における諸名人の、磨きに磨かれた芸の精髄を真に彼自身の所有とすることを得た。

彼はかくのごとき徹底的な稽古から成立する自在力を以て舞台に立ち、能楽を作り、更に能楽の原理を省察した。換言すれば、彼が作者として、批評家として偉大な業績を遺したのは、かくのごとき稽古の徹底によって能楽の一道に徹し、能楽の一道に徹することによって全人的体達を得ていたところにその根底が存する。同代の人の眼には、あるいは彼と肩を斉しくする名人もあったであろう。一点一劃においては、あるいは彼を凌駕する上手もあったであろう。さりながら、これらの人々の芸を打して渾然たる一大芸術を創成し、これに真の生命を賦与し、これを基礎づけて、能楽の一道を建立したものは、世阿弥でなくてはならぬ。然してかくのごときは、多くの場合、創始者といわれ、開祖といわれる人々に共通な働きである。彼は、かく能楽創始者として、同代遊楽界における偉大な存在であったのみでなく、そのゆえに又、中世文化を代表すべき一人たり得たのであった。

中世の文学芸術一般に通じた主要な一特質は、それが師承伝授として成立していることである。しかもその多くは門閥を構え、私利・権勢をもっぱらにせんがためであって、中にはその伝授を粉飾せんが為に、偽書を作って家の由来を尊厳にしようとするものさえあった。

彼の遺著について見るに、その述作は、その動機についていえば、やはり、一の伝授書に外ならぬ。しかもそれは、一子に、又は一人に相続せしむべき秘伝書であった。しかしながら、かくのごとき伝授は、「私」のためではなくて、一に芸のため、道のためであった。即ち、彼は秘することの必要を、彼のいわゆる「花」をして「花」たらしめることに見出していた。「別紙口伝」に、

秘事と云ふ事を現はせば、させる事にてもなきことなり。之をさせる事にてもなしといふ人は、未だ秘事といふ事の大用知らぬが故なり。

とある如く、彼は秘することに「大用」を認めていた。即ち彼のいう「花」が、見手の心に「珍しき感」を喚起することによって成立する美である以上、何らかの意味において観客の予想の上に出ることが要せられる。そこに「秘すること」の大用が存立するのである。彼が、

秘すれば花、秘せねば花なるべからず。

といっているのは、秘することが能楽美成立の一必要条件であることをよく言表している。彼は又、「花伝書 奥儀」に、

その風を得て、心より心に伝ふる花なれば、風姿花伝と名づく。

といって、「花」は体験として成立する伝統であるとなし、これに対して、「自力より出づる振舞」

「自力より出づる才覚」を否定している。而して伝統の体現は稽古を通じてのみ可能であるが、稽古は又先天的素質の実現であり、その完成である意味において、真の個性を生かすゆえんのものでもある。これが彼の師承伝授の意義であって、中世の文学・芸術一般に行われていた師承伝授を最も深い意義において生かしたものであるといわねばならぬ。

中世芸術の今一つの主要な特質は、それが宗教的であるところに存する。而して一般には仏教が芸術として発展を遂げたのが中世の文学であり、芸術であると考えられている。しかし、実際においては、その多くは、仏教が中世文化の支配的地位に立つや、文学・芸術が概念的にこれと結合の道を工夫しようとしたに過ぎない観がある。歌道の外に仏道はないとか、連歌は陀羅尼であるとかいうように、歌なり連歌なりを価値づけんがための方便として、仏教を利用しているに過ぎないものが少なくない。

しかるに世阿弥が仏教的であるというのは、これと全く別な意義においてであって、彼は概念として仏道をいうことなく、ただ、

非道行ずべからず。

という覚悟をもって能楽の一事に没頭し、

一、好色・博奕・大酒、三重戒、是、古人掟也。

一、稽古は強かれ、諍識はなかれとなり。(「花伝書」序)

のごとき規矩を立てて、外的生活の放慢を禁ずると共に、深く内的に自負・慢心を戒め、ひたすら

稽古に傾倒しようとしている。しかもその精進の究まるや、「命には終りあり。能には果あるべからず」のごとき立言となって、道の無限に実参した者のみの抱く嘆きを嘆いている。かくのごときは既に宗教的精進と揆を一にするものであって、彼は芸道そのものに集中することによって、芸道そのものの宗教的発展を示している。私はこの点においてもまた、彼を、中世芸術の主要特質を最も深く、最も真実に体現した、稀な一人であったと思う。

（原題「世阿弥元清」。岩波講座『日本文学』昭和七年三月）

世阿弥の能楽論に於ける批判意識

一

世阿弥の能楽史における位置を概観すれば、彼はすぐれた役者であり、作者であったと共に、又、驚くべき批評家であった。しかし、これをその契機に即していえば、彼が作者であったことも、批評家であったことも、一に彼が役者であり、又真の役者たろうとしたためにほかならぬ。が、それは、彼が作者となり、批評家となった事情であって、彼の創作なり、評論なりが、創作として、又評論として、独立性を有するに至っていないという意味では毛頭ない。それどころか、私をして言わしめれば、彼は創作に於いて独歩の能作者であったと共に、批評家としてもまた、日本文芸史上、最高の地位を占めるべき偉大な存在であった。

が、私は今、評論家としての彼の全面目とその意義とを考えようとするのではない。彼が評論家として、芸術一般はもとより、人間問題の根底に対する触徹の深さを現わしている彼の能楽伝書について、そこに示されている批判意識の機構を明らかにしようとするに過ぎない。

世阿弥の能批判は如何なるものであったか。私はまずその具体的な事例を、「申楽談儀」に於ける故人の風体批判と、「至花道書」に散見する同代申楽批判とに見ようと思う。

「申楽談儀」は永享二年の奥書を有する息男元能の聞書であるが、その序説ともいうべき故人の風体批判は、まず序言的部分に始って、一忠・亀阿(喜阿)・犬王・観阿の芸風の批判に及び、更に同代の増阿・世阿にまで言及したものである。序言的部分に於いては、遊楽には物真似的要素と歌舞的要素とのあることをあげ、就中、歌舞的要素がその基礎をなすものであるから、勝れた為手たらんがためには、まず歌・舞二曲に徹しなければならぬとなし、次に芸風に於いては、幽玄風・砕動風のうち幽玄風が根本であることを述べ、その上に更に十体に亙ることが必要であること、しかも、それは必ず幽玄の本風を確立して後にすべきであることを述べたもので、これは風体批判の原則たるべき事項の考察に外ならぬ。

故人の風体批判に於いては、彼は各故人の芸の印象とその品等の外に、更にその芸風の伝統をも跡づけようとしている。そしてそこには、彼の驚くべき専門的識見の深さ・精しさを示しているが、しかし、われわれにとって最も興味深い文字は、それぞれの故人の芸の印象を述べた箇所であって、その把握のしかたがいかにも具体的・要核的であり、またその表現がいかにも自由で、簡潔で、力強い。しかもその価値的品等は、常に主観に徹して客観性・普遍性を具備している。伝統の考察にしても、世のいわゆる伝統を問題としているのではなくて、真に具体的な芸風そのものの発展を跡づけようとしたもので、結局は世阿弥自身の芸が何人の血脈を伝え、如何なる伝統によって存立するに至ったかを明らかにする処に、筆者元能の意図が存したものと見ても大なる誤りではないであろう。

「申楽談儀」の語るところによれば、彼は一忠の芸は見なかった。喜阿の芸は彼が十二の年、奈良法雲院の装束賜りの能で見た。その時の印象を彼は、

喜阿、尉になりて、苧の附髪に直面にて、「昔は京洛の花やかなりし身なれども」の一うたひ、様もなく、真直に、かくかくとうたひし、よくよく案じ解《ほど》けば、後も猶おもしろかりしなり。

と、いかにも心深く語っている。増阿の芸については、南都東北院での立合能の時のことを記して、

東の方より西に立ち廻りて、扇の先許りにて、そとあひしらひて止めしを、感涙も流るるばかりに覚ゆる。かやうの所見るものなければ、道も物うく。

という感嘆を洩している。又、犬王の芸については、「葵上」「天女」「念仏」「もりかた」「こは子にてなき」等の演能に関してこまごまと述べているが、中にも、「念仏」を演じた時の扮装から仕草まで具体的に述べた後に、

言葉のつまに「南無阿弥陀仏」と、一心不乱に、誠に常のやうに申して、あなたへゆらり、此方へゆらりと立ち歩きてし面影、今も見るやうなり。

と、真にその至芸が目の前に見えるように物語っている。更に、その父観阿弥については、彼が「人となりしより二十余年が間」導かれた師であるだけに、衷心の敬仰と感嘆を傾けてその印象を伝えている文字が遺著の至る所に見出される。「年来稽古条々」に、

亡父にて候ひし者は、五十二と申しし五月十九日に死去せしが、その月の四日の日、駿河国

浅間の御前にて法楽仕り、その日の申楽、殊に花やかにて、見物の上下、一同に褒美せしなり。

という回顧と共に、

凡そ、その頃、物数をば早や今の初心に譲りて、安き所を少な少なと色ひてせしかども、花はいやましに見えしなり。これ誠に得たりし花なるが故に、能も枝葉も少なく、老木になるまで花は散らで残りしなり。これ、まのあたり、老骨に残りし花の証拠なり。

という印象を記しているのを始として、「申楽談儀」には、

大男にてゐられしが、女能などには細々となり、自然居士などに黒髪着、高座に直られし、十二三ばかりに見ゆ。

とか、又「草刈」の能に、

「この馬は、たゞ今餓ゑ死に候べきや」より謦引きし「雖ゆかず、雖ゆかず」など云ひくだして、「ここは忍ぶの草枕」と謡ひ出し、目づかひし、さと入りし体、此道に於きては、天降りたるものなりとも及びがたく見えしなり。

と語っているなど、芸の印象の確かさと共に、それに対する感嘆の深さの人に迫るものがある。

又、曲目についても、

砧の能、後の世には知る人あるまじ、ものうきなり。

とか、また、

静かなりし夜、砧の能のふしをききしに、かやうの能の味はひは、末の世に知る人有るまじ

ければ、書き置くものぐさきよし、物語せられしなり。

とかいうような心往の深さと共に、道の極処に至り得た人の寂寥感を伝えている文字に往々逢着する。かくの如く、彼は、分析的にではなくて総合的に、概念的にではなくて具体的に、しかも数少い言葉の断片によって、故人の芸風の全幅をいかにも自由に、かつ力強く語っているのであるが、この種の評言は、いずれの道に於いても真に大力量の達人からのみ聞き得るところのものであって、われわれの眼前に故人の至芸を生かし来ると共に、眼前の印象よりも純粋に、有力に、その至境に導かれるかのような感がある。

彼は、更に、各人の芸位に関しては、

かの喜阿、五位の声風、まなかの位なり。九位には、寵深花風にのぼりたるものなり。妙の位は総じてえいはぬ座なり。上花にのぼりたらば妙は有るべき歟。

といい、

今の増阿は能も音曲も閑花風に入るべき歟。能がもちたる音曲、音曲がもちたる能なり。

といい、又、

犬王は、上三花にて、つひに中上にだに落ちず。中・下を知らざりしものなり。音曲は中上ばかり歟。

といい、更に、

上花にのぼりても山を崩し、中上にのぼりても山を崩し、また下三位に下り、塵にも交りしこと、たゞ観阿一人のみなり。

といって、主として「九位次第」を依拠として、その芸位を類別・品等しているが、そこには既に、主体的把握の深さから客観的批判の明確さに出ようとする意向の確立が認められる。

然らば「九位次第」に於ける芸位品等の原理は何であるか。「九位次第」は、芸位に上花・中位・下位の等級があり、稽古に初・中・後の次第があることを説いた短篇であって、この両者を関連させて、中初・上中・下後という術語を立て、中位を初に、上花を中に、下位を後に稽古すべきであることを説いたものであるが、更に上花は妙花風・寵深花風・閑花風に、中位は正花風・広精風・浅文風に、下位は強細風・強麁風・麁鉛風の三等に各〻次序せられている。これが即ち九位である。而してその品等を貫く一層根本的な規定としては、下三位・中三位の全部及び上三花中の最下位閑花風を「有」の芸風となし、第二位寵深花風を「有無中道」の芸風となし、最上位妙花風を「無」の芸風としている上に明らかなように、芸位の次序を「有」から「無」への発展として跡づけ、その根本規定として「無」を見出している。「遊楽習道見風書」もまた能楽美が無を根本規定となすものであることを示した考察であるけれども、「九位次第」と等しく、それは表現問題としての無の定位である。が、私の今考察しようとしている直接の問題は批判意識であるから、無の表現はここには批判意識の対象としてのみ問題とすべきであろう。

次に、彼の同代申楽についての批判を見るに、彼の能楽論に関する遺著のうち、比較的初期のものにはこれを見ることが出来ないで、中期以後のものに至って始めて現われている。今その代表ともいうべき「至花道書」について見るに、彼が同代申楽界に対して抱いていた批判は概して否定的であった。しかし、それは単なる自己陶酔者の独りよがりから成された漫罵でもなければ、偏狭なる一面的観察からの無責任な非難言でもない。総ては体験に即して自覚された、何等かの原理に依拠した内省・警告の所言であって、真に道に達し、道の開拓を使命とするものにのみ許された否定であった。即ち「至花道書」中の「二曲三体事」に於いて、

ここに当世の申楽の稽古を見るに、二曲三体の本道よりは入門せずして、あらゆる物真似、異相の風をのみなせば、無主の風体に成りて、能弱く、見劣りして、名を得る芸人さらになし。

といい、又同書中、「皮肉骨事」に於いては、

いまほどの芸人を見及ぶ分は、たゞ、皮をのみ少しするなり。それも誠の皮にはあらず。又似する分も皮のみなり。しかれば、無主の為手なり。

といっている如く、ここには同代申楽の否定があると共に、明らかに批判原理の提示があり、確立がある。

かくて、彼の伝統闡明の要求に立った故人の風体批判も、また能楽の本格的発展を所期して成された同代申楽批判も、そこには必ず、稽古の実践によって展開せられた体験の深さと原理的なものの確認がある。換言すれば、鑑賞の深さと共に、鑑賞から批判への発展がある。私は今、彼自身の自覚に即して、この鑑賞から批判への発展を跡づけ、そこに彼の批判意識の構造を見ようと思う。

二

世阿弥の遺著の中、批判を批判として考察しているのは、「覚習条々」の「批判之事」の条である。ここで彼が考察を試みている中心問題は、能芸美の類型ともいうべき「見より出で来る能」「聞より出で来る能」「心より出で来る能」の三つであって、それはまた、そのまま、能芸美そのものの発展段階になっているのである。しかし、今、彼の批判意識を辿るために重要な点は、その条の冒頭に於いて、

そもそも、能批判と云ひて、人の好みまちまちなり。しかれば、万人の心にあはんこと、さうなくありがたし。さりながら、天下に押し出されん達人をもて本とすべし。

といっている上に認められるように、能批判が各人の個人的・主観的傾向に基くものであることの認識と共に、更にその奥に何等かの普遍的・客観的原理が存立しなくてはならぬという要請が見えていることである。而して見・聞・心の三類型は、やがてかくの如き批判の普遍的なるものの一種として見ることの出来るものであって、可視的類型の上に音曲的類型を立て、更にこの二類型の否定として成立する心的類型を最上として定位している。この外、更に、批判意識上重要な二つの問題が提起せられている。一つは目智相応論ともいうべきものであり、他は総合的立場論ともいうべきものである。彼はいう、

惣じて、目利きばかりにて、能を知らぬ人もあり。能をば知れども、目の利かぬもあり。目・智相応せば、よき見手なるべし。

と。即ち「能を知る」ことの智が目として働き、目が智として作用するに至って、始めて真によき「見手」たり得るといっているのであって、それは実に能批判の資質の問題であり、批判作用の問題である。又いう、

見所よりおもしろかるやうを心得てする為手は、能に徳あるべし。また、為手の心を知り分けて能を見る見手は、能を知りたる見手なるべし。

と。即ち彼のいう批判の立場は、単に「為手」に対立する「見手」の立場ではなく、「為手」の立場を含んだ「見手」の立場であるべきことが求められているのである。

ここにわれわれの考えなくてはならない問題は、彼のいう「見手」の概念である。一体、彼が能の演者を「為手」というのに対して観客を何と呼んだかを見るに、彼は多くの場合これを「見手」といっている。その他、時により「見物衆」「見物の人」「見所」等の語を用いている。そして、為手に上手・下手・初心・達者・達人・名人等があるように、「見手」にもまた、「目利き」「目利かず」「愚かなる眼」「田舎目利き」「能を知りたる見手」「能を知らぬ人」などの如き品等的用語が散見する。が、その大部分は日用語の襲用であり、又その転用である。――因みに「見所」は見物の場所をさす当時の用語であって、「太平記」にもその用例があるが、ここでは見物衆の意に転用せられている。――「見手」の資質として要請せられているものが、目・智相応であることはここにも看

取することが出来る。
かくて「能を知る」という問題が極めて重要な問題として提起されて来るのであるが、これについては、同じ条の最後に、「批判云」として、

できばを忘れて能を見よ。能を忘れて為手を見よ。為手を忘れて心を見よ。心を忘れて能を知れ。

という章句が引かれている。
この章句は、その言表があまりにも金言的に簡潔なために、――そして理解を求めるよりも直観に訴えようとする表現であるために、その意義的関連を明らかにすることは困難であるが、「能を知る」という事実が否定に否定をかさねることによってのみ成立する、否定的発展の成果として考えられていることは明らかであろう。
「できばを忘れて能を見よ」という命題は、部分から全体への飛躍を求めるものであり、「能を忘れて為手を見よ」「為手を忘れて心を見よ」の命題は、外観から内観への発展を、最後の「心を忘れて能を知れ」の命題は、更に内観を内観としているこの立場を否定することによって、始めて真に「能を知る」境地に躍出し得ることを示すものではなかろうか。然らば、かくの如き発展と飛躍とは如何にして可能であるか。同じ「覚習条々」の奥段には、
凡そ、この一巻、条々已上。このほかの習ひ事あるべからず。たゞ能を知るより外の事なし。能を知ることわりをわきまへずは、この条々もいたづら言なるべし。まことにまことに能を知

らんと思はば、先づ諸道諸事をうちおきて、当芸ばかりに入りふして、連続に習ひきはめて、劫をつむ所にて、おのづから心にうかぶ時、これを知るべし。

とある如く、「能を知る」道は、一に集中と連続による稽古の実践であり、更にその実践から自然的に展開して来る自覚である。然らば「当芸ばかりに入りふして、連続に習ひきはめて劫をつむ」稽古の実践から、「おのづから心にうかぶ」自覚への発展はいかにして遂げられるか。この問題を解く為には、われわれはまず、「見る」ということについての彼の意識を検討しなくてはならぬ。

三

彼は能の観客を「見手」といい、「見所」といった。しかし能を「見る」ということは単なる眼のみの作用でもなければ、また単なる形態・動作の認識のみでもない。或は、耳を主とした作用であり、音曲を中心とした印象である場合もあれば、或は、又耳目の活動を超えた心の作用であり、心と心の直観である場合もある。或は、更に、これ等の総てを超えた忘我に外ならぬ場合もある。したがって彼が「見手」といい「見所」という場合の「見」はそんなに単純な作用ではあり得ない筈である。彼はこのために「遠見」及び「離見」という語を用いている。

「遠見」は、いうまでもなく、対象との距離を大きくして見ることである。即ち「近見」——彼はこの語を用いてはいないが——に対する「遠見」である。而してその意義は、演能に於ける個々の芸を個々の芸として見る代りに、全体上からこれを見ることに外ならぬ。即ち演能を部分的、断片的に抽象して見ることではなくて、全体的、具体的に見ることである。彼が「至花道書」に於いて、「闌位」を論じて

さるほどに、非風却つて是風になる遠見あり。

といっているのは、部分的に見れば「非風」の手であるものが、全体的に見れば「是風」に化せられていることを注意したものであって、これは、演能が個々の芸の総和ではなくて、個々の芸に生命を与える全体的なものの確立であることを示すものであると共に、また個を個として見る見方と、それを一全体の上に定位して見る見方とによって、その意義が異って来るものであることを、即ち遠見によって始めて真に能そのものが見られるということを示すものであって、やがて彼が、

申楽は遠見を本にして、ゆくやかに、たぶたぶと有るべし。

といったことの理由を成す事実の指摘に外ならぬ。

「離見」とは、文字の示す如く、離れて見ることである。しかしこの語は、「見手」の見方を示す用語であるよりも、「為手」が演出に即して自ら自己の姿を見ることであるから、離れるというのは、我を離れることである。舞台上の我を客観することである。換言すれば、「為手」たるものが「見手」たる立場に立って我を見ることである。この意味に於いて、「我見」に対する「離見」である。即ち彼のいい方に従えば、

見所より見る所の風姿は我が離見なり。しかれば、我が眼の見る所は我見なり。離見の見に

はあらず。離見の見にて見る所は、則ち見所同心の見なり。その時は、我が姿を見得するなり。である。為手として我が眼の見る所、即ち「我見」の及ぶ範囲は目前と左右のみである。後姿は見ることが出来ない。しかし「見所」はそれをも見る。その「見所」と同じ立場で、「不及目の身所まで見智」すること、即ち我が目の及ばない、我が後姿を我と意識しつつ演ずることが、彼のいう「離見の見」である。このことを彼は「心をうしろにをく」といい、「目前心後」ともいうている。何のためにわが後姿を、「不及目の身所」を見ることが要せられるかといえば、それは「我が姿を見得する」ためであり、「姿の俗なる所」を去るためである。即ち、彼が、

離見の見を、よくよく見得して、眼、まなこを見ぬ所を覚えて、左右前後を分明に案見せよ。定めて花姿玉得の幽舞に至らん事、目前の證見なるべし。

といっている如く、演者が彼自身の姿を全体的、具体的に見ることによって、その芸を完成するために外ならぬ。

かくて「離見の見」は、本来的にいえば、「為手」の立場に於ける「見」に外ならぬけれども、その作用の意義からして、必然的に「見手」の立場に於ける「見」にも発展しなくてはならなかった。これは、彼の能批判が「為手」の立場から成立したためのみではなく、「離見の見」が「見所同心の見」であることの帰結でもあることが注意せられなくてはならぬ。

然らば「離見の見」に現われるものは何であるか。彼のいう所について見れば、

無感の感、離見の見にあらはれて、家名広聞ならんをや、遊楽の妙風の達人とも申すべき。

(「遊楽習道見風書」)

といい、又、

しかれば、当道の堪能の幽風、褒美も及ばず。無心の感、無位の位風の離見こそ、妙花にや有るべき。(「九位次第」)

といっている如く、それは「無感の感」「無心の感」「無位の位風」である。そしてそれが「妙花」即ち能芸の至上境であり、これを能くする者が「妙風の達人」である。然らばその「無」及び「妙」とは如何なるものであるか。

妙とはたへなりとなり。妙なると云ふは、形なき姿なり。形なき所妙体なり。(「覚習条々」)

といい、また、

ただ、この妙所は、能を究め、堪能そのものに成りて、闌けたる位の安きところに入りふして、為す所の態にすこしもかかはらず、無心・無風の位に至る見風、妙所にちかき所にてやあるべき。(「覚習条々」)

といい、或は又、

妙と云ふは、言語道断、心行所滅なり。(「九位次第」)

といっている上に明らかなように、それは視覚を絶し、言語を絶し、思慮を絶した境に外ならぬ。そういう妙境は如何にしてわれわれと交渉を有し得るか。彼はいう、

既に至上にて、安く、無風の位になりて、即座の風体は唯面白きのみにて、見所も妙見に亡

して、さて後心に案見するとき、なにと見るも弱き所のなきは骨風の芸劫の感、なにと見るも事の尽きぬは肉風の芸劫の感、何と見るも幽玄なるは皮風の芸劫の感にて、離見の見にあらはるる所を思ひ合はせて、皮・肉・骨そろひたる為手なりけりとや申すべき。(「至花道書」)と。即ち、妙所は、まず観衆の心を奪う忘我の境として現われる。そこには言語もなければ思慮もなく、また行為というべき行為もない。ただ、「妙」の至境が至境として人々の耳目に、心身に現ずる。観衆が我を取りかへすのは、その妙境が既に去った後である。我にかえった後もなお、その印象は力強く、鮮明であって、それをいわゆる「後心に案見」する所に、始めて芸風の個性が明らかに判断され、認識される。ここに見逃すことの出来ない重要な一事は、これに更に「離見の見にあらはるる所を思ひ合はせ」なくてはならぬという条件の提出である。これによれば、「離見の見」は「後心案見」とは明らかに別な「見」でなければならぬ。しかもそれは「無風の位」の現われるところの「見」である。能楽の至上境の直接受容たる忘我境そのものでもなく、又その印象の内省的分析でもなく、しかもかかる境地に対する価値批判の基底をなすものでなければならぬ。そうなれば、「離見の見」は、忘我に在りながら忘我そのものを見る「見」であるとされなくてはならぬ。その点に於いては、忘我もまた「我見」の一発展に外ならぬ。かくて「見所同心の見」においてわが後姿を見、「不及目の身所」を見ることによって、わが全姿を見る作用であった「離見の見」は、今や為手・見手の境を撤して成立する忘我境に在りながら——何ら、この忘我的発展を妨げることなく、その忘我境そのものを見る作用にまで深められるに至っている。

かくて「離見の見」は、今日の言葉を以て定義すれば、まず、我の立場を離れて我を客観する作用としての自己直観である。自己の行動に即して展開し来る自己直観であり、自覚である。したがってその直観なり、自覚なりは、忘我の直観であり、自覚であるから、忘我意識とは次元を異にする意識でなければならぬ。また単なる眼前の印象でない点においては、「後心案見」に似ているけれども、「後心案見」はその離れ方が時間的であるのに、これは次元的である。したがって「後心案見」は単なる印象の発展であるのに、「離見の見」は意識そのものの飛躍である。そして、それはやがて「無感の感」「無心の感」「無位の位風」「無風の位」の現われる場所であって、忘我的恍惚そのものと区別されると共に、またそれの発展としての「後心案見」とも区別される、そして、それを根底において規定する、一層高次な意識でなければならぬ。彼が「後心に案見して」皮風・肉風・骨風の芸劫の感を定位した上に、更に「皮・肉・骨そろひたる為手」たることを決定するためには、「離見の見にあらはるる所を思ひ合はせ」なくてはならぬとしたのは、この「見」にあらわれるところが、かくの如き最も根本的な規定であるためとしなくてはならぬ。

彼がかく批判の対象を規定する作用として、「近見」に対する「遠見」を定立したに止らず、更に批判意識そのものにおいて、「我見の見」に対する「離見の見」を発展せしめ得たことは、しかも、これを印象内容の発展たる「後心案見」と区別して、更に一層高次な意識作用として見出し、一層根本的な規定として定立し得ていることは、わが芸道思想の最高峯を示すものといっても過言ではないであろう。

かくて、彼の能批判は、見手即ち鑑賞者の立場を独立させた成立であるよりも、むしろ為手即ち演能者の立場を徹底させるために逢着した問題であり、またその発展である。これは一面には、当時の一般観衆の教養が低く、能の享受者ではあり得ても、能批判を批判として成立させる程度には至り得ていなかった社会的事情にもよるものであろうけれども、一面にはまた、和歌といわず、俳諧といわず、これが批判と研究とは、創作のための成立であり、発展であった、わが文芸一般の傾向を示すものでもある。ただ、世阿弥その人が驚くべき集中鍛錬の為手であり、またその故に極めて多角的、総合的な達人であったために、彼においては、批判意識そのものがかくの如き深さと特質とを展開し得たものに外ならぬ。

中世の中葉以降、過渡期的で感傷的な傾向が超克せられて、そこに新しい批判的精神の誕生を見たわが文芸界が、かくの如き批判的立場の確立と自覚に達し得ている歴史的意義と、彼の能楽論の根底を貫いている無の精神がいかに当時の文化の基礎的なるものの象徴的発展であるかという社会的意義とに想到すれば、彼の批判論の更に重要な意義が闡明せられるであろう。しかし、そういう問題の考察は他の機会に譲り、今はただ、日本文芸学の主要な一礎石であると信じられる世阿弥の批判意識について、彼の遺著にあらわれた跡を辿ることに止めて置く。

（『文学』昭和九年十月号）

世阿弥に於ける「物真似」の位置

一

世阿弥元清は、「花伝書」の「奥儀」(彼の四十歳の著)に、

およそ、この道、和州・江州に於いて、風体かはれり。江州には、幽玄の境をとりたてて、物まねを次にして、かかりを本とす。和州には、先づ、物まねをとりたてて、物かずを尽して、しかも幽玄の風体ならんとなり。

といって、近江申楽の特質を「幽玄」に、大和申楽の特質を「物真似」に認めている。この比較から、「幽玄」と「物真似」とは同一範疇に属する語であるかのように解せられ、しかも、「幽玄」が美的範疇の語である関係から、「物真似」もまた美的範疇に属する語であるかのように解せられ、「幽玄」が主体的な情趣美を示す語であるのに対しては、「物真似」は客体的な写実美を示す語であるかのような理解に導かれる。

しかしながら、これは世阿弥の「物真似」なる語の用例としては極めて特殊な場合であって、彼の遺著の他のほとんどすべてにおいて、これは音曲・舞・働き等、彼のいわゆる「舞歌二曲」に対

する語として用いられている。そうすると、世阿弥の意識していた「物真似」は、美的範疇の語であるよりも、能芸を構成している一要素であるとしなくてはならぬ。したがって、近江申楽と大和申楽の比較論も、そういう立場から理解せられなくてはならなくなる。

二

彼は、「申楽談儀」の冒頭に、

遊楽の道は一切物まねなりといへども、申楽とは神楽なれば、舞歌二曲を以て本風と申すべし。

といっている。彼が申楽の起原を神楽とする思想は、「花伝書」の序文にも、「花伝書」の「神儀」にも述べられている。そして、その神楽起原説は、やがて舞歌本風論を成立せしめる根拠であること、叙上の引用に明らかなところである。

又、彼が「物真似」を「舞歌二曲」に対する構成要素の一としていることは、彼の稽古論の至るところに発見せられる。彼が生涯の稽古について述べている「花伝書」の「年来稽古条々」においては、「七歳」「十二、三より」等の項において、児姿の間の稽古は「物真似」を避けて、「舞歌二曲」に集中すべきであるとなし、しかもそこには理由が明確に自覚されている。のみならず、「四十四、五」「五十有余」の二項においても、この頃よりは、さのみに、こまかなる物まねをばすまじきなり。

とある如く、老境の芸にもまた物真似的要素が稀薄であるべきことを主張している。そうなると、彼の能芸においては、稽古の基礎にも、またその完成にも、物真似的要素は主要なものではないことが認められなくてはならぬ。

然らば、かく「舞歌二曲」が申楽の起原の上からも、またその稽古の上からも芸の本領をなすものとせられているのは、何故であるか。彼の「遊楽習道見風書」によれば、それは二曲が「遊楽の諸曲」なるが故である。「遊楽の惣物風」なるが故である。「惣物の器」なるが故である。更にいえば、「器」なるが故である。しかして、彼のいわゆる「諸曲」とは、普遍的芸曲の意、「惣物風」とは普遍的芸風の意、「器」とは、あらゆる演技を成立させ、発展させる基本の意であるらしい。

何になりても、歌へば感ありて、舞へば面白きは、かねて舞歌のうつはものを蓄《ちく》して持ちたる徳にあらずや。

とあることによっても、「舞歌」が「器」であり、「器」があらゆる演技を発展させる基本であり、したがってそれが普遍的な芸風・芸曲である意味が理解せられる。

彼は更に「器」についての考察を進めていう、

有・無二道にとらば、有は見、無は器なり。有をあらはす物は無なり。

と。「器」の意味は「無」たるにある。しかも「有」を発展させる基礎としての「無」たるところにある。したがって、それは、花葉・雪月・山海・草木・有情《じよう》・非情《じよう》に至るまで、万物の出生をなす器は天下なり。

とある如く、「万物」を成立させ、発展させる「天下」に比せられる。しかして、この「万物」を出生させる「天下」であり、「有」を発展させる「無」である「器」は、申楽においては、実に「舞歌二曲」に外ならぬのである。彼はかくの如き見解の下に、

をさなき芸には、物まねの品々をば、さのみには訓《をし》ふべからず。ただ、舞歌二曲の風ばかりをたしなむべし。これ器《うつはもの》たるべし。

といって、少年期の稽古に、換言すれば芸の基礎に、「物真似」を禁じ、「舞歌二曲」の練磨を強調している。

三

かく見来れば、結局、物真似は末風であり、枝葉芸であるに過ぎないように見える。しかし、もしそうであるとすれば、「花伝書」の「物学条々」に、

物まねの品々、筆に尽し難し。さりながら、この道の肝要なれば、その品々を、いかにも〳〵嗜むべし。

といい、又、既に引用した如く、「和州には、先づ、物まねをとりたてて」といっていることばの意味が、――特に彼が大和申楽の出生であるだけに――理解せられなくなる。かくの如き「舞歌二曲」

と「物真似」との関連を根本的に規定し、それぞれの特質を存せしめつつ、しかも構成要素としてのそれぞれを有機的、発展的に位置づけたものは、彼のいわゆる「三体」である。

彼のいう三体は、老体・女体・軍体の三つで、彼の定義にしたがえば、「物真似の人体」である。更にいえば、能芸における写実の基本である。

が、「三体」の思想は、「花伝書」の上にはまだ十分に確立していないようである。即ち彼は「花伝書」の「物学条々」に、女・老人・直面《ひためん》・物狂・法師・修羅・神・鬼・唐事《からごと》の九項を立て、物真似の人体を説いているけれども、「神」が「老人」即ち老体より出で、「鬼」が「修羅」即ち軍体から生ずることについてはまだ明確な定位が出来ていない。換言すれば、三体思想はまだ成立していない。「三体」なる語も、「花伝書」には唯一箇所用いられているのみである。* それも宗節本には存しない。故に、三体論は、世阿弥が五十歳を越えた頃から、即ち「花鏡」成立時代に至って始めて確立を得た思想なのではあるまいか。

＊ 花伝書中「三体」なる語の見えるのは、「年来稽古条々」の「二十四、五」の項に、「爰《ここ》を三体の初とす」とあるのが唯一であるらしい。しかもこの八字は宗節本には存しないものであり、又、「二曲三体」についての代表的遺著ともいうべき「至花道書」では、元服の頃から、「三体」の稽古に入ることが言われている点から見て、吉田博士本の八字は、後人の、少なくも後年の加筆ではあるまいか。

奥書を有する彼の遺著で、三体思想の明らかに示されている最初のものは、応永二十七年(五十八歳)に成った「至花道書」である。

彼は「至花道書」の最初に、「二曲三体事」なる一条を置き、「二曲三体」を「定位本風地体」即ち本格的芸風・基本的芸体であるとなし、

この外の風曲のしな〴〵は、みな、この二曲三体よりおのづから出来《いでく》る用風《ゆうふう》を、自然々々に待つべし。

といい、更に、

若《も》し、なほも芸力おろそかにて、この用風生ぜずとも、二曲三体だに極まりたらば、上果の為手にてあるべし。

といって、「二曲三体」が必要にして、かつ十分なる能の主要素であることを断言している。したがって、あらゆる曲目は、これが用風として自然に成立するものであるとなし、更に文末には、「原注」として、

最初ノ児姿ノ幽風者、三体ニ残リ、三体ノ用風者、万曲ノ生景ト成ルヲ知ルベシ。

とある。これは、その翌年に成った「二曲三体絵図」にも引用された注で、彼の能楽構成論の全貌を簡明に示すものであると共に、「三体」の位置と意義とを公式的に明示したものでもある。

「三体」の稽古は元服して男体になった後に始めるべきで、それ以前は児姿で「舞歌二曲」の稽古をするというのが彼の根本的な方法である。「二曲三体絵図」に、

三体を児姿の間しばらくなさずして、児姿を三体に残す事、深き手立なり。

とあり、また、

たゞ、最初の児姿、二曲を習得して、長久の有主風に案得するゆゑ、三体にものこり、万曲の生景にも成るなり。

とある如く、「三体」は単なる老体・女体・軍体ではなく、既に「舞歌二曲」によって鍛成せられた幽玄美の体現である児姿の、又「長久の有主風」即ち個性的芸風の体現である児姿の発展としての老体・女体・軍体に外ならなかった。「至花道書」に、児姿でなす「二曲」の稽古を、「後々までの芸体に、幽玄をのこすべき風根」であるとなし、「三体」の稽古を、

姿を品々になし変へて、その似せ事多かるべけれども、なほも、まことの上果の芸風にいたるべき入門は、三体のみなり。

としているのは、「物真似」をして単なる写実に終らしめることなく、そのままに幽玄美の体現たる舞歌の発展たらしめ、したがって、それをそのまま「上果の芸風」たらしめようとしたために外ならぬ。

四

かくて、彼の定位に従えば、「万曲ノ生景」即ち一々の「物真似」は、基本的要素たる「二曲三体」の稽古から自然に発展し来る用風である。したがって、演能の構成上からいえば、「物真似」は「舞歌二曲」と共に演ぜられる構成要素に外ならぬけれども、これをその成立上から観察すれば、

「舞歌二曲」に裏づけられた発展的要素であって、彼の「三体」こそ、この伝統的な歌舞的要素と写実的な物真似的要素とを一つの芸術様式としての統一体たらしめる上に、不可欠な発展的契機であることが明瞭する。そして、ここから、彼の能芸に於ける「物真似」が、同代における諸他の遊楽のそれと区別せられるものであったのみでなく、おそらく、申楽界においても、他と区別せられるべきものであったろうことが推定せられる。彼が「至花道書」において、

ここに、当世のさるがくの稽古を見るに、みな〳〵、二曲三体の本道よりは入門せずして、あらゆる物まね、異相の風をのみ習へば、無主の風体に成りて、能弱く、見劣りして、名を得る芸人、さらになし。

と断じ、つづいて、

返す〴〵、二曲三体の道よりは入門せずして、はし〴〵の物まねをのみたしなむ事、無体枝葉の稽古なるべし。

と排していることも、かくしてのみ的確に理解せられる。

かくて、世阿弥の「物真似」が、単なる「はし〴〵の物まね」即ち写実のための写実ではなくて、歌舞的なものの写実的発展に外ならぬという立場に立って、最初の問題に帰ると、近江申楽が「幽玄の境をとりたてて、物まねを次にして、かかりを本とす」とあるのは、近江申楽が「舞歌二曲」を主とし、「物真似」を副として定位したものであり、「和州には、先づ物まねをとりたてて、物数を尽して、しかも幽玄ならんとなり」とあるのは、大和申楽が「物真似」を主とし、しかもその「物

真似」を「舞歌二曲」の発展たらしめようとしたものであって、この両者芸風の相違は、「幽玄」と「物真似」との対立にあるのではなく、近江申楽は伝統的な「舞歌二曲」を主としたものに過ぎなかったのに、大和申楽は伝統的な「舞歌二曲」の写実的発展であることによる相違であることを言ったものでなくてはならぬ。「幽玄」が本来からいえば美の理念であり、「物真似」が能の構成要素である一般的用語例からいって、ここの叙説は、一応、かくの如く、構成要素に解体・還元することによって妥当な理解に導かれる。たとい、「物真似」なる語が「幽玄」に対する美的範疇の語として用いられているにもせよ、それは本来的意義である構成要素語の転用に外ならぬとしてのみ、それが具体的に理解せられる。まして、彼の近江申楽と大和申楽との比較論は、美の理念たる幽玄が共通であることを確言しているものである上から考えても、近江申楽の特色を「舞歌二曲」に、大和申楽の特色を「物真似」に見たものとすることは妥当な理解でなくてはならぬ。

かく考え来れば、大和申楽の出生である観阿弥・世阿弥の芸が、同代申楽界において占めた位置は、「物真似」を「道の肝要」としながら、しかもそれを「舞歌二曲」の発展として成立させたところに存するといってよいであろう。したがって、又、彼の能楽史における位置は、写実の導入者たることにあるのではなくて、写実を様式美の一発展として成立せしめたところに存すると言わなくてはならぬであろう。更にいえば、写実を写実として存立させると共に、これを演出する為手の人体に即して幽玄美の象徴たらしめたことにあったと言わなくてはならぬであろう。

(『国文学誌要』三ノ一、昭和十年六月)

伝統の問題に因んで

一

世阿弥元清の伝書は、今なお、年と共に発見の数を加えつつある。しかし、彼の芸能論は、すでに大方その全貌が示されたといっても、おそらく過言ではあるまい。彼が応永年間を中心とした前後にわたって活躍した当時の申楽《さるがく》は、その先行遊楽であった田楽の能が漸次勢力を失墜し、彼の出生である大和申楽をはじめ、近江・伊勢・丹波・摂津など、各地方々に発達していた申楽能が京洛に入り、将軍・大名はもとより、仙洞《せんどう》・公家にまで及んで、時人の鑑賞をほしいままにしていた。

彼の遺著、もしくは当時の記録によれば、その時代における申楽の諸座は、共演・代演・競演などによって、互いに交渉の深い関係にあったのみならず、田楽の座との間にも、ある程度までそれが行われていたものらしい。

しかるに、かかる状勢の中にあって、彼、もしくは彼と彼の父とのみが申楽の革新者とせられ、能楽の大成者と呼ばれるのはなぜであるか。これは、われわれにとって興味の深い問題でなければならぬ。

いうまでもなく、それは、彼が単なる申楽の能の演者でなくて、すぐれた作者であったということが、大なる理由をなしているに違いない。また、演者であり、作者であったばかりでなく、さらに不世出の批評家であったということも、その主なる理由をなしているに相違ない。しかしそれらは、まだ革新し、大成し得た理由であり、条件であるに過ぎない。

さらに、直接な具体的な意味において、彼及び彼の父が、その革新者であり、大成者であるのはいかなる点においてであろうか。

二

彼は、「申楽談儀」の冒頭に、

遊楽の道は一切物真似なりといへども、申楽とは神楽なれば、舞歌二曲を以て本風と申しぬべし。

といっている。

彼が申楽の起源を神楽におく思想は、「花伝書」の「序」にも、「神儀」にも散見するところであって、この神楽起原説はやがて、舞歌二曲をもって申楽の本風とする根拠をなしていることは、この引例によって明らかなところである。

次に彼の稽古論を見るに、「花伝書」の「年来稽古条々」において、「七歳」「十二、三より」の二項においては、この期の稽古に「物真似」を避け、「舞歌二曲」にのみ集中すべきことが力説せられている。のみならず、また「四十四、五」「五十有余」の二項においても、この期の芸に「物真似」の精しさがあってはならないことが主張せられている。

畢竟、彼は、申楽においては、芸の基礎にも、完成にも、「物真似」を重要視しなかったのみならず、むしろこれを排しているのである。そして、その発達の上から、またその稽古の上から、「舞歌二曲」を本来的契機として、また基本的契機として定位するのが、彼に一貫した立場である。

発達上からいって、「舞歌二曲」が本来的であるということは、彼の属した申楽の沿革として認めているところであるから、ここには問題とする限りではないけれども、稽古において「舞歌二曲」を基本としたのは、何故であったろうかは、ここの問題である。

まず、その消極的理由としては、児姿の芸としては「物真似」がその体に相応しないためであり、また上達の上にも適切を欠くためであった。*

次に積極的理由としては、児姿で「舞歌二曲」を稽古することが、後々の芸体に幽玄を残す「風根」であるからであった。**

* 大方、児の申楽に、さのみにこまかなる物真似などはせさすべからず。当座も似合はず、能も上がらぬ相なり。(「花伝書 年来稽古条々」)

** まづ、音曲と舞とを師につきてよくよく習ひ究めて、十歳ばかりより童形の程は、しばらく三体をば習ふべからず。ただ児姿をもて、諸体の風曲をなすべし。……これすなはち、後々までの芸体に幽玄を残すべき風根なり。（「至花道書」）

二曲はなぜに幽玄の「風根」とせられたか。これに答えているものは「遊楽習道見風書」であって、同書についてみれば、「舞歌二曲」が「遊楽の諸曲」であり、「遊楽の惣物風」であり、「惣物の器」である故に外ならぬ。かくて、彼のいふ「諸曲」とは、「普遍的芸曲」の意であり、「惣物風」とは「普遍的芸風」の意であり、「惣物の器《うつはもの》」は「普遍的な発展の基礎」の意であることが知られる。さらに彼はこれを圧縮して「器《うつはもの》」といっている。すなわち、彼はいう、

何になりても、歌へば感ありて、舞へば面白きは、かねて舞歌の器を蓄して持ちたる徳にあらずや。

と。彼はこの「器」の意について、さらに一歩進めていう、

有・無二道にとらば、有は見、無は器なり。有をあらはすものは無なり。

と。「器」の本質は「無」である。しかも「有」を発展させる基礎としての「無」である。

したがって、それはまた、

花葉・雪月・山海・草木・有情・非情にいたるまで、万物の出生をなす器は天下なり。

とあるごとく、「万物」を出生させ、発展させる「天下」に比せられる「無」である。彼はかくのごとき観点に立って、

幼き芸には、物真似の品々をば、さのみには訓ふべからず。只、舞歌二曲の風ばかりを嗜む

べし。これ器《うつはもの》たるべし。

といい、稽古の基礎に、「物真似」を禁じ、「舞歌二曲」を強調したのであった。

三

かく見来たると、結局、中楽においては「物真似」は末風であり、枝葉的な芸に過ぎないように見える。が、彼の真意においては、決してそうではなかった。それは、「花伝書」の「物学条々」に、

物真似の品々、筆に尽し難し。さりながら、この道の肝要なれば、その品々を、いかにもいかにも嗜むべし。

といい、また「花伝書」の「奥義」に、彼の出生である大和中楽の特色を、

和州には、先づ物真似をとりたてて、物数を尽して、しかも幽玄の風体ならんとなり。

といっている上にも、明らかに看取せられる。

しからば彼は、中楽の能の基本である二曲と、彼の出生である大和中楽の特色である物真似とを、如何に調和し、統一しようとしたか。

彼がこの難問題の解決のために見出したものが、彼のいう「三体」であったとわたしは信じる。

「三体」とは、老体・女体・軍体の三で、彼のいわゆる「物真似の人体」である。すなわち、能芸における写実の基本体である。

彼は、この「三体」を「舞歌二曲」と「物真似」との契合点に見出した。すなわち、三体は「二曲」の発展であり、「物真似」の基礎である。「二曲」と「物真似」とは、「三体」において有機的、発展的な一体系としての統一を与えられている。すなわち、彼が、「至花道書」の「二曲三体事」に注して、

最初ノ児姿ノ幽風ハ三体ニ残リ、三体ノ用風ハ万曲ノ生景ト成ルヲ知ルベシ。

といっているゆえんである。ちなみに、「児姿の幽風」とは、児姿で「二曲」の稽古を積んで得た「幽玄」の芸風の意で、「二曲三体絵図」にも、

児姿は幽玄の本風なり。その態《わざ》は舞歌なり。

とある。

今、「二曲」と「三体」との関連を明らかにすべき彼の所言を見るに、「至花道書」において、児姿でなす「二曲」の稽古を、「後々までの芸体に、幽玄を残すべき風根なり。」と言った彼は、「二曲三体絵図」において、

三体を児姿の間暫くなさずして、児姿を三体に残すこと、深き手立なり。

といい、さらに、

最初の児姿、二曲を習得して、長久の有主風に安得する故、三体にも残り、万曲の生景にも成るなり。

といって、老体にも女体にも軍体にも、児姿における舞歌二曲の稽古によって成立した幽玄美と個

性的芸風(有主風)とを導入し、発展させようとしたのであった。が、彼のかくのごとき三体思想の成立は、「花鏡」時代に入ってのことらしく、現存の遺著についていえば、応永二十七年(五十八歳)の奥書を有する「至花道書」に見えるのが最も早い。

「花伝書」においては、「物学条々」において、女・老人・直面《ひためん》・物狂・法師・修羅・神・鬼・唐事《からごと》の九項を立て、それぞれにおける「物真似」の人体を説いているけれども、その「神」が「老人」すなわち老体から展開し、その「鬼」が「修羅」すなわち軍体から成立することは、まだ言われていない。のみならず、「三体」なる語も吉田博士校註本によれば「年来稽古条々」の「二十四、五」の条に、

爰《ここ》を三体の初とす。

とあるけれども、これも三体の初めを二十四、五とすることは、三体に関する思想の全貌を示していると思われる「至花道書」に、元服の頃から始めるように考えられているのと一致しないし、また京都の片山家蔵の宗節本にはこの八字が全然存しないところから考えると、あるいは後人の、少くも後年の加筆ではあるまいか。この三体思想の成立を「至花道書」もしくは「花鏡」の成った時代とすることができるならば、すなわち「花伝書」時代にはまだ存立しなかったということが確かにいえるならば、これこそ世阿弥の自得であり、開立であって、彼の能楽大成者としての意義を明らかにすべき重要な契機であるとしなければならぬ。

彼は、かくて「至花道書」において、二曲三体を「定位本風地体」と呼んで、これを本格的芸風・

基本的芸体となし、さらに、

この外の風曲の品々は、皆この二曲三体より自ら出で来る用風を、自然々々に待つべし。

といい、

若し、なほも芸力おろそかにして、この用風生ぜずとも、二曲三体だに究まりたらば、上果の為手にてはあるべし。

といって、二曲三体が必要にしてかつ十分な契機であることを断言している。

四

叙上の引用によって明らかなごとく、あらゆる曲目の演技は、「二曲三体」の稽古から自然的に発展し来る成果であるとせられている。したがって、個々の「物真似」は「三体」の応用にすぎない。演能の構成からいえば、「物真似」は「舞」や「音曲」とともに演ぜられる一契機であるけれども、成立からいえば「舞歌」の発展である。換言すれば、一々の「物真似」は、「物真似」であると同時に、その根本においては「舞歌」として規定せられていなくてはならない。ここに世阿弥の「物真似」が、写実であるとともに、幽玄美の象徴であるという根本規定が存立する。

したがって、かくのごとき物真似は、自然々々に発展し来るとはいっても、安易に実現するものではなかった。「二曲三体」の徹底した稽古と工夫の上に、自律的に展開し来る「万曲ノ生景」であった。ゆえに、これがためには、全生涯を通じ、全生活にわたる集中と精進とが要せられた。そして、これを如実に実行したのが彼であった。

彼はかくして、伝統的、古典的契機である「舞歌二曲」を相続し、しかもそれを、新興的、写実的契機である「物真似」の上に発展させた。同じく「物真似」を主として立ちつつも、彼の能芸が同代諸他の遊楽と区別せられるものであり、申楽界においても他と区別せられるものであったのは、何よりもかくの如き性質に基づくものであったであろう。かく解することによってのみ、「至花道書」において、同代の申楽人を、

ここに、当世の申楽の稽古を見るに、二曲三体の本道よりは入門せずして、あらゆる物真似、異相の風をのみなせば、無主の風体になりて、能よわく、見劣りして、名を得る芸人更に無し。

と評し、その稽古を、

返す〴〵、二曲三体の道よりは入門せずして、はしばしの物真似をのみ嗜むこと、無体・枝葉の稽古なるべし。

と排している理由が理解せられる。

五

彼の業績は、まず、当時の遊楽形態の間から、かくのごとき「舞歌二曲」を決定し得たことに始

まり、次に、かくのごとき「舞歌二曲」と、かくのごとき「物真似」とを、それぞれの位置に明確に定位し得たことにつづき、さらに、その過程に、かくのごとき伝統的契機と現実的契機とを熔融するルツボにも比せられるべき「三体」を据え、二曲三体の稽古に集中することによってのみ、能芸としての「物真似」が成立することを自覚し、実現し得たことによって完結している。

したがって、彼の偉大さは、現実的契機である「物真似」を、伝統的契機である「舞歌」の象徴として成立させ、末風を末風たることに即して本風たらしめ得た、超凡の芸力に存する。彼がこの芸力獲得のために払った苦心と精進とがいかに深大なものであったかは、真に驚嘆に値するものがある。

伝統的なものに安んじた近江申楽が滅び、現実的なものを追った諸他遊楽が消え去った間に、伝統的なものに新発展を画し、現実的なものの根底に伝統的なものを生かした彼の申楽の能のみが、ひとり、五世紀にわたる長い生命を有して今日に至っていることは、故なきことではない。

（『信濃教育』昭和十年七月号）

世阿弥の闌位とその成立

一

能に於ける闌位が始めて問題にせられたのは、昭和四年六月の『思想』に発表せられた野上豊一郎氏の論文「表現の日本的なるもの」(『能 研究と発見』に「能の位、殊に闌位について」と改題せられているもの)であった。その後、昭和六年一月号の『観世』に、土田杏村氏の「幽玄と闌曲」なる論文が、又昭和十一年一月に刊行せられた、斎藤清衛氏の『近古時代文芸思潮史』に「幽玄闌位」なる一章がある。

野上氏の所説は、「能の表現の究竟至極の精神」を闌位に認め、その根源を自由・無拘束となし、その起源を易に於ける陰陽の原理の日本的な芸術的形象化であるとして説き、その超論理的、超数理的な表現様式を日本的、東洋的なる特質として定位せられると共に、これを表現法の上から考えて、「許され得る限りの最大の律時を規則正しく列ねること」が幽玄であり、「与えられたる律時を当座の都合次第で出来るだけ不規則に利用すること」が闌位であるとなし、更にこれを一種の美として考察し、「幽玄の境涯を通り越した平淡の風趣」であり、「否、枯淡でさへあり得る。」として、世阿弥が闌位に最大価値を置いているのに、世阿弥を読む者が幽玄を祖述して、闌位に注意を払わないのは不当であると主張せられたものである。

土田氏の所説は、闌曲はそれ自体で自立し得るものではなく、幽玄の極限に存立する「破」で、幽玄が「格」であれば、闌曲はその「破」に外ならぬという立場から、闌曲を幽玄以上に能楽の本旨であるとする所論に対して、あくまで幽玄が能楽の本体であることを主張したものである。

土田氏の所論中に、「世には世阿弥の芸術的精神の重点が寧ろ闌曲にあつたやうに解するものもあるが、私は依然として彼の精神の重点は幽玄にあつたと考へるものである。」という言葉がある。氏が否定しようとしていられる論者が誰であるかは明示せられていないけれども、若しそれが野上氏であり、更に、それが叙上の闌位論を指すものであるならば、そこには、野上氏の所論に対する理解の不備も存するのではなかろうか。何となれば、私の見る所では、野上氏の所論には、そういう不備の誘因ともいうべきものが介在しているが、野上氏は叙上の土田氏の幽玄本体論の思想に反対しているのではないから。

私は、野上氏の所論には、土田氏の如き駁論を生ずる誘因が介在するといった。その一つは、闌位を幽玄と関連させて、「其処には、既に幽玄の境涯を通り越した平淡の風趣がなければならぬ。否、それは枯淡でさへあり得る。」といっている言葉であり、他の一つは、「私は世阿弥を読む人が幽玄をば祖述するけれども、殆んど一人として未だ彼が闌位に最大価値を置いて居ることに注意を払ふ者がないのを不思議に思つてゐる一人である。」といっている言葉である。前者は、闌位を幽玄と同じく一種の美的範疇を示す語として用いたものであり、後者もまた、美的範疇を示す語として用いているか、又は少なくもそう思わしめる如き用い方である。しかも、野上氏の所論の本旨は、闌位を美的範疇として考察するよりも、表現精神として、若しくは表現様式として考察したものに外ならぬ。随って、前者は、闌位的表現の極致に成立する美的特質に言及したものであり、後者は、美的範疇としての幽玄が問題にせられながら、表現精神の極致としての闌位が注意せられていないのは不当であると附言したものであると解すべきではなかろうか。随って、所論の全体からいえば、前者はほんの言及であり、後者は附言に過ぎないのに、その言葉の訴える所が直接であるために、却って、その全論旨が理解せられなかったものではなかろうか。又、土田氏の所論そのものは、闌曲を幽玄と関連して考えることに集中したために、闌曲を闌位から理解する方面、換言すれば闌曲をその成立から考える点において残されている所がありはしないだろうか。更に又、斎藤氏の研究は、文芸思潮史の一章であるだけに、世阿弥その人の闌位が何であるかということよりも、応永・永享期に於ける文芸思潮としての闌位が如何なる位置と意義とを有するかを中心問題とするものであるという関係上、いずれかといえば、これまた、幽玄と同じ一種の美的範疇の語として理解している。私が今、用語例を辿って、世阿弥の闌位なるものの本来的意義をさぐり、又、それの成立を理解しようとするのは、叙上の諸研究に併わせて、闌位の全貌を究める一助たらしめようとするために外ならぬ。

二

世阿弥の遺著に於ける用語法は極めて自由であって、その語の核心的な意味から周辺的な意味までのひろがりが極めて大きく、かつ、そのひろがり方が又、極めて自由であり、大胆である。随って、読者は常にその語の核心的な意味に着眼していないと、その語の理解が迷宮に入ってしまう恐れがある。しかし、その核心的なものを把握していると、その周辺がどんなに広げられていても、その広がり方がどんなに自由であり、大胆であっても、そこに世阿弥的な気魄がまともに感じられるものがある。随って、彼の用語を究める道は、その周辺的なものに眼を奪われないで、先ず核心的なものに着目することであり、核心的なものの把握に立って周辺的なものを定位することでなければならぬ。例えば、「幽玄」なる彼の用語は、この時代に於ける一般と等しく、或は美そのものであり、或はある美である。しかるに、彼は、これをしばしば、物真似に対する舞歌、即ち二曲の意に用い、随って、又時には、芸風に於ける、異風・末風に対する本風の意にも用いている。これは、彼が申楽の構成要素とした舞歌と物真似のうちの歌舞的要素は、物真似的要素がある意味において一種の写実であるのに対して、美的表現であり、美的象徴であるという意識からであろう。闌位の考察に当っても、何よりも先ずこの傾向に注意することが肝要であると思われる。

闌位は位の一つである。世阿弥のいう位には、その位としていくつかの次序なり、段階なりがあるばかりでなく、位そのものにいくつかの系列がある。即ち、安き位(安位)・無心の位・無風の位・闌けたる位(闌位)・幽玄の位・九位等の如く、同一系列に於ける段階的次序であるよりも、異系統に於ける発展の、ある程度なり、ある限界なりを示しているものが多い。無心の位・無風の位の如きは、緊張を絶した緊張、意識を絶した意識、表現を絶した表現ともいうべき境位そのものを示す語であって、段階的次序ではない。ただ、九位のみ、発展的、段階的次序を示すものである。しかし、これとても、「九位の内とも云ひ難かるべし」という言葉がある所から推せば、一定の境位に到達した上での段階的次序に外ならぬ。

今、「九位次第」について、彼の位なるものを考えるに、彼のいう上三花・中三位・下三位の九位は、美的価値を基準とした、それの発展と欠如との品等であるが、それは又、あくまで、為手の芸風に具現せられた美的価値の品等であって、下三位の如き、中三位から下降した為手の芸位としてのそれと、上三花に達した為手の下三位に遊ぶ「上類の見風」としてのそれとが、明らかに区別せられている程で、位は為手の芸位に外ならぬ。彼が「申楽談儀」その他において、前代及び同代の為手を、この九位によって品等しているのは、その具体的な事例である。彼は又、音曲の性質的彙類ともいうべき祝言・幽曲・恋慕・哀傷・闌曲の五音曲をも、この九位によって品等しようとする意向の一端を「申楽談儀」に示している。しかし、九位を以て個々の曲を品等することは、その可能性は十分に世阿弥の思想にあるけれども、その事例はまだ見当らない。禅竹の「歌舞髄脳記」に至って、それが明示せられている。

これによっても明らかなように、今日の能においては、野上氏の所説の如く、位は主として「或る曲の価値を決定する尺度」であるが、世阿弥においては、むしろ、為手の芸術的境位を示す尺度に外ならなかった。そして、それは如何なる尺度であったか。これに答えるものは、「風姿花伝 第三 問答条々」中の左の一条であろう。

能にくらいの差別をしる事如何、答、これ、目きゝの眼にはやすく見ゆるなり、をよそくらひのあかるとは、能の重々の事なれとも、ふしきに、十はかりの能者にも、このくらひ、おのれとあかれる風躰あり、たゝし、けいこなからむには、をのれとあかるくらひありとも、いたつら事也、先、けいこの劫いりて、上のくらひのあらむは、つねの事なり、又、しやうとくあかるくらひとは、たけ《い》なり、かさ《い》と申は別のものなり、おほく、さるかくに、たけ《い》と、かさ《い》とを、おなしやうに思なり、かさ《い》と申は、もの／＼しく、せのある形、又、一切にわたる儀なり、くらい、たけ《い》には別の物也、たとへは、しやうとくゆうけんなる所ある、これ上のくらひ歟、しかれとも、さらにいふけんにはなきしての、たけ《い》のあるもあり、これはゆうけんならぬたけ《い》なり、また初心の人おもふへし、けいこに上のくらひを心かけんは、返々かなふまし、くらひは弥かなはで、あまさへ、けいこしける分もさかるへし、所せん、くらひ、たけ《い》のあからん事は、かくへつの心えありて、ゐずしては大方かなふまし、又、けいこのこう入て、あかをちぬれは、このくらひ、おのれといてくる事あり、けいことは、音曲、舞、はたらき、物まね、か様の品々を極むる形木なり、能々工夫して思に、いふけんのくらいは、へつてんの所か、たけ《い》

たる位は劫入たる所か、心中に案をめくらすへし、

文中の傍点および読点は筆者の施したところであるが、他は吉田博士校註による安田本の本文のまゝである。(以下これに倣う。) これによると、世阿弥は能に於ける位の差別を「幽玄の位」と「たけたる位」とに見、「たけたる位」を明らかにしようとして、先ず世人の混同している「たけ」と「かさ」とを問題として取り上げ、「かさ」は「もの〳〵しくせのある形」であるが、「たけ」はこれとは別であるという。この「もの〳〵しくせのある形」によって考えると、「かさ」とは幅のある芸をいい、「たけ」とは品のある芸をいうようにも解せられるけれども、しかしそれでは、この両者を世人が混同している理由の条件が明らかでない。私はやはり叙上の言葉に暗示せられて、「かさ」も「たけ」も一種の迫力である点に於て共通し、「かさ」はわけても量的豊富による迫力であるが、「たけ」はそういう量的な迫力ではない(質的な迫力である)といっているのだと解したい。何となれば、「たけ」をそう考えることによってのみ、以下に述べられている「たけ」の成立論が理解せられるから。そして、彼はいう、「かさ」は「一切にわたる儀なり、くらい、たけには別の物也」と。ここに、「位」もまた「たけ」と共に、量的な迫力ではないことが表明せられている。かくして世阿弥が、「かさ」なるものを「位」「たけ」の外に置いたということは、「かさ」が芸の幅とか重みとかいうようなものではなかったのではあるまいかと考えさせられる。

「たけ」を「かさ」から区別した世阿弥は、「位」「たけ」の成立問題に転じ、

けいこのこう《劫》入て、あかをちぬれは、このくらひ、おのれといてくる事あり、

といい、又、

　たけたる位は、劫入たる所か、

といっているが、これによると、「たけ」「位」「たけたる位」等といっているものは、長い年月に亙る、稽古の持続による熟達の成果に外ならない。

以上は、「たけ」と「位」とを共に稽古的熟達の成果として理解して来た。そしてそれは又、世阿弥の用語例の示すところである。しかし、世阿弥はそこにまた、両者の区別点をも見出している。

　先、けいこの劫いりて、上のくらひのあらむは、つねの事なり、又、しやうとく《生得》あかるくらひとは、たけなり、

とあるのがそれで、これは、単なる後天的、稽古的熟達の成果が「位」であり、生得的なるものの稽古的熟達の成果が「たけ」であることをいっているものに外ならない。随ってそれは又、

　しやうとくゆうけんなる所ある、これ上のくらひ歟、しかれとも、さらにいふけんにはなきしての、たけのあるもあり、これはゆうけんならぬたけなり、

という如く、一面にはまた、「たけ」と、幽玄美を具備した「たけ」との区別のあることを指摘したものであって、やがて、

　いふけんのくらいは、へつてん《別伝》の所か、たけたる位は、劫入たる所か、

といって、単なる生得的なるものの稽古的熟達の成果と、幽玄美に徹した生得的なるものの稽古的熟達の成果とを区別した所以でなければならぬ。

世阿弥は、位に関して、単なる「位」、即ち稽古的熟達の成果と、「たけたる位」、即ち生得的素質の稽古的熟達の成果と、及び「幽玄なる位」、即ち幽玄美にかなった生得的素質の稽古的熟達の成果とを定位していることが理解せられる。そして、そういう意味に於ける「たけたる位」が、やがて本稿に於ける私の考察しょうとする問題に外ならない。

三

闌位は、音読すべきであるか、訓読すべきであるか、又訓読するとしても、これを「たけたる位」とよむべきか、「たけ位」とよむべきかは問題になり得る。一体この語は、世阿弥の伝書の中では、ただ一箇所、「至花道書」の中に「闌位事」という見出しとして用いられているだけであるが、その内容によれば、これは「たけたる位」であり、「闌けたる心位」である。しかも、この「たけたる位」は、「至花道書」をはじめ、「覚習条々(花鏡)」・「申楽談儀」等にも多く用いられているところである。

尤も、上に引いた問答条々には「たけくらひ」なる語があり、「至花道書」の「闌位事」の中にも、「くらひたけ」なる語があって、その「たけ」は「長」(宗節本)、又は「闌」である。この点からいえば、「闌位事」の「闌位」は「たけ位」ではあるまいかとも一応は考えられる。しかし、「たけたる位」は、「たけたる位」「たけたる心位」「闌けたる心位」という如き用字を有しており、「たけくらひ」は「くらひたけ」ともいっていて、「たけたる位」を意味するよりも、「たけ」と「位」の二つであると解せられるから、「闌位事」の内容が、この二つに関する所説であるならば格別、それは明らかに「たけたる位」の論であるから、これは「たけ位」とよむべきでもない。そうすると、「闌位事」は「たけたる位」を「闌位」と書き、これを音読して事書の題名としたものであるとする外はなくなる。又、これに類した用例である、五音曲条々中の「闌曲」「闌声」にしても、前者は現在音読せられている語である上に、祝言・幽曲・恋慕・哀傷と並び称せられるものであり、後者も亦前後の関係上、音読せられるべきものであることから推して、やはりこれは音読せられたものと判断せられる。しかしそれはいかに読まれるにしても、その内容が、他にも用例の多い「たけたる位」即ち「闌けたる位」であることに変りはない。

そうすると、この「たけたる」の「闌く」はどういう意味の語として用いられているか。今それを世阿弥の語例に考えると、大体、国語辞典類に解かれているように、(一)「長ずる」「高くなる」の意か、(二)「たけなは(酣)になる」「まさかりになる」の意か、更に、(三)「さかりを過ぎる(闌)」「末になる」の意であって、漢字の(一)長、(二)酣、(三)闌によって示される進化・発展の程度に外ならぬと考えられる。世阿弥の用例においては、その(三)が大部分であるが、しかしそこに著しい意味の変質が行われていることが認められなくてはならない。即ち「風姿花伝　第一　年来稽古条々」の、

　のうはさからねとも、ちからなく、やう〳〵年闌《タケ》ゆけは、身の花も、よそ目の花も失《ウス》るなり、

の「闌《タケ》」(動詞)は、上に挙げた辞典の註解の(三)に当るが、「五音曲条々」の、

是は向《カウ》去《後》却来《キヤクライ》して、弥闌《イヤタケ》てうたふ位曲也、此性《声》位に至る、堪能にあらずはかなふへからす、

の「闌《タケ》て」は、「さかりを過ぎて」や「末になりて」であるには違いないが、それと共に、その「さかりを過ぎ」「末になり」は稽古の持続とその時間的経過の長いことを意味し、同時に本格的なものの衰頽と新たな何物かの発現を指示していることを見のがすわけにはゆかない。彼が「たけたる位」「闌たる懸」「たけたる音曲」等といっているのは、いずれも、この類の「たけたる」で、本格的なものの「まさかり」を超え、「たけなは」を絶して、しかも既に特殊性を具えるに至っている位・懸・音曲であることを示している。

のみならず、彼はこの「たけたる」から「たけ」なる名詞を導き出している。即ち、「たけのあるよそほひ」「たけ有て聞ゆる也」「タケアリシ者也」「くらい、たけには別のものなり」「たけのあるもあり」「たけとかさとを」の如き用例の「たけ」は何れも名詞形であるが、これは、上に引用した「問答条々」に於けるそれぞれの成立をいっている言葉によって明らかなように、「たけたる位」に外ならぬ。随って、彼の「たけ」は、故吉田東伍博士が諸所に註記している如き、「威」や「猛」であるよりも、「たけたる」の本形「たく」から導き出された「たけ」、即ち「長」もしくは「闌」であると考えられる。何とならば、この「闌」は、「威」「猛」の如く、「わざ」もしくは「わざ」から受ける感銘ではなく、そういう「わざ」をも能たらしめ、そういう感銘をも能楽美そのものたらしめる可能力に外ならないのだから。しからば、この「闌」はいかにして成立するか。

四

「闌位」、即ち「たけたる位」は、「劫入りたる所」であるという。「劫が入る」とは、如何なる事実をいうのであろうか。

「劫」は、辞書の示すところによれば、もと梵語 Kalpa の漢音訳「劫簸」の略で、極めて長い年月を意味し、年功の意にも用いられる。世阿弥の用例もこの外に出るものではないけれども、彼が能の芸態を皮・肉・骨に分かって、「皮風の芸劫の感」「肉風の芸劫の感」「骨風の芸劫の感」という如く用いている上にも明らかなように、「劫」なるものを芸の上の極めて重要な契機としていることは注目せられてよい。

彼の語例によれば、「劫入りたる為手」は「若き為手」の、又「劫入りたる」は「若やぎ」の対語である。即ち「劫」とは、長い年月の間の稽古による老熟であると見られる。即ち、稽古によって未熟が去り、非風が失われてゆくのが「劫が入る」ことである。劫を積むこと、随って、それにはすぐれた為手や目利きの見手の間に立たなければならない。換言すれば、劫は力と力との対立によって醸される否定の方向において成立する。更に彼が住劫といって、いかに善い劫でもそれに停滞することを深く戒めているのは、どこまで深い、彼の精進に対する意欲であるかに驚かされると共に、又彼が「たけたる位」を「劫入りたる所か」といった意味の深さも識得せられる。

以上は、世阿弥の能楽論に示されている「闌けたる位」としての闌位の構造と成立との概観であるが、更にその作用をも併わせ考えることによって、一層、その意義が明らかにせられるであろう。上掲の「問答条々」において残された問題の一つは、「いふけんのくらいはへつてんの所か」といって、「幽玄の位」についての考察を示さなかったところにあり、もう一つは、「たけたる位は劫入りたる所か」といって、「劫」に関する説明を欠いているところにある。

彼の後年の著としてこの二問題を継承しているものは、「花鏡」の「幽玄之入ㇾ堺事」と「劫之入用心之事」であるが、これらはいずれも「幽玄の位」なり、「闌位」なりの成立の根拠を示したもので、それの発展論でもなければ、品等論でもない。そういう点においては、「九位次第」は、能楽美の理念たる幽玄に基準した芸位の品等論であり、「花鏡」に於ける「妙所之事」と「至花道書」に於ける「闌位事」とは、闌位の作用論であるということが出来る。

いうまでもなく、「妙所之事」の所説は闌位の作用論ではなく、むしろその本領は幽玄の極致論である。が、それだけに、「闌位」なるものの妙用が簡勁に言表せられている。即ち、

然れとも、是をよく〳〵工夫して見るに、たゝこの妙所は、能をきわめ、かんのうその物に成て、たけたる位のやすきところに入ふして、なす所のわさに、すこしもかゝわらず、無心無風の位にいたる見風、妙所にちかき所にてやあるへき、

において、「たけたる位のやすきところ」を叙べて、「なす所のわさに、すこしもかゝわらず」といい、それを「無心無風の位にいたる見風」としている所に、「たけたる位」の作用が、或いは作用過

程が、稽古の主体と対象との融化であり、純一化であることが明らかにせられている。これは「無心無風の位」、即ち「九位次第」の「妙花風」に至る見風であって、既に単なる老熟ではなく、老熟の故に存立する一種の美でさえある。この意味に於て、「闌《たけ》」を美の名称とすることも可能であるはずであるが、彼はこれを「妙」といい、「無」といって、一度もそのまゝ美の名称としては用いていないようである。

又、「闌位事」に説かれているのは、「たけたるくらゐのわざ」であり、「たけてなす所の達風」であって、これこそ闌位の闌位たる意義を最も鮮明に示す作用に外ならぬ。

これは、老熟によって得た偉大な可能力を以て、非風を是風に少し交え、時々異風を本風に加えて見せることであって、そのものとしては非風であり、異相であるものが、演能全体の上では、是風以上の是風になり、本風以上の本風に生かされるのである。彼はこの作用を「上手の風力をもて、非を是にばかす見体也」といい、この作用の根源に関して、「たくると云事を、態《ワザ》よと心えて、上手の心位とはしらざるか」といって、位が態ではないことを明らかに指示している。

以上の叙説によって明らかなように、この「闌位」の作用は偉大な統一力である。美ならざるものを美なるものたらしめるほど、偉大な統一力である。野上氏が超論理的といわれたのは、この所以であろう。

闌位なるものの作用をかく考えて来ると、彼が「九位次第」において、上三花に達したものが、下三位に遊ぶ場合の下三位は、下三位でも「上類の見風」であるとしているのは、既に闌位のわざとしての成立を示しているものであるといわなくてはならない。又、禅竹の「六輪一露」の六輪（寿輪・竪輪・住輪・像輪・破輪・空輪）中の破輪が闌位において成立するものである所以も、かくしてのみ十分に理解せられる。そうすると、世阿弥の闌位は、その作用からいえば、一つは稽古の持続による老熟の成果としての主客の融化であり、諸要素の純化であり、一つは非合理的な統一に外ならない。そしてその融化・純化は、既に無位・無風を以て称せられている新しい美の発現であり、その統一は、闌曲に示されている如き、特殊な美への拡張である。

後年、禅竹が「歌舞髄脳記」に、無上の位を「閑」と「闌」とに二別して、

閑、是はたけたる位に付て、みやびしづかにて、妙なるかた。

闌、是は又、月日としなどの、たけゆくこゝろか《枯》れて、あれたる位也。

といい、更に後者に関して、

根本閑静なる所よりかりにあれたるは、しづかなるよりも、又感あり。性海、風なうして、金波をのづからわくともいへり。

と説いている起源は、世阿弥の闌位の作用論に胚胎するものであることはいうまでもない。

かくして、われわれは、闌位はその作用として、禅竹のいわゆる閑・闌二美を成立させるものであることを知ると共に、闌位そのものは、稽古の持続による異常な熟達の成果としての、為手の芸術的表現の非合理的な可能力に外ならぬことを承認しなくてはならない。そして、そういう為手を俟って、はじめて、「是非を一音にこんして、るいしてひとしからぬ声をなす位也」と規定せられて

いる諧曲も成立し、杉木を以て譬えられる音曲美も存立するものであって、ここに至っては、軍体の砕動・力動は固より、物真似そのものも、既に一種の諧位的な成立を有するものであるとも解せられる。

（『文学』昭和十一年四月号）

世阿弥の能楽論に於ける「位」の問題

一　稽古

世阿弥元清が遺した能楽の伝書は、彼の四十歳前後に成った「花伝書」と、六十歳前後に成った「花鏡」と、「七十歳以後口伝」と呼ばれている「却来華」を以て代表せられる三時期を劃している。その「花伝書」は、父観阿弥から伝えられたものを伝えられたものとして伝え、「花鏡」は、芸に於ける彼自身の体得を伝え、「却来華」は、彼が晩年において到達した、伝えることの出来ないほど高い境地を敢えて伝えようと試みたものであるが、そのいずれにも一貫している著しい点は、その総てを稽古による成立として意義づけていることである。

一体、「稽古」が、文字通りの「古の事を稽へる」とか、「古書を読む学問」とかいう意味から転じて、広く、「学ぶ」「習う」というような意味に用いられるようになったのは、文献の上からいうと鎌倉時代以降のことであるらしく、その対象が、古事・古書に限らないで、武術・技芸其の他の上に及ぶとともに、その方法もまた、身を以て実践することを主とし、世阿弥が、「稽古と工夫」と相対せしめて用いていることによっても明らかなように、これは身体的活動を主とした学習をいったもののようである。

世阿弥の稽古思想をその伝書の上に探るに、まずその対象は「形木*」即ち型であって、個々の曲そのものではない。

* けいことは、音曲・舞・はたらき・物まね、か様の品々を極むる形木なり。(「花伝 第三 問答条々」)

ところが、その型が花伝書時代にあってはまだ十分に型として確立せず、唯、音曲・舞・働きから物真似に及ぶ発展関係が明らかにせられ(「花伝 第一 年来稽古条々」)、物真似も女・老人・直面・物狂・法師・修羅・神・鬼・唐事の九類が数えられて(「花伝 第二 物学条々」)、その間に、多少、類型的思想が瞥見せられる程度であるが、花鏡時代になると、それが著しく型としての確立を得て、二曲三体なる語によって言い表わされ、二曲は歌と舞、三体は物真似の基本形体としての老体・女体・軍体であるとせられ、この二曲三体の稽古から、あらゆる曲の人物なり、場面なりの演出が自然的に可能になり来るものであり、もし又、それが展開し来らなくても、この二曲三体さえ究めれば既に優秀な能役者であるとせられ、二曲三体が必要にしてかつ十分なる稽古の対象であることが確言せられるに至っている。しかも、かく二曲三体を稽古の基本とし、あらゆる曲の場面・人物をそれの発展として導こうとする世阿弥の思想が、当時の一般的な傾向ではなかったことは、彼が同代の猿楽界を慨いて、

　此に当世のさるがくの稽古を見るに、二曲三体の本道よりは入門せずして、あらゆる物まね、異相の風をのみなせば、無主の風体に成て、能よはく、見をとりして、名をうる芸人さらにな

し。（「至花道書」）

といっているのによっても知ることが出来るのであって、これは、三体が世阿弥その人の体得として見出され、確立された稽古の対象であることを示す、注目すべき事実であると思われる。因に、「花伝書」中「三体」なる語が見出されるのは、「年来稽古条々」のうち、二十四、五の項に、「爰を三体の初とす」とある一箇処のみであるが、これも宗節本には全然欠けており、又これは、彼が他の箇所において、三体を元服の頃から始めるといっているのと一致しないところなどから推して、吉田博士校註本のこの一句は、或いは後人の誤った註記が本文にまぎれこんだものではあるまいかと考えられる。

彼は、かく驚くべき確信をもって、稽古の対象を限定し、確立させたが、更に稽古の態度に関してもまた、驚くべき識見と覚悟とを示している。彼は「花伝　第一」の「年来稽古条々」に、七歳から始めて五十有余に至るまでの、年齢々々に応じた稽古の要を説いて余すところがないが、「花鏡」の奥段にも、「能は、若年より老後まで、習ひとほるべし」と明言している。

彼のいう稽古とは、「花伝書」の「序」に、「非道を行ずべからず」とある一句によって示されているように、他の諸道諸事を放棄して能の一道に専心することであって、そのためには、彼は、好色・博奕・大酒を三重戒とした古人に学んで生活の放慢を戒め、「稽古は強かれ、諍識はなかれ」という先人の言に聴いて、競争意識から生ずる内心の繫縛を脱し、純一無雑にひたすら稽古に向おうとしたが、しかも、その稽古は又、惣じて、即座にかぎるべからず。日々夜々、行住座臥に、この心をわすれずして、定心につなぐべし。（「花鏡」）

とあるように、生活の全部面にわたって行われなくてはならない、全人格・全生活をあげての積極的集中であった。彼がかくまで稽古に集中と持続を要求したのは、畢竟、彼が真に道の無限に参じ得た*、偉大な芸術家であった証左であるといってよいであろう。

＊ 命にはをはりあり、能にははてあるべからず。（「花鏡　奥段」）

二　位

かくの如く、その対象を確立し、その態度を決定していた彼の稽古についての思想は、又その成果に関しても驚くべき精しさと徹底とを示している。彼が二曲三体を稽古の対象として確立させるに当って、あらゆる風曲の品々は二曲三体の稽古から自然的に展開するとしているように、稽古の成果がさまざまな曲の演出を可能ならしめ、その態《わざ》を上達せしめるものであることはいうまでもないが、かくの如き稽古は又、稽古の主体たる能役者その人に対しても、何ものかをもたらさずにはおかないものであったことはいうまでもない。彼はそれを「位」と呼んで、その成立ならびに機構を体験に即して跡づけて、的確驚くべきものがある。

位は、「座居《くらゐ》」である。そしてそれは、「座《くら》にゐること」であり、「座《くら》につくこと」であるとは、辞書の示すところである。これがやがて等級あるものに用いられて、朝廷に於ける座次《ゐなみ》の高下から、物事の等級・優劣等を意味するに至っている。世阿弥のいう位はこの後者であって、後世の能楽においては、それは曲に具備せられたものとして用いられているけれども、彼にあっては、それはまず、主として能役者その人に成立し、存在するものとして指摘せられている。

彼によれば、位の成立は稽古による。しかもその累積による。たとえ、生れながらにして可能としての位が具っていても、稽古がなければ、それは徒事《いたずらごと》に過ぎない、*としていることによって知られるように、稽古は位の成立に欠くことの出来ない条件である。

* ふしぎに、十ばかりの能者にも、このくらひ、おのれとあがる風体あり。たゞし、けいこなからむには、をのれとあがるくらひありとも、いたづら事也。(「花伝書　第三　問答条々」)

然らば位は稽古によっていかに成立するか。彼はいう、

けいこの劫入て、垢落ちぬれば、このくらひ、おのれといてくる事あり。(「花伝書　第三　問答条々」)

と。又いう、

此芸能を習学して、上手の名をとりて、毎年を送りて、位の上るを、よき劫と申すなり。(中略) 少々と、あしき劫の去るをよき劫とす。よき劫の別につもるにはあらず。(「花鏡」)

と。彼によれば、稽古の累積がもたらす位とは、芸の垢が落ち、悪しき劫が去ることによって、自然的に発展する成果に外ならない。換言すれば、位は前にある対象ではなくて、後にある主体的な

ものの自律的な展開であり、実現である。後に説くように、彼が位を稽古の対象にすることを再三再四警戒しているのは、このためでなくてはならない。

かく稽古の累積による洗練の成果として、更にいえば、稽古の持続による主体的なるものの自律的発展として成立する位は、一体何であるか。それは、一般に、老練とか熟達とかいう語が示すような、表現作用に於ける一種の統一力であるといってよい。しかも、単なる稽古的熟達は、腕達者という語が表わしている類の統一力であるけれども、稽古による生得的なものの発展としての統一*力は既に単なる腕達者ではない。彼はこれを「たけ」と呼び、又は「たけたる位」と称して、彼の位に関する問題の中心を成すものとして取り上げている。

＊　生得あがるくらひとは、たけなり。（「花伝書　第三　問答条々」）

彼はまずこの「たけ」を「かさ」と区別することによって、その意義を限定しようとする。即ち、

おほく、さるがくに、たけと、かさとを、おなじやうに思なり。かさと申は、もの〱しく、せのある形、又、一切にわたる儀なり。くらい、たけには別の物也。（「花伝書　第三　問答条々」）

によって、「たけ」と「かさ」とは一般に混同せられ易いような類概念であり、「かさ」は「もの〱しく、せのある形」といわれているところから、その芸が与える何等かの迫力であることが推定せられる。しかも、その「かさ」は「もの〱しく」といい、「せ(背)のある形」といわれているのによって、いわば、量の大きさから来る迫力であることが推定せられる。そして、「たけ」「位」はこれとは「別の物」であるというから、質の優秀から来る迫力でなくてはならないであろう。しか

も、そういう迫力は、芸術的表現に於ける統一力の示現に外ならないものであることを思い合わせると、彼が「たけ」を「たけ・位」、又は「位・たけ」といって、位と同じものに扱っている理由が肯かれる。

三　安　位

「たけ」とか「たく」とかいう語は、世阿弥にその用例が多いのみではなく、当時の歌論などにも「たけ高く」とか、「たけありてきこゆ」とかいうように用いられ、又一般にも、(一)「長ずる」「高くなる」(長)、(二)「酣《たけなわ》になる」「真盛《まさかり》になる」(酣)、(三)「盛りを過ぎる」「末になる」(闌)の如く、漢字の(一)長、(二)酣、(三)闌に当る意味の語として、又はその総てを含めた発展過程そのものを意味する語として用いられていたらしいけれども、彼は主として(三)の意味にこれを用い、しかも、その意味に著しい変質を行ってこれを使用している。

彼が、「たけ」の成立条件として「稽古の劫入りて」といっている「劫入りて」は、長じて、酣になって、闌けて、という如く、長い稽古の持続による発展を意味するものであるが、わけても発展の究極たる末期的段階を指す語として、多く用いられていることは明らかである。けれども、それは単なる「盛りを過ぎたもの」、「末になったもの」に過ぎないかといえば、決してそうではない。そこに彼の語義に於ける変質が認められなくてはならないものがある。

彼の「五音曲条々」に、闌曲のことをいって、

歌道にも、十体のなかに、つよき位を云に「鬼をとり拉ぐ」など申は、此位にてやあるべき。是は向去《カウ後》却来《キャクライ》して、弥闌てうたふ位曲也。

とあるのはその一例で、いうところの「闌」は、「長」でも「酣」でもないのはもとより、又単なる「末になる」でもない一種の新しい性質の発現に外ならない。又、「申楽談儀」の音曲のことを述べている中にも、

有文・無文の心ね尽きて、たけたる位にのぼるべし。

とあって、いうところは、有文・無文を絶した境に「のぼる」ことである。これまた、とうてい、単なる「盛りを過ぎる」「末になる」意ではあり得ない。

然らば、この「向去《カウ後》却来《キャクライ》」といい、「有文・無文の心ね尽き」といわれている「たけたる位」は、一体いかなる意味構造を有する語として用いられているか。まず彼が「五音曲条々」に、祝言・幽玄・恋慕・哀傷・闌曲の五音曲をあげた上に、その最上位の闌曲について、

是等を習道し終りて、安位に至りいたる達者を闌声と云り。

といっていることによって、この「闌」は「安位」を予想している境であることが知られる。しかも、その安位もまた、花鏡の「妙所之事」の中にも、

然れども、是をよく〳〵工夫して見るに、たゞこの妙所は、能をきわめ、かんのうその物に成て、たけたる位のやすきところに入ふして、なす所のわざに、すこしもかゝわらず、無心・

無風の位にいたる見風、妙所にちかき所にてやあるべき。

とあるように、「たけたる位のやすきところ」、即ち「闌けたる位」の一段階である。そしてそれは「なす所のわざに、すこしもかゝはらず、無心・無風の位にいたる見風」、即ち、稽古の主体と対象との融化から生ずる安らかさ・自由さとしての境で、同じ「花鏡」の「習道智の事」に、

やすきくらいになりて、身を少々と惜しめば、おのづから身七分動になる也。

とあるように、省略の芸を成立させ、単純化された表現を成立させる統一力である。しかも、それは、彼が、

やすきくらゐになりかへりて、その色々は、意中の性根にこもりて、さて、きく所は、こわがゝりの無曲音感のみなる所、是無上也。（「風曲集」）

といっている如く、単なる省略から成る単純ではなく、含む所の多い「無」であり、「少々《すくなく》」であり、豊かな要素が否定の形で含まれている象徴的簡素である。したがってそれは、稽古の主体と対象との融合である上に、対象たる各要素の統一でもなくてはならない。換言すれば、要素間に於ける多様の統一と主客融合とから生ずる簡素と落着き、それが「闌けたる位の安きところ」であり、「安き位」であり、「安位」である。彼の伝書の中に、「安き位」と「安位」と合わせて二十回ほど用いられているけれども、それは、「たけ」又は「闌けたる位」の一段階であって、かくの如き象徴的簡素と、緊張感を超えた緊張、即ち主客融合の境地とを示すものとしてのみよく理解せられる。

四　闌位

叙上したように、又、「五音曲条々」に「安位に座段する位は闌たる懸也」ともあるように、「安き位」は「闌けたる位」の一段階である。しかし、その総てではない。それは、同じ「五音曲条々」に、闌曲のことをいうに、「安位座段して、なにとも即座の気転によりて出で来る曲なれは」とあることによっても明らかである。

今、その闌曲についての所説を見るに、

　闌曲者、高上の音声なり。万曲の習道をつくして、以上して、是非を一音に混じて、類して斉しからぬ声をなす位也。（「五音曲条々」）

とあって、それはまず是非の調和であり、しかも対立を含んだ調和であって、弁証法的発展に於ける「合」の如きものとして解せられる。

彼が「至花道書」の「闌位事」の条に述べている「たけたるくらゐの態」はこれの詳説であって、これは「非風の手」を「是風」に少し交えることであり、「本風」の中に時々「異風」を加えることに外ならないが、それを達人がやると、手としては「非」であり、「異」であるものが、全体の上からは「是風」に生き、「本風」に成果する。しかし、これは「位のわざ」であるから、その位に達していない初心者の学び得るところでもなく、又、学ぶべきものでもない。彼は、これは、上手の風力を以て、非を是にばかす見体也。（「至花道書」）

といっている。

かくて「至花道書」に「たけたるくらゐのわざ」として説かれている闌位は、「花鏡」に「たけたる位のやすきところ」として説かれている安位が、稽古の主体と対象との融合であり、又、対象たる要素間の多様の統一であったのと異り、更にそれの発展として、対立的要素を採り入れ、これを対立として生かした調和であり、統一である。しかも、これはあくまで安位を基調とした発展であって、安位と相俟って「たけ」又は「闌けたる位」の一段階を構成し、その究極段階として無限の発展を予想させるものである。「遊楽習道見風書」に「心経」を引用して「色即是空」が「安位」であり、「空即是色」が「闌かへりて、まさしく異相なる風よと見えながら、面白くて是非善悪も無からん位」即ち「闌位」であるとしている定位は、これを裏書する十分な証憑であるといってよい。

かく考え来ると、彼のいう「闌けたる位」には広狭二義が存し、広義のそれは「安位」を含み、狭義のそれは「安位」を超えた境位のみを意味しているということが出来る。私は、彼の用語の傾向に基いて、広義には「闌けたる位」を用い、狭義には「闌位」を用いるのが適当であると考える。

なお、ここに忘れてはならない重要な一事を附言しなくてはならない。それは位を稽古の対象にしてはならないという彼の所説である。「花伝　第三　問答条々」で、「位」のことをいった条に、

稽古に位を心がけんは、返々かなふまじ。位は弥《いよいよ》かなはで、剰《あまつさえ》稽古しつる分もさがるべし。

（宗節本）

とあり、「花鏡」の「習道智の事」で「安き位」を説いた末に、

そうじて、やすきくらひを似する道理あるべからず。似せば大事なるべし。

とあり、又、「至花道書」の「闌位事」の終りに、

かやうの奥風(闌位)を見るに附ても、はじめの二曲三体の習風を、立かへり〳〵見得すべし。

とあるように、彼は位をいい、安位をいい、闌位をいう毎に、それを成果させるためには、それぞれの位そのものを学ぼうとせず、ひたすら「大事」の、又「二曲三体」の稽古に集中し、その成果としてこれを俟つべきであるとしている。

五　位と美

稽古の成果としての「たけ・位」の問題は、それが可能力としての、表現に於ける統一作用である関係上、当然「幽玄」の問題と逢着する。即ち、表現に於ける統一作用である「たけ」「位」と、能芸美の理念である「幽玄」とは、範疇を異にした概念であることはいうまでもないけれども、更に、「いふげんのくらい」(「花伝書　第三　問答条々」)、「ゆうげんなるくらい」(「花鏡」)、「幽玄無上の位」(「能作書」)、「幽玄本風の上果の位」(「能作書」)等の用語例がある関係上、この両者の区別と関係とについて一応の考察を試みて置く要がある。

叙上したように、「闌けたる位」は表現に於ける統一作用そのものであり、又その品等を含む語

であるが、「幽玄の位」は表現に於ける統一作用の成果として発揮せられる能芸美の品等である。一つは作用の品等であるのに、一つは美の品等である。しかし、美の品等は、当然、作用の品等に応じたものでなくてはならない。ここに、「闌けたる位」と「幽玄の位」との関連が問題にせられ得る理由が存する。即ち彼は「花鏡」において「妙所の事」を説いて、

凡そ、幽玄風体のたけたらん、この妙所にすこしちかき風にてやあるべき。

といい、これは「たけたる位のやすきところ」即ち安位による成立とし、又、能芸美の品等論である「九位次第」において、まず、能芸美を下三位・中三位・上三花に品等した後、上三花の成立を、「安位感花にいたる処」とし、更に又、その上三花に達した能役者が、「却来して」下三位に遊通してその態をなすのを、「和風の曲体」と呼び、——この境位は亡父観阿弥のみの達し得たところであるが——この美は、「たけたるくらゐのわざ」即ち闌位によって成立するところであるとしている。

世阿弥の女婿であり、彼の後において特色ある能楽論を遺した金春禅竹の「歌舞髄脳記」には、「無上の位」として閑・闌の二つをあげ、

閑、是はたけたる位に付て、みやびしづかにて、妙なるかた。

闌、是は又、月日としなどの、たけゆくこゝろかれて、あれたる位也。

といい、更にその「あれたる位」について、「しづかなるよりも、又感あり。性海、風なうして、金波おのづからわくともいへり。」といっているが、それは世阿弥の安位・闌位の思想に由来するものであることはいうまでもない。そして、能楽に於ける閑寂美や、中世文芸の帰結とも見られる芭蕉

俳諧に於ける「さび」の如きが、禅竹の閑・闌、さては世阿弥の安位・闌位によって成果せられた美であることは否むわけにはゆかぬ。けれども、「無上の位」としての閑・闌にしても、「闌けたる位」としての安位・闌位にしても、それぞれは表現に於ける統一作用であって、美そのものではあり得ない。随って、闌位そのものが幽玄の上位理念でもなければ、又、閑寂美そのものでもあり得ない。闌位が幽玄の上位理念であり、閑寂美であるとするならば、それは幽玄の風体そのもののたけたものでなくてはならない。しかし、世阿弥にあっては、「闌けたる位」なり、「闌位」なりを、そのまま幽玄と同じ系列の語として用いた例は一度もないと思う。

既に能楽の位、わけても闌位に関しては、筑土鈴寛氏の「中世文学の理念と仏教」(『宗教研究』昭和八年一月号)、土田杏村氏の「幽玄と闌曲」(『観世』昭和六年一月号)、野上豊一郎氏の「表現の日本的なるもの」(『思想』昭和四年六月号)を始め、拙稿「世阿弥の闌位とその成立」(『文学』昭和十一年四月号)等があるけれども、それらにあっては、「安き位」又は「安位」が問題にせられず、随って、それと闌位との関連が明らかにせられていないように思われるので、本稿では、特に安位について、その位置と意義とを明らかにすることを主眼としたことを附言して擱筆する。

(『日本文学論攷』所収　昭和十三年一月)

勘と感

――世阿弥の伝書に於ける「感」の考察――

一

「あの男は勘がいい」とか、「あれは勘のわるい盲人だ」とかいう「勘」を、学問上の問題にして考察を試みられたのは、京城帝国大学の黒田亮教授で、既に昭和八年に『勘の研究』を公にせられ、同著をめぐって、各方面の学者が勘を問題にしたことは人の知るところである。黒田教授は、以来、この問題に関する考察を続け、昭和十三年には『続 勘の研究』を出された。

私が「勘」というものに心を惹かれた最初は、私がまだ小学校の児童であった当時で、何でも、担任の先生が、図画の時間に岐阜提燈の写生をさせようとして、それを教室の中央に掲げ、「このかっこうは非常に美しい。西洋人もこの線の美しさには驚くそうだ。しかも、こういう美しい形を作るのに、日本人は勘によってやってしまう。西洋人なら縦と横との比はいくらというような数字できまっている法則で作るのだが、日本人は、幾度でも、唯見ては直し、見ては直しというように、銘々の『勘』をもとにして作り出したのだ」という意味のことを話された時に、西洋人なら数的公式によってやるところを、日本人は銘々の「勘」によってやるといわれたことが耳に残ったものと見える。しかし、それは唯、その語の意義が私の意識に上ったというに過ぎなかったことはいうまでもない。ところが、黒田教授の『勘の研究』と『続 勘の研究』の二著は、私の心に、この幼時の意識を蘇らせると共に、「勘」の心理学的意義について眼を開かせないではおかないような何ものかを含んでいた。

「勘」に関する私の用意はこの程度に過ぎないけれども、黒田教授もいわれているように、「勘」は時に「感」という文字に置き換えられていることもある上に、世阿弥の伝書には、その「感」なる語によって、極めて深い体験が言表せられている場合が少くないので、そして、そのあるものは全然「勘」と同義に用いられているので、これを直接考察の対象とし、「勘」との関連にも言及したいと思う。

二

漢字としての「勘」は、辞典に「校也」とあるように、「つきあわせてしらべる」義であり、「覆定也」とあるように、「くりかえしさだめる」義であり、又「鞫囚也」とあるように、「きわめる」義、「罪をただし問う」義である。ところが、現にわれわれが使っている「勘」は、もっと直截・端的な作用であり、じかに対象の急所を穿つ働きであって、字義としての「勘」とはかなりちがった語義であり、語感である。

「感」はどうであるか。まず、漢字としての「感」は、「動也」とあるように、「うごく」「うごかす」義であり、「情緒也」とあるように、「心のある作用」であり、「格也」とあるように、「いたる」義であり、「触也」とあるように、「ふれる」義であり、「こたえひびく」義である。世阿弥の用語も、その出発点においてはこれらの踏襲に外ならないとも考えられるけれども、そこにはまた、彼の体験の精しさや深さに伴って生じたと思われる特殊性として認めなくてはならないものがあることはいうまでもない。

又、国語辞典に於ける「感」の意義は、「感ずること」「情を動かすこと」で、用例としては、「宇津保物語」の「俊蔭」から「仲頼、かんに堪へず、下り走り、万歳楽を、をれかへり舞ふに」を、「夫木抄」から「感ありて人の詣づる鞍馬山おこなふのりぞはかなかりける」を掲げている。その他、「古今真名序」には、「感生二於志一、詠形二於言一」とあり、「十訓抄」には、「帝、感に堪へさせ給はず」「範永きて感にたへず」とあり、「井蛙抄」には、「風雲・草木の感につけても、又世間の盛衰などにつけて思ひ入りたる心あるとは申す也」とある。何れもまた、感動・感嘆・感慨等の意に外ならない。

しかるに、世阿弥の伝書に於ける「感」は、これらに比して用法が広く、意義が深い。まず、彼の六十二歳の時に成った「花鏡」の「万能綰一心事」に、「此内心の感、外にほひて面白きなり」という一句がある。この「感」は漢字の意義としての「中に動く情」であり、国語辞典の「情を動かすこと」に外ならない。他にもなお、この類の例は少なからず見出される。しかし、何といっても、世阿弥の「感」についての考察の最も精しく、かつ深く至っているのは、同じ「花鏡」の、「時節感当事」と「上手之知レ感事」の二条である。まず「時節感当事」では、

申楽の当座に出て、さし事・一声を出すに、其時分のきわあるべし。はやきもわるし、をそきもわるかるべし。先、楽屋より出て、橋がかりにあよみとまりて、諸方をうかがひて、すは、声を出すよと、諸人一同にまちうくる、則ちに声を出すべし。是、諸人の心を受けて、声を出す時節感当也。此時節すこしもすぐれば、又諸人の心ゆるくなりて、後に物を云いだせば、万人の感に当らず。此時節は、ただ見物の人の機にあり。人の機にある時節と者、してのかんより見するきわ也。是、万人の見心を、為手ひとりの眼睛へひきいるるきわ也。当日一の大事のきわ也。

と説かれている。そして、この引用のうち、「万人の感」といっている「感」は、感動・感嘆等、一般的な感情的享受であることはいうまでもないが、「してのかんより見するきわ也」の「かん」は、もっと積極的、能動的な把握作用になっていることは明らかである。

又、「上手之知レ感事」では、

しかれば、まことの上手に名をうる事、舞・はたらきの達者にはよるべからず。是はただ、為手の正位心にて、瑞風より出づる感かとおぼえたり。

とあって、いうところは、「上手」といわれるのは、「舞・はたらきの達者」にのみよるものではな

く、「為手の正位心」によるものであること、更にいえば、上手の上手たる所以は、「わざ」ではなくて「心」であり、それはまた、「瑞風」即ち先天的素質が稽古によって十分に発揮せられた芸風から生ずる「感」かと思われるというのであって、これは、享受作用としての「感」でもなければ、把握作用としての「感」でもなく、いわば表現作用に於ける「感」であるとしなくてはならない。そうなると、更に、「音曲声出口伝」に、

去る程に、音曲のずいなうあらはれて、さしごと、ただこと葉よりして、一句・一曲にいたるまで、耳をすまし、心をしづめて、うたふ人も、きく人も、同心一曲の感におうずる、すなはち是ただしき感也。毛詩云、

正二得失一、動二天地一、感二鬼神一、謂二之感一。*

かくいへるも此感なり。

といっているような、「一曲の感」なるものも考えられるわけで、これは同じく表現に於ける「感」でも、謡としてのそれであるよりも、曲そのものとしての「感」であって、その「一曲の感」に謡う人も聞く人も同心に応じるのが「正しき感」であるというのが、言おうとしたところであるらしい。引かれている「毛詩」の「大序」の一句も、詩そのものの「感」であり、それが与える「感」であることはいうまでもない。

* 『音曲声出口伝』の引用は、宗節本によった。吉田東伍博士校註『世阿弥十六部集』に附録せられた「花伝書」逸文では、ここに「毛詩云」として引かれている「謂二之感一」の部分が「莫レ近二於詩一」となってい

て、「毛詩」の「国風周南」の大序の原文の儘である。

かく見来ると、「花鏡」の「時節感当事」に示された「感」の意義は、(一)享受作用としての「感」、(二)把握作用としての「感」、(三)表現作用に於ける「感」に分類することが出来るものであって、これは、いわば世阿弥の「感」の幅を示す目標であるといってよい。ところが、「花鏡」の「上手之知レ感事」の「感」になると、まず、

又、面白き位より上に、心にもおぼえず、あつと云ふ重あるべし。是は感なり。

とあるように、上手の上の上手、面白さの上の面白さとして成立する「感」、即ち「感」の上の「感」が提示せられてくる。これは世阿弥の「感」の深さを示す目標と見てよいであろう。なお、続いて、

これは、心にもおぼえねば、面白しとだに思はぬ感なり。ここをこんぜぬとも云ふ。しかれば、易には、感と云ふ文字の下、心を書かで、咸ばかりをかんと読ませたり。これ、誠の感には、心もなききはなるが故なり。

といい、この「感」以上の「感」が、「心にもおぼえず」「面白しとだに思はぬ」「心もなききは」であるとして、「易」の「感」を観察し、結局こういう「感」が「誠の感」であると定位していることは注目に値する。彼は更に、同条にはこれを「無心の感」と呼び、「遊楽習道見風書」には「無感の感」なる表現を試みている。この「感」になると、黒田教授のいわれる「覚」の作用としてのそれであり、小宮豊隆教授のいわれる「心の純粋性」(『東大文学部学友会誌』第十三号)としてのそれであって、われわれのいう「勘」の意義を十分に充たすものといってよい。

三

世阿弥の「感」を理解する上に逸してならない問題は、それの成立に関する世阿弥の思想である。上に引いた「上手之知レ感事」に、「舞・はたらきの達者」に対する「為手の正位心」が上手を上手たらしめる所以として指摘せられ、それを、「瑞風より出づる感」といったところから、この「正位心」が「感」の語義に触れて来たのであったが、この正位心そのものについては、前の引用の直前に、

音曲・舞・はたらきたりぬれば上手と申也。達者になければ、ふそくなることぜひなけれども、それにはよらず。上手は又別にある物也。そのゆへは、声よく、舞・はたらきたりぬれ共、名人にならぬ為手あり。声わるく、二曲さのみの達者になけれ共、上手のおぼえ天下にあるもあり。是則、舞・はたらきは態也。主になるものは心なり。又正位也。さる程に、をもしろきあぢはひを知りて、心にてする能は、さのみの達者になけれ共、上手の名をとる也。

とあって、それは「態《わざ》」に対する「心」であることが明らかにせられている。けれども、この「心」を、われわれの「心」と考えてはならない。というのは、それは、為手の「態」に対する「心」であり、又「正位」と呼ばれる「心」であるのだから。「正位」が仏典において、本体という意義に用いられているところから推すと、「為手の正位心」は「為手をして為手たらしめる心」というほどの意義であって、その「心」は一般的な「心」でないことは明らかである。つまり、音曲・舞・はたらきの

稽古によって、態《わざ》そのものは達者にならないでも、それによって為手の為手たる心即ち正位心を得れば、それは既に上手といえるというのである。又、同条の「瑞風より出づる感」にしても、その「瑞風」の「瑞」は、「至花道書」の「皮肉骨事」で、「まづ下地の生得ありて、おのづから上手に出生したる瑞力の見所を骨とや申すべき」とあるように、あくまで先天的素質が稽古を通して自律的に発展し来ったものをいうのでなくてはならないから、この「感」も、その根底は稽古から離れるものではない。又、「劫」といってもよいと考えて来た「無心の感」「無感の感」にしても、それは、達者以上の上手、上手以上の名人、名人以上の「天下の名望を得る位」として定位せられている上にも明らかなように、稽古と工夫を尽しきった上の境地であることはいうまでもない。更に、最も一般的な意義である「感」の一例として引いた「内心の感」にしても、その根底にどれだけの稽古を考えていたか、「花鏡」の「万能綰一心事」に就けば、一驚をさえ禁じ得ないものがある。まず、

　見所の比判に云、せぬ所が面白キ等云事あり。是は、しての秘する処の安心なり。先、二曲を始として、立働き・物まねの色々、悉く皆身になす態也。せぬ所と申は、其間《ひま》也。此せぬ間《ひま》は、何とて面白キぞと見る所、是はゆだんなく心をつなぐしやうねなり。舞を舞止間《まひやむひま》、音曲をうたひ止《やむ》所、其外、詞・物まね、あらゆる品々の間間《ひまひま》に、心を捨てずして、用心をもつ内心也。此内心の感、外ににほひて面白キなり。加様なれども、此内心ありと、よそに見えてはわるかるべし。若ッ見えば、それは態《わざ》になるべし。せぬにてはあるべからず。無心の位にて、我心を我にもかくす安心にて、せぬ間《ひま》の前後をつなぐべし。是則、万能を一心にてつなぐ感力也。

といって、「内心の感」の位置と意義とを明らかにした上に、操人形とそれを操る糸との関係を譬えに引き、

申楽も、色々の物まねはつくり物なり。是をもつ物は心なり。此心をば、人に見ゆべからず。若々《もしもし》見えば、あやつりのいとの見えんがごとし。返々、心をばいとにして、人にしらせずして、万能をつなぐべし。如レ此ならば、能の命あるべし。惣じて、即座にかぎるべからず。日々夜々、行住坐臥に、此心をわすれずして、定心につなぐべし。かやうに、ゆだんなく工夫せば、能いやましになるべし。

と結んで、万能をつなぎ、せぬ間を特に感あらしめるこの「一心」、他に見せず、我にもかくすこの「内心の感」は、実に日々夜々、行住坐臥に於ける全生活面に亙っての集中・持続からのみ得られるところであるとしているのである。世阿弥の能楽論は、見方によれば、その本質は稽古論であり、あらゆる価値が稽古による成立として定位せられていることはここに改めていうまでもないが、彼の「感」の幅と深さを考えるに当っても、その成立は生涯を通じ、全生活面に亙る稽古に根基づけられているという事実を見逃してはならない。

四

かく見来ると、「感」の意義に関して、一般の用法に比して世阿弥が著しくその幅と深さを大なら

しめたのは、彼が演能者として、又観能者として、更に能作者・能評家として、その体験と省察を精しくした結果に外ならないが、それと共に、そういう体験と省察とを、かく「感」と呼んだのはそもそも何に由来したであろうか。われわれは、何よりも、世阿弥伝書の示唆に従って、一は「毛詩序」を、一は「易」の所説を探らなくてはならないであろう。

既に上に引用し、註記したように、彼は「毛詩国風周南大序」の一句を用いてはいるけれども、その中の、「莫レ近ニ於詩一」を「謂ニ之感一」の如く改めているのであって、それは記憶の誤りであったか――というのは、その少し前の条にも、同じ「毛詩序」が引用せられ、それが「情発ニ於声一、声成レ文、謂ニ之音一」の如き形を成しているのに思わずひかれて、「謂ニ之感一」に誤ったのかも知れないと考えられるから。――或は故意の改変であったのか、いずれにしても、そこには、彼自身のいいたい何ものかが充溢していたことを認めないわけにはいかぬ。

又、「上手之知感事」に考察せられている「易」の「感」にしても、

象曰。咸感也。柔上而剛下。二気感応以相与。(中略)天地感而万物化生。聖人感ニ人心一。而天下和平。観ニ其所レ感。而天地万物之情可レ見矣。

に見える思想の如きは、何よりも世阿弥の「感」思想に近いものであり、従って、その影響を認めなくてはならないであろう。しかし、ここにも「感という文字の下、心をかゝで、咸ばかりをかんとよませたり。」とこの字形を考え、「誠の感には、心もなきはなるが故也」と字義を説いているのは彼の独創的説明であって、その根底に彼の稽古の体験の深さと、工夫・省察の精しさが存する

ことは、その表現を貫く底力によっても推知せられる。

なお、上に考え来った「時節感当事」の「時節」に関しては、「感」そのものの語義を考えることを急いだために言及するところがなかったけれども、あの引用の中にも、「此時節は、たゞ、見物の人の機にあり。」とあり、又「人の機にある時節と者」ともあって、「感」が対象の急所——黒田教授のいわれる「那一点」、即ち対象の全体を支持し、全体を動かす支点としての機能的中心——を捉える働きであることを示している。しかし、世阿弥の考えている「時節」には、こういう「人の機」にあるそれの外に、「花鏡」の「舞者為根声」において、四季・よるひる十二時に応じた調子をあげているような自然の「時節」があり、又「花伝書 別紙口伝」の「イングワノハナヲシルコト」の条に、男時・女時といって説いているような宿命的な「時節」がある。これらは必ずしも「感」の対象として説かれているわけではなく、自然の「時節」には、よく合致し、宿命的ともいうべき男時・女時には、よく随順することによってそれを克服するという態度を教えているのであるけれども、その合致・随順の出発点が、まず「人の機」にあるそれと等しく、「感当」を以てしなくてはならないと考えていたものであることは、推論しても甚しい誤謬を犯すものではなかろうと思われる。もしそうであるとすれば、「感」の対象性を一層深遠ならしめ、その作用に霊感的な側面を認めなくてはならなくなるわけである。

五

世阿弥の「感」を現在の「勘」に関連させて考えると、まず、世阿弥の「感」には、現在の「勘」と同じ意義の用法があることが認められると共に、たとい、そういう場合でも、「感」には、その働きの根底に感情性の存在が著しく目立っていることを認めなくてはならない。そうすると、この「感」と「勘」とを一貫するものと、これを区別するものとを、何によって、如何に説明すべきであろうか。つまり、「感」と「勘」とを同一系列の心理が生んだ二語として、その感情的意義から知的意義への推移を歴史的に理解するか、又は「感」と「勘」とを異系列の心理に属する語となし、偶然に意味の暗合が成立したものとして理解するか、この二途のうちでは、私は前者の説明をとろうとする傾向に立つ者であるが、まだこれを跡づけるべき資料が十分でない。

次に、世阿弥の「感」は、その意義が広く、かつ流動性に富んでいるのに、現在の「勘」は、その意義が狭く、かつ固定的である。この事実をわれわれはどう考えたらよいであろうか。「感」は、「感」が「勘」に到達するまでの過渡期的存在であるとすることも可能な一つの説明である。又、世阿弥は単なる観察者としての考察ではなく、実践者としての限定であるから、意義の分化と動揺とは、その根底を成している体験の豊かさとこれが省察の精しさとを示すものに外ならない。従って、現在の「勘」をその成立において理解するためには、世阿弥の「感」の幅と深さを知ることが必要であるとするのも、また可能な一つの説明である。そしてこの二つは、一は歴史的過程としての理解に発し、一は体験的成立としての理解に出づるものとして、両立する説明でもあり得るはずである。さて、その説明はいずれであり得るにしても、「勘」を過程的に理解し、成立的に闡明する為には、世阿弥の「感」の用例を蒐集し、その意義を分類し、定位することが、欠くことの出来ない操作であると思われる。

かくて、「感」「勘」の文字は共に中国から船載したものであり、叙上のような語義を成立させるに至った過程においては、中国思想の影響が少くなかったにちがいない。けれども、これらの語が表わしている作用そのものは、遠く、上代の歴史・神話等の上にも示されている事実であって、常に日本文化形成の主要契機として、深く日本民族の個性に根底を有する作用であることは明らかである。しかし、そういう考察は他日を期し、ここには唯、「勘」の語義を現在のように限定するに至ったのには、少くも、それだけの日本文化史的な、又日本国民生活史的な過程が辿られ、又それには、ある時代なり、個人なりに於ける生活体験の深さと、これが省察の精しさによる成立が理解せられなくてはならないものであることを、世阿弥の「感」との関連によって示唆するに止めなくてはならない。

附記　本稿に引用した世阿弥文献は、「花鏡」は安田文庫から翻刻・頒布せられたものに、「音曲声出口伝」は『芸文』大正二年八月号所載の宗節本に、他は吉田東伍博士校註『世阿弥十六部集』所載に拠った。

（『国語と国文学』昭和十四年四月号）

世阿弥の演能論に於ける「時」の意義

一

世阿弥元清が遺した能楽に関する伝書に含まれた史実や思想の価値は年と共に明らかにせられているが、彼が父観阿弥清次から伝えられたものを伝えようとしている「花伝書」と、彼自身の芸の体得を披瀝した「花鏡」とだけについて見ても、そこに提出せられている問題とそれに関する省察とには、究めても究めきれない奥行を感じさせられる。

世阿弥の伝書はいろいろな問題に亙っているけれども、その主要なものは、稽古論と演能論であるといってもよい。即ち、本質論も構成論も発達論も鑑賞論もあるけれども、それらは、事実においては、稽古の対象として、もしくは演出の工夫として位置づけられるものであって、彼の立場が一に能役者としての実践にあったことを示すものである。従って、彼の稽古論と演能論とは二にして一なるものであって、いわば表裏の関係に立つものである。この関連を示す彼の用語は「稽古と工夫」もしくは「能と工夫」であって、その「稽古」なり「能」なりは、身で行う学習であり、働きであるのに対し、その「工夫」は心で行う処置であり、働きであって、この、演出に臨んでの心的活動としての「工夫」は、平生に於ける身体的学習としての稽古を基礎とし、その発展としてのみ芸能としての効果をもたらし得るとしている。しかし、私は今、その稽古論は暫く措いて、主として演能論を省察し、特に演出の工夫として彼が見出している「時」の意義を考察し、それによって彼の芸能観の一特質を明らかにしようと思う。

二

彼の演能論に於ける目覚しい考察の一つに「花」の論がある。彼のいう「花」は、芸の面白さを自然の花に譬えたものであって、彼がこれを「花」と呼んだところに既にその多くが語られているが、その成立と意義の分析には、また、彼の体験の深さと省察の確かさとが遺憾なく示されている。

彼の説くところによると、「花と面白きと珍しきと、これ三つは同じ心なり。」(「花伝書 第七 別紙口伝」)であって、まず、観衆を面白いと感じさせるのが花であり、観衆を面白いと思わせるには珍しいと感じさせなくてはならないというのである。言いかえれば、演者が観衆に芸術的感興を喚起させる芸が花であり、そういう芸術的感興を喚起させるには、その芸に新しさがなくてはならないというのである。そこで、彼は、芸の新しさというこの基本条件の成立と具備に力を集めている。しかし、その新しさを成り立たせる条件にはいろいろあり得るけれども、既に稽古して来た風体と演じ来った芸とを、その時その時に応じて用いる外にはない。彼の言葉によっていえば、「見る人の心に珍しきが花」であって、「花とて別にはなきもの」である。ただ、「その時を得て珍しき故に」賞玩せられるのである。従って、花の成立には、「その時を得」るということが必至の問題になってくる。(「花伝書　第七　別紙口伝」)

かくして、「その時を得」るべきといっている「時」には、人によって規定せられている「時」もあれば、所によって規定せられている「時」もある。人によって規定せられる「時」は、その時の「人の好み」とか「人の望み」とかに適合させる工夫によって、観衆の心を捉えることに帰着する。そして、これは春の花の頃が経過して、既に夏草の花を待つ時分に、相変らず春の花をつけていたのでは、花が花にならないという譬で説かれている。

観衆の心を捉えることについての世阿弥の思索はあらゆる方面に亙り、要を捉え、機微を穿っている。まず、観衆の鑑賞能力に関して、「目利き」「目利かず」の別を立て、下手の芸は目利きの眼に合わないし、上手の芸は目利かずの眼に合わないという事実から、下手の芸が目利きの眼に合わないのは不審はないが、上手の芸が目利かずの眼に合わないのはどういう理由かということを問題にし、それは目利かずの眼が及ばないのだと一応の解釈を試みた上に、しかし、真に体得した上手で、工夫のある演者なら、目利かずの眼にも、面白いと見えるように演じるとなし、「この工夫と達者とを究めたらん為手をば、花を究めたるとや申すべき」と結論している。この同じ思索を、「時に応じ、所によりて、愚かなる眼にもげにもと思ふやうに能をせんこと、これ寿福なり。」とも言表している。(「花伝書　第五　奥儀」)

所によって規定せられている「時」については、まず「都鄙・上下に於て、見所の褒貶の沙汰あるべし」といっているように、都と田舎との別を立て、目利きのいる都に対して、目利かずのいる田舎を想定し、都でも田舎でも非難されない工夫を要求した上に「所の風儀」を一大事にかけて演じる必要が数えられている。これも、芸の花を咲かせるための工夫に外ならない。そして、この目利かずの眼にも面白いように演じ、田舎の風儀にも合ってそれぞれの感興を湧かせるような芸を見せることは、達人に対する要求として位置づけられているものであって、芸の完成についての条件であることはいうまでもない。(「花伝書　第五　奥儀」)

が、かく人や所によって規定せられている「時」は、演能の工夫としては、いわば間接的な「時」であって、彼はもっと直接的な「時」を見出し、それと取組んでいる。

まず、演能に於ける「時」の直接的な問題としては、芸の展開に於ける律時がある。これはいわゆる序破急(「花伝書　第三　問答条々」、及び「花鏡　序破急の事」)として、演出曲目の排列から、各曲の演出は固より、一句・一語を扱い、一手・一足を働かせる微に至るまでを律して余すところのない原理である。しかし、それはまだ、演能に於ける演者を律するものとしての「時」であって、演者その人の、その機に臨んでの工夫としての「時」ではない。演能に於ける工夫としての「時」は、彼が、演者が楽屋から出て橋懸に歩み止まり、諸方を窺って、「すは声を出すよ」と、観衆一同が待ち設けている即座に声を出せといっている「時」に始まるといってよい。これは観衆の期待が一致した時機で、その時機を感得することが演者の用意として要求せられているのである。そして、「これ、万人の見心を、為手一人の感勢へ引き入るる際なり。当日一の大事の際なり。」（「花鏡　時節感当の事」）とか、「見物衆、申楽を待ち兼ねて、数万人の心一同に、遅しと楽屋を見る所に、時を得て出で、一声をもあぐれば、やがて座敷も時の調子に移りて、万人の心、為手の振舞に和合して、しみじみとなれば、何とするも、その日の申楽ははやよし。」（「花伝書　第三　問答条々」）とか説かれている「時」であって、これも、観衆の心にある「時」として、人に規定せられているにはちがいないけれども、これは、その日その時に於ける人であって、目利きの眼・目利かずの眼のように恒常的条件ではなく、もっと動的な「時」を形成するものである。

しかし、この類の工夫は、登場の瞬間に限られたものではない。演出が夜であるか昼であるかによっても、又その時の座敷の気分によっても、工夫が必要であるとせられている。そして、その原理は陰・陽の和合にあるとせられていて、夜の陰には「いかにもうきうきと」するように陽の気を和し、昼の陽には「いかにも静めて」能をするというように陰の気を和し、湿った座敷ならば、沈まぬように心を入れて、陰・陽の相和を図ることが肝要とせられている。（「花伝書　第三　問答条々」）

なお、彼は芸の面白さ・珍しさとしての花の成立に関して、驚くべく行届いた考察を「花伝　第七　別紙口伝」に示しているが、その一つに因果の花がある。因果の花は、まず初心から稽古して来た芸を因として名望の果を得ることに始まって、更に時分《じぶん》の因果に及んでいる。時分の因果とはそういう個人的力量や精進を超えた事実であって、「去年盛りあらば、今年は花無かるべき」というような関係が一つ、又、「時の間にも男時・女時」があって、「如何にするとも、能によき時あるは、必ず悪《わる》きこともまたあるべし。」というような関係が一つである。前者は時運の消長・表裏を指すもので、その消長・表裏の関係は人間の判断によっても跡づけられるが、後者になると、どう表裏し、いつ消長するかさえわからない程、人間の判断を超えた事実であるとせられている。そして、この両者とも、叙上した「時」に於ける陰・陽の和合のように、人間の工夫・公案によっては芸術的効果を成すことが出来るものではない。ただ、それを畏れ慎しみ、非なる時運には非なる時運に随順して、あせらず、失望せずに、手を省いて力を貯え、是なる時運には、是なる時運に随順して、よい曲を選び、精一杯を傾けて演出するというようにして、それぞれに、観衆の目を瞠らせ、芸術的効果を収めなくてはならないとしている。

世阿弥の稽古論は、生涯を通じ、生活の全面に亙った精神であることは固より、一挙一動の末に至り、一念一念の微に徹した、全存在をあげての練磨であるが、——又その演能論は、かくの如き稽古に裏づけられた綿密な工夫・公案に外ならないが、その稽古と工夫を以って、彼は更にかくの如き人間を超えた力としての「時」に逢着し、しかも、それを畏れ、それに随順することによって、遂にこれを乗りきり、そこにも芸の花を咲かせようとしている逞しさには深く打たれるものがある。

三

演能の工夫としての「時」の意義を分析してここまで来ると、彼の能芸論の上に頻りに用いられている「出《い》で来《く》」という言葉が取り上げられなくてはならなくなる。この言葉が私に問題として意識せられて来たのは、「文学」に連載されている「世阿弥能楽論研究座談会」の席上で、和辻哲郎博士が、「現在では『出来《でき》る』といえば『為《な》し能《あた》う』意であるが、この頃は『出《で》て来《く》る』意であったのは注目に値する。歴史とはかくの如きものと思う」という意味のことをいわれた時に始まる。

「出《い》で来《く》」という言葉は「花伝 第一 年来稽古条々」の二十四、五の条に、「すは、上手出で来たりとて、人も目に立つるなり。」とあるように、「立ち出る」とか「出現する」とかの意味に用いられている場合もあれば、「花伝 第三 問答条々」に「先づその日の庭を見るに、今日は能、よく出で来べき、あしく出で来べき瑞相あるべし。これ申しがたし。」とあるように、「成就する」「出来《しゅったい》する」の意味に用いられている場合もある。そして、そういう語義の用例は世阿弥特有なものではなく、既に「源氏物語」にもあり、そのうちのある用例は「伊勢物語」・「土佐日記」にも見え、「万葉集」にも見出すことが出来るものである。尚、この語は、「でく」のように約めていう場合もあって、「花鏡」には「でき過ぐる病」という用例があり、これは一般にも抄物や「狂言記」などに多く用いられていて、「出で来」の口語的用法であるらしい。世阿弥は大部分「出で来」を用い、しかも多くは「出来《しゅったい》する」とか、「成就する」とか、「成功する」とかの意に用いている。「花鏡」の「批判之事」の条で「能の出で来る当座に、見・聞・心の三あり」といって、「見より出で来る能」「聞より出で来る能」「心より出で来る能」を説くことにそれぞれ的確・精細を極めているが、この中で、能の批判に関し、「目利きばかりにて能を知らぬ人もあり。能をば知れども、目の利かぬもあり。目・智相応せば、よき見手なるべし。」という批判の立場を分析した後に、批判の対象となる演能そのものに言及して、「上手のさるがくのできざらん時と、下手のさるがくの出で来たらん時とを本にして批判すべからず。大事・大庭の能に出で来ること、上手のならひなり。小庭・かたわきなどにて出で来る能は、下手のならひなり。」といい、演能の成功・不成功は必ずしも演者の上手・下手だけによるものではなく、舞台の大小や機会の軽重にも規定せられることを示している。更に「花伝 第三 問答条々」に、舞台上に於ける演能に上・中・下の差別があることを説いて、まず能柄に関して、「本説正しく珍しきが、幽玄にて、面白き所あらんをよき能と申すべし」と分析した上に、演能そのものを「よき能を、よくしたらんが、しかも出で来たらんを、第一とすべし。能はそれほどになけれども、本説のままに、とがもなく、よくしたらんが、出で来たらんを、第二とすべし。能はえせ能なれども、本説の悪き所をなかなか便りとして、骨を折りてよくしたるを、第三とすべし。」と品等している上に明らかなように、演能の上・中・下は、所演の能柄が「よき能」であるか、「それほどになき」能であるか、「えせ能」であるかに応じて規定せられており、又その演じ方が「よくしたらんが」であるか、「本説のままに、とがもなく、よくしたらんが」であるか、「本説の悪き所を、なかなか便りとして、骨を折りてよくしたる」であるかにも相応しているが、しかし演能の芸術的効果は、この能柄と演じ方だけで決定すべきものでなく、更に、その上に、「出で来た」か、「出で来た」らぬかが問題であることは、上と中とにはそれが条件として数えられており、下には数えられていない点からも明らかにせられているが、それよりも、上たる能の説明に、「よき能を、よくしたらんが、しかも出で来たらんを、第一とすべし。」といって、「よくする」と「出で来」とをならべ、区別して用い、「よき能」を「よくする」だけでは、舞台上に於ける演能の芸術的効果は完成するものでなく、その上に、「しかも」と断って、「出で来たらんを」といっている。その「出で来」るものがはっきりと認識せられ、自覚せられていた。これは、句作に関する芭蕉の言葉が「三冊子」に記録せられている中に、「する」と「なる」とを対置し、真の句作は「なる」境地であることを明らかにしている(「三冊子」あかさうし)――このことをかつて私は「芭蕉の創作論」(『俳句研究』昭和十二年三月号)において考察した――のと共に、注目すべき芸術論であると思われる。「出《い》で来《く》」にしても「なる」にしても、「発現」「発展」として、生得的素質や後天的習得の展開を意味することは考え得られるけれども、世阿弥なり、芭蕉なりが、これらを「する」と対置し、それを超えた働きとして見出した意義はそれだけではないことが明らかである。世阿弥についていえば、生得的素質や稽古による習得は「する」ことの一発展としての「よくする」こととして位置づけていることは、「至花道書」の中の「無主風事」の条で精しく考察せられている。それによれば、生得的素質の稽古による発現を主風と呼び、その主風の有無が重要事として指摘せられた後、「孟子」の「することのかたきにあらず、よくすることのかたきなり。」という一句を引いて、「よくする」とは「主風」の成立した「する」であることを明らかにしている。従って、「よくする」ことの上に、「しかも、出で来たらんを」とわざわざ断って「出で来」を数えているところを見ると、これは単なる個人的な習得や生得だけではないものの発現を意味したものとしなくてはならない。そして、彼が演能に於ける「時」

の意義として、自力を超えた時運ともいうべきものに逢着し、それに随順することによってそれを芸の上に生かそうとしていることと思い合わせざるを得ないものがある。この「出で来」る働きをこう理解してくると、「する」といい、「よくする」という個人的意識を超え、しかもそれを成り立たせている歴史的なものとしての現実と一体になって、自然そのもののように働く「なる」や「出で来」るが髣髴せられるように思われる。

四

世阿弥が演能に当って、どんなに稽古を積んでいても、またどんなに工夫を凝らしても、人間として為し得るところには限度があることを認め、その限度において、人間の力を超えた何ものかに逢着し、それを的確に位置づけていることは叙上のようであるが、この演能に於ける超人間的なものの定位は、やがて彼の稽古論の性格をも決定していることは見逃しがたい事実である。例えば、彼が稽古に於ける初心の重要さを説いて、初心者としての初心を忘れてはならないことをいうと共に、「時々」の初心を忘れるなといい、更に「老後」の初心を忘れるなといって、生涯を通じて芸に対する不断の謙虚と新しい飢えとを要求し、しかもそれを生涯の最後まで持続し、更に、子孫にまで伝えんがために、「能の奥を見せずして生涯を暮すを、当流の奥儀、子孫庭訓の秘伝とす」といい、「この心底を伝ふるを、初心の重代、相伝の芸案とす。初心を忘るれば、初心、子孫に伝はるべからず。初心を忘れずして、初心を重代すべし。」といっている程な執拗さは、何よりも、この人間的な力を超えたものの認識に出づるものとしなければならない。(「花鏡 奥段」)

しかも、その精進は時間的に延長されているだけではなく、刻々に、新しい自覚と新しい意欲に立った精進であって、かくして稽古の時を重ねることを彼は「劫を積む」とか、「劫が入る」とかいっているが、しかもいかなる劫にでも停滞することは、これを「住劫」といって厳しく警めている。「花鏡」に、「よき劫の、住して、わるき劫になる所を用心すべし。」といい、更に、「よき程の上手も、年寄れば、古体になるとは、この劫也。人の目には見えて嫌ふ事を、我は、『昔よりこのよき所を持ちてこそ、名をも得たれ。』と思ひつめて、そのまま、人の嫌ふをも知らで、老の入舞(一生に於ける最後の舞という程の意)を仕損ずること、しかしながら、この劫なり。よくよく用心すべし。」(「花鏡 劫之入用心之事」)などといって、善きにつけ、悪しきにつけ、一所に停滞することを厳しく禁じているのは、いかに烈しい練磨の要請であるか。一方には、単なる珍しさのために珍しさを求め、新しさのために新しさを欲することから生ずる、いわゆる「転読」(「花鏡 習道智の事」)を戒めて、あくまで定跡的な二曲三体の稽古に集中しつつ、かくそれぞれの劫に住《とど》まることを自ら許さないという根本態度を思うとき、恐るべき挺身であるという外はない。そして、その根底には、かくの如き挺身を要求してやまないものが一、二には止まらないであろうが、その重要な一条件は、彼が舞台上に於ける演出に当って逢着した、自力を超えたものの存立であることは疑う余地がないように思われる。

彼が将軍足利義満を始め、当時の有力な諸大名の保護と寵愛を受けつつも、一幇間者として終ることなく、偉大な芸術家としての生涯を完成し、その創作と体験による世界的にも稀有な芸能論を遺すに至ったのも、彼が触れた、人間を超えたものに逢着していたためとしなくてはならない。ここに、私は、彼がまともに現実と闘った戦士であり、生きた歴史とがっちり取り組んだ勇者であることを認めると共に、彼があくまで実践の人であったという立場の意義深さに感嘆を禁じ得ないものがある。

五

中国の禅宗の語録や古則には、「平常是道」とか、「平常心是道」とかいう文句があって、わが国にもこれによって得悟した古人もあるらしい。これはどういう意味であろうか。今度の事変の経験にしても、中国の民衆は、あの広大な地域を占めて、ここを攻められればそこへ、そこを撃たれればかしこへというように、取越し苦労などないかのように、転々と居を移し、爆弾の下をくぐり、砲声の間を縫って、物資を漁り、取引に身を委ねている。いわば、非常時に処するにも平常に処すると大差がない。中国の強みはこの態度にあるといわれている。そうすると、これも「平常心是道」の素朴な一形態であるともいわれぬことはない。

しかし、「平常心是道」の意義は、勿論、この程度に尽きるものではなさそうである。大正十二年の関東大震災の後、故寺田寅彦理学博士は、「災害は、国民が災害を忘れた時起るものである。」という意味のことをいわれている。非常を摂取し、止揚した平常心であって、始めて、平常にも非常にも処することが出来るのである。この意味の「平常心是道」はわが国の中世文化の骨格をなしている。

「徒然草」には、真の生は死の覚悟の上に営まれるものであるという思想が一貫の原理を成している。そして、その第百八十八段に、「万事にかへずしては、一の大事成るべからず」といっているのも、第五十九段に、「大事を思ひ立たん人は、去りがたく、心にかからん事の本意を遂げずして、さながら捨つべきなり。」といっているのも、死を覚悟した生、非常を覚悟した平常たらしめんがために外ならない。その他、第七十段の菊亭大臣のように、非常を覚悟した平常にいて、非常を克服した話もあれば、第百八十五段の城陸奥守泰盛のように、平常に非常を忘れなかった話もある。世阿弥の稽古論や演能論は、特に、この時代的特質を枢軸とした展開であるといってよい。

かく非常時的性格の刻印せられている中世文化は、非常時を背景として、新しい日本文化を創造しようとしている現代に対しても、一つの示唆を与えるものである。私が世阿弥の演能論に於ける、人間を超えた時の意義を考えようとしたのも、かくの如き現代的意義の存立にいずるものでもある。

（『文学』昭和十六年九月号）

世阿弥と観阿弥

観阿弥の生涯とその業績とを考察したものは、既に、高野辰之博士の『日本演劇史』第二集に「能楽大和四座考」があり、野々村戒三氏の『能楽古今記』に「観阿弥の事蹟」があり、小林静雄氏の『室町能楽記』に「観阿弥の音楽的業績」があり、『国文学研究』(昭和十一年十一月、十二年六月号)に同氏の「観阿弥研究」があり、又、能勢朝次氏の『能楽源流考』に「観世猿楽考」や「謡曲作者考」がある。これらの諸研究は、いずれも明治四十一年に吉田東伍博士によって発見・紹介せられた世阿弥十六部集を始め、その後発見せられた世阿弥の伝書類を主要資料とし、これまで極めて曖昧であった観阿弥研究に一大進展を与えたものである。けれども、その目的とするところが、観阿弥その人の生涯であり、業績であるために、必ずしも、これを伝えている世阿弥の立場そのものを直接の問題としたものではなかった。われわれの観阿弥研究は、結局、世阿弥所伝の観阿弥研究の外に出ることが出来ない今日である以上、所伝そのものを明らかにする上にも、世阿弥の所伝意識を究める必要がある。私は、ここに、世阿弥がその伝書の中で、亡父観阿弥をどんな立場でどう伝えているかを考えて見たい。

この問題のために、まず見なくてはならない資料は、「花伝書」に関する三つの奥書である。その一つは、「花伝　第一　年来稽古条々」、「花伝　第二　物学条々」、「花伝　第三　問答条々」の三篇に附した、彼が三十八歳の時の奥書で、

およそ、家を守り、芸を重んずるによつて、亡父の申し置きし事どもを、心底にとどめて、大概を録す。

とあるものである。次は、「花伝　第四　神儀」、「花伝　第五　奥儀」に添えた、彼が四十歳の時の奥書で、

およそ、花伝の中、年来稽古よりはじめて、この条々を注すところ、全く自力より出づる才覚ならず。幼少以来、亡父の力を得て人と成りしより二十余年が間、目に触れ、耳に聞き置きしまま、その風を受けて、道のため、家のため、是を作するところ、私にあらんものか。

とあるものである。もう一つは、彼が六十二歳の時、「花鏡」に記している奥書で、その中に、

風姿花伝、年来稽古より別紙に至るまでは、此道を顕す花智秘伝也。是は、亡父芸能色々を、廿余年間、悉為㆓書習得㆒条々也。

とある部分である。

この三つの奥書によって知られることは、「花伝書」七篇に伝えている所説は、(一)亡父の口伝であり、亡父の芸能であって、世阿弥の自力から出た才覚でもなければ、意見でもないということ、(二)そうした動機は、全く芸のため、道のため、家のためであること、(三)世阿弥は唯亡父の言を心底に留め、亡父の芸の見聞を記録したに過ぎないということ等である。ところが、われわれは「花

伝書」七篇の所伝を、果して、この奥書の通りに理解しているかどうか。たとい所説そのものは、この奥書通り、観阿弥のものであるとしても、そのすべてが、少くとも、世阿弥の体験を経、世阿弥の血となり肉となっているものの記録であることは確かである。従って、これはまた、世阿弥体験の表現であるといっても過言ではない筈である。このことは、何よりも、「花伝書」の文体が示し、これまで多くの研究者が認めて来た事実である。この意味において、われわれは、「花伝書」に関しては、世阿弥が奥書でいっていることを、無視してきたか、少くとも、軽視してきたことになる。が、その原因は、また「花伝書」の所説自体にもある。結局、「花伝書」は観阿弥一人の伝書でもなければ、世阿弥一人の伝書でもない。観世父子伝統の結実であるとする外はない。

しかし、世阿弥その人の意識においては、どの奥書にもいっているように、私なく亡父の道を伝えることがその本旨であったから、その所々に、観阿弥の言葉を観阿弥の言葉として想起し、観阿弥の芸を観阿弥の芸として回想している場合が一再ではない。「花伝書」総序の中に、

先づ、此道に至らんと思はんものは、非道を行ずべからず。

という、一道専念の根本態度を示した後に、

一　好色・博奕・大酒、三重戒、是古人掟也。

一　稽古は強かれ、諍識《じゃうしき》は無かれと也。

という、二条の戒律を掲げているが、そして、前者は外的生活を整理して一道に集中すべきを求め、後者は内的生活を統制して稽古一偏になりきるべきを勧めた根本的な生活規矩であるが、それが前

者では「是古人掟也」として提示せられており、後者では「と也」として結ばれている。尚、前者については、「申楽談儀」に、

コウショク《好色》・ハクヱキ《博奕》・大サケ《酒》、ウクヰスカウ《鶯飼》コト、コレハ清次ノ定也。

とあるのによって、この「古人」は観阿弥であることが明らかであり、後者については、「花伝　第三　問答条々」に、

人のわるき所を見るだにも、我が手本なり。いはんやよき所をや。「稽古はつよかれ、諍識はなかれ」とは是なるべし。

とあるのにみても、世阿弥が何人かの示した戒律を掲げているものであることが明らかであり、それは、前条の関係から推して、観阿弥の外ではあり得ないことも疑いの余地はないであろう。こういう点に着目すると、あの奥書は文字通りに信じていいと思われるし、少くとも、世阿弥の真意がそこにあったことは否定出来ないであろう。

つづいて、「花伝　第一　年来稽古条々」には、

亡父にて候ひし者は、五十二と申しし、五月十九日に死去せしが、その月の四日の日、駿河の国浅間《せんげん》の御前にて法楽仕《つかまつ》り、その日の申楽、殊に花やかにて、見物の上下、一同に褒美せしなり。

と、亡父最後の所演を想起し、

凡、その頃、物数をば、はや今の初心にゆづりて、安き所を少な少なと色ひてせしかども、

花はいやましに見えしなり。

と、当時における観阿弥の芸風を指摘し、更に、

これ、誠に得たりし花なるが故に、能は枝葉も少く、老木になるまで、花は散らで残りしなり。これ、目のあたり、老骨に残りし花の証拠なり。

と、観阿弥の芸位を回想している。「花伝書　第七　別紙口伝」には、「若クテハ年寄リノ風体、年寄リテハ盛リノ風体ヲ残ス」年々去来の花を説き、「コノ位ニ至レル仕手、上代・末代ニ、見モ聞キモ及バズ」と慨いた後、

亡父ノ若盛リノ能コソ、﨟《ラウ》タケタル風体、殊ニ得タリケルナド聞キ及ビシガ、四十有余ノ時分ヨリハ、見馴レシコトナレバ、疑ナシ。自然居士ノ物真似、高座ノ上ニテノ振舞ヲ、時ノ人、十六七ノ人体ニ見エシナンド、沙汰アリシナリ。コレハ、マサシク人モ申シ、身ニモ見タリシコトナレバ、コノ位ニ相応シタリシ達者カト覚エシナリ。

といって、亡父の芸が年々去来の花を持していたことを、慎重に証言している。また、「花伝　第五奥儀」には、猿楽の目的が人間の生活に上下和合の感を抱かせ、衆人愛敬の念を与えるにあることを説き、そのためには、「愚なる眼にもげにもと思ふやうに能をせんこと」が必要であるとした後、

亡父は、いかなる田舎・山里の片辺《かたほとり》にても、その心をうけて、所の風義を一大事にかけて芸をせしなり。

といって、亡父の芸が人間生活における猿楽の意義を生かす上にいかに心を砕いて成ったものであ

るかを明らかにしようとしている。

かく見来ると、「花伝書」の所々に、観阿弥の芸を観阿弥の芸として伝えている世阿弥の立場は、既に没後二十年近くを経過した亡父の芸が、いかに傑れたものであったかを、まだ知らない人に知らせ、見なかった人に信じさせようとする、いわば、説得的な立場であり、時には、それを証しようとしているかのような立場でさえあることに気づかされる。

ところが、彼が六十一歳に達した時、彼の芸論・芸談を息男元能が聞き書きした「申楽談儀」になると、没後四十年になる亡父の芸を伝えるのに、今眼の前に見ているかのような直截さ・新鮮さを以ってしている。例えば、

住吉の遷宮の能などに、悪尉に立烏帽子着、鹿杖《かせつゑ》に縋り、幕うち開け出でて、橋がかりにて物言はれし勢よりロンギ言ひかけ、又「紀有常がむすめと現はすは、尉がひがごと」など、締めつくくめつせられし、更に及びがたし。

と感嘆し、

大男にてゐられしが、女能などには、細々となり、自然居士などに、黒髪着、高座に直られし、十二三ばかりに見ゆ。

と不審し、

「それ一代の教法」より、うつりうつり申されしを、鹿苑院、世子に御向ひありて、「児は小股をかかうと思ふとも、こゝは叶ふまじき」など、御感のあまり、御利口ありし也。何にもな

れ、音曲としかへられしこと、神変なり。

と驚異し、また、

怒ることには、融《とをる》の大臣《おとど》の能に、鬼に成りて大臣を責むるといふ能に、ゆうりきゆうりきとし大になり、砕動風などには、ほろりとふりほどきふりほどきせられしなり。草刈の能に、「この馬は、たゞ今餓ゑ死に候べきや」より譬引《たとへび》きし、「雖逝《すいゆ》かず雖逝かず」など云ひくだして、「ここは忍ぶの草枕」とうたひ出し、目遣ひし、さと入りし体《てい》、この道におきては、天降《あまくだ》りたる者なりとも、及びがたく見えしなり。

と絶讃している。

が、この感嘆・驚異・絶讃には、どこにも、「花伝書」における回想のような、説得的、証言的な意向はなく、ただ、安心して公言するという態度に出ている。

「花伝書」所伝と「申楽談儀」所伝におけるこの態度の変化は何を意味するであろうか。「花伝書」は、世阿弥自身筆を執った相伝の書であり、「申楽談儀」は、息男元能を前にしての芸論・芸談であるという、両書成立の相違ということも一応は考えられる。また、「花伝書」成立の当時と「申楽談儀」成立の当時とでは、所伝者世阿弥の地位がちがっていたにちがいないということも考えられる。更にまた、年と共に、観阿弥に対する時人の認識が進み、その結果として、それぞれの時代における観阿弥認識の程度がかく反映しているものとも考えられないことはない。いずれがその真因であるにもせよ、驚かされるのは、没後四十年にわたって消えない感激が、どの所伝の底にも脈うっていることであり、更に、それが年と共に力強さをさえ加え来っていることである。

しかし、観阿弥の芸に対する世阿弥の感激は、ただ、これを追懐し、回想することのみを以って満足するものではなかった。そこには、叙上の追懐・回想が、「更に及びがたし」とか、「神変なり」とか、「天降りたる者なりとも及びがたく見えしなり」とかいう言葉で結ばれていることによっても明らかなように、観阿弥の芸を至上芸として定位しようとする意向が窺われる。特に、そういう観阿弥の芸の定位を目ざした所伝のいくつかが見出される。「花伝書」に、

亡父の名を得し盛り、静が舞の能、嵯峨の大念仏の女物狂の物真似、殊に殊に得たりし風体なれば、天下の褒美・名望を得しこと、世もて隠なし。これ、幽玄無上の風体なり。

とあり、又、「申楽談儀」に、

上花にのぼりても山をくづし、中上にのぼりても山をくづし、又下三位にくだり、塵にも交りしこと、ただ観阿一人のみなり。

とあるなどがそれである。後者については、「九位次第」にも、能芸美を上三花・中三位・下三位に分ち、更に上三花を妙花風・寵深花風・閑花風に、中三位を正花風・広精風・浅文風に、下三位を強細風・強麁風・麁鉛風に品等して九位を次序した上、更に、これが稽古による発展を跡づけて、中三位を初に、上三花を中に、下三位を後にというように次第し、これを、中初・上中・下後と熟語にした末に、

ここに、中初・上中・下後までを悉く成しこと、亡父の芸風ならでは見えざりしなり。

と、同じように言表している。「申楽談儀」の「ただ、観阿一人のみなり」にしても、また、「九位次第」の「亡父の芸風ならでは見えざりしなり」にしても、観阿弥を芸の至上者として位置づけようとしていることに変りはない。しかも、一面において、当時の芸能が「無主の風体」に堕し、「無体枝葉の稽古」に陥っていることを慨いている彼であることを思い合わせると、その胸中に生きている観阿弥の芸を至上者のそれとして定位しないではいられない彼の立場が肯かれるものがある。

世阿弥が観阿弥を伝えている立場に、観阿弥を至上者として定位しないではいられないものがあったということを指摘すると、ここに触れておかなくてはならない一事がある。それは「花伝 第五奥儀」に、

亡父は、常々、一忠がことを、我が風体の師なりと、まさしく申ししなり。

とある、亡父所伝の一つである。この所伝は、いかに一世の達人であったとはいえ、田楽の一忠を、猿楽の観阿弥が「我風体の師なり」とまで断言したことに対する感激が基底をなしている。このことは、「まさしく申ししなり」という言いぶりでも直感せられるし、この所伝の前書きに、「田楽の風体、殊に格別のことにて、見所も、申楽の風体には批判にも及ばぬと、皆々思ひ馴れたれども」と辞っていることによっても明らかである。つまり、かつては田楽がひとり栄えて、猿楽は問題にせられなかった時代もある。また、猿楽の座は田楽の座と共同出演していた時代もある。しかし、観阿弥の時代になると、猿楽の能は著しい発展を遂げて、田楽の能を遙かに引き離してしまっている。そういう推移と関連にある田楽の一忠を、猿楽の観阿弥が「我が風体の師なり」と断言した、

その謙虚さと大きさに打たれているのが、この所伝に示されている世阿弥の立場である。これは、一面には、彼の衷に飽くことを知らないような逞しい稽古精神を喚起した原動力を成したものであり、一面には、観阿弥の偉大さを至上者としないではいられない根基を成したものであろうと思われる。所伝の仕方は、他の「花伝書」所伝のそれと共通した、用心深いものではあるが、そこに潜んでいるものは、「申楽談儀」で「ただ観阿一人のみなり」といい、「九位次第」で「亡父の芸風ならでは見えざりしなり」といっている、至上者としての尊信を予示している言である。

しかも、この至上者としての尊信は、必ずしも、前代、もしくは当代の、他の芸能人との比較において見出された客観的判断のみではない。世阿弥自身の芸の肉迫を経た主体的定位を含んだものであることも、見逃してはならない。「申楽談儀」に、鹿苑院が観阿弥の自然居士を見ながら世阿弥に対して、「児《ちご》は、小股をかかうと思ふとも、ここは叶ふまじき」など、「御感のあまり御利口」せられたという父生前のことは暫く別とするも、同じ「申楽談儀」に、

「世子ノ位、観阿ニヲトリタル所アリ、誰モ知ラズ」ト、世子申サレシヲ、タヅネケレバ、

「ワレハ、足キキタルニヨツテ、ヲトリタル也」ト云々。

とあるのは、世阿弥の芸が常に亡父観阿弥のそれに肉迫しようとしていたことを示し、時人は、少くも観阿弥の芸と同列に、もしくはそれ以上に、世阿弥の芸を認めていたことを示すと共に、世阿弥自身としては、彼が足キキであるために、却って亡父の芸に及ばないという反省を抱かされていたことを伝えるものである。この足キキであることが劣った点であるという反省は、世阿弥の所期

している芸風がどんなものであるかを語ると共に、また世阿弥の心に生きていた観阿弥の芸境が、いかに高いものであったかを示すものである。なお、同じ「申楽談儀」の観阿弥についての芸談の終りに、

かの先祖の風体をあはせて、世子一建立の十体《じってい》に引きあはすれば、観阿一建立の上に、なほ、漏れたることとあるべからず。

という一条がある。これは、世阿弥が、自己の芸力と亡父の芸力とを直接の問題にしたものとして注目せられるが、かく語っている世阿弥の心境は、自己の芸が一歩進み、自己の立場が一段のぼると、亡父の芸が、更に一歩進み、亡父の立場が、更に一段高く見えてくるという発見に驚いているもののようである。これは、明らかに、亡父の芸力についての主体的定位であって、ここに至ると、世阿弥にとって、この亡父観阿弥の高さ・深さは無限であって、どこまで進んでも究め尽すことの出来ないものとして彼の前に立っているのである。結局、彼は観阿弥において、芸の絶対境に触れ、道の無限に参じたといってよい。世阿弥にとっては、観阿弥は、生前はその師父であったと共に、没後は芸の至上者として、また道の体現者として、彼の心に生き、常に彼を指導し、彼を鞭撻して、彼を完成させ、彼の生涯において能楽創始の大業を遂ぐべく挺身させた原動力に外ならなかったのである。

われわれが、世阿弥の伝書において、特に目を瞠《みは》らせられる一事は、彼の逞しい稽古精神である。あらゆる芸、あらゆる価値は、稽古を根基としてのみ獲得せられ、また成立する。従って、その稽

古は、「若年より老後まで習ひ徹るべし」(「花鏡 奥段」)というように、生涯に亙らなくてはならない。「日々夜々、行住坐臥に、この心を忘れずして、定心につなぐべし。」(「花鏡 万能綰一心事」)とあるように、全生活に及ばなくてはならない。しかも、「住劫」を戒めて、いかなる境位にも止住することを許さぬ、念々に進歩をつづけていなくてはならない、果ては、「老後の初心」、更に「初心の重代」をさえ所期するものである。これほど鋭く、これ程逞しい稽古精神は何によって来ったものであるか。その原因は、いろいろと指摘せられるであろう。また、さまざまに分析せられるであろう。しかし、何が指摘せられ、どう分析せられたところで、その中で、最も重要な位置を占め、最も重大な意義をなすものは、世阿弥の心に生きていた亡父観阿弥像であることにまちがいはないであろう。黙して語らなかった観阿弥の偉大はもとより、伝えられたものをも、自ら拓いたものをも、そのすべてを亡父の力に帰しないではいられなかった世阿弥の無私にも頭がさがる。

すべてをその根源に帰するところに真の伝統が成立し、日本文化発展の原動力が潜んでいる。われわれは、亡父観阿弥を伝えている世阿弥の立場に、すぐれたその一事例を見出すことが出来る。

(『文学』昭和十七年十一月号)

「花鏡」の問題

一

「花鏡」の奥書には、

風姿花伝、年来稽古より別紙ニ至までは、此道を顕《アラハス》花智秘伝也。是は亡父芸能色々を、廿余年間、悉為㆓書習得㆒条条也。此花鏡一巻、世阿私に、四十有余より、老後ニ至まで、時々浮所《ウカムトコロノ》芸《ゲイ》得《トク》、題目六ケ条、事書《コトガキ》十二ケ条、連続為㆑書、芸跡《トシテ》残所也。

応永卅一年六月一日　　世阿判

とある。これによると、「花鏡」は世阿弥元清が六十二歳の時に出来あがった伝書で、そこに書き遺されたものは、彼が後半生の精進による芸得である。「四十有余より」と限定してあるのは、「花伝書」の完成以来というに等しいことは、この奥書において、まず「花伝書」が亡父の芸能を、その死去(世阿弥二十二歳)以後「廿余年間」習得して書いた条々であるといい、それを承けて、「此花鏡一巻、世阿私に、四十有余より」といっている上に明らかであると思う。

そうすると、「花伝書」は、父観阿弥の芸能からの習得を書いた伝書、「花鏡」は、世阿弥自身の芸における体得を書き遺した伝書として、位置づけられていることになる。もとより、習得といっても彼の体得に入ったものであり、体得といっても、亡父の芸能の習得に出たものであることは、誰よりも、彼自身が知り、かつ信じている。しかし、その立言の態度において、「花伝書」は伝えられたものを伝えられたものとして伝えるという誠意に燃えており、「花鏡」は自得を自得として遺すという熱意に貫かれていることも争われない事実である。「花鏡」には、「花伝書」に提出せられている問題の完成もあれば、発展もあり、まだ提出せられていなかった問題の発見もある。たしかに、それは世阿弥の芸得といい、彼の芸跡とするにふさわしいものである。しかも、それは、二十二歳までは直接に父の鉗鎚を受け、四十有余までは、追憶に浮ぶ亡父の芸能を習得することに専念し、更に、それを伝授し、伝書になし得た、彼の芸得であり、芸跡である。もし、これを自得というならば、それは自己を滅却して精進に精進を重ねたどん底から浮び上って来た自得であり、もし、これを創造というならば、それは伝統の坩堝に入って鍛えに鍛え、錬りに錬った果てに成った創造である。どこまでが伝統であり、どこからが創造であるか、そんな判別のできるものではない。それが彼の芸得である。

＊ およそ、家を守り、芸を重んずるに因て、亡父の申し置きし事どもを、心底に留めて、大概を録す。所詮、他人の才覚に及ぼさんとにはあらず。たゝ子孫の遅疑を遺すのみなり。(「花伝　第三　問答条々」)
　およそ、花伝の中、年来稽古よりはじめて、この条々を注すところ、全く自力より出づる才覚ならず。幼少以来、亡父の力を得て人と成りしより廿余年が間、目に触れ、耳に聞き置きしまゝ、其風をうけて、道の為、家の為、是を作するところ、私にあらんものか。(「花伝　第五　奥儀」)

二

「花鏡」の組織は、奥書にあるように、題目六ケ条、事書十二ケ条で、これを目次の体裁にして示すと、

一　一調二機三声
二　動十分心　動七分身
三　強身動宥足踏　強足踏宥身動
四　先聞後見
五　先能其物成　去能其態似
六　舞声為根

　　題目六ケ条以上

一　時節感当の事
二　序破急の事
三　習道智の事
四　上手之知レ感事
五　浅深之事

六　幽玄之入レ堺事

七　劫之入用心之事

八　万能綰一心《マンノウクワンイツシン》の事

九　妙所之事

一〇　批判之事

一一　音曲の事

一二　奥段

　　事書き十二ケ条以上

ということになる。一見すると、断片的考察を羅列したもののようであるが、各条を検討して行くと、相互に脈絡があり、一種の体系を成していることが肯かれてくる。

三

題目六ケ条の第一である「一調二機三声」は、その副題とも見るべき「音曲開口初声」が示しているように、音曲を始める時の発声法である。更にいえば、シテ登場における開口の心構えである。というのは、世阿弥の伝書は、彼がシテの家である関係上、そして、能芸がシテ本位の芸である必要上、すべてシテの立場で考察せられているのだから、「花鏡」の各条がシテの立場における問題の考察であることはいうまでもない。

一調二機三声の「調」は、調子である。笛によって示される調子である。「機」は気である。息気《いき》の気であり、気合の気であり、機会の機でもある。「声」は声音である。一二三は事の順序を示す一二三であって、質の本末をいう一二三ではない。

彼はこの一調二機三声を説いて、

吹物の調子を音取《ねど》りて、機に合はせ澄まして、目を塞ぎて、息を内へ引きて、さて、声を出せば、声先《こわさき》、調子の中より出づるなり。

といい、更に、

調子をば機に籠めて、声を出すが故に、一調二機三声とは定むるなり。

といって、発声法を明らかにしている。これによると、彼の発声に関する所説の要点は、笛の調子と謡う声との一体化であって、この両者を一体化する基体が機であるというところにある。かく、この調と機と声とを一貫の働きとして捉え、相互の関連を明確に位置づけた彼は、進んで、発音法に触れ、

文字をば唇にて分つべし。文字にもかからぬほどの曲をば、顔の振りやうをもて、あひしらふべし。

と教えている。ここにいう文字は音のことであり、曲は発音上の微妙な味である。音を口形で発しわけるということはよくわかるが、音として区別出来ぬほど微妙な味は、顔の振りようであしらえ

ということはどういうことであろうか。謡では浄瑠璃のように、顔を振って謡うということは禁じられているはずである。しかし、「文字にもかからぬほどの曲をば」と限定し、「あひしらふべし」と指示している点に注意を向けると、肯かれるものがあるのではあるまいか。

かくして、声も音も曲も、調子に貫かれた一体化を得、しかも、それは「機」として主体化を遂げたものでなくてはならないとせられている点に、彼の体得の確かさが感銘せられてくる。

題目の第二は「動十分心 動七分身」である。舞働における心と身との関係を示したもので、心を働かせ、身を働かすに当っての手心を十と七との比率でせよといっているのであるが、

さしひく手をちちと、心ほどには動かさで、心より内に控ふるなり。

といっているので明らかなように、その実は表現における省略法である。そして、それは、

心よりは身を惜しみて立ち働けば、身は体になり、心は用になりて、面白き感あるべし。

といっているように、また表現における深化法でもある。

題目の第三は「強身動宥足踏 強足踏宥身動」である。これは舞働、もしくは物真似における身動と足踏との関連をいったもので、強く身を動かすには宥《ゆる》く足を踏み、強く足を踏むには宥く身を動かすというのが文字の示すところである。身動なり足踏なりにおいて、表現の密度を大きくする工夫で、表現を高次化する方法に外ならない。

題目の第四は「先聞後見」である。これは、物真似における、詞句と姿との先後であって、まず耳に詞句を聞かせた後に、目に姿を見せよというのが、その眼目である。いわば、演能における聴

覚表象と視覚表象との定位であって、「見聞同時」も「先見後聞」も表現の効果を成さない、「先聞後見」にのみ「見」と「聞」との的確な定位が成立するというのがその要である。

題目の第五は「先能其物成　去能其態似」である。これは、演能における物真似の要領を示したもので、「先づ其の物に能く成り、さて其の態《わざ》を能く似せよ」というのである。その物に能く成るとは、そのものの姿によくなることである。其の態を能く似せるとは、其物としての態をすることである。約言すれば、姿から態が生れてくるようにせよという注意である。しかも、彼のいうところによると、姿は単なる扮装や容姿ではない。いわば芸術的形象である。そう考えてくると、「其のすがたのうちより、舞をも、音曲をも、立ちふるまふ事までも、其の態をすべし」は深い芸術的要請であることが領かれてくる。

題目の第六は「舞声為根」である。これは舞と音曲との関連を定立することを主題とするものであるが、その主題に導かれて舞の方法的分類を行い、更に舞を完成する立場の考察に及んでいる。舞は音声から生れ、音声へ納まるのでなくては、感が成立しないというのが彼の原則である。つまり、耳に聞く音曲が、いつの間にか目に見る舞になっており、また、その目に見る舞が、いつの間にか耳に聞く音曲に納まるというような舞でなくては、舞としての芸術的感銘を与えるものではないというのである。というのは、彼によると、舞歌は如来蔵(煩悩に包蔵せられた真如の意)に発するものであるからである。まず、如来蔵としての五臓から声を出し、やがて、それが更に五体を動かす舞になるというのである。また、舞歌に大切なことは、「時の調子」に合わせることである。

その「時」というのは、春夏秋冬の四季であり、また夜昼の十二時であるが、そういう天道の時は周期律をもっている。従って、そこで行われる天人の歌舞にも時節があり、その時節々々の調感があるはずである。そういう天上の調感に地上のそれを応じさせようとするのが時の調子である。その一例として、駿河舞は天女が天降って舞歌の曲を留め、この国の秘曲となったものであるといっている。声が如来蔵に発するとする思想にしても、また「時の調子」を天の調感を移すものであるとする思想にしても、まず、舞の根底を音曲に置き、更に、その音曲の根底を形而上的な深さに認めようとするものであって、中世的な芸能観の特質を示すものといってよい。

かく如来蔵に発し、天の調感に応通した音曲を根基とした舞は、更にその舞いかたが五智に分類せられている。五智というのは、手智・舞智・相曲智・手体風智・舞体風智である。手智は手の働きによる舞であり、舞智は手足を使わないで、恰も飛鳥が風に従うように、ただ姿でする舞である。相曲智はこの両者の和合に成るもので、手智の有文風と、舞智の無文風との融合がこの相曲智の味であるとせられている。ところが、この相曲智は、かく有文・無文の和合のうちにも、手智が主となり、舞智がこれに副う場合と、舞智が主となり、手智がこれに副う場合とがある。前者が手体風智であり、後者が舞体風智である。そして、この五智は曲中の人体によって適用を異にすべきであるが、一般的にいうと、男体には手体風智が、女体には舞体風智が適当しているといっている。

舞の根基を音曲に認め、音曲の根底を如来蔵又は天の調感に置いた彼が、その舞の方法に五智を分かったことは叙上の如くであるが、彼は更に、舞を舞として完成させるための重大な課題を提出している。それは「目前心後」で、「目を前に見て、心を後に置け」ということである。というのは、舞を舞として完成するには、自分の姿を自分で識ることが欠くことのできない条件だからである。自分の姿の左右と前とは自分の眼で見ることが出来るけれども、後姿は見ることが出来ない。その後姿を如何にして識るかというのが、その課題である。演者には演者の後姿は見えないけれども、見所即ち観衆には左も右も前も後も同じように見える。だから、その見所と同じ心になれば自分の後姿が見える筈である。ところが、この「見所同心の見」は、既に我がこの目で見ることではない。我見を離れた見地、即ち「離見の見」である。そうなると、「目を前に見て、心を後に置け」という「心を後に置」くことは、「見所同心の見」に立つことであり、「見所同心の見」に立つことは、「我見の見」を去って「離見の見」に立つことである。かくして、始めて我が姿の左右前後が分明になり、五体相応の幽姿を形成することが出来るというのである。

舞の根基を音曲に見出し、音曲の根底を形而上的な深さに掘り下げた彼が、舞そのものの展開を跡づけて、その完成を「離見の見」に期するに至ったということは所以あることであると思われる。随って、この題目に含まれた「舞は声を根本とする」という考察と「舞の五智」という考察と、「舞の目前心後」という考察とは深い関連を保つものであることが肯かれる。

題目六ケ条をかく見来ると、その第一は音曲の問題、第二・第三は舞の問題、第四・第五は物真似の問題、第六は音曲と舞との関連であり、その根本問題である。そして、世阿弥によれば、能芸の構成要素は、歌舞と物真似に外ならぬ。この六ケ条は、実に能芸の構成要素に関する彼の体得を披瀝した体系的考察であるとして大過ないであろう。

四

題目六ケ条に継ぐ事書十二ケ条の第一は、「時節感当の事」である、これはシテ登場に関する主要問題の考察である。シテの登場に関しては、登場すべき真の時節というものはほんの瞬間である。が、それは観衆の気合にあるのだから、シテはまずそれを感得しなくてはならない。というのは、これは観衆の心をシテ一人の感力に引入れる無二の機会であるのだから。かくて、登場したシテは、一声なり、サシゴトなりをどこであげるか。舞をどこで始め、どこで納めるか。また、顔はどう保ち、眼はどこへどう注げばよいか。そしてまた、所演の場所に関しても、晴れの舞台であるか、さほどでもない舞台であるか、また内々の座敷などであるかによって、それぞれの呼吸があり、また工夫がなくてはならないということを説いて精しい。

第二は「序破急の事」である。序は初であり、破はその展開であり、急はその仕上げである。番組でいえば、脇能と二番能とは序、三番能・四番能・五番能は破、五番能のうちの最後は急である。従って、特徴的にいうと、序は静かな歌舞的、破は劇的、急は激しい歌舞的とでもいえるであろう。また、序は未分化的、破は分化的発展的、急は収結的である。そしてまた、序は鷹揚でおのずからな姿、破は細かに砕けた姿、急は揉み寄せて目を驚かす姿であるともいえるであろう。

ところが、舞台芸術であるこの能芸には観衆がある。そしてその保護者である貴人がある。この貴人や一般観衆の序破急と、曲目そのものの序破急とは必ず一致するとは限らない。そこに、態《わざ》を破にし、心を序になして演ずるというような苦心も払わなくてはならない場合を生ずるのである。いずれにしても、演能の時律的展開の考察である。

第三は「習道智の事」である。これは風体に関する考察であるが、どういう風体で演じるかということは、演能の問題ではなく、稽古・習道の問題であるということがその主旨であって、まず題目の一つとして説いた「動十分心　動七分身」のような、象徴的傾向の著しい風体は、初心者が演じようとしても演じることの出来ないものである。もし、それをも敢えてすれば、全くそれとは質を異にした、小さく塞がった風体になってしまう。ここに稽古・習道の要がある。そして、その習道は、「動七分身」ではなく、「動十分身」にしなくてはならない。そういう稽古を積んでいくと、それが自己のものになり、身についたものになってくる。そして、真の「動七分身」の芸が身についてくる。つまり、「安き位」の芸になってくる。だから、習道においては「動七分身」の「安き位」の風体を学ぼうとしてはいけない。心の十を身の十に働かせる稽古が大事であり、その大事の稽古がやがて「安き位」を成立させるのである。

では、大事の稽古さえすれば誰でも安き位に達しうるか。彼はここに三つの具備すべき条件を提出している。それは「下地」即ち素質と、「好き」即ち熱心と、「師」即ち指導者とである。素質のある者がよき指導を得て、しかも熱心に稽古するのが真の稽古であり、習道であって、そこにのみ

「安き位」の成立は期待せられるというのである。

以上は、「安き位」の芸としての「動十分心 動七分身」の風体とその成立に関する考察であるが、これに似て非なる風体がある。それは、この「安き位」の風体を習道を経ないで真似る「転読」の弊である。これは省略による象徴的風体ではなくて、粗雑さによる貧弱な風体に外ならない。単なる、年の若い演者の腕達者で一時はごまかし得ても、それでは、年と共に凋落する。また、次から次へと新奇を漁って何一つわがものにしないのも、この「転読」の一種で、珍しさばかりを逐えば、珍しさが珍しさでなくなる。古いものに新しいものを交えると、古いものも新しいものも共に珍しい。ここにも、真にわがものによくするための習道の要が存立する。何等かの風体を思うものは、まず、その根底である習道を思わなくてはならないというのが彼の思想である。

第四は「上手之知ㇾ感事」である。これは、前条の風体問題を承けて、心の問題に及んだのである。心については、世阿弥は工夫公案の心の意と、心そのものの意とに用いている為に、所説の上にやや混雑を覚えるけれども、ここは、工夫公案の心から、心そのものの意に及んでいると見るべきであろう。この心そのものを「正位」とも「正位心」とも呼んでいる。また、彼によれば、工夫は態《わざ》に即して現われる心の働きであって、態の稽古を根底としない工夫は真の工夫ではないところから見て、ここでは、態を究めていなくても面白いところがあり、態を究めていても面白くないのがあるというのだから、それは、心でするか、そうでないかによって分かれることになる。したがって、この心は、態を根底とした単なる工夫ではない。のみならず「舞・働きは態なり。主になるものは心なり、また正位なり」といっている上にも、この心は単なる工夫ではなく、心そのものであることが明らかである。

彼は芸の位を上手の位、名人の位、天下の名望を得る位となし、上手の位というのは、稽古を究めて態に達した芸位、名人の位というのは、態に達した上に、心によって面白いという感銘を与える芸位、これは工夫でも至り得る境位である。ところが、天下の名望を得る位は、心にも覚えず、面白いとも思わぬ感で、「無心の心」「無感の感」ともいうべき芸位である。態の面白さの外に、心の面白さがあり、心の面白さの中にも、更に「無心の感」があるという問題の提起として注目せられる。

第五は「浅深之事」である。これは、表現様式に関する問題で、既に「動十分心 動七分身」に含まれている問題であるが、それは表現様式の一般問題であり、これはそれに含まれた特殊問題であって、大ような趣きと細やかな趣きとをどう位置づけるかということに関する原則を示したものである。即ち「心を細かにして、身を大やうにすべし」というのがそれである。

この問題は、能というものは、細かでなくては面白くない。ところが、細かにしようとすると、能姿が小さくなりやすい。そうかといって、大ようにしようとすると、能姿が間の抜けたようになりやすい。どうすればよいかというと、細やかにすべきところは、いかにも細やかに、大ようにすべきところは、どこまでも大ようにすべきである。しかし、そこの堺の見当がつかない。真に能を知らなくては判断が立つものでない。よくよく師に尋ねて明らかにしなくてはならない。が、一般的な心得としては、上に掲げたように、心を細かにして身を大ようにするように心得ていればよい。何にしても、大きい型から小さい型へは行けるが、小さい型から大きい型へは行かれないことを注意すべきである。

これによると、細かさと大ようさとの問題で、浅い・深いの問題ではないように思われる。しかしこの大ようさと細かさとを、はっきりと、心づかいと身のあつかいとに立体的に定位した点に注目すると、浅深問題として受けとれぬことはない。そして、心を細かにつかうことが「深」、身を大ようにふるまうことが「浅」であることはいうまでもない。かく考えてくると、これを大小のこととか細大のこととかしないで、浅深のこととしたところに、彼の体得の深さが感じられる。

第六は「幽玄之入ㇾ堺事」である。これは能芸の美に関する考察である。幽玄は、能芸に限らず、中世における美の理念であった。そこには、時代による意味の変遷もあり、事や人による意味の差もある。したがって、能芸には能芸における幽玄がある。が、それは観世父子、わけても世阿弥によって樹立せられ、規定せられたものであるといってよい。

彼は、幽玄を以て諸道諸事の上果となし、能芸においても、これを第一とすると冒頭にいい、その幽玄なシテがなかなか無いということから、この問題を提起している。一般には、幽玄の風体をしたシテが登場すると、観衆はこれが幽玄だと思って賞讃しているが、真に幽玄なシテはなかなかない。それは、幽玄の味を知らないからである。幽玄の味を知り、幽玄の境に入らなくては、いくら幽玄の風体をしても、それは幽玄のシテではない。

それでは、その幽玄の境とはどんな境であるか。社会における幽玄の所在を検討すると、公家方の起居動作が、如何にも気高く、容貌も世にすぐれている御様子などは、幽玄といってよい。これは、美しく、柔和な(上品な)ところがその本領である。具体的に指示すると、人体では、長閑なる趣きが幽玄である。言葉では、言葉のやさしさが幽玄で、貴人や上つ方の常に使い馴れている言葉遣いを習得することによってそれが成立する。音曲では、節が美しく発展して、いかにも融和したものに聞えるのが幽玄である。舞では、舞をよく稽古しぬいて、容姿が美しく、静かな趣きで、観衆に深い感銘を与えるのが幽玄である。また、物真似では、三体の姿が美しければ、それが幽玄である。物真似のうちでも、怒った風体や鬼で、身なりをば少し荒々しくしても、美しい情趣を忘れないで、「動十分心 動七分身」とか、「強身動宥足踏 強足踏宥身動」とかいう心構えで演じれば、鬼の幽玄が成立する。何れにしても、物真似はその物に成りきることであるが、それと同時に、この幽玄を離れてはならない。たとえば、上臈・下臈・男女・僧侶・田夫・野人・乞食・非人に至るまで、花の枝を一房ずつかざしたのを並べて見るようなもので、その人その人の地位・人品は変わっていても、美しい花だなあと感じる点は同じである。そして、それは物真似の人体、即ち姿である。

ところが、この肝腎な姿を姿としてよく見せる原動力はというと、心である。その心とは何であるか。これは、まず、幽玄をわきまえ、これが体現のために、基本となるべきものを稽古し、何の物真似をしても必ず美しいという感銘を与えるべき風情を身につけることである。とかく、その物その物の真似をしわけるだけを物真似と心得て、それを幽玄と見せる姿そのものを忘れるから、幽玄の境に入らないのである。

結局、幽玄の所在は姿である。舞でも、音曲でも、要はその姿である。幽玄は姿の美である。この道理を、自ら工夫し、自ら体得するのを、幽玄の境に入るというのである。彼がこの条で言おうとしたのは、幽玄そのものが何であるかというよりも、幽玄の境に入るということは、姿を幽玄そのものにすることであるというにある。

かくして、彼は能芸美とその成立に関する彼の体得を伝えようとした。

第七は「劫之入用心之事」である。これは、稽古の劫を入れるについて警戒すべき点の省察である。劫はもと時間の単位であるが、それは日や月や年のような短い単位ではなく、殆ど人間の理解を超えた、長い単位時間である。それを積むのである。稽古にそういう劫を入れていくのである。しかし、それは恐らく、計算的な時間、数量的な長期ではなく、永劫に亙ってやりぬくという心構えのことであり、態度のことであるにちがいない。永劫に亙ってやりぬくという態度でなくては、本当のことは出来ない。

が、ここで彼が問題にしているのは、その劫を入れることとそのことのみではない。劫を入れるについて牢記すべき「住劫」のことである。住劫は読んで字の如く、劫に住《とど》まることである。劫に住まるということは、劫が入った、ある成果に停止することである。得意な芸に住まったり、都で喝采せられた芸を田舎へ行っても失うまいとしたりするところに、この住劫が巣喰うというのである。

彼によれば、劫を入れるということは、言いかえれば、生涯に亙り、子孫に及んで、未来永劫にやりぬくということは、同じことを同じように繰り返していることではないのである。絶えず新しくなって行くことなのである。いつも銹をつけず、光っている鉄のように、磨いて磨いて磨きぬくことなのである。だから、彼は、「少な少なと、悪しき劫の去るを善き劫とす。善き劫の別に積るにはあらず。」といっている。そして「返す返す、心にも覚えず、善き劫の住して悪き劫になる所を用心すべし。」と戒めている。太陽の如く永劫に、しかも、また、太陽の如く常に新しい命の輝きとして精進することが、彼のいう劫の入る用心であるのである。

第八は「万能綰一心の事」である。これは能即ち態《わざ》と心との関連を明らかにした考察であり、能芸における心を位置づけた省察である。彼によると、能芸における万能、即ちあらゆる態は、眼に見、耳に聞くものである。ところが、そういう眼に見、耳に聞く態は要するに身で「なす」態であるが、そういう身でする態と態との隙が面白いのである。この隙は、「なす」態に対していえば、「せぬ」間《ひま》である。

「せぬ」ということは、「花伝書」においても、五十有余の稽古を説いた条で、「せぬ外に手立あるまじ」といい、この「花鏡」の奥段でも、それを引いて、「せぬならでは手立なきほどの大事を、老後にせんこと、初心にてはなしや」と訓えているところからいっても、それは単なる不可能から割出された「せぬ」ではない。もとより、身体的条件においては不能に陥っていることも認めなくてはならない。しかし、それは、その身体的可能力を可能の極まで働かして、稽古を尽しぬいた成果としての「せぬ」である。身のなす態が失われた後に、その態を超えた芸術性として、また芸術的価値として存立するのが、この「せぬ」間《ひま》の面白さである。では、そのせぬ間の面白さは何であるか。「これは、油断なく、心を縮《つな》ぐ性根なり。」と彼は答えている。更に、

舞を舞ひやむ間《ひま》、音曲を謡ひやむところ、そのほか、言葉・物真似、あらゆる品々の間々《ひまひま》に、心を捨てずして用心をもつ内心なり。この内心の感、外においておもしろきなり。

と説いているように、この「せぬ」間の面白さは、態ではなくて「心」である。しかも、その「心」は、

この内心ありと、よそに見えてはわるかるべし。もし見えば、それは態になるべし。「せぬ」にてはあるべからず。

といい、また更に、

無心の位にて、わが心をわれにもかくす安心にて、せぬひまの前後を縮ぐべし。

といっているように、「なす態」ではなくて「せぬ心」である。しかも、それは、態と無関係な「心」ではない。

これすなはち、万能を一心にて縮ぐ感力なり。

といい、また、これを操人形の糸に比して、「心をば糸にして、人に知らせずして、万能を縮ぐべし。かくの如くならば、能の命あるべし。」といっているように、態を成立させている基本でもある。したがって、態を貫き、間を縮ぐ一貫の生命に外ならない。

なお、この「一心」の成立に関しては、

惣じて即座に限るべからず。日々夜々、行住坐臥に、この心を忘れずして定心に綰ぐべし。かやうに、油断なく工夫せば、能いやましになるべし。この条、極めたる秘伝なり。

といって、この「一心」を全生活面において連続的に持続してゆくことが唯一の秘訣であるとなし、それが、能の命に培う所以であるとしている。かく、稽古を生涯において持続するのみならず、それを全生活面においてするという領域の拡張を来し、またその対象が「態《わざ》」から「心」への展開を示していることは注目に値する。

第九は「妙所之事」である。歌舞・物真似の態とその稽古を説き、その態を貫く「一心」とその稽古を説いて来た世阿弥が、いよいよ、その態を超え、「一心」を絶した境の存在とその成立を提示したのが、この条である。そして、彼はこれを「妙所」と呼び、それは「形なき姿」であると定義している。彼によれば、姿こそ幽玄の所在である。しかし、それは単なる生理的身体でも、自然的形体でもなく、実に、稽古によって鍛えぬかれた芸術的形象に外ならない。したがって、彼はこの「姿」という語について、「見る姿の数々、聞く姿の数々」などという用法を示し、更に「形なき姿」などとも用いている。「形なき姿」は見聞を超えた姿であり、姿以上の姿である。そういう姿は、一般観衆に対しては、「何とやらん、面白き」というような感を催させるに過ぎないが、目利きにはそれが姿として捉えられ、シテその人においても一種の自覚を成立させる。けれども、それが何時・何処にあるというように把握せられるものではないらしい。かく時と処とにおいて指摘出来ない存在であるところに、妙の妙たる所以が存するのであろう。

それでは、そういう妙所なるものは、形而上的存在とせられているかというと、そうではない。それは、われわれの感覚や知性の対象にはならないけれども、感情的把握の対象にはなり得るものであるとせられている。即ち、

ただ、この妙所は、能を究め、堪能そのものに成りて、闌けたる位の安き所に入りふして、なす所の態に少しもかゝはらず、無心・無風の位に至る見風、妙所に近きところにてやあるべき。

といって、その成立が素質を究め、稽古を尽した成果として存立する境であることを示しているし、また、

幽玄風体の闌けたらんは、この妙所に少し近き風にてやあるべき。


といって、鑑賞に現われるところでも、幽玄な姿の闌けた風姿がややそれに近いというのであるから、われわれの把握を全く絶してしまった境ではない。唯、すぐれたシテの鍛えに鍛え、磨きに磨いた芸であるだけに、知的理解や言語的説明の及びがたい境ではある。それにもかかわらず、理解の及ぶ限り、説明の許す限り、それを示しておこうとする彼の真摯な熱意には打たれるものがある。

第十は「批判之事」である。これは観能論であるけれども、やはり、演能における反省としての観能論である点に、「花鏡」における彼の立場の一貫が認められる。

彼は、まず観能における評価の基準が個人的なものであることの認識から出発している。したがって、観能における評価の普遍的基準の設定は容易ではないが、また何等かの依拠が無くてはなら

ないということも認めている。そこで彼は、まず「天下に押し出されん達人」に拠れといい、更に、その達人の芸の成否を見分け、聞き分けて、そこに何らかの基準となるべきものを会得する外はないという結論に到達している。

進んで、彼は、そういう達人の成功した芸に見られる三つの様式を指摘し、これを以て観能における評価の基準を示すと共に、演能の反省たらしめようとしている。それは、彼の言葉にしたがえば、見・聞・心の三である。「見」による能は、読んで字の如く、何といっても眼に訴えるところの華々しさで観衆を捉える能である。そういう能は、つい観衆も感嘆の声を上げ、演者と一体になって芸を進行させる。目利きはいうまでもなく、あまり能を知らない者でも、こういう能の面白さには引き込まれる。が、こういう能に関して、シテの心得ていなくてはならない問題がある。それは、芸の進行につれて、シテも見手も心が浮き立って、目も心も隙《ひま》がなくなり、そのために、とかく芸がまぎれやすい。所謂「能の出来すぎる病」に陥りやすい。そこで、シテは、手を控え、風情を内に抱くようにして、観衆の目と心とを休ませ息ませ、一息つかせたところで面白いところを静かに見せると、面白さが一層加わって、能が後強《のちづよ》になり、番数を加えるにつれて感興の尽くるを知らずといった趣を呈してくる。

「聞」による能は、これまた読んで字の如く、主として耳に訴える音曲の力で観衆を捉える能である。最初からしんみりとして、音曲が時の調子にぴったりと合い、しっとりとした感銘で面白いといった味である。こういう能は無上の上手のみが演じうる所で、田舎目利きなどはさほどとも思わないほど深い趣きのものである。こういう能は、しんみりと美しいままに演じていくと能が沈んで来て、後弱《のちよわ》になる怖れがある。無上の上手が演じると、変化のある風体が段々と自然に現われてくるから、刻々と面白さが加わってくる。中位のシテだと、観衆の心を驚かすように、風体を或は詰め、或は開くというようにして、番数の進むにつれて沈まないように演じなくてはならない。しかも、観衆の眼に、シテが沈まぬように演じているということが見えるようではいけない。これが大事な注意であるとせられている。

「心」による能は、無上の上手が、その究極に到達した上で始めて演じ得るところである。これは、舞歌も物真似も、義理も、これといって取立てていうところもない芸が、さびさびとしたうちに、何となく感銘が深いところがあるといった趣きで、こういうのは「冷えたる曲」ともいうのである。こういう能になると、相当目利きといわれる見手も見知らないし、田舎目利きなどは思いもよらないところである。これは無上の上手の体得による瑞風で、「無心の能」ともいうのである。

以上が、彼のいう見・聞・心の三様式であるが、これは三種の様式であると共に、様式そのものの発展の次序でもある。というのは、見より聞、聞より心と、演者の力量にも差が認められているし、鑑賞の力量にもそれに応じた品等が行われている。世阿弥が芸を有文風・無文風に分かっている思想から推すと、見・聞は有文風、心は無文風ということになる。生涯にわたる発展として見れば、見による能は青・壮年期の芸、聞による能は老境に傾いてからの芸、心による能は老境そのものの芸として位置づけられている。

彼は更に、観能に関して、単なる「目利き」と「能を知る」人とを分ち、目・智相応して始めてよき見手といえるとなし、演能に関しても、上手・下手の外に、よく出来た場合とよく出来なかった場合があることをいい、観能者は演能者の立場で観能し、演能者は観能者の立場で演能することが極致であることを示した後、

できばを忘れて能を見よ。能を忘れて為手を見よ。為手を忘れて心を見よ。心を忘れて能を知れ。

という能批判についての金言を引いて、この項を結んでいる。出来栄えにおいて能を、能において人を、人において心をという如く、一歩一歩、その真相に迫った最後に、一転廻をし、そこで始めて「能を知る」立場を定位しているのは、「能を知る」ということの意義とその立体的発展を示して余りあるものである。

第十一は「音曲の事」である。一本によれば「音習道之事」である。演能を論じ、観能を論じた後に、音曲習道を問題にしているのは不審の観がないでもない。しかし、「批判」の条が観能論ではあるが、その実は演能問題としてのそれであったように、これまた音曲を作る立場と謡う立場とを関連させた考察であるから、作曲論でもあるが、それはむしろ演能論としてのそれであると解されないことはない。つまり、作曲の精神を十分把握して、それを謡う基準とするという根本思想から、演能論としての作曲論を最後に附載したものととれないことはない。

「節は形木、かかりは文字移り、曲は心なり。」といっているのも、謡いにおける節・かかり・曲

が作曲における如何なる要素から導かれるものであるかを示して、演能における音曲を作能における音曲に基礎づけようとしているものと解される。その外、習道の順序や訛音・便音問題にまで及んでいる。

第十二は「奥段」である。奥段の問題は、「能を知る」ことに始まり、「若年より老後まで習ひ徹る」ことに及び、初心問題に至っている。そして、如何にも「花鏡」一巻の奥段らしい堂々たる所言を成し得ている。

「花鏡」一巻は、畢竟「能を知る」という一語に尽きるとなし、もし「能を知る」ことがわきまえられなかったら叙上の条々も空言に過ぎないと述べた後、「能を知る」には、「まづ諸道諸事を打ち措きて、当芸ばかりに入りふして、連続に習ひ究めて、劫を積むところにて、おのづから心に浮ぶ時、これを知るべし」といって、これは、教えられて知る知識ではなく、精進・錬磨による体得であることを明らかにしている。したがって、「能は、若年より老後まで習ひ徹るべし」ということは「能を知る」ということの基底を示したものに外ならない。若年から老後まで年齢々々に応じたそれぞれの稽古に精進し、その体験の底から浮んでくるのが、この「知る」であるとしているのである。特に、初心から年盛り三十四、五までについては、「その頃の時分々々を習ひて」と概括していっているのに、四十以後に関しては、「能を少な少なと、次第々々に惜しむ風体をなす。」と説き、五十有余からは、「大方せぬをもて手立とするなり。大事の際なり。」といった上に、「物数を少なく」し、音曲を本位として、「風体浅く、舞なども手を少なく、古風の名残を見すべし。」と示している。のみならず、老芸の物真似に関しても、老体・女体を主とするが、その人の得手によれと訓え、本来十分と思う舞・働きは六七分に控え、「身七分動」に振舞って、「心」を入れてせよと附言している。この点になると「花伝書」の「年来稽古条々」が、芸そのものについては、年ざかりまでに精しく、四十四、五・五十有余の条になると、芸の方向を示して、芸の方法には精しく及んでいなかったのと、相補うものである。そして、人々の逸しがちな老後の稽古を力説することによって、「習ひ徹るべし」という精神を明確にし得ている。かく解してくると、最後の「初心不レ可レ忘」の項も、この稽古貫徹のために欠くことの出来ない精神を提示したものであるし、更に、その領域を死後にまで発展させたものとして、一貫の体系を成すものである。

「初心不可忘」という命題は、更に、「初心不レ可レ忘　時々初心不レ可レ忘　老後初心不レ可レ忘」の三項として示されている。

この三項を通じて見るに、初心は未熟・未完成の意識の意義であって、第一項では、まず「若年の初心」を忘れるなと戒めて、前非の反省が現在の芸位確立の要因たることを示し、次に「今の初心」を忘れるなと戒めて、現在の未熟・未完成の自覚が今後の芸位獲得の動因たることを訓えている。第二項の「時々の初心を忘るべからず」については、まず、年齢々々に応じて新しい稽古の対象がある。その点について、自分が未熟者であり、未完成者であることを自覚することが「時々の初心」であるとなし、次には、かく「時々の初心」として稽古して来た一体々々を、「当芸に一度に持つ」ことが充実した芸を成立させ、行きわたったシテを作る所以であると訓えている。第三項では、「老後の初心を忘るべからず」という命題を説いて、老後には老後の初心があるとなし、「花伝書第一　年来稽古条々」を引き「五十有余よりは、せぬならでは手立なしと言へり。せぬならでは手立なきほどの大事を、老後にせんこと、初心にてはなしや」といって、「老後の初心」の存在を指摘している。これだけの意味ならば、これは「時々の初心」に含まれているはずであるのに、これをわざと別項にしているのは他に意義がなくてはならない。それは、この項の冒頭に、「命には終りあり、能には果てあるべからず」といって、生涯にわたる精進を尽してそこに見出される道の無限を感嘆した一句に端を発し、この項の最後に、「さるほどに、一期初心を忘れずして過ぐれば、上る位を入舞にして、遂に能下がらず。」といって、生涯における最後の芸が、なおかつ、芸位の向上を希求しているものでなくてはならぬことを闡明して結んでいるところに、その意義が示されているといえるであろう。つまり、最期が決して最後ではない。更に成長と完成への要請を残すものであるというのがこの項の精神である。

かくして、「能の奥を見せずして生涯を暮すを、当流の奥儀、子孫庭訓の秘伝とす。」という名言が真の意義を発揮して来る。生涯を尽して稽古に集中し、ただ精進の一路を辿れという外には、示すべき奥儀もなければ、与えるべき庭訓もないというのである。「花鏡」の「奥段」の奥段たる所以はここに道破せられたといってよい。しかし、彼はこれでまだ擱筆していない。更に、「この心底を伝ふるを、初心の重代・相伝の芸案とす。」と附言して道の無限に備え、更にまた、この立場から、もう一度、「初心を忘るれば、初心、子孫に伝はるべからず。初心を忘れずして、初心を重代すべし。」

と念を押し、「初心不レ可レ忘」という課題が如何に深く、また如何に身近かなものであるかを知らせようとしている。

事書十二ケ条は、題目六ケ条に比べて、いろいろな問題の考察を前後もなく列挙したものであるように見えるけれども、精しく検討してみると、必ずしもそうばかりではない。叙上のように、その第一は、演能に当っての予覚の意義を考察した条であり、第二は、演能の時間的進行における展開律ともいうべき問題を考察した条であって、いずれも演能の時間的進行を中軸とした条々である。第三・第四・第五は、演能における芸風を考察した条々で、特に第三は、象徴的表現に関して習道の有無による芸風の成否を、第四は、態と心とその定位によって生ずる芸風の品等を、第五は、能姿の大小に関する身と心との定位による芸風の差を問題にしている。第六は、演能における美の問題、第七は、演能における位の問題、第八は、演能における心の問題、第九は、演能における至上境の問題を、それぞれ考察した条々である。そして、これらの美・位・心・境の諸問題は、進行問題や芸風問題に比べてやや抽象的ではあるが、いずれも演能の枢軸を成すものである。第十は観能問題、第十一は作曲問題であるけれども、両条ともに演能の反省として、または基準として、それぞれを考察したもので、いわば演能の関係問題である。そして第十二は、それら演能に関する諸問題の根底たるべき稽古精神の考察である。

かく考えてくると、この事書十二ケ条も、演能の進行問題・芸風問題を始めとして、その中心問題・関係問題に及び、更にその根底を衝いた考察として、一体系を成した演能論として理解せられる。

五

「花鏡」一巻を、題目六ケ条、事書十二ケ条のそれぞれについて検討すると、そのいずれもが演能をその立場とした考察であることが肯かれる。この点において、稽古をその立場とした考察であった「花伝書」に対応し、これと表裏したものであることが明らかであるが、更に「花伝書」において提出せられている問題が「花鏡」に至ってそれぞれ展開を示し、また、「花伝書」には現われていなかった問題が始めて提起せられているもののないではない。

「花伝書」に提出せられた問題の「花鏡」において展開を示したものの第一に数えなくてはならないのは、舞歌・物真似の方法について、それぞれの細説が行われ、「離見の見」の如き重要な問題が提起せられるに至ったことである。

第二は、「花伝書」では稽古と工夫が問題になっていたのに、言いかえれば態《わざ》と花とが主要問題であったのに、「花鏡」では態の奥を貫き、花の底に通っている「一心」が中心問題になり、特に稽古を超え、工夫を絶した「無心」が主要問題たるに至っていることである。

第三は、生涯稽古精神の基底として住劫を戒め、初心問題を提起し来ったことである。稽古の「劫を入れる」という思想は、既に「花伝　第三　問答条々」に見えたところであるが、劫を入れるに当っての用心として、「住劫」を戒めるという思想は、「花鏡」独自の問題である。そして、これは、初心と通うものを含んでいる。初心についても、「花伝書」においてもそういう用語は散見するけれども、この語の十分なる意義は「花鏡」に至って始めてその展開を見、「初心の重代」という如き重大問題が提起せられるに至っている。

それでは、「花鏡」において、新たに提起せられた問題は何であるか。私は、それを、万能を綰ぐ感力として定立しきたっている「一心」と、シテの立場と見手の立場の止揚として見出されている「離見の見」に要約することが出来ると思う。

世阿弥が「花伝書」以来説くところの稽古は、今日いうところの舞台稽古ではない。彼のいう稽古は、演出しようとする曲目の演出準備としてのそれではなく、まず演能における態を真の態たらしめ、演能者を真の演能者たらしめ、また、その美を真の美たらしめる基礎的錬成に外ならなかった。したがって、そこには、稽古につれて、態にも、演能者にも、美そのものにも、発展がなくてはならない。舞歌から物真似へ、物真似から舞歌へ、更に音曲化へという発展を辿り、やがてその音曲本位の芸も更に純化せられて心本位の芸になるというのが、「花鏡」に示された新しい課題の一つであって、公式的にいえば、態から心へという発展がはっきりと跡づけられたのが、この「花鏡」である。もとより、この態から心へという傾向は、「花伝　第一　年来稽古条々」においても示されているけれども、「心」そのものの位置も意義も暗示せられているのみであった。しかるに、「花鏡」に至ると、「上手之知〻感事」で「舞・働きは態なり。主になるものは心なり。また正位なり。」と示し、また、上手の位と名人の位と天下の名望を得る位とを品等して、上手の位は態の達者、名人の位はその上に「心」から生ずる面白味のあるもの、天下の名望を得る位は、その「心」さえ超えて「無心の心」「無感の感」を与えるものとしている上に明らかなように、「心」の定位が確立している。また「万能綰一心の事」が、態と心の定位を主とし、心そのものの意義を明確にしたものであることは、再説を要せぬであろう。更に、観能論としての「批判之事」において、芸の様式を見・聞・心に分かち、心によって形成せられる能芸が如何なるものであるかを説くとともに、それが最高の能芸様式であるとしていたことも、その条で検討し来ったところである。その上に、態の芸から心の芸を形成する動因と過程については、題目・事書のすべての条々がこれを或は暗示し、或は明示しているといってよい。これによると、態の芸に集中し、態の芸に熟することが、やがて心の芸を展開させ、結実させる直路であるというのが、世阿弥の体験であった。態そのものに関しても、舞歌二曲を習得し、これによって心身を鍛えることが、能芸としての物真似を成立させる基礎であり、その物真似そのものも、更にその基本たる老体・女体・軍体の三体の稽古に集中することによってのみ形成せられるとしている。かくて、二曲三体の稽古が、能芸の態を能芸の態たらしめる上に、必要にしてかつ十分なものであった。これは「花鏡」の成立とほぼ時を同じくして成立した「至花道書」に説かれているところである。しかし、二曲三体の稽古が成果するものは、そうした態だけではない。一面にまた、シテその人の位を向上させ、更に他の面においては、演能における花の成立を可能ならしめる。これは「花伝書」において「花は心、種は態」といっているように、花は工夫であり、工夫は心の働きに外ならない。しかし、「花鏡」においていうところの「心」は、花の工夫としての心に止まるものではない。態を貫き、態と態とを縮いで能に命あらしめるものである。しかも、それは、見手に見えず、シテ自身にも意識せられない「無心の心」である。しかし、それを成立せしめるには、まず「態」に徹して「心」を見出し、「心」に徹して「無心の心」を見出すという過程をとらなくてはならないとしているところに、彼の体得の深さと、その確かさが存立する。彼が「至花道書」において、「二曲三体」が能芸の基本要素であり、稽古の対象であることを示した最後に、「児姿ノ幽風ハ三体ニ残リ、三体ノ用風ハ万曲ノ生景トナルヲ知ルベシ。」と註している芸の発展と、「花伝書 第三 問答条々」にいっている、「闌けたる位」、即ちシテその人の可能力の発展とは、やがて「花鏡」におけるこの「無心の心」を成立させるべき過程であったと見ることが出来るであろう。そして、この「無心の心」はまた、芸における「妙所」であることはいうまでもない。

「花鏡」において見出された主要問題の一つである「離見の見」は「舞声為根」の条で考察して来たように、舞を舞として完成させる演能者の立場である。即ち、演能者が、演能者自身の立場である「我見の見」を去って、「見所同心の見」に立つ時、始めて自己の舞姿における左右と前姿だけでなく、後姿までも見える。この後姿は「我見の見」では見えない、「不及目の身所」である。しかし、この「不及目の身所」たる後姿が見えなくては、舞姿は整わない。これを見せるのはこの「離見の見」であるというのであった。眼は眼を見ることが出来ない。この眼の見ることの出来ないところを見るのは心である。そして、それが「離見の見」であるというのである。したがって、これは、芸の立場の問題であると同時に、人間としての立場の問題でもある。「我見の見」を離れるということは単なる芸の上のことではない。また、力量だけのことでもない。もっと深く道徳性に関することである。しかし、また道徳的反省だけでないことも確かである。というのは、彼はこれを演能の立場のみならず、観能の立場としても見出していることによって確かめられる。彼は「至花道書」の「皮肉骨事」の条において、芸態に皮風・肉風・骨風のあることをいい、この三つをそれぞれ持つのみでなく、三つが揃ったシテの芸でなくては完備した芸態ではないとなし、この皮・肉・骨揃ったシテの芸を判断するには、「離見の見」が働いていなくてはならないとしている。そして、観能における「離見の見」は、舞台上に演じられる芸に我を忘れて恍惚としている「見」でもなければ、後日になって、その印象を省察し、分析している「見」でもなく、そういう恍惚の奥に、また省察の底に存立する「見」であって、いわば、それらよりももっと高次の「見」である。演能における「離見の見」は、稽古の劫を積み、演能の劫を入れて始めて発現し来る立場であるように、観能における「離見の見」も、それが「離見の見」として物をいうほどの確立を見るには、やはり修錬の劫を積まなくてはならないであろう。演能における「離見の見」は、「見所同心の見」であった。演能者が観能者の立場に立って演じることであった。観能における「離見の見」は、その意味において「シテ同心の見」といえるであろう。したがって、観能者が演能者の立場に立って観ることに外ならないであろう。つまり、「離見の見」は、演能者にして観能者、観能者にして演能者という立場に超出することでなくてはならない。

かく考えてくると、「離見の見」の必要なのは、能芸の上のみではない。あらゆる芸術を芸術として完成させる立場もこれであり、人間を人間として完成させる立場もこれでなくてはならぬ。能芸の精進に即して、こういう立場を成立させている「花鏡」の芸得の深さには、今更のように打たれるものがある。

六

「花鏡」の書名は、明治四十二年に刊行せられた、吉田東伍博士校註の『世阿弥十六部集』の「二曲三体絵図」に記されていた。ついで、大正四年に刊行せられた、同博士校訂の『禅竹集』の「五音次第」の解題に、金春家の秘伝書目録が引用せられ、それに、「花のかゝみ又クワキヤウとも云」とあり、更に「歌舞髄脳記」の解題に、金春安住の「系譜集録」から「花鏡」の奥書が引用せられていた。

ところが、既に、吉田博士校註『世阿弥十六部集』に「覚習条々」という題名を附せられた一巻があって、その外題は「異端」と読まれる文字であったが、何に拠ったものかわからなかったので、吉田博士によって、かく題名を附せられていた。その内容は題目六ケ条、事書十二ケ条から成っているはずに註記せられながら、事実は、題目は三ケ条しか無いものであった。そして、叙上「二曲三体絵図」に二ケ所引用せられている「花鏡」の文句の、一ケ所は「覚習条々」の題目に当り、一ケ所は字句は同じではないけれども、同一思想が「覚習条々」にも見受けられるので、両書が関係のあるものであることは推定せられていた。

更に昭和六年六月号の『観世』に、観世宗家蔵「花習内抜書」又は「花習内事書一ケ条」なるものが存することが紹介せられ、その一ケ条は「能序破急事」で、これも「覚習条々」中の「序破急の事」と殆ど同文であることが明らかにせられた。その「花習内抜書」の奥書によると、「花習」は題目六ケ条・事書八ケ条であったことが知られるにつれて、「花習」と「花鏡」の関連の深いことも推定せられていた。

こういう推定が一度に解決せられるに至ったのは、昭和九年十二月号『文学』に発表せられた、斎藤香村氏の「世阿弥の遺著花鏡の発見」であった。これによって、まず「覚習条々」は、「花鏡」の巻首三ケ条と巻尾の識語を逸した残闕本であることが明らかにせられ、「花習」は、年代上からも、その条文の上からも、「花鏡」完成への過渡的伝書名であったろうということが推知せられ、更に、「花鏡」と「音曲声出口伝」とも交渉のあることがわかってきた。

更に、昭和十三年に至り、安田文庫蔵に帰した「花鏡」の全文が川瀬一馬氏の詳細な研究とともに『椎園』に発表せられ、そのまま「花鏡」として安田文庫から刊行せられて、始めて「花鏡」の全貌に接することが出来るようになった。のみならず、昭和十七年四月号の『文学』に発表せられた、川瀬一馬氏の「新発見の世阿弥自筆伝書類に就いて」によれば、金春家旧伝の伝書類の中に、世阿弥筆写の「花鏡」が発見せられている。その本文はまだ公にせられていないけれども、その他の伝書類とともに、劃期的な発見であることは確かである。なお、もう一本、田中允氏蔵の「花鏡」

があって、それは巻首二ケ条を欠いたものであるが、これまた金春家旧蔵本の伝写であるとせられている。本稿の引用は吉田博士本により、更に、安田家本を参照したものである。「花鏡」の註釈的研究としては、能勢朝次氏の『世阿弥十六部集評釈』(上巻)に収められたものがあって懇切である。『文学』に連載せられている「世阿弥能楽論研究」でも、昭和十三年三月号から昭和十七年五月号に至る間に十一回、「花鏡」の研究を載せている。

(『能楽全書』第一巻所収。昭和十八年三月)

第三部

能と狂言
――観阿弥と世阿弥――

一

われわれは、まだ、われわれの現代劇をもっていない。そのかわりに、能と文楽と歌舞伎とを、別々にもっている。しかも、それぞれが、それぞれの伝統をかたく守って、「われわれの劇」を生もうともしなければ、「いまのわれわれの劇」をつくろうともしていない。新劇だって、眼は、いつも、フランスやロシヤに向けられている。能は能好みに、文楽は文楽好みに、歌舞伎は歌舞伎好みに寄りかかって、われわれの現代劇創造の課題など夢にも考えようとしていない。そんなことを考えるものがあったら、それは、まさに、異端者である。しかし、それらも、現代劇創造に全然役立っていないわけではない。何らかの点で、能に及ばないもの、文楽・歌舞伎に及ばないものは、われわれの現代劇にはなり得ないという点で、少くとも、消極的任務は果している。不思議なのは、積極的に、この課題を担おうとしていないことである。

わたくしが、能といってきたのは、くわしくいうと、能と狂言のことである。狂言は、とかく能に含まれ、能の従属的演技のように扱われているが、われわれの現代劇創造の立場からいうと、それは、けっして従属的演技ではない。むしろ、中心的意義さえ認められる存在である。それは、ともかくとして、能と狂言とは、それぞれの任務を分担し、共同演出のもとに、六百年にわたって、各時代を生きぬいてきた演技である。

いまの能は観世・宝生・金春・金剛・喜多の五流と、観世流の一派としての梅若とが、それぞれ家元を成している。狂言も、大蔵・和泉・鷺の三流にわかれて家元制度が行われている。囃子方にしても、笛・小鼓・大鼓・太鼓、それぞれに家元がある。能・狂言の社会は、それがつくられ、育てられてきた中世社会における制度を、そのまま保っていまにいたっている。演技も、その本領は、まだ、演じて楽しむ芸であって、見て楽しむ演劇として、鑑賞の独立性を十分に具えるにいたっていない点——創始者たちの意図と努力はそこに止まるものではなかったにもかかわらず——において、やはり、中世的な舞台芸術である。見る人も、演技の基本である謡と仕舞とを稽古していないと、ほんとうに鑑賞することはできない関係にある。つきつめていうと、見る人も、見て楽しむのではなく、見ることによって、自己を演技に移入し、演技することを楽しむのである。その点で、鑑賞が鑑賞としての独立性を具え、観衆は、見、聞くそのことを楽しむ近代劇とは、根本的にちがったものである。観衆も、鑑賞して楽しむというよりも、いわば、見ることにおいて、演技者と共に演技して楽しむのである。だから、謡も仕舞も稽古してない観衆にとっては、その大部分は退屈でたまらない。が、狂言はちがう。狂言は、鑑賞するのを楽しむものである点で、能に比べて、はるかに近代的である。

二

能も狂言も、その題材である主要人物の人体によって、いくつかの類型に分類され、それらの組合せによって、演出番組をつくっている。能にあっては、脇能物・修羅物・鬘物・雑物・鬼畜物の五類型が立てられているが、それらは、別に、神・男・女・狂・鬼と略称されているように、神体が現われるとか、修羅道におちた武将、当時としては男の中の男が活躍するとか、美しい女性が歌い舞うとか、一途に思いつめて物狂いになった女性が代表して、いろいろな事件・人情・史実に関する雑多な人体が登場するとか、超人間的な鬼畜が働くとかいうことになっている。狂言にあっては、大名狂言・小名狂言・聟女狂言・出家座頭狂言・鬼山伏狂言等の類型をとっている。いずれの類型にしても、能は、歌舞と物真似によって構成され、それは、さらに、声による歌と詞、体による舞と物真似として演じられる。狂言は、詞と物真似によって構成され、歌や舞が加わることもないではないが、それらは、興を添えるというような場合の特殊なわざとして用いられているに過ぎない。この構成に関して、その本質的要素をつきつめると、能は歌舞が主体を成し、狂言は物真似が主体を成す演技であるといえる。

能は、室町時代の初期、将軍足利義満の保護下に、観阿弥清次・世阿弥元清父子によって創始せられ、かつ完成せられた舞台芸術であるが、当時、近畿をはじめ、広く諸国に分布していた猿楽を背景とし、特に、歌舞本位の近江猿楽と物真似本位の大和猿楽とを統一することにおいて根基を築き、さらに、田楽・曲舞・小歌等々の当時の遊楽を思うままに吸収し、それに、みごとな洗練と統一を与えたものが、観世父子の能芸であった。それでは、能の基本である歌舞と物真似との統一はいかにして行われたか。それは、ただ稽古によってという一言で尽くされるほど、徹底した稽古によって形成されたものである。いま、その稽古についてくわしくのべる余白をもたないが、まず、少年期において、彼らのいわゆる歌・舞二曲の稽古を尽くし、声と姿とを幽玄そのものに練りあげて、何になり、何をしても幽玄になるような土台を築いたうえで、物真似の基本である、いわゆる老体・女体・軍体の三体の稽古をし、この二曲と三体の稽古によって、「万曲ノ生景」を展開させるという方向をとった。だから、その物真似は、単なる写実ではなく、歌舞によって形成された幽玄の発展としての写実になったわけである。いわば、稽古に即して形成された、歌舞の発展としての物真似であり、また、物真似の歌舞化であるといえるであろう。したがって、この統一は、古代における神楽のような未分化的な一体でもなく、近代劇のような綜合的統一でもなく、融合的な統一であるところに特質がある。しかも、その融合は、稽古の徹底によってのみ成しとげられる実践的、非合理的統一であるところに、中世的特質が鮮かに示されている。が、問題は、いま一歩追究されなくてはならぬ。歌・舞の二曲は、同時に始められる稽古の対象であり、同列の要素として扱われているけれども、その本質においては、音曲がより基本であるとするのが、世阿弥の立場であった。彼が六十二歳の伝書である「花鏡」の一題目、「舞声為根」は、まさに、この問題に関する考察であって、この題目が、すでに「舞は声を根と為す」という、声本位説である。「舞は、音声より出でずは、感あるべからず。一声のにほひより舞へ移る境にて、妙力あるべし。また、舞ひ納むるところも、音感へ納まる位あり」という立言は、さらに、音曲本位を明らかにしている。また、観能において経験されるところも、歌は耳に聴く音楽であり、舞は目に見る音楽であることは、能の常識である。能は、その本質においては楽劇であることは、動かすことのできない判断である。もちろん、「源氏物語」をはじめ、「平家物語」その他の物語や巷談に取材している点において、また、その発達史において、「物語の舞台化」と見られないこともないし、また、その舞台面からいうと、一種の舞踊劇であるといえないこともない。けれども、それは、文学的、音楽的、動作的諸要素の融合度が高いために示す諸相であって、その本領においては、音曲を基底とした舞であり、物真似であることは明らかである。ただ、それが、求心的に見れば音曲であり、遠心的に見れば、劇的方向への発展であるが、その求心は、あくまで遠心を可能にするためのそれであり、その遠心は、あくまで求心の成果としてのそれであり、発展としてのそれであるところに、能の本領があり、六世紀にわたって、各時代を生きぬくことができた根因が潜んでいる。

狂言が、詞すなわち科白と物真似から成る舞台芸術であることは、すでに前言したところである。しかも、それは、「をかしみ」を成果する物真似であること、いうまでもない。その点において、能が幽玄美の形成を志向する芸能であるのに対し、狂言は、可笑美の形成を志向する芸能であるといってよい。しかもその可笑美は、世阿弥が六十八歳の奥書をもった「習道書」において、「をかしとは、必ず衆人の笑ひどめくこと、職なる風体なるべし。」といい、さらに、「笑みの内に楽しみを含むといふ。これは、面白く、嬉しき感心なり。」と説き、最後に、「この心に和合して、見所人の笑みをなし、一興を催さば、面白く、幽玄の上階のをかしなるべし。これ、をかしの上手といへり。」と結んでいる上に明らかなように、これも、また、幽玄の上階として定位せられるそれでなくてはならなかった。そこに、同じ舞台で、交互に番数を組んで、能と共同演出を行ってきた根因がある。何となれば、能は、能そのものにおける演技者と演技との一体化はもとより、さらに、演技の各要素間における融化を期するために、そのような統一を可能にする「位」なるものを見出し、それは、さらに進んで、非能芸的要素を能芸化する、非合理的統一力の形成にまで及んでいる関係上、能に対する狂言のような、かなり異質的な演技をも、それを、あくまで可笑美の芸能として存立させながら、同時に、また、「幽玄美の上階」としての可笑美として存立させるような、絶大な統一性の発現たらしめていることが注目せられなくてはならぬであろう。

三

いまの能は、狂言とともに、一部の有閑階級やインテリの娯楽になっている。江戸時代においては、幕府の式楽としてとりあげられ、「お能拝見」ということばが伝えているように、それは、将軍や大名の鑑賞するもので、一般の武士や庶民は、それを陪観するのがせいぜいであった。しかし、室町時代の初期にあっては、将軍や皇室の方々の鑑賞が重視せられ、「貴人の御心にあひたる風体をすべし。」とか、「貴人の御意にかなへるまでなれば」とかいってはいる。が、それは、あくまで「万人の心」「諸人の眼」を基準にしなくてはならないということを前提条件としたうえでの苦心であるが、特別に、「貴人の御意によりて仕る能」においての工夫の必要を説いている立言であって、その本領においては、「この芸とは、衆人愛敬をもて、一座建立の寿福とせり。」とか、「そもそも、芸能とは、諸人の心を和らげて、上下の感をなさんこと、寿福増長の基、遐齢延年の法なるべし。」というような芸能観に立っていることによっても明らかなように、大衆のためということを最高条件にしていることは、いちじるしい特質の一つである。

上手の芸は「目利かずの眼」にはあわない。それは、「目利かず」の足りなさである。しかし、そういう「目利かずの眼」にも面白いように能をする演技者でなくては、「花を究めた」演技者とはしないといっている。そういう立場から「愚かなる眼」にも、なるほどと思われるように演じるのが「上手におきての故実」であるともいっている。都の目利きだけでなく、「遠国・田舎」の「愚かなる輩」からも、そしられないように演じる演技者でなくては「達人の為手」とはいわれないともいっている。

これらの所言によって明らかなように、創始者たちの考えていた大衆性は、芸に水を割った低俗性ではなく、上手と呼ばれ、達人と認められるものに求められた親しさであり、おもしろさであった。したがって、そのような大衆性に徹することが、彼らに求められた最後の、また、最高の条件であったことはいうまでもない。

（『演劇講座』第一巻、昭和二十六年十二月）

能を現代の古典劇に

一

いま、われわれは、「われわれの劇」を求めている。ことばをかえていえば、われわれには、国民演劇の創造が課せられている。そういう観点から見ると、いまの能も、いわれているように、特別保護芸術として保存されるべきであるか、それとも国民の古典劇として生かされていくべきであるか、問題である。

能が能として、いまのように、時代の一隅に孤高な存在をつづけているだけでなく、時代のまったただなかに、国民の古典劇として生きるためには、何よりも、まず、能自身の自己革命がおこなわれなくてはならないであろう。事実、その問題点はすでに指摘されている。しかし、制度や経営に関する問題は、複雑な社会的関係をもっていて、たやすく解決することができないであろう。また、曲のテーマや構成の一新は、世阿弥のような作家・演出家の出現に待たなくてはならないであろう。いってみても実現はなかなかできにくい。ところが、演技においては、演技者その人の覚悟によって、その自己革命が可能である。しかも、それが、能の創始大成者であった観阿弥・世阿弥父子の能芸においては、焦点的課題であったことにかんがみると、それは能の本来化であるともいえる。大手をふって実行することのできる、また実行すべき課題である。

能の創始大成者であった観世父子の業績は、世阿弥の遺した伝書研究の進展とともに、ますますその真価が認められてきた。しかし、一方に、われわれの演劇史は、能・狂言から浄瑠璃劇・歌舞伎劇を経て、いまの新劇にたどりついたものの、その能・狂言は能・狂言として、浄瑠璃劇・歌舞伎劇は浄瑠璃劇・歌舞伎劇として、また新劇は新劇として、それぞれがそれぞれとして、ほとんど孤立的に存在している。協力して現代劇を構成すべきであるということは、まだ問題になっていない。その意味で、いまのわれわれには、「われわれの古典劇」もなければ、「われわれの近代劇」もない。われわれは、いまの能・狂言を、浄瑠璃劇・歌舞伎劇を、新劇を、それぞれ、「われわれの古典劇」としての、能・狂言に、浄瑠璃劇に、歌舞伎劇に、あるいは、「われわれの近代劇」としての新劇に、成長・発展させなくてはならないという課題に直面しているのではないだろうか。この課題を根本的に解決しない限り、能・狂言も浄瑠璃劇・歌舞伎劇も、特別保護芸術として博物館的存在に持ちこまれるほかはなく、われわれの国民劇の創造も不可能に陥るほかないであろう。

そういう観点から、今の能を観察すると、世阿弥の能芸論に示されているような能芸意識に帰ることが、このような課題を果すひとつの重要な方向であると思う。たしかに、人もいうように、今の能のある点は、江戸時代に幕府の式楽であった間に発達し、あるいは近代の復興に当って形成されたものであるにしても、それらは、すでに観世父子の能芸論にいわれているものにプラスしているものではない。また、そのマンネリズム化は、彼らが実現していた能芸の頽廃によって生じたもののほかではない。わたしは、ちょうど、ひとつの円の部分にすぎない弧の存在が、その全円への復元を可能ならしめるように、いまの能を手がかりとし、世阿弥の伝書に導かれるならば、大成期における、観世父子の能芸の生命を復活させることが可能であり、それによって、能を現代における国民の古典劇たらしめることができるのではないかと考える。

二

当代における世阿弥の能芸のありかたは、現代における能のありかたとは、いちじるしくちがっていたもののようである。当代における世阿弥の能芸は、当代の社会生活に深く根をおろし、当代の文化を普く摂取した舞台芸術として完成を示した存在であった。まず、観世父子時代の記録類をみると、近畿を中心とした諸国に、数多くの猿楽座があった。世阿弥の伝書に記されている座名のおもなものだけでも、大和の外山《とび》(宝生)・結崎《ゆうさき》(観世)・坂戸《さかと》(金剛)・円満井《えんまんい》(金春)の四座をはじめ、近江の山階《やましな》・下坂《しもさか》・比叡《ひえ》の三座、伊勢の呪師《じゅし》二座、摂津の榎並《えなみ》座、丹波の矢田《やた》・梅若《うめわか》の二座その他がある。こういう間に立って、観世父子は、物真似本位の芸風であった大和猿楽の出身者として、それと対蹠的な芸風として発達をとげていた歌舞本位の近江猿楽との止揚的総合を目ざし、その実現に関しては、稽古の方法をはじめ、作詞・作曲・演出のすべてにわたって、根本的、継続的な変革を加えている。のみならず、彼らは、当時流行の曲舞や小歌をも大幅にとりいれ、当時の芸能界にも活躍していた誰彼の特技を、例えば、田楽の一忠・亀阿・増阿、曲舞の乙鶴、近江猿楽の犬王、榎並座と思われる馬の四郎、金春座の光太郎等々から、あるいは音曲を、あるいは舞を、あるいは物真似を、あるいは特に「鬼」を学びとっている。また、世阿弥は一方に、観阿弥が、常々、「一忠がことを、わが風躰の師なりとまさしく申ししなり。」といったということばを感激的に引用するとともに、一方には、当時の能芸人が、小さな自己にとらわれて、「一向きの風体」だけを得て、「あらゆる風体」にわたることの意義をわきまえず、「よその風体」を嫌う傾向があることを非難し、「これは嫌ふにはあらず、ただかなはぬ情識なり。」といい、さらに「されば、かなはぬ故に、一体を身に得たる程の名望を一旦は得たれども、久しき花なければ、天下に許されず。堪能にて、天下の許されを得ん程の者は、いづれの風体をするとも面白かるべし。……されば、漏れぬところを持ちたる為手ならでは、天下の許されを得んことあるべからず。」と論定している。彼らの能芸が、絶えず同代の諸芸能に向かって窓を開くことにつとめていた、きわめて開放的、総合的なものであったことが明らかである。

このような方向は、当然、大衆性の獲得を必至ならしめた。しかも、その大衆性は、彼等の能芸の最後的目標であったから、その芸は、「目利きの眼」や「上根・上智の眼」にかなわせるだけでなく、さらに、「目利かずの眼にも面白しと見ゆるやうに、能をすべし。」とか、「愚かなる眼にも、げにもと思ふやうに能をせんこと、これ寿福なり。」とかいっているように、芸の低俗化のそれではなく、完成の上の仕上げとしての平明さを目ざした、ほんとうの大衆性であった。

このような大衆性の要求は、やがて、また、地方性の獲得につながり、「よくよく、この風俗を究め見るに、貴所・宮寺・田舎・遠国、諸社の祭礼にいたるまで、おしなべて譏りを得ざらんを、寿福達人の為手とは申すべきか。」といい、その「寿福の達人」こそ、名人以上の名人であるとしている。世阿弥は、この点でも、この芸の最上位者としての父観阿弥を思いうかべ、「亡父は、いかなる田舎・山里の片辺りにても、その心を受けて、所の風儀を一大事にかけて芸をせしなり。」といっている。

現代における能の在りかたは、果して、このような態度や用意を継承しているか、どうか。同じ能でも、各流は各流として孤立割拠的な立場に立ち、能としての共通な課題に直面しながら、それを協力して担おうとはしていない。六百年前に大成された能芸を、細く長く維持してきた功績は認められるが、また各時代の貴族社会に支持されて得た、様式の洗練は認められるが、広く同時代社会の諸芸能と伍することによって得られる、批判的交流なり、対立の具体的自覚なりが失われている。したがって、既成様式の継承はあっても、それの生命化への道がとざされている。このままでは、能を現代における国民の古典劇として生かしていくことは困難である。この点で、いまの能は、あらためて世阿弥の能芸のありかたに帰らなくてはならぬのではあるまいか。

三

世阿弥の能芸は、広く同時代社会の諸芸能との批判的な交流や対立を持することによって形成された、生き生きしたジャンルであり、新しい様式であった。その意味で、いまの能の閉鎖的、孤立的なあり方とは根本的にちがっていた。しかし、その開放的、総合的な芸風は、もとより、追随や寄せ集めではなかった。開放には焦点があり、総合には主軸があった。したがって、その大胆で、飽くことを知らないような吸収作用は、実は、主体的、個性的な生命の類化活動にほかならなかった。

したがって彼は「普き風体」の必要を説くとともに、その根底には、「我が風体」の確立がなくてはならぬことを強調し、「我が風体の形木を究めてこそ、普き風体をも知りたるにてはあるべけれ。普き風体を心にかけんとて、我が形木に入らざらん為手は、我が風体を知らざるのみならず、よその風体をも、確かにはましてして知るまじきなり。」といい、また、「我が風体の形木のおろそかならんは、ことにことに、能の命あるべからず。」ともいっている。

このようにいっている「花伝書 奥儀」は、彼の四十歳の成立であるが、その後二十年を経た五十八歳成立の「至花道」においても、この主体的な芸風の必要に触れ、それを「主風」とよんで力説している。「主風」の「主」とは何であるか。「生得の下地に得たらんところのあらんは、主なるべし。」といっているように、為手その人の天禀的な素質を根底とした芸の確立である。しかし、彼は、その天禀的な素質そのものは、かえって後天的な稽古を積むことによって発現するとして、「さりながら、芸道の劫入りて、下地もまた、おのづから出で来るべきやらん。」といっている。また、舞や歌を師について、「習ひ似するまでは、いまだ無主風なり。」といい、「師によく似せ習ひ、見取りて、我が物になして、身心に覚え入りて、安き位の達人に至るは、これ主なり。これ生きたる能なるべし。」といった上に、もう一度、「下地の芸力によりて習ひ稽古しつる分力をはやく得て、そのものになるところ、すなわち有主風の為手なるべし。返す返す、有主・無主の変り目を見得すべし。」といって、主体的芸風の必要を力説している。

このように、彼のいう「主風」すなわち主体的芸風は、天禀の素質の発展であるが、それは、むしろ、稽古すなわち型の練習に媒介されて発現するとしている。ここに、稽古の意義が認められているのである。が、素質の重視は、さらに、稽古の方法にも示され、この天禀の素質を基本とした、芸の主体化の要請は、すでに「花伝書」における「年来稽古条々」になされ、七歳における稽古の出発を「この頃の能の稽古、かならず、そのもの自然としいだすことに、得たる風体あるべし。」といい、さらに、「ふとしいださんかかりを、まづ打ち任せて心のままにせさすべし。さのみに、善き・悪しきとは教ふべからず。」といって、型の習得よりも素質的なものの伸展を意図し、物真似に関しても、「三体(老体・女体・軍体)を児姿の間、しばらくなさずして、児姿を三体に残すこと、深き手立てなり。」(「二曲三体絵図」)といい、しかも、その意義を、「後々までの芸体に幽玄を残すべき風根なり。」（「至花道」）とまで言いきっている。

このような、彼の主体的芸風の強調は、すでに個性的芸風の樹立を志向しているものである。彼が能芸の舞台的効果を「花」と呼び、その構造を「花は心、種はわざ」と分析したうえに、その「花」は、わざの稽古をし抜いた上手が示す個性的な演技であるとし、それはすでに、型の稽古を尽くした上の個性的なものであるから、その花を花として他が学ぶこともできないし、また、他と共同して演じることもできないとしている。たとえば、舞における「手」、歌における「節」は型であるから稽古の対象になるが、その「手」の稽古によって成り立つ「かかり」や、「節」の稽古によって成り立つ「曲」は、すでに個性的な演技で、観衆に新鮮な芸術的感興を起させる「花」そのものであるから、これを、直接、稽古の対象にしてはならないとしているごとき、その一例である。

いまの能においては、型の尊重による様式美の継承は重視されているが、型をわがものにすることによって発展してくる、主体的、個性的な演出・演技が、本来的なものとして志向されているかどうか。たしかに、名人の至芸には、型を越えた主体的、個性的な芸風が感銘される。が、それは、自然的な成立ではあっても、自覚的な成果であるかどうか。能楽界全体の意向には、型の稽古による継承だけが重視され、型の習得を越えることによって発展してくる、主体的、個性的な様式創造が要求されるに至ってはいないのではなかろうか。能が現代における国民の古典劇として生き得るか否かは、この創造的意欲の有無によって決せられるであろう。この点でも、世阿弥に帰ることが、そのまま、能を能として革新させる方向に立ち上ることであると思う。

いま、斯界のすぐれた新人たちが、生れながら楽師になってしまっている自己を発見して、後悔とまではいわなくても、一種の不安を感じさせられているかに見える。これは、その人々にとっては、一応は通過しなくてはならない問題であるにちがいない。が、一面には、能楽社会における、主体的、個性的な様式創造の意欲の稀薄さが生んでいる懐疑として批判されなくてはならないであろう。型に生涯を捧げる人はあっても、その型の稽古に媒介される創造に生涯をかける人がいくたりあるであろうか。観阿弥や世阿弥は、能というジャンルとその様式の創造に終始した。ここにも、彼らに帰るべき問題点が見出されなくてはならないのではあるまいか。

四

いまの能は、われわれの現代生活から遊離し、現代文化に対して窓を閉ざした存在であるが、観世父子の能芸は、あくまで同代の社会生活に根をおろし、同代の芸能に広く窓を開いた存在であった。しかも、その在りかたは、主体的なジャンルの誕生と、個性的な様式の創造を主軸とした類化活動として営まれた点において、いまの能のマンネリズム化の傾向と対蹠的な方向をとるものであったことは述べてきたとおりである。が、ここに、もうひとつ忘れてはならない特質は、彼等がさらに進んで、その主体的、個性的な様式の客観化に集中したことである。

現代劇の創造に向って努力を続けてきた新劇関係の人々が注目している、スタニスラフスキー・

システムは、確かに、これまでの日本の演劇に対しても、革新的な原理を示すものである。わけても、その演技のすべてを自然な真実の行動として創造することに集中する点において、一見、型本位の能の演技とは、全く正反対な方向をとるものであるかのようである。ところが、それは、いまの能の陥っているマンネリズム化の傾向に立っての判断であって、世阿弥の伝書に遺された能芸は、その主要精神において、むしろスタニスラフスキー・システムと方向を一にしたものであったことが注目される。

なるほど、世阿弥のいわゆる「形木《かたぎ》」のようなものの尊重は、スタニスラフスキーには全然ない。むしろ、そのような型の排除こそ、その精神である。したがって、この点においては、能とは一致点が無いかのようである。しかし、世阿弥の「形木」の尊重は、何のためであったか。また、それの位置づけはどうであったかという点に立ち入ってみると、世阿弥の目ざしたところは、いまの能の陥っているような型本位のものではなく、型に媒介された個性的創造として、むしろスタニスラフスキーのいっているような、創造的表現に外ならなかったことは、いままで述べてきたところによっても明らかである。が、さらに、その個性的創造の完成の方法が、一層それを明らかにしていると考えられる。

世阿弥が、「年来稽古条々」において、七歳の稽古始めにおいてする演技が、「そのもの自然としいだす」ところによさがあるとし、「まづうちまかせて、心のままに」させるのが、指導の方法であるとしていること、および、物真似をするにも、その基本形体である三体の稽古をする前に、すべてを児姿のままでさせることを力説し、型で素質を失わせる代りに、素質を型に残すことが、「深きてだて」であるとしていることによっても明らかなように、素質的な自然を出発点としたことは十分に認められる。

それならば、なぜ型の尊重がはじまったか、いや型ができたか。世阿弥の伝書を通じていい得ることは、型は、自然の表現を積み重ねるうちに、おのずから、その累積の成果として見出されたものであって、いつでも、どこでも、だれでもに妥当する、最も過不足のない表現なのである。いわば、ただひとつしかない、二点間の最短距離のようなものとして、また科学における法則のようなものとして発見されたものにほかならない。さらにいうと、数多くの稽古や演出の累積のなかから、その帰結として見出されたもので、同様にして見出された科学の法則に、他のあらゆる特殊を説明する可能性が含まれているように、この型は、当然、将来のあらゆる創造を可能にするものとして見出されている。たとえば、能芸の舞台効果は「花」ということばでとりあげられているが、その「花」は、「面白き」と同義であり、「珍らしき」と同義であるとされていることによっても明らかなように、その演技は、常に新鮮な感興を喚起する、創造的なものでなくてはならないことが前提となっており、そのために、さまざまな苦心が稽古の上にも演技の上にも払われていることは、世阿弥の伝書のあらゆる考察を貫いている。その点で能芸は、主体的な、また個性的な芸風を意図した稽古であり、演出でなくてはならなかった。しかし、その主体的ということが、ひとりよがりであったり、個性的ということが、個人的な癖や歪みに過ぎなかったりしてはならない。いいかえると、それは典型の創造でなくてはならなかった。そのために型の媒介が必要とされたのである。

いうまでもなく、典型の創造には、個性的演技の客観化が必要である。その必要に応じて世阿弥が発見したのが「離見の見」であった。「離見の見」は、「我見の見」を超克した立場である。舞に関して説くところによると、それは、為手が自分の舞を自分の舞として完成するための用意であって、主体的、個性的なものの客観的完成としての典型創造の苦心から成果したものであったと見てさしつかえないもののようである。

その時の舞を典型として完成するためには、舞姿の前後左右が見えていなくてはならない。前と左右はわが目、すなわち「我見の見」で見ることができる。が、後姿は我が目では見ることができない。見ることのできない後姿を見る方法として、「目前心後」すなわち、目で前を見、心で後を見よといっている。心で後を見るとは、どういうことであるか。それは「見所同心の見」に立つことだといっている。つまり、為手が、見所すなわち観衆と同心になると、わが後姿をも見得することができるというのである。後姿は自分の目には見えないが、観衆の目にはあらわである。為手が、為手としての立場だけにとらわれていないで、一転して、見所すなわち観衆と一体の境地に立つことによって、自然に、いままで見えなかった、わが後姿まで意識に浮かんできて、同時に姿全体が整ってくるのをいうのである。これは、意図して得られるものではなく、為手の演技の異常な熟達によってのみ可能になる客観的自覚であって、これが、いうところの「離見の見」である。そういう自覚の獲得によって、わが後姿がわが心に浮かぶ時、渾然たる「五体相応の幽姿」がおのずから実現してくるというのである。

これは、舞に即して「離見の見」を説いたものであるが、この立場は、あらゆる演技に適用され、主体的、個性的なものの客観化のために欠くことのできない根本的な立場とされている。

五

以上考察してきた三つの観点は、楽師その人の努力によって実現できる、復元的な革新の諸条件である。制度がこのままでも、組織が変らなくても、楽師その人の自覚と努力によって実現できる革新である。しかも、この革新は、能をしてその本来に帰らせると同時に、それを現代における国民の古典劇たらしめる出発点でもあると考えられる点において、改めて取り上げられなくてはならない要件であると思う。

能・狂言が、江戸幕府の式楽として武家貴族に専有された因襲のままに、みずからひとり高しとして、浄瑠璃劇・歌舞伎劇のような民衆演劇を蔑視し、近代劇的努力を積んでいる新劇の演技を未熟視していることは、やがてみずからを時代から遊離させ、閉鎖的孤立と創造性の喪失とに陥るほかはなかった。いま、能・狂言関係のすぐれた新人たちが、研究として世阿弥の伝書に示された能芸を究め、また、浄瑠璃劇・歌舞伎劇・日本舞踊等の関係者と手をつないで、伝統芸術に共通した課題と取り組み、さらに、新劇・新舞踊の人々とも手をたずさえて、現代劇創造の課題を分担しようとしていることは、きわめて意義あることと思われる。そのためには、あらためて、曲のテーマや構成の再検討にも及ばなくてはならないし、演出家の出現を考慮することも必要である。しかし、能は、もともと演技中心で発達したものである。いま、演技に関する問題に限って、復元的革新の可能な点を取り上げ、伝統芸術研究者の批判を得ようとする次第である。

(『文学』昭和二十九年五月号)

「花伝書」の問題

一

「花伝書」は能の伝書である。くわしくは「風姿花伝」といい、能の大成者世阿弥が、父観阿弥から伝授された家芸の極意を、「第一　年来稽古条々」・「第二　物学条々」・「第三　問答条々」・「第四神儀」・「第五　奥儀」・「第六　花修」・「第七　別紙口伝」の七篇にしたてて、子々孫々に伝えようとしたものである。

その成立は、最初の三篇は「応永七年　秦元清(世阿弥の通称)」の奥書であり、次の二篇は「応永第九之暦　世阿」の奥書になっている。「第六　花修」の奥附には、「世阿」とだけあって、年次はない。「第七　別紙口伝」の奥書は、「応永廿五年　世阿」とあるが、それは再伝であるとことわっている。その内容や、その後に成立した他の伝書との関係から、この二篇の成立も、応永九年(一四〇二)を去ることがあまり遠くはなかったに違いないと推定されている。このようにみてくると、「花伝書」七篇は、世阿弥が四十歳を中心とした前後数年の間に成立したものと考えられる。

二

「第一　年来稽古条々」は、生涯を「七歳」「十二歳より」「十七、八より」「二十四、五」「三十四、五」「四十四、五」「五十有余」の七期にわかち、それぞれの時期における年齢的特質と、それに適応した稽古の方法や覚悟を示したものである。それぞれの時期々々における年齢的な特質の捉えかたといい、それに応じた稽古の方法や覚悟の示しかたといい、代々、生涯稽古の生活を生きる家の人の一語一句としての重さがある。

この篇において注目される問題は、「花」に「時分の花」と「誠の花」とがあることを認め、「時分の花」は、その人の年齢的な特長として自然に発揮される芸術的効果で、その時期を経過すれば失われるものであるが、「誠の花」は、どこまでも稽古になりきり、なりきりしていくことによって展開してくる芸術的効果で、これこそ、身体的な美しさや声のよさは失われても、その人が生きている限り、失われることのないものであるとしている。「時分の花」を「時分の花」と自覚して、それに驕ることなく、安住することなく、ひたすら稽古を大事にして進んでいくことによって、この「誠の花」を咲かせることが、全篇を通じての目標になっている。

もうひとつの問題は、この七時期のうちにおいて、生涯の危機ともいうべきものが二度あることを指摘していることである。第一の危機は、「十七、八より」の青年期で、この頃は、何ごとも根本的に大事をとって考え過ぎるために、かえって稽古ができなくなる上に、声変りと、成長による体軀の不釣合いからくる困難に陥り、それに対して観衆のおかしがるけわいが気になりだしたりして、手も足も出なくなる。この難関を突破する方法としては、声をいたわり、体を無理しないことが第一である。そういう生理的条件に無理をすれば、将来に声を損じ、身なりに癖が出てくるものだとしている。が、また一面には、「心中には願力を起して、一期《いちご》の堺ここなりと、生涯にかけて能を捨てぬよりほかは、稽古あるべからず。」といっている。今こそ一生の運命の決定する時と、一心になって、生涯にかけて能を離れない決心で、稽古を続けていくほかはないというのである。そのようにして、この不安・動揺の時期を過すことによってのみ、やがて、開けてくるものをほんものにし、力のあるものにすることができることをも暗示しているのである。青年の心理をも、芸道生活の道程をも知り抜いている先覚者の、後進に対する懇切・有力な忠言というべきである。

第二の危機は、「四十四、五」の項でいっている老衰期である。

四十歳前後には、それまでの「年盛りの芸能」がすでに極点に達し、その後はしだいに「身」と「声」の生理的条件が衰え始めるために、「身の花」も「よそ目の花」も失せ始めるのである。これは何人もまぬかれることのできない、重大な危機である。この危機を突破し、老年期の芸を衰退から救うものは、ただ一つ、少年期以来の稽古の持続と累積が成果した可能力である。それは、この期になって気がついてあわてても、間に合うことではない。ただ少年期から老年期に至るまで、こつこつと、その期その期にふさわしい稽古を、精根を尽くして積んでいくよりほかはない。この可能力だけが、老衰によっても失われることのない「誠の花」を老骨に咲かせ得るのである。

このことは他の伝書にくわしく説いているが、この篇でも、「少な少な」とか、「せぬ」とかいうことばで示唆されている。

「風姿花伝　第二　物学条々」は、能の構成要素のひとつである物真似に関して、「およそ何事をも残さず、よく似せんが本意なり。しかれども、また事によりて、濃き・薄きを知るべし。」という立場から、物真似の対象は千差万別であるが、類型的に女・老人・直面・物狂・法師・修羅・神・鬼・唐事の九つをあげ、それぞれの急所を指摘しているが、その中でも「女」と「老人」と「修羅」を、「二大事」とか、「第一の大事」とか、「一体の物」とかいっているところに、後年の三体論(老体・女体・軍体)の萌芽が認められる。

「花伝　第三　問答条々」には、演出に関する問題九つを挙げ、一問一答式に考察を進めている。第一問は、為手の登場における、観衆の反響による演技の工夫であり、第二問は、演技の時間的展開としての序・破・急論、第三問と第四問は、「立合勝負」すなわち競演に関する用意としての作能論・稽古論であり、第五では、「得手」を論じて、「上手は下手の手本、下手は上手の手本なりと工夫すべし。」という結論を出している。第六問は「位」の問題で、それは稽古によって形成される可能力であることを実践的に明らかにし、舞台効果としては、一見「かさ」すなわち量的迫力と似た感銘を与えるが、これは「たけ」すなわち質的迫力で、稽古の累積した結果、おのずから出てくるものであるとし、稽古の目標にして学んでできるものではないことを附言している。第七問では、耳に聞く音曲と目に見る風体を一体化することが強調されている。第八問は、「花のしをれ」たところの美の発見であるが、それはあくまで、「しをれ」たところであることが必要であることを力説している。第九問は、花を知ることの重要さを考察したもので、「一大事とも、秘事とも、ただこの一道なり。」といったうえに、「時分の花」に対する「誠の花」が、態《わざ》を究めたところに成立する心、すなわち工夫であるゆえんを説き、「花は心、種は態《わざ》」という命題を提示して結んでいる。

「風姿花伝　第四　神儀」は、能の起源を神代における「神たちの御遊び」に認め、また、仏在世の印度でも、釈迦如来の説法の時、外道を鎮めるために行われたとし、日本では秦河勝とその子孫によって、奈良の興福寺の法会や、春日神社の祭礼の時に演じられるに至ったという伝説的沿革を述べた上に、当代の大和四座・近江三座・伊勢二座のほかに、榎並・矢田・宿などの座名が示されている。

「花伝　第五　奥儀」では、近江猿楽が、舞歌・幽玄を本位とし、物真似を次にしているのに対し、大和猿楽は物真似を主とし、舞歌を次にしているが、この近江の風体と大和の風体とを止揚・統一することが父観阿弥の目標であったことから、さらに、観阿弥が、田楽の名人一忠の風体をも採り入れて、総合的な芸風を樹立したことに及び、観衆の目利きはもとより、目利かずにも感嘆されるような芸風を形成することが必要であるとし、「この芸とは、衆人愛敬をもて一座建立の寿福とせり。」という根本原則を導き出している。

「花伝　第六　花修」は、能作論で、後年の「能作書」に発展する考察として注目される。まず、

「能の本を書くこと、この道の命なり。」と書き出し、それは読んで味う名文ではなく、聞いて感じる名文でなくてはならないという立場から、用語は耳慣れた、しかも意味のわかりやすい詩歌の文句を用いよとか、歌う音曲とする技との融合を目指した書きかたとかに説き及んでいる。わけても、能の美に関し、「幽玄」とともに「強き」を見出し、「幽玄」も「強き」も写実の真実によってのみ成立すると説き、写実を偽ったり、誇張したり、また写実が足りなかったりすると、「強き」が「荒き」になり、「幽玄」が「弱き」になって美を失うとしている考えかたは、この篇だけにはっきり示されている所説である。が、いまは時代の好みが「幽玄」に偏っているから、その好みに応じていく工夫が必要であると言い添えている。最後に、能はそれを演じる人と時と所とに相応しなければ成功しがたいという建前から、「能を知る」ことの要を説いて結んでいる。

「花伝 第七 別紙口伝」は、演能の生命である「花」に関する考察である。まず、その「花」とは四季折々に咲く花に喩えたもので、「花と、おもしろきと、珍らしきと、これ三つは同じ心なり。」と規定し、「能も住するところなきを、まずは花と知るべし。」といって、人と時と所に応じて、その度に新しく、決して居すわらないところに、能の命を認めている。

このようにして、観衆にいつでも新鮮な感興を与えるには、常に、演者の芸が稽古と工夫によって進歩していなくてはならない。したがって、能の花には、さまざまな種類と成立が見出されなくてはならない。彼は、まず、「物数の花」と「年々去来の花」とを挙げ、稽古の対象を広くし、しかも、そういう稽古を長く続けることによって成立する花を挙げ、ついで「上手の花」を挙げて、稽古の上達によって成果する「歌舞の花」・「物真似の花」を明確に指示し、さらに「秘する花」に及んで、観衆の意表に出ることによって形成される花を説き、最後に「因果の花」をあげ、演能の上にも、その時々にまぬかれがたい種々の条件があることを知って、それに逆行しようとあせらずに、むしろそれに順応することによってそれを越え、別なよさを出す工夫を説いている。

このように考えてくると、要するに、その場その場に応じて新鮮味を出し、珍らしい感じを与えることが花であって、花というものが別にあるのではないといい、「ただ時に用ゆるをもて花と知るべし。」と結んでいる。奥書として、この別紙口伝は、「家の大事、一代一人の相伝」であるとした上に、「たとへ一子たりと云ふとも、無器量のものには伝ふべからず。」とし、「家、家にあらず。継ぐをもて家とす。人、人にあらず、知るをもて人とす。」という厳粛な基準が提示されている。

「花伝書」七篇を貫くものは、父観阿弥によって伝えられたものを、私なく子孫に伝えるという世阿弥の誠実と情熱である。にもかかわらず、世阿弥その人の「目にふれ、耳に聞き置きしまま」の筆録である以上、しかも、父の没後二十年を経た体験の自覚として成立した内容である限り、その全部を観阿弥の思想としてしまうわけにはいかないし、そうかといって、世阿弥の考察だとかたづけることもできない。ただ、後年に成立を見た伝書に比べて、世阿弥的特質が、それよりも広い地盤の中に胎動している。もし、そういう世阿弥的胎動を含んだ地盤的傾向に観阿弥を認めてよいとすれば、観阿弥による創造期の能は、京都に対する地方的色彩が強く、貴族に対する庶民的、大衆的傾向のいちじるしいものであったということができる。

「奥儀」には、「亡父は、いかなる田舎・山里の片辺《かたほとり》にても、その心を受けて、所の風儀を一大事にかけて芸をせしなり。」とか、「天下に許されを得たる程の為手も、力なき因果にて、万一少したるる時分ありとも、田舎・遠国の褒美の花失せずは、ふつと道の絶ゆることはあるべからず。道絶えずは、又、天下の時にあふことあるべし。」とか説いて、能が地方を地盤とし、そこの民衆を根拠とすることによって、その生命が維持されるものであることをいい、しかも、それが、能の意義であるとして、「この芸とは、衆人愛敬をもて一座建立の寿福とせり。」という立言の説明としていわれているところに、創始期の能が、いかなる芸能として誕生し、いかなる方向を取ろうとしていたかが示されている。

「幽玄」とともに「強き」美が認められ、いずれも写実の真実によって成立するとしているところにも、能の象徴的な美しさが、いかなる根拠によって形成されたものであるかを明らかにした立言として注目される。

(『日本文学講座　六』昭和三十年一月)

世阿弥の芸術論の特質

一

最近、表章氏と香西精氏との研究によって、世阿弥は大和国補巌寺の檀家であり、しかも、同寺二世竹窓智厳について禅を学んだことが立証された。世阿弥の忌日が八月八日であることも、同寺に遺っている納帳によって推定される。このようにして、これらの研究は、世阿弥の生涯に関しても、また、世阿弥の芸論に関しても、推定が困難であった問題を判然させる上に、重大な意義をもたらすものとして、学界のビッグ・ニュースであると、わたしは喜びにたえない。香西氏は、すでに、「ふかん寺二代」(『観世』昭和三十三年七月号)、「世阿弥の禅的教養」(『文学』昭和三十三年十二月号)、および「世阿弥の出家と帰依」(『文学』昭和三十五年三月号)などにおいて、世阿弥の阿弥号が時衆のそれではないこと、また世阿弥の晩年の芸論に禅的考察が濃くなっているが、それは補巌寺第二世竹窓によって媒介された道元系統の禅であったことなどについて、精細に解明されている。これまで、世阿弥の芸論が、道元の「正法眼蔵」その他に示されている思想と通うところが深いことに驚きを感じていたわたしは、香西氏のこの研究に力を得て、改めて世阿弥の芸論の時代的な位置と意義を考察してみようと思い立った。

世阿弥の芸論は、彼が三十八歳(一四〇〇)の「風姿花伝」(第三篇まで)に始まり、彼が七十一歳(一四三三)の「却来花」にいたるまで、彼が稽古と体験を積むままに、その芸道の上に得たところを子孫のために示したものである。

世阿弥の芸論・芸談は、すべてを稽古の持続・累積によって獲得しようとすること、あたかも、道元の仏教が、そのすべてを「只管打坐」を根基として成立させようとしていたのと符節を合するようなところがある。わたしは、いまから五十年ほど前、はじめて公にされた「世阿弥十六部集」に接した当時から、世阿弥の能芸論が、徹底した稽古論であることに驚かされている。しかも、その稽古論は、稽古の対象も、方法も、成果も、稽古の進展につれて進展し、「命には終りあり、能には果てあるべからず。」(「花鏡」)というような、無限に触れた人のみが抱き得る慨きを慨いている点で、ただの芸能人ではないことに惹かれていた。その後、世阿弥の伝書の発見も加わり、わたしの研究も一歩々々前進するにつれて、「花鏡」の「奥段」で、彼が、「能は、若年より老後まで習ひ徹るべし。」といい、「風姿花伝」の「年来稽古条々」においては、七歳から五十有余までを七時期に分ち、年齢々々における人間性の特質と、それに対応した稽古の方法と覚悟を分析している的確さに打たれるとともに、また、そういう、生涯稽古の到りつく所では、能の稽古ばかりでなく「日々夜々、行住坐臥に、この心を忘れずして、定心に綰ぐべし。」(「花鏡」)というように、全生活を挙げて能の稽古たらしめようとし、しかも、「この心を定心に綰ぐべし。」といっている「この心」は、

「正位」であり、「正位心」であるとするに至っている。まさに、禅の修行そのものであることを知って、驚きを深くしていた。

二

わたしは、こうして、世阿弥の稽古に関する思想には、不思議なほど、道元の禅に関する立言と軌を一にするものがあることに気づかされていた。が、そこには、単なる偶然ではなく、深い歴史的な関係があったことをはっきり指示してくれたのは、今度の香西氏の研究である。ただ、わたしは、世阿弥の芸と禅との関係については、香西氏が、「後期の伝書では、禅が身について、禅の中から芸を見るようになり」(前掲「世阿弥の禅的教養」)といっておられるようには考えていなかった。むしろ、芸を芸として稽古し、徹底することによって、禅に通じ、禅をも発展させていたのではないかと考えていた。なるほど、香西氏のいわれるように、後期の彼の立言には、禅の用語が多くなり、禅の成句が多く引かれている。にもかかわらず、彼の思索は、禅によって芸を考えるよりは、芸によって禅語を生かしているという感銘である。これが、世阿弥の芸論のいちじるしい特質である。この点では、世阿弥の能芸論は、禅竹の能芸論とちがっている。禅竹の能芸論は、仏教で芸を論じている。が、世阿弥は、芸で仏教を展開させている。だから世阿弥の能芸論には、禅語を用いているばあいでも、そこには、脈々として芸に対する体験と自覚がものをいっている。

世阿弥の稽古論における稽古は、能そのものの稽古に専念し、集中的に持続しなくてはならないために、生涯の稽古となり、生活をあげての稽古となっていることは、上にいってきた通りであるが、しかも、その中心となって稽古をつらぬくものは、つきつめると、「正位心」の持続であるという点で、道元の「只管打坐」と通うところが深い。わけても、道元が、興聖寺において、日本最初の禅道場を開き、日本在来の仏学とちがって、「広学博覧」(「正法眼蔵随聞記」)を排し、「只管打坐」にのみ正法があるとして、会下の大衆を率いたのと軌を一にするものがある。

世阿弥のこの態度は、すでに、父観阿弥から伝えられたものを伝えようとして書き遺している「風姿花伝」のなかにもあらわれている。すなわち、「この物数を極むる心、即ち、花の種なるべし。されば、花を知らんと思はば、先づ、種を知るべし。花は心、種は態《わざ》なるべし。」とあるように、わざの稽古の累積が、心としての花を開かせるというのである。古来の歌論などからすると、舞台に演じられる態が、花そのものであり、そういう花を開く種は心であるというように考えられる。したがって、世阿弥の場合は、十世紀の初めに、紀貫之によって、「やまとうたは、人の心を種として、よろづのことの葉とぞなれりける。」といわれている思想の逆である。貫之は、心が種、その種から展開する花葉にあたるものが歌品であるとしているのに、世阿弥は、種は態、その種から開く花は心であるというのである。貫之の歌論における「心」と、世阿弥の芸論における「心」とでは、同じく「心」といっても、その次元が違っていることに注目しなくてはならない。言いかえると、観阿弥・世阿弥の芸論においては、歌論とは次元を異にした「心」が発見せられていることに注意を向けなくてはならない。この根本的な事実を無視して、歌論・連歌論の幽玄も、世阿弥の幽玄も、同じもののように取り扱っているところに、これまでの世阿弥研究の不備が残されている。

では、世阿弥の「心」は、どういう「心」であるか。これも、「風姿花伝」の「心」と「花鏡」の「心」とは同じでないというような点だけが問題にされて、歌論その他における「心」と世阿弥の芸論における「心」とどう違うかというような、最も根本的な問題がおろそかにせられていた。「態」による稽古の累積から成果する「心」は、単なる思いつきや、即座の工夫などと違った、根拠のある「心」である。深いといってもいい、高次な「心」である。それが、「花」であり、芸の価値として発揮された「よさ」である。

「心」に関する考えかたのこのような変革は、古代から中世への歴史的な発展として認められるにしても、そういう芸術的機能としての「心」の発展を跡づけたものは、文献的にいえば、世阿弥である。が、そういう芸術的機能としての「心」の深化の基礎を築いているものは、道元である。もちろん、絶対の真理を自覚することによって、即ち、絶対的な真理と主体的な心との一体化によって、「心」の変革を期することは、釈迦以来の仏教がめざした「悟り」である。が、それを「只管打坐」の一行によって成就しようとしたのは、わが国においては、道元その人である。しかも、その「只管打坐」は、「打坐」に徹することによって、いかなる生活をも「打坐」たらしめる発展性を含んだものであるというのが、道元の「行持」である。「作食」においても、「精米」においても、「洗面」においても、それをするしかたによって、それを直ちに「打坐」そのものたらしめるというのが、「行持」の論理である。道元は、この「行持」を、「仏祖の大道」といい、「行持道環なり。」といって、「諸仏諸祖の行持によりて、われらが行持見成し、われらが大道通達するなり。われらが行持によりて、諸仏の行持見成し、諸仏の大道通達するなり。」といっている。世阿弥の稽古は、まさに、百数十年前に開かれた道元の「行持」の「大道」に、ふかくつながるものであることを認めないではいられないものがある。

世阿弥の稽古に対する態度・方法が、どんなものであったかは、すでに取り上げてきた。いまは進んで、稽古の対象とその成果に関する、彼の所言に聞かなくてはならない。

彼は、稽古の対象を、歌と舞と、物真似の基本形態である老体・女体・軍体であるとなし、彼が五十八歳の伝書である「至花道」には、これを「二曲三体」とよび、「万曲ノ生景」は、この二曲三体の稽古から、自然々々に展開してくる稽古の成果であるとしている。しかも、この二曲三体のうちでも、二曲が基本であって、少年期の稽古は、この歌舞二曲だけを稽古して、姿を幽玄にした上で物真似を稽古すれば、なにになっても、幽玄を離れないといっている。「万曲ノ生景」が、舞台の花として開き、しかも、それが幽玄美を発揮する根底は、このようにして少年時代に準備されている。

が、これらは、すべて、「なす態」の稽古である。「なす態」の稽古が、一定の段階に達すると、「せぬ心」の稽古に進まなくてはならない。それは、年齢でいうと、四十四、五歳、すでに「なす態」の稽古が尽き、体力も老衰に向う時期にする稽古で、一面には、老衰に随順して、生理的な無理をしないことであり、一面には、「なす態」の稽古を尽くして開けてきた、「せぬ心」の稽古が可能になる時である。これは、かれが六十二歳の伝書「花鏡」のなかの「万能綰一心の事」にくわしく述べている「一心」の稽古にほかならない。その内容については、『岩波講座日本文学史』の一分冊として書いた「世阿弥」にゆずって細論を省略するが、それは、道元の「只管打坐」を根底とした「行持」の一環であると見るべきではないであろうか。

三

　世阿弥の稽古論には、稽古から何が成立し、展開してくるかということについても、深く注目すべきものがある。われわれの文化の営みにおいて、だれが、どんな専門において、これほど深く、人間性を跡づけ、自覚の深さを極めたものがあるであろうか。

　彼が、稽古の成果としてとりあげているひとつに、「位」がある。「位」は「座居《くらゐ》」で、「座に居ること」または「居る座」の意である。いまのことばでいえば、「立場」に当るであろう。しかも、世阿弥の用例から推すと、それは、仕事をすることの可能な立場の意である。比喩的にいうと、物理学でいう位置のエネルギーのようなものである。世阿弥は、稽古によってのみ、この「位」があがると考え、素質があっても、稽古がないと、それは低いものにとどまるといっている。つまり、「位」をあげるには、稽古が絶対の条件だと考えている。

このようにして、「位」は、主体の持つ可能力であるが、能の「位」には、「安位」と「闌位」がある。さらに、「安位」の極致として「妙位」が考えられていた。しかし、「妙位」は、「安位」の極致であって、「安位」と別な位ではない。が、「闌位」は別な位である。

「安位」は、稽古の主体と稽古の対象との、熱心な稽古の実践による一体化によって成立する。「至花道」に、「先づ舞歌において、習ひ似するまでは、いまだ無主風なり。(中略) 師によく似せならひ、見とりて、わが物になして、身心におぼえ入りて、安き位の達人にいたるは、これ主なり。」とある、それである。また、物真似においても、「物真似を究めて、その物に、まことに成り入りぬれば、似せんと思ふ心なし。」(「花伝」別紙口伝)とあるように、稽古の主体と対象との一体化したものが、「安き位」即ち「安位」である。これは、当然、稽古の対象における諸要素の融合一体化を伴い、「大方似合たる風体を、安々と、骨を折らで」(「花伝」年来稽古条々)とあるような、老境における象徴的な芸を成り立たせる。このようなのが、「安き位」である。

世阿弥は、稽古の成果として「花」を見いだし、さらに、その「花」において、能の美の理念ともいうべき幽玄が発揮されると考えているが、その幽玄の極致を、かれは、「妙花」とよび、「当道の堪能の幽風、褒美も及ばず。無心の感、無位の位風の離見こそ、妙花にや有るべき。」(「九位」)といい、これを「妙と言ふは、言語道断、心行所滅なり。」(同)と解説していることによっても明らかなように、これは、「安位」の究極としての幽玄である。したがって、ここには、可能性の問題と価値の問題との相即が認められる。「妙位」とよばないで、「妙花」とよんでいるゆえんである。

「闌けたる位」は、「至花道」における「闌位の事」にくわしい。これは、「闌けたる位のわざとは、この風道を、若年より老に至るまでの年来稽古を悉く尽くして、是《ぜ》を集め、非を除《の》けて、以上して、時々上手の見する手立の心力なり。これは、年来の稽古の程は、嫌ひ除けつる非風の手を、是風《ぜふう》に少し交《まじ》ふる事あり。上手なればとて、何のため非風を為すぞなれば、これは上手の故実なり。」とあるように、これも稽古の結果として成立する、主体の可能力である。したがって、「この芸風に、上手の極め至りて、闌けたる心位にて、時々異風を見する事のあるを」といい、「闌けてなす所の達風、左右《さう》無く学ぶべからず」といっているように、「異風」であり、「非を是《ぜ》に化かす見体なり。」とあるように、非連続の連続であり、対立的要素の弁証法的統一である点で、異常な統一力の発揮である。したがって、それは、異常な稽古の累積をまって、はじめて可能にされる。「九位」における「下三位」の芸が、「上三花」における「妙花」からの発展として跡づけられるのも、そのためである。これも、「世阿弥」(『岩波講座　日本文学史』第四巻)にややくわしく考察してあるので、細論を避ける。

その他、「花鏡」における「舞声為レ根」に説かれている「離見の見」のような境位は、稽古の主体と対象との一体化であるばかりでなく、主体である為手と見所との一体化に及んでいる点で、道元の「身心脱落」と相通うものがある。つまり、道元の「只管打坐」の、芸における実践であり、実現であると考えられる。

このようにして、一四四三年に八十一歳で世を去った世阿弥の能は、一二五三年、五十四歳で世を去った道元の「只管打坐」と深く相通じ、しかも、その発展的実践である「行持」と符節を合するようである。道元の論理は、能だけでなく、広く中世文化の規範となり、原型になっていると考えられる。そこに、世阿弥芸論の根本的な特質があり、さらに、現代における、来るべき文化創造の一原動力たるべき点が認められる。

(『観世』昭和三十五年九月号)

世阿弥能楽論解説

一　能楽論の発生と展開

遠く奈良時代に中国から伝来した散楽《さんがく》に源を発する猿楽《さるがく》が、歌・舞・物まねの諸要素から成る、「能」と呼ばれる演劇形態の芸を持つようになったのは、おおよそ鎌倉時代初期の頃であろうと推測されている。その「能」が、演劇としての形を整備し、芸術と呼ぶに値する実質を持つようになったのは、十四世期中頃、南北朝時代のことであったと信じられる。当時は、大和・近江・丹波・摂津などの猿楽諸座や、鎌倉末期には猿楽を圧する成長を見せた田楽《でんがく》の各座が、新興支配階級たる足利将軍やその武将たちの支持を得るべく、京都を中心に、たがいに「能」を競演していた時期である。

「能」の質的向上は、演者の芸術的自覚なくしてはあり得ない。が、質的向上がまた、演者の芸術的自覚をも促進せしめることともなる。能役者の芸術的自覚は、中世芸道の特色たる「道」の意識を強からしめ、道を重んずる心は、「道」を伝えるための実践的芸統としての「家」を重んずる心ともなろう。歌の道の人が歌論書を残すのと同じく、能役者が自己の芸得を正しく子孫に継承せしめようとの熱意から、能はいかにあるべきかを説く能楽論を生む下地は、既に熟しつつあったものといえよう。

そうした時期に出現し、曲舞《くせまい》などの長所を採り入れた新風の「能」を樹立し、足利義満に認められるに及んで、天下の名声を獲得したのが、大和猿楽結崎座《ゆうさきざ》の棟梁、観阿弥清次《かんなみきよつぐ》（一三三三―一三八四）であり、その業績に基づいて、さらに「能」を歌舞中心の幽玄なる芸へと洗練し、今日もその生命を持続し得るまでに「能」の芸術性を高めたのが、観阿弥の子、世阿弥元清《もときよ》である。その元清が、「道のため、家のため」に、父観阿弥の遺訓に基づいて述作した「風姿花伝」こそ、現存する能楽論書の最古のものである。能楽論はもっともふさわしい父子を得て誕生したと言ってよいであろう。

世阿弥は「風姿花伝」の後にも多くの能楽論書を述作した。現在までに確認されているのは左の二十一種である。〔このうち、「夢跡」(追悼文)と「金島書」(小謡集)とは能楽論書ではなく、「世子六十以後申楽談儀」は、世阿弥の芸談を子の元能が筆録したものであって、他の論書とは性質を異にしている。〕

風姿花伝　（略称「花伝」。通称「花伝書」）　応永七年四月(但し第三まで。第四・第五は応永九年三月。第六・第七もほぼ同じ頃か)

能序破急事《のうのじょはきゅうのこと》　（別称「花習内抜書」）　応永二十五年二月

音曲声出口伝《おんぎょくこわだしくでん》　（もと無題か）　応永二十六年六月

至《し》花《か》道《どう》	応永二十七年六月
二曲三体人形図（略称「人形」）	応永二十八年七月
三　道（通称「能作書」）	応永三十年二月
花　鏡	応永三十一年六月
曲付次《ふしづけし》第《だい》	年代不明（「三道」より後か）
風曲集	年代不明（「曲付次第」より後か）
遊楽習道風見《ゆうがくしゆどうふうけん》	年代不明（「九位」より前か）
五　位	年代不明（「九位」より前か）
九《きゆう》　位《い》	年代不明（「六義」よりは前）
六《りく》　義《ぎ》（もと無題か）	応永三十五年三月
拾玉得花	正長元年六月
五《ご》　音《おん》	年代不明（「五音曲条々」よりは前か）
五音曲条々（もと無題か）	年代不明（「風曲集」よりは後か）
習《しゆ》道《どう》書《しよ》	永享二年三月
世子六十以後申楽談儀（通称「申楽談儀」）	永享二年十一月
夢《ゆめの》　跡《あと》	永享四年九月
却来《きやくらい》華《か》	永享五年三月

世阿弥から「六義」や「拾玉得花」の伝授を受け、事実上の芸系継承者であった金春大夫氏信《こんぱるだゆううじのぶ》(法名禅竹)(一四〇五—一四六八?)もまた、晩年に、特色のある数々の能楽論書を著わした。「六輪一露」「六輪一露秘注」「歌舞髄脳記」「至道要抄」「五音之次第」「五音三曲集」などがそれである。また氏信の孫の金春大夫氏安《うじやす》(禅鳳)(一四五四—一五三二)にも「毛端私珍抄」などの伝書があり、以後、室町末期から江戸初期にかけて、多くの能役者によって、多くの能楽論書が述作せられた。万治三年(一六六〇)に成った、大蔵虎明の『わらんべ草』のような狂言の伝書も、広義の能楽論書に含めてよいであろう。

しかしながら、世阿弥の能楽論が、観阿弥の先駆者的偉大さと、創造的エネルギーの卓抜さとに対する感激が根底となり、世阿弥自身の体験の豊かさと自覚の深さが十分に生かされた、比類のない高い芸術論になっているのと比較すれば、禅竹以後の能楽論は、著しく精彩を欠いている。世阿弥を継承したはずの禅竹の論にしても、仏教的教理や歌論の導入によって能楽論の深化を意図した努力は認められるにしても、必ずしも成功しているとは言い難く、むしろ、いたずらに能楽論を晦渋化した感が強い。室町末期以後の伝書になると、専門的技術論に終始したものがほとんどで、秘伝書ではあり得ても、芸術論書と言い得るものは見あたらない。従って、世阿弥に始まった能楽論は、世阿弥によって最高の段階が極められ、以後は下降の一途を辿ったと言って差支えないのである。

二　世阿弥の生涯と能楽論の発展

第一期の能楽論

世阿弥の生涯は、室町将軍との関係によって三期に分かたれる。〔世阿弥の生年は、永享四年(一四三二)の「夢跡」に「いま七秩にいたれり」と言っているのを七十歳ちょうどであったと仮定すれば、貞治二年(一三六三)である。以下、この推定に従って論を進める。〕

その第一期は、彼がはじめて義満に知られた応安七年(十二歳)から、応永十五年(四十六歳)義満の死にいたる三十五年間で、この間の彼は、至徳元年(二十二歳)に父を失ったが、観世大夫として稽古に専念し、演出・演技に精進した。応永元年(三十二歳)には、奈良一条院で、義満の前に猿楽を興行し、応永六年(三十七歳)には、一条竹鼻において、三日間にわたる勧進猿楽を行い、応永九年(四十歳)以前に、義満の命名によって擬法名的芸名たる世阿弥陀仏を称するというような、順調な発展期であった。が、その応永十五年五月、無二の保護者義満の死去に会った。

「風姿花伝」七篇は、このような世阿弥の順調期、しかも、彼のいう「盛りの極め」において書かれた伝書である。が、そこに書き遺されているところは、彼の父であり、師である観阿弥の人間と芸とに対する無限の感嘆と尊信が原動力となって展開されたものである。序ともいうべき部分に、「この道に至らんと思はん者は、非道を行ずべからず」といって、猿楽の能を「道」とよび、その「道」に専念し、集中すべきことを力説しているのは、世阿弥自身の信念であったろうが、それを裏付けるかのように、「花伝」全篇の思索は、能の稽古と演出の体験に根ざしている。続いて「凡《およそ》、若年より以来、見聞き及ぶところの稽古の条々」といい、また第五の末にも「幼少より以来、亡父の力を得て人となりしより、廿余年が間、目に触れ、耳に聞き置きしまゝ、その風を受けて、道のため家のため、是を作するところ、わたくしあらむものか」ともいっているように、「風姿花伝」の七篇は、観阿弥から伝えられたものを身をもって子孫に伝えようとする情熱によって貫ぬかれている。

その第一から第三までの条々が第一次的完結である。「第一　年来稽古条々」においては、生涯を「七歳」から「五十有余」までの七時期に分け、各時期の特質と稽古の方法や覚悟を体験的に説き、注意事項とでもいうべきものを特記している場合もある。いずれにおいても、各年齢々々における人間性の把えかたが的確で、稽古の方法や覚悟は、人間のあるべき生き方に徹している。世阿弥がこれを書いたのが三十八歳の時であったとすると、「四十四、五」「五十有余」の老年期の条は、観阿弥の晩年におけることばや生活によって書いたものとすべきであろう。そう考えてみると、「三十四、五」までの五つの時期の書き方には、観阿弥のことばと生き方を、世阿弥自身の体験を通して書いている自信の確かさがあり、「四十四、五」「五十有余」の老年期の条の書き方は、観阿弥のことばと生活に寄りかかっている観がある。

生涯における七時期は、「十七、八より」と「三十四、五」とを二つの転機として、少年期と青壮年期と老年期とが見通される。そうして、この少年期から青年期への転機としての「十七、八」の把えかたの深さと、この危機的転機の突破を「生涯にかけて能を捨てぬより外は、稽古あるべからず」といっている真実さは、いまも新しい。「三十四、五」の条では、「上るは三十四、五までの比、下るは四十以来なり」といって、壮年期から老年期への第二の危機的転機を指摘し、しかもこの危機の突破は、そこに至るまでの稽古のいかんによって可能にもなり、不可能にもなるといって、その場に臨んではどうすることもできない危機であることを明らかにした上、「この比は、過ぎし方をも覚え、又、行先の手立をも覚る時分なり」といっており、自覚の深さ・確かさが開けてきている。

なお、老年期の「四十四、五」において、身を惜しむ省略の芸に進むと同時に、相手の役者を引立てるようにする方向を取り始めることは、生涯の完成として、極めて重大な意味を持っていると思われるが、「五十有余」の条に、「この比よりは、大方、せぬならでは手立あるまじ」といっている、「せぬ」という手立の提示とともに、この老年期における稽古の方法や覚悟は、まだ充分に自信をもって説かれてはいない。その「せぬ」手立が、六十二歳の「花鏡」の「万能綰一心の事」の条にはくわしく説かれているところをみても、老年期の稽古のあり方が観阿弥自身のあり方を基にした論であることが思われる。

「第二　物学条々」では、猿楽能の主要素であり、大和猿楽の特色でもあった「物まね」について、九つの類型(女・老人・直面・物狂・法師・修羅・神・鬼・唐事)を挙げて、詳しく説いている。世阿弥が、能芸の基本的な構造を二曲(歌曲と舞曲)と三体(老体・女体・軍体)とに限定したのは、五十八歳の「至花道」に始まっている。「風姿花伝」の頃は、まだ、この三体思想に達していなかったらしい。が、この条に説く九つの類型の中に、すでに三体思想の萌芽が認められるということは、多くの人々によって注目されている。それは、女と老人と直面である。直面は、軍体そのものではないにしても、男性であるという点で、老・女とともに、一般の人間の基本的な類型であると考えられる。次に、物狂と法師と唐事とは、一般の男・女・老とちがった特殊性を持った人間である。物狂は心理的に、法師と唐事とは形態的に、境遇の特殊さを示している。修羅と神と鬼とは、超人間的な存在で、これも常人としての老・女・男とは区別される。

特殊人体にしても、超人間的存在にしても、物まねの人体として稽古すべき要点を尽くしているが、わけても、憑き物による物狂と、思いゆえの物狂とに分けて説く、物狂の説明には、注目すべきものがある。憑きものによる物狂は、「その憑き物の体を学べば、易く、便りある」のであるが、物思いによる物狂は、「一大事なり」であり、「物思ふ気色を本意に当てて、狂ふ所を花に当てて、心を入れて狂へ」と説く。「拾玉得花」の最終問答に、女物狂を能に登場させる理由を述べているのを参照して読むべきであろう。

なお、「これ、殊更、大和の物なり。一大事なり」という鬼に関する考察は、技術的問題については簡にして要を尽くし、鬼の物まねが観阿弥において極められていたことを思わせるが、演出論においては、問題を残したまま「鬼の面白からむたしなみ、巌に花の咲かんが如し」と結び、その解明は「別紙口伝」に譲っている。これは、老人の項の、「花はありて、年寄と見ゆるゝ公案……たゞ、老木に花の咲かんが如し」とともに、「別紙口伝」と「第三」までのつながりを示すものとして注目される。

「第三　問答条々」も、九つの条々から成り立ち、演出・演技に関する考察を、問答の形で行っている。重要な問題の考察を、一対一の問と答によって展開させる形は、後の「拾玉得花」にも見られるが、禅などの影響かと思われる。

最初の三つの問答は、演出一般にわたる考察である。まず、第一の問答の、為手登場の際に「万人の心」を能に同化させうるか否かが、演能の成否を決定するという問題に始まり、第二の問答では、演能の時間的展開を規定する「序破急」を説き、第三の問答では、特殊演出としての「立合勝負」のしかたに及んでいる。

次の三つの問答は、主として演技に関する考察である。まず第四の問答は、為手の演技に「一旦の花」と「誠の花」とがあることを説き、「花が能の命」であるという。第五の問答は、得手について説き、「上手は下手の手本、下手は上手の手本なりと、工夫すべし」といっている。第六の問答は、為手の演技の可能力としての「位」の問題である。為手の主体的可能力としての「位」は、稽古によって形成される。「稽古なからんは、おのれと位ありとも、いたづら事なり」とあるように、生得のものではあっても、後天的な稽古を経ないと、可能力としての位にはならないということが、やや難解なこの条の主旨であろう。

最後の三つの問答は、演技の花に関する考察を主としている。まず、第七の問答は、「文字に当る風情」を問題にし、音曲と働きとが一心になるところに、花が成立するといっている。働きにおいては身を使うことを根本にし、手足がそれに従うのでなくてはならないとする論など、演技の花の原理を極めている。第八の問答は、批判の言葉として用いられる「萎れたる」ということを問題にし、それは「花の萎れた」のでなくてはならないと説き、花が基本であるから、それの萎れたという趣きは、花よりも上のことだとしているところに、幽玄の方向が示されている。第九の問答は、「花を知る事」の問題で、「この道の奥義を極むる所なるべし。一大事とも秘事とも、たゞこの一道なり」といって、「花を知る」ことの重大さを強調する。花には、「咲く花の如くなれば、又やがて散る」時分の花もある。だが、「たゞ、まことの花は、咲く道理も散る道理も、心のまゝなるべし。されば、久しかるべし」とある、この「まことの花」を知ることが、奥義であり、一大事なのである。この「まことの花」をいかにして知るかは、「別紙口伝」にゆずっているが、その原理を、「物数を極むる心、則《すなは》ち花の種なるべし」と説き、「花は心、種は態《わざ》なるべし」と結んでいる。このことばについて、「六祖壇経」の偈を引いているのは、当時すでに禅に触れていたことを示すものとして注目される。

「第三」の末で奥書をし、署名をしているところから見ても、また、以上三篇の内容と組織から見ても、「風姿花伝」の原形は、一応、「第三」までで完結していたものと思われる。

「第四 神儀」は、当時、猿楽とよばれた能が神聖な職であるということを、伝説などによって裏づけをしようとした伝統論である。「花伝」の他の六篇や世阿弥の他の伝書が、稽古・修行に基づくすぐれた芸能論であるのに、この「神儀」にのみ荒唐無稽とも思われるような伝説的記述が多いために、吉田東伍博士はこれを偽書と判断したほどである。しかし、その起源を神代や仏在所に求め、伝統や由緒を誇ろうとする傾向は、当時の諸芸能に共通した態度であった。神事や法会にあずかる猿楽にこういう伝説が伝えられていたのは、当然といえよう。こうした伝説を子孫に伝えて、神聖な職であるという自覚を持続させるために、この一篇を加えたものであろう。四巻本が、第三までの末に、「聞書云」の表題でこの篇を収めていることから、最初は第三までの附録的なものとして添えられていたこの篇が、後に「奥義」が執筆されるに至って、第四の位置に編入されたものであろうとの説(表章氏「四巻本風姿花伝考」による。『中世文学の世界』所収)に従えば、「花伝」の中での本篇の特殊な位置も理解されるであろう。

「第五 奥義」は、第四までのように、「風姿花伝 第一」などの巻序がなく、元来は「第四」までの諸篇に対する「奥義」として執筆されたものらしいが、全七篇の体系が完備された時には、当然「第五」の位置を占めたものと思われる。

まず、「風姿花伝」述作の理由をあげて序とし、本論としては、第一に大和猿楽が物まね本位であり、近江猿楽が幽玄本位であることから、大和猿楽である上に幽玄を取り入れ、さらに、田楽の一忠をも「我が風体の師」とした亡父の総合的な芸風に感激し、十体を得ることが大衆を捉えるひとつの契機であると考えている。

ついで、演能における為手の上手・下手と、見所の目利き・目利かずとの関係を論じた末、「得たる上手にて、工夫あらん為手ならば、又、目利かずの眼にも面白しと見るやうに、能をすべし」と結び、それが京都における目利きばかりでなく、遠国・田舎の人までも、遍く面白いと感じさせるゆえんだとして、これも、大衆を捉える用意であると考えている。が、このように、大衆を捉えるために遍き風体を心がけなくてはならないからといって、「我が風体」をおろそかにしてはならないことを注意し、個性的なものに徹することが普遍的なものを体得する基礎であるとしている。奥義の前半は、大衆を捉えるということが、芸術性の向上であり、発展であるという体験の披瀝と言ってよいであろう。

続いて、世阿弥は、「抑《そもそも》、芸能とは、諸人の心を和げて、上下の感をなさむ事、寿福増長の基、遐齢《かれい》延年の法なるべし」といい、「この芸とは、衆人愛敬をもて、一座建立の寿福とせり」といって、能という芸術の社会的意義を宣言している。しかし、「寿福増長」などというと、世間的な欲心の対象になってしまう恐れがある。そこで彼は、「道のためのたしなみには、寿福増長あるべし。寿福のためのたしなみには、道まさに廃るべし。道廃らば、寿福おのづから減すべし」といって、芸術性の純粋な発展を期することを忘れていない。

最後に、亡父観阿弥の芸に対する感激をもって、「道のため、家のため、是を作するところ、わたくしあらむものか」と結んでいるのは、序と相応じて、伝えられたものを道のために伝えるという至情を披瀝して、いかにも「風姿花伝」の奥義たるにふさわしい。

「第六　花修」は、「第七　別紙口伝」とともに特殊問題を考察した篇である。「第三　問答条々」に、「この芸能の作者別なれば、いかなる上手も心のまゝならず。自作なれば、言葉・振舞、案の内なり」とあるような、演能の要求を出発点とした作能論であり、四つの段落を立てて考察している。最初の段落では、能役者としての能作の必要と可能を説き、「脇の申楽」をはじめ、各番数の能をどう書けばよいかを示し、さらに、用語の問題、作品と演技との関係などにも触れている。第二の段落では、音曲と働きとの一体化を得るように能を作ることが能を作るコツであるといい、さらに、音曲と働きとの相関を分析して、「歌ふも風情、舞ふも音曲」というような歌・舞融合境を出現させる方法を考察している。第三の段落には、能芸美としての幽玄と「強き」とについて考察し、それにともなう作者の心得を説いている。幽玄も「強き」も、物まねに成功した場合の差であり、物まねにおいて、はずれたり、誇張があったりすると、幽玄は「弱き」になり、「強き」は「荒き」になってしまう。「さるほどに、強き・幽玄と申すは、別にあるものにあらず、たゞ、物まねの直ぐなる所、弱き・荒きは物まねに外るゝ所と知るべし」といっているから、ここでいう幽玄も「強き」も、物まねの対象がもたらす美であることはいうまでもない。第四の段落には、第一段落にも取り上げている相応ということを、改めて問題にしている。為手と見手と場との相応が必要であるということを説き、その相応を成立させる原理である「能を知る」ことに言及して、道に対する自覚の深さが、作能・演能の根本であることを明らかにしている。

この「花修」一篇は、「能の本を書く事、この道の命なり」とまでに重視した、能作の論であるが、技術的なことよりも、能役者として能を作る場合の、根本的な問題を主として述べており、能作方法論としての「三道」(「能作書」)の前提をなしているものといえよう。

「第七　別紙口伝」は、花に関する体系的な総説と細説とである。総説としては、まず、花を、「花と、面白きと、珍らしきと、これ三つは同じ心なり」と定義した上、「物数を極めぬれば、その数を尽すほど久しし。久しくて見れば、また珍らしきなり」と説き、「されば、花とて別にはなきものなり。物数を尽して、工夫を得て、珍らしき感を心得るが花なり。『花は心、種は態』と書けるも、これなり」と結んでいる。

細説としては、歌舞の花(二節)、物まねの花(三節)、十体の花・年々去来の花(四節)、用心の花(五節)、秘する花(六節)、因果の花(七節)、花の原理(八節)を、それぞれ的確に指摘し、その結び(九節)として、「家、家にあらず。継ぐをもて家とす。人、人にあらず。知るをもて人とす」と断言し、伝授という事実のきびしさを裏書きしている。最後(十節)の「元次、芸能感人たるによつて、これを又伝ふる所なり。秘伝々々」とある用意も深くうなずかれる。

「第三　問答条々」の「花を知る事」の中に、花の大事は「別紙の口伝にあるべきか」といいながら、「たゞ、煩はしくは心得まじきなり」と注意しているのは、他の段に説くことがらがあくまで実践的徹底を期すべき性質のものであるのに対し、「別紙口伝」に説く所が、むしろ論理的徹底を期すべき性質の論であるからであろうか。第一節が「物学条々」の鬼の項や「問答条々」と、第二節が

「物学条々」の老人の項と関連しているのは、「第三　問答条々」にその存在が暗示されている以上、当然のことであるが、第四節が「第五　奥義」に説いた十体説につながり、また、そこに説く「年々去来の花」の思想が、「花鏡」の奥段の、「初心忘るべからず」の思想の萌芽と認められることは、第五節が「花鏡」の「強身動宥足踏……」につながることとともに、「別紙口伝」の、「花伝」と「花鏡」をつなぐ位置を示すものとして注目される。

第二期の能楽論

世阿弥の生涯の第二期は、応永十五年(一四〇八)四十六歳から、応永三十五年(一四二八)六十六歳までの二十年間であり、義満死後における足利義持の将軍時代である。義持は田楽新座の増阿弥を寵愛し、観世座は義満生存中のような待遇を受けることはできなかった。増阿弥を中心とした、将軍台臨の勧進田楽がしばしば行われているのに、それに匹敵する猿楽の記録は、ほとんど残されていない。が、世阿弥は、円熟期から老成期に入って、いよいよ芸境を深め、一方、長子元雅が成人して、観世座の実力は前期以上に充実し、発展していたものと思われる。一般民衆の間に絶大な人気があったことは、「中楽談儀」二十四段の記事からも推測されよう。

この間、世阿弥は、応永二十九年(一四二二)六十歳以前に出家・入道し、それと前後して、観世大夫の地位を元雅に譲った。かれの帰依したのが、道元の法系をひく禅であることが近年明らかにされ、菩提寺が大和の補巌寺《ふがんじ》(曹洞宗)であることも判明した(香西精「世阿弥の出家と帰依」『文学』昭和三十五年三月号)が、出家以前から親しんでいたと思われる禅から受けた教養は、世阿弥の思索や文体に大きな影響を残している。

この出家の前後が、世阿弥の著作の最盛期である。応永二十五年(一四一八)の「花伝 第七 別紙口伝」の再伝をはじめ、「音曲声出口伝」「至花道」「二曲三体人形図」「三道」「花鏡」などの、成立年次の明らかな伝書が次々と執筆され、成立年次不明の「曲付次第」「風曲集」「遊楽習道風見」「五位」「九位」も、出家前後、またはそれに引き続いて書かれた伝書である。当時、彼が、長男元雅、二男元能をはじめ、甥元重(音阿弥)、婿氏信(禅竹)などの、後継者の育成と薫陶に全力をあげていたことを示すものと言えよう。

この期を代表する伝書は、元雅に相伝した「花鏡」である。「花鏡」は、応永二十五年(一四一八)二月以前に、題目六ケ条・事書八ケ条から成る「花習」としてまとめられていたことが、「能序破急事」(花習内抜書)の奥書によって知られ、「二曲三体人形図」によって、応永二十八年(一四二一)には既に「花鏡」と呼ばれていたことが明らかであるが、題目六ケ条・事書十二ケ条の現存本の形にまとめられたのは、金春本に見える世阿弥の奥書の年時、応永三十一年(一四二四)六十一歳の時ではなかったろうか。その奥書に、「風姿花伝」が亡父の教訓の筆録であるのに対し、「花鏡」は、父に別れてからの四十余年の間に、彼自身が体得し、開拓し得た芸跡であると明言しているように、「花鏡」は世阿弥の創造に成る芸術論体系であり、かれの体得した芸術論の極致を示す伝書である。

「風姿花伝」と同じように、能芸のすべては稽古によって成立するという立場を発展させ、演出論・演技論はもとより、構造論も美論も、ともに稽古論として展開されている。が、その稽古と呼ばれる体験によって進められている考察は、一見、断片的であるかのように思われるけれども、それは、体験的自覚の深さにおいて、みごとな実践的体系を創造し得ていると言えよう。

題目六ケ条は、演技の法則を標語として掲げた考察である。「息」を主体化した「機」をかなめとした発声法を説く「一調二機三声」に始まって、心と身との関係を、主体的行動として発展的に成立するように方向づけた「動十分身　動七分心」、身と足の働きを対立させながらも、その弁証法的統一を期した「強身動宥足踏　強足踏宥身動」とを述べた後に、音曲・舞に関する問題から物まねへと問題を移している。「先聞後見」と、「先能其物成　去能其態似」とは、物まねを主体的行動化するための原則の提示である。それに対して、「舞声為根」は、舞を主体的行動として成立させる原則の提示と言えよう。舞の原動力は音曲であるとする説は、老年期以後の世阿弥の音曲重視の現われでもある。ついで、舞の五智を説き、その中心である舞智に関連して、自己の姿を客観的に把握するための「離見の見」に説き及んでいる。この「離見の見」は、稽古を極めたところに成立が可能となる点で、われわれの日本人の芸術意識の極致を示す論であるといえよう。

以上、題目六ケ条は、断片的な標語の解説の形をとっているけれども、歌舞を根底とし、物まねを特色とした融合芸術としての能の演技を、実践的体系として考察している態度は一貫しており、すべての題目が、主体の創造的行為を成り立たせる法則の解明であると判断してよいであろう。

事書十二ケ条は、「時節当レ感事」「序破急之事」が演出の問題としてとりあげられ、「知二習道一事」「上手之知レ感事」が演技の問題としてとりあげられているが、これらは「風姿花伝 第三 問答条々」でとりあげられた演出・演技問題よりも、経験の累積から帰納された、技術としての一般性を持っている。したがって、そこには、一般性とともに客観性があらわれている。「浅深之事」「幽玄之入レ堺事」「劫之入用心之事」「万能綰二一心一事」「妙所之事」は、稽古の累積によって発展してくる様式(姿)の展開を問題としていて、いずれも、「風姿花伝」で取り上げている問題の発展であり、深化である。わけても「万能綰二一心一事」における「せぬ」の考察は、年来稽古条々の「五十有余」における「せぬならでは手立あるまじ」について、精しく深く論究したものであるが、「万能綰一心」の「一心」は、全生活面をあげて貫くべき、能の命の根源であるとの論定には、「上手之知レ感事」において、あらゆる芸の「ぬし」になるものは心であり、正位であるという論とともに、中世芸術の極致が示されている。なお、「批判之事」「音習道之事」では、稽古の累積によって発展してくる演出および演技の個性的様式の成立を指摘している。「音習道之事」は、「音曲声出口伝」に述べられたことの要約ではあるが、能芸構成の要素としての音曲ではなく、舞の根元としての音曲、物まねの根元的な要素としての音曲を問題にしているものとして把握すべきであろう。

「奥段」は、「風姿花伝」の奥の段ともいうべき「第五 奥義」に比べて、老境における芸得としての集中と発展が認められる。まず、最初の問題は、「能を知る」ことである。そのためには、演出・演技のすべてを稽古として行うことであり、そういう稽古の実践を通して認識され、自覚される法則や原理が、能を知ることだとしている。続いて、「能は、若年より老後まで、習ひ徹るべし」という秘義を開示する。「風姿花伝」では、年来稽古を年齢々々に応じて具体的に説いているが、この「花鏡」では、そういう実践的認識を重ねた結論として、こういう立言に帰着している。縦に生涯を貫き、横にあらゆる生活を挙げて能の稽古たらしめるというような稽古の発掘こそ、彼の能芸を可能ならしめ、彼の芸術論に時代を超えた不滅の生命を与えた原動力である。彼はさらに進んで、そのような稽古を貫く原理として、「初心を忘るべからず」を掲げ、「是非の初心忘るべからず」を説き、「時々の初心忘るべからず」を説き、「老後の初心忘るべからず」を説き、さらに「初心の重代」に及んで、余すところもなければ残すところもない、「命には終りあり、能には果てあるべからず」という原理を、道の無限に触れた人間の慨きとして言い遺している。

このように見てくると、「花鏡」一巻は、「花伝」の「年来稽古条々」の「四十四、五」「五十有余」の条で、父観阿弥から伝えられたに過ぎなかった老年期の稽古を「四十有余より老後に至るまで、時々浮む所の芸得」として書き遺した伝書であることが、題目のひとつひとつ、事書の一条々々の上に読み取られる。と同時に、「時々浮む所の芸得」ではあっても、世阿弥その人の体験的自覚によって貫かれているから、そこには深い統一があり、体系が存立する。「花鏡」は、「風姿花伝」における芸術論の発展であり、また、彼の芸術論の大成である。

「花鏡」が長男元雅へ相伝されたのに対し、「三道」(「能作書」)は二男元能に伝えた伝書である。

世阿弥は、「能の本を書く事、この道の命なり」(「花伝 第六 花修」)と断言しているのにふさわしく、能作の面でも天才であり、名作の多くを残している。その豊かな経験に基づいて、能の台本すなわち謡曲はいかにして作るべきかを、種・作・書(主題・構想・叙述と言い替えてほぼ誤らない)の三方面から説いたのが「三道」である。能芸論としては特殊論であるが、無比の謡曲論であり、すぐれた文学論でもあって、能・謡曲の本質を理解するためには必読の書である。世阿弥の物まね論や、無歌幽玄本風論を具体的に把握するためにも重要な伝書である。

この期の伝書の「至花道」「遊楽習道風見」「九位」については、後に考察する。

第三期の能楽論

世阿弥の生涯の第三期は、正長元年(一四二八)六十六歳から、嘉吉三年(一四四三)八十一歳までの十六年間である。室町幕府は、義持の没後、その弟で青蓮院門跡になっていた義円が還俗して将軍職を継ぎ、義教と名乗った。義教は、青蓮院門跡時代に元重(音阿弥)を寵愛していた関係から、将軍職についた後も元重を後援することに力を傾け、世阿弥・元雅に対しては、仙洞御所参勤を停止し、醍醐清滝宮の楽頭職を元重に代らせるよう命令するなどの圧迫を加えた。その上、永享二年(一四三〇)には、これまで観世座に加わっていた元能が出家引退し、永享四年(一四三二)には、後継者元雅が伊勢の津で客死した。「子ながらもたぐひなき達人」と嘱望していた元雅を失い、「道の破滅の時節到来し」と、「夢跡」に悲嘆の思いを述べている世阿弥の心情はまことにいたましい。七十歳を越えてこのような内外の悲運に見舞われた老芸術家世阿弥は、いかなる罪を得たものか、永享六年(一四三四)、義教によって佐渡へ配流された。配流後も、なお道への情熱を失っていなかったことは、金春大夫への書状に見られるが、「金島書」によれば、永享八年(一四三六)にはまだ在島している。その後の世阿弥の動静は全く不明で、菩提寺たる補巌寺がその忌日「八月八日」を記録し、「観世小次郎画像賛」が享年を八十一と伝えるのみである。許されて帰洛してから死んだにしても、不世出の天才芸術家世阿弥にしては、あまりにも悲惨な晩年であった。

「拾玉得花」は、この期の初めに、金春大夫(禅竹)に相伝した伝書である。遊楽成就のための陰陽和合のあてがいを説く第一問答が、「花伝 第三」の第一問答に論じたことの発展であるのを始め、第二問答は、「まことの花」・「時分の花」の論の発展であり、第三問答は「別紙口伝」の「花と、面白きと、珍らしきと、これ三つは同じ心なり」の理論的追求の深化である。第四問答は「九位」をはじめ諸書に説いた安位の体系的考察、第五問答は「花伝」以来の序破急論の極致といえよう。主体的芸風の確立を説く第六問答は、「至花道」の有主風の論の発展である。このように、「拾玉得花」は、その名にもふさわしく、第二期までの諸書に説いた主要な問題を集約して、深め、発展させた伝書であり、絶えることのない世阿弥の問題意識の向上に驚かされる。禅竹の能楽論の根源となっていることも注意すべきであろう。

「申楽談儀」は、主として六十以後(出家以後)の世阿弥の芸談を、二男元能が筆録し、出家・遁世するに際して父に贈ったものである。体系的な能楽論書ではないが、能芸の歴史、先人や当時の能役者の芸風・逸話、能作・音曲・演出についての諸注意など、極めて多岐にわたり、たくまずして当時の能界の実態を描き出した、無二の芸能史料である。世阿弥の芸論を具体的な側面から理解するのに有益な記事も多く、人間世阿弥の姿が髣髴としていることも貴重である。

「拾玉得花」や「申楽談儀」は、永享二年の「習道書」(一座の各役人の職務を説く)とともに、この期の初期の世阿弥が、依然として後継者の育成に力を注いでいたことの結果として生まれた伝書であり、第二期後半の諸伝書と同じ性質を持つものと言えよう。

その意味からいっても、この期を代表する伝書は、元雅の死んだ翌年、永享五年(一四三三)に書かれた「却来華」である。「この一巻、これは元雅口伝の秘伝なり。しかれども早世なるによって、後世にこの題目をだにも知る人あるまじければ、紙墨にあらわすなり。もし〳〵其人出で来ば、世阿が後代の形見なるべし」と奥書に言っているように、伝える人のない伝書であり、後代への形見にという、悲痛な志に由来する書である。元雅だけに口伝してあった「却来風」は、名目が載せられているだけで、どのような芸跡であったかわからないけれど、「最期近くなりし時分、よく〳〵得法して、無用の事をばせぬよし、申しけるなり」といい、「無用の事をせぬと知る心、すなはち能の得法なり」とも言っているから、「却来風」という名から推しても、「花鏡」の「離見の見」や「万能綰一心事」のような、超人間的な芸の極致から、あたり前の人間に帰って無理をしないというような境地がそれであったかと想像される。とすれば、「花鏡」からの一発展を示す芸境であると認められよう。

三　世阿弥の能芸論の体系

世阿弥の芸術論は、「風姿花伝」から「花鏡」へと深化し、さらに「却来華」へと根本化して、観世父子の芸術論を大成している。が、そういう発展の過程において、さまざまな立場から、また、さまざまな角度から、さまざまな問題を取り上げて、かれの芸術論を充実させ、発展させている。いま、その中でも主要な問題を考察している三篇を取り上げて、「風姿花伝」「花鏡」「却来華」を主軸とした能芸に関する体系的な考察を補うこととする。

「至花道」は、整然たる習道体系として著述されているが、同時に、能芸概論ともいうべき、能芸の構造論でもある。一に、基本的要素論としての「二曲三体の事」、二に、基本的性質論としての「無主風の事」、三に、基本的能力論としての「闌位の事」、四に、芸態論としての「皮肉骨の事」、五に、本体論としての「体用の事」というように、能楽の構造を分析して、観阿以来の構成要素論や主体的芸風・芸力の展開によって芸態を論じ、体用論によって主体的なものの位置づけを行っている。中でも、二曲三体をもって、能楽の必要にしてかつ充分な基本要素であることを明らかにし、二曲三体の稽古から万曲の生景が展開するという論のごとき、みごとな体系的考察である。皮肉骨の芸態論的説明も、機微を穿ち、個性的なものを主軸とした芸態の成立を穿って的確である。

「遊楽習道風見」は、能芸哲学ともいうべき、能芸のよって立つ基礎理論である。まず、主体の発達と芸との相応が問題にされ、相応が成就であり、満風であるという観点から、舞歌二曲が「惣物の器」であって、少年期の稽古に相応していることを力説している。次には、この基本の発展として、『論語』の「苗・秀・実」を引き、それが稽古の序・破・急に当るとして、二曲から三体へ、三体から二曲と三体の融合境への展開を成り立たせるために、「智外の非」を戒め、「我意に迷ふ所」があって、法は得たけれども「法を守る事」ができないというような立場に陥らないよう警戒している。ついで苗・秀・実を受けた能芸の深化発展を、『心経』の色即是空・空即是色に寄せて跡づけている。説くところによると、色は、能にあっては万曲の生景であり、空は、意中の景であると解される。したがって、万曲の生景がそのまま意中の景のあらわれになっているというような場合が色即是空であり、意中の景がそのまま万曲の生景であるというような場合が空即是色なのである。世阿弥にあっては、色即是空と空即是色とは発展の次元を異にしたものとされ、空即是色を「無感の感」として、「離見の見」にあらわれる、能芸の極致としている。

稽古による能芸の発展を考察してきた彼は、ここで一転して、このような発展を可能にする舞歌の二曲を「器」に喩え、その中に、三体を始め万曲の生景が盛られるという意味で、この「器」、すなわち舞歌二曲を「無」となし、「有を現はす物は無なり」といって、能芸の根底に「無」を見いだしている。さらに、「万物の出生をなす器は天下なり」といい、「一心を天下の器になして、広大無風の空道に安器して、是得遊楽の妙花に至るべきことを思ふべし」といって、能芸を「無」の芸術、「空」の芸術として基礎づけているのが、この篇である。

「九位」は、能芸美論である。能芸美としての幽玄の体系的考察である。「花鏡」の「幽玄之入堺事」では、幽玄は貴族的な人間や、その生活ぶりであったが、「風姿花伝」や「至花道」では児姿のことを幽玄とよび、児姿でする二曲の稽古を幽玄の風根であるとしているように、童形とか児姿とかいうものに幽玄美の風根を認めようとしていた。このような貴族的優雅と幼児的柔和との共通性は、世俗じみないことであり、生まれたままの、初《うぶ》な素直さを保っていることである。それが品位であり、美であると判断しているもののようである。

彼はまず、この美を上中下の三段階に品等し、その各段階をさらに三段階に次序している。上三花は妙花風・寵深花風・閑花風、中三位は正花風・広精風・浅文風、下三位は強細風・強麁風・麁鉛風である。

彼はまた、稽古の順序を中初・上中・下後と呼び、中三位から稽古を始めて上三花に及び、その稽古ができた上で下三位に至るのが、最高の稽古であるとしている。が、それは稽古する人の器量によって幾つかの段階が生ずる。中三位の稽古を始め、浅文風から広精風に及んで下三位に下っていく場合がある。それは下三位の器量である。また、広精風から正花風に進むけれども、上三花には達しない場合がある。それは中三位の人である。上三位には入るが閑花風に止まる場合もあれば、寵深花風までは進んで終る場合もあり、寵深花風から妙花風に達して妙花を極める場合もある。それは妙花風の人である。が、その妙花風を極めた上に、下三位を辿る場合もある。こういう場合は、その下三位も上三花のほかではない。すなわち、上三花を極めた幽玄が、幽玄を欠如している非幽玄の下三位を止揚し、統一した弁証法的発展である。つまり、非幽玄を幽玄化する見体なのである。

このようにして、能芸美は、春の若葉に象徴される浅文風から、夏の青葉に象徴される広精風を経て、さらに、秋の紅葉に象徴される正花風に至って、はじめて、「花」をもって呼ばれるようになる。幽玄美の量的増加が「花」の比喩に示されていると考えてよいであろう。上三花の閑花風に、幽玄美の量的増加とともに質的変化が加わっていることは、冬の雪の白光清浄をもって象徴していることによっても明らかである。寵深花風は、さらに、千山の雪の中に聳えている孤峰が認識を絶しようとしていることによって、また、有無中道とも呼ばれていることによって象徴されているように、高い白光の霞む深さである。幽玄美の幽玄美たる境地に達したといえようか。その上の妙花風は、ことばを超え、行動を絶した美である。それが、妙花であり、「無心の感」であり、「無位の位風の離見」であるとされている。

下三位は、幽玄美の欠如である。が、妙花に達した達人が闌位をもって非幽玄を幽玄化し、非幽玄と幽玄との止揚的統一を実現すれば、それはまた上三花の発展であり、上果の為手であるとし、そこに達したものは亡父観阿一人であると、例によって能芸の極致を究めた唯一の人として、亡父を位置づけている。

これが、彼の伝書の所々で断片的に触れてきた幽玄に関する、体系的な品等であり、稽古による発展的な秩序である。

(日本古典文学大系『歌論集 能楽論集』所収。昭和三十六年九月刊)

世阿弥の能芸に及ぼした禅の影響

一

わたしは能の研究者でもなければ、また禅の研究者でもない。ただ、五十余年前、『能楽古典世阿弥十六部集』を読んで、世阿弥の能芸論の深さに打たれ、それが、わたしたちの、人間は何であるか、人間はいかに生きるべきであるかという根本問題を深く掘り下げた考察であることに驚かされたわたしが、その後、道元の遺著に心をひかれ、その一篇々々を読むにつれて、道元こそ、人間は何であるか、また人間はいかに生きるべきであるかという問題を最も根本的に探り究めた覚者であったことを知るとともに、この二人の間に深い共感があり、影響があったことを認めないではいられなくなった。

もちろん、道元は一二〇〇年に生れ、一二五三年に亡くなった大宗教家であり、世阿弥は一三六三年に生れ、一四四三年に亡くなった大芸術家である。したがって、道元が究めたのは仏道の修証であり、世阿弥が究めたのは芸道の稽古・演出である。その上、道元が仏道の修証に一身を捧げたのは、日本文化史における宗教の時代ともいうべき鎌倉前期であり、世阿弥が能芸の稽古・演出に生涯をかけたのは、日本文化史における禅的芸術の時代ともいうべき室町前期であった関係上、その共感や影響は、いわゆる文献的、考証的にはあり得ないけれども、それぞれ、求道の真髄において、またその態度において、一致するところが少なくない。というよりも、わたしの感銘からいうと、全く瓜二つというほど冥合が深い。わたしは文献や考証にこだわっていることができないほど、両者の間に様式の一致を認めないではいられない。しかも、世阿弥が禅竹に宛てた京都からの書状には、「仏法にも宗旨の参学と申すは、得法以後の参学とこそ、補巌寺二代は仰せ候しか。」という一節があり、その補巌寺二世は竹窓智厳で、道元から八世の法孫である。のみならず、智厳の師了堂真覚は、道元の『正法眼蔵』七十五巻本を太陽梵清に伝えた、『正法眼蔵』の伝承における有力な存在である。「得法以後の参学」の「参学」は、道元における仏道修証の特質であり、これだけでも文献を越え、考証とかかわりのない空漠たる冥合などではあり得ないといえるのではなかろうか。さらに、道元こそ、鎌倉期における禅の伝法者であり、次代の禅的文化の原動力をなしている。わたしが禅の影響と言いながら、道元の影響のみを取り上げることも、その中心的意義をなす点において、不当とのみは言い切れないであろう。

二

『世阿弥十六部集』を読んで驚いたことは、彼が「能は若年より老後まで習ひ徹るべし。」(『花鏡奥段」）と言って、生涯をかけて能の稽古に捧げようとしている態度であった。しかも、その能については、「命には終りあり、能には果てあるべからず。」（「花鏡 奥段」）と言っているように、人間の生涯をかけても究め尽せない無限の道であるという真実に触れた慨きを抱いていることであった。世阿弥という能芸家は、能の無限をかいま見るとともに、それを究めるための人間の生命には終りがあるという矛盾に突き当らなくてはならなかった。しかも、人間の命には終りがあるからといって、能の無限を究めようとする願いは、放棄することもできなければ、中絶することもできない。のみならず、「初心不可忘」の条（「花鏡 奥段」）には、「是非初心不レ可レ忘。時々初心不レ可レ忘。老後初心不レ可レ忘。」とあって、是非を分つ初心、時々の初心、老後の初心について解説したあとで、「能の奥を見せずして生涯を暮すを、当流の奥儀、子孫庭訓の秘伝とす。」と言い、「この心底を伝ふるを、初心の重代、相伝の芸案とす。」と結んでいる。これは、世阿弥の稽古が少しの停滞をも許さず、いかによき芸であっても、そこにそれを繰り返し、そこに留まっていてはならないという、不断の謙虚な精進を積んで前進を持続するための用心であることは言うまでもない。つまり、いつも曇りもせず、錆びもしない、光り輝いた鉄でなくてはならないというのが、彼の生涯稽古の根本性格であったのである。

三

世阿弥の能楽論としての伝書は、その一篇々々を読み進むにつれて、芸術意識の深さと確かさにおいて、彼の前にも後にもこれほど極致を究め尽している者はないということを知るとともに、また、そのような極致を究めるに至ったのは、彼が彼のありったけを尽して能芸の一道に専念し、集中した生き方によるものであることがうなずかれる。そして、その生き方が、上に引用してきた言葉の一つ一つによっても明らかなように、宗教的精進を根底としながら、彼の能芸の精進が、その根底となっている宗教をも発展させていることに目を覆うことはできなくなった。しかも、そういう宗教は禅であり、わけても道元が日本民族に伝えようとした「正伝の仏法」としての禅であることが、年とともに明らかになりつつあった。そこへ、近年になって、補巌寺二代は竹窓智厳であることが香西精氏の研究によって明らかにされ、さらに補巌寺は、当時における大和の国に唯一の禅刹であり、その寺の納帳によって、世阿弥のみならず、世阿弥の老妻として、佐渡から金春大夫に寄せた世阿弥の書状によって知られてきた老妻寿椿の菩提寺でもあることが、表章氏と香西精氏の研究によって明らかにされるに至っている。

このように見てくると、補巌寺住職の、観世大夫に及ぼした影響は、世阿弥だけであったか、どうか。世阿弥が二十二歳の時世を去った父観阿弥にも影響を及ぼしたのではなかろうか。とすると、それは補巌寺第二代だけではなく、第一代の了堂真覚の影響をも受けていたと考えることは不当であろうか。

というのは、世阿弥が三十八歳であった応永七年の奥書を有する「風姿花伝」中の「問答条々」

に、「花は心、種は態なるべし」の解説として、「古人云はく」として「心地《シンヂニ》含《ミ》二諸種《モロモロノヲ》一、普雨《フウニ》悉皆《ク》萌《キザス》。頓悟《トミニリ》二花情《ノココロヲ》一已《ヲハレバ》、菩提《ボダイノ》果自《オノヅカラ》成《ジヤウズ》。」という六祖慧能の偈を引用している。「風姿花伝」七篇は、世阿弥が父観阿弥から伝えられたものを、能の子孫に伝えようとする情熱に貫かれた伝書である。わけても、「花は心、種は態なるべし」の一句は、観阿弥から伝えられた一句であり、文化における中世的革新が宣言されているとも解される重要な一句である。それを解説するために、六祖慧能の偈を引用しているのであるが、この六祖は、道元が仏祖の中できわめて重要視し、「正法眼蔵」の中にも幾度か六祖の行持と道得をくり返している。そのほか「風姿花伝」には「工夫」「公案」などの禅語がしきりに用いられている上に、「年来稽古条々」の「五十有余」には、「せぬならでは手立あるまじ」という一句が記録されている。その記録の記録され方は、いかにもまだ三十八歳にしか達していない世阿弥の、五十二歳で世を去った父の老境の言の聞書きに過ぎないという不充分さを残しているけれども、世阿弥が六十二歳の時に書いた伝書「花鏡」の中の「万能綰一心事」の条には、この「せぬならでは手立あるまじ」の「せぬ」の意義と「手立」を説いて余すところがない。が、それは「なす態」に対する「せぬひま」であり、それはまた「油断なく心をつなぐ性根なり」とあり、「あらゆる品々のひま〳〵に、心を捨てずして、用心を持つ内心なり。この内心の感、外に匂ひて面白きなり。」とある上に、「かやうなれども、この内心ありと、よそに見えては悪かるべし。もし見えば、それは態になるべし。せぬにてはあるべからず。無心の位にて、我が心をわれにも隠す安心にて、せぬひまの前後をつなぐべし。これ則ち、万能を一心にてつなぐ感力なり。」と結んでいる。これは、只管打坐における用心の発展としての、能芸における演技の極致にほかならないと言うことができるのではないだろうか。

しかも、この「せぬ」位の演技は、「惣じて即座に限るべからず。日々夜々、行住坐臥に、この心を忘れずして、定心につなぐべし。かやうに、油断なく工夫せば、能いや増しになるべし。この条、極めたる秘伝なり。」といっているように、この「せぬ」位の稽古は、「なす態」を目ざした生涯稽古ではなく、「これ則ち、舞・はたらきは態なり。主に成る物は心なり。又正位なり。」(「花鏡 上手之知ㇾ感事」)とあるように、正位としての「心」の稽古であり、したがって全生活面をあげて定心につなぐ稽古でなくてはならなかった。道元の「正法眼蔵弁道話」に「諸仏如来、ともに妙法を単伝して、阿耨菩提を證するに、最上無為の妙術あり。」とあって、仏道における最高の真理が諸仏如来の一人一人に伝わって来た最上無為の妙術があるといって示されたのは、「端坐参禅」であった。しかも、それを「正門とせり」といって、まっすぐな入口だと言っているのである。が、道元は更に「この法は、人々の分上にゆたかにそなはれりといへども、いまだ修せざるにはあらはれず、證せざるにはうることなし。はなてば手にみてり。一多のきはならむや。かたれば口にみつ。縦横きはまりなし。」といって、その正門である端坐参禅があらゆる人々の全生活面に展開し、しかも無礙自由な活作用を実現すると言っている。世阿弥が「せぬ所が面白き」(「花鏡 万能綰一心事」)といって説いているところは芸道の稽古であり、道元が説示している無為の妙術は仏道修証の消息であるが、その方法的分析がいかにその軌を一にしているか。世阿弥は芸道の稽古において仏道修証の方法を展開させているといっても言い過ぎではないと思われる。

四

道元によれば、端坐参禅を正門とした無上の真理を身をもって実現する方法は、各人の全生活面に展開するとされている。その点で、世阿弥の能の極致であって、「老後の初心」として稽古されなくてはならない「せぬ所が面白き」といわれている「無心の位」即ち正位の稽古は、全生活面をあげて行われる一心の持続であり、したがって禅の修証にほかならなかった。

のみならず、「正法眼蔵行持」によれば、どんな生活でも、常に行い、久しきに亙って持続する場合は、「諸仏の行持見成し、諸仏の大道通達するなり。」というような行持が成立するとし、六祖慧能が米を搗《つ》いて衣鉢を正伝し、「得法已後、なほ石臼を負ひありきて、米をつくこと八年なり。」という事実をはじめ、百丈懐海が普請作務を行持とし、「一日不作、一日不食」のあとを遺したというような事例をはじめ、行持の数々を語り尽している。

これによって、観世父子の能についての稽古精神を見ると、「非道行ずべからず」(風姿花伝)といって、一道に専心し、「一、好色・博奕・大酒、三重戒。これ古人の掟也。一、稽古は強かれ、情識はなかれと也。」といって、内外の生活を統制して稽古に集中し、しかも、それを生涯にわたって持続し、全生活面に徹して体現しようとしていたのは、道元が「仏祖の大道、かならず無上の行持あり。」といい、さらに「行持道環なり。」といっている行持の、芸能への展開であるとすることはできないであろうか。ここには繰り返す煩を避けなくてはならないが、わたしが多年考察してきた観世父子の能の創造と完成の中には、それが禅の影響であるというよりも、能によって禅そのものをも発展させているという点が少なくない。が、ここにはそういう個々の問題は差し置いて、世阿弥の能芸稽古の立場と態度が禅的であり、しかも道元禅的であることを跡づけてみた。

五

現代の能が、新劇・翻訳劇とはもとより、歌舞伎・文楽などとも違った舞台芸術であることは言うまでもない。が、どこがどう違っているかということになると、はっきり説明することは困難になる。そこで、能の厳粛と狂言の滑稽を対置し、狂言は浄瑠璃劇・歌舞伎を発達させたが、能は幕府の式楽として発達を遂げたために、現在のような洗練された厳粛な象徴劇になったのであるというような説明も行われている。確かに、足利将軍保護のもとに創造され、完成された能芸は、織田・豊臣時代を経て徳川時代に至り、幕府の式楽として行われたことは、現代能の性格規定に関与するところが少なくないに違いない。しかし、言われているような厳粛さや象徴性は、さらに言うと、あの幽玄美は、時代が生じさせた苔に過ぎないというような説明には、わたしは真正面から反対を表明しないではいられない。何となれば、そういう演技や美しさこそ、既に観世父子がこれを創造し、完成するに当って深く意を用い、技を練ることによって主体の可能性を向上させることに集中し、一貫させたものであり、それが、伝書の各篇に溢れているからである。

そういう伝統を築くためには、江戸幕府の式楽となった二百余年がものをいっているに違いない。しかし、その根本や動力は世阿弥の能芸論にすでに漏れなく尽されていることを見落してはならない。その意味で、わたしは、観世父子によって創造された能は、世阿弥によって完成された能であったと考える。また、それが六百余年の伝統を保たせる原動力になっているとしなくてはならないと思う。

わたしが、能楽六百年の伝統は世阿弥の完成によって築かれたと考えていることは、上に言ってきた通りであるが、それでは、世阿弥によって完成されたのは一体何であろうか。それも上に言ってきた通り、観世父子の能においてめざした、生きる立場と生きる態度によって規定された能の様式であると思う。世阿弥の伝書は、その稽古論においても、演出論においても、常にその立場に貫かれた態度を根基とした歌舞の創造であり、物真似の成就であった。言い換えると、世阿弥の能芸における「態」も「花」も、「姿」とよばれる様式の展開であり、開花であったと言うべきであろう。今、われわれが能舞台に展開される芸にひきつけられるのも、この姿と呼ばれている様式の魅力である。これは今から三十年余り昔のことであるが、まだ野上豊一郎さんが能に関する論考を公にされる前、小宮豊隆さんが『伝統芸術研究』という評論集を出された中に、能面のことに触れ、「照らす」ことによって歓喜の感情を表わし、「曇らす」ことによって哀愁の感情を表わし、「切る」ことによって激しい感情を表わすというように説かれていた。この本が出て間もなく、わたしたちの研究会(確か守随憲治氏が主となった研究会であったと思う)で楽師の一人を招いて「羽衣」の型付を演じつつ説明してもらった時、その楽師が「批評家は面を照らすとか曇らすとかいうような演技を問題にしているけれども、そんなことは、わたしたちにとって何でもない。わたしたちが苦労しているのは、その面をきちんと保ち、舞台の端から端まで不動の姿勢で歩いて行くというようなことです。」という意味のことを話された。わたしはいかにもと感嘆した。その後幾年か経って、そのころ中学生だった福田恒存氏が後に評論家になり、能の見所などで顔を合わせるようになったころ、氏が「能は歌ったり、語ったりするけれども、それらはむしろ能の本領である沈黙を間切るための発音・発声に過ぎない。」というようなことを何かに書かれているのを読んで、これも能の能たるゆえんを深く捉えた言葉であると感心した。これらはいずれも、能は姿とよばれる様式がその本領であることを鋭く突いた言葉であると思う。世阿弥の能芸論には、姿が幽玄美のありかであることをあらゆる方面から説いて余すところがない。今その詳細を論じているわけにはいかないが、これまでの論文にもその一端は取り上げているし、その全貌は改めて考察したいと思っている。歌論では歌の心・詞などと関連して、「さま」・「姿」を形象の意に用い、したがって、形象の類型としての様式の意にも用いている。が、より一層明確な概念規定を行い、様式の意義を的確に規定しているのは、世阿弥能芸論における「姿」である。また、この姿を「風」・「風体」・「風姿」などとも呼んでいるが、これらは、いずれも、形象の意というよりも、形象の類型としての様式の意に用いられている。が、わが国では一般的にいって形象論も様式論も、その後はあまり研究されていなかったけれども、それぞれの作品を作品たらしめ、それぞれの演出を演出たらしめているのは、この様式である。そうして、能の様式は、禅の立場に立ってその芸術的様式を創造したものである。しかもこの様式の創造こそ、観世父子が生涯を傾け、全生活面をあげて集中し、専念した態度から生まれた成果であることは、上に触れてきた通りである。道元の仏道修証が世阿弥の芸道精進として成就した成果であると見ることは行き過ぎであろうか。仄聞によれば、臨済禅においては、五山の詩文の如きも禅の堕落であると考えられているそうである。そういう筆法から押せば、道元の仏道の修証が世阿弥の能芸の精進を成就させていると考える如きも、不当な考え方とされるかも知れない。しかし、わたしは上に段々と考えてきた理由によって、これは正伝の仏法の文化的発展であるとしないではいられない一人である。でなくては、文化の発展ということは成り立たないのではあるまいか。

なお、これまで国文学者の多くは、禅竹に至って仏教的傾向が加わったとされているが、わたしは正にその反対の考えに立つものであって、禅竹は、能の演技を、仏教において発達していた理論によって一見深化しているかのようであるが、その実は、能を外から修飾しているに過ぎない。世阿弥はこれとは根本的に違って、能を能として内から深化し、発展させることによって、仏道修証を発展させているということができる。もちろん、それを継承した禅竹の能芸論も能芸論史として究められなくてはならないし、尊重もしなくてはならないが、この点で観世父子とは根本的に違っていることを見逃してはならない。そこにも世阿弥の能芸論の優れている特質を認めなくてはならないと思う。

（『観世』昭和四十一年四月号）

世阿弥の幽玄論

一　幽玄の美的体系

1

世阿弥(一三六三―一四四三)は、古くから、謡曲のすぐれた作者としてその名が伝えられ、「世子六十以後申楽談儀」の伝承によって、能役者として不世出の天才であったことが注目されて来た。明治四十二年、吉田東伍博士により『能楽古典世阿弥十六部集』が能楽会から非売品として頒布されて以来、父観阿弥とともに、能芸論の樹立者として、また完成者として、年とともに学界に知られて今日に至っている。わたしも明治四十五年、この非売品の一書を手にしてから今日まで、深い感銘をもって読み返している。そして、さまざまな問題点について数十篇の論稿を公にしてきたが、最近になって、世阿弥は日本美学の創始者であり、日本人の芸術意識の根幹を発掘した第一人者であったことを知るようになって来た。

世阿弥の幽玄美に関する論述は、吉田東伍博士の発見後、川瀬一馬博士などの発見を加えた二十部に達する伝書の至る所に見出されるが、それを美的体系として論述しているのは「九位」である。

いま、彼の幽玄論を探究しようとするに当って、まず、「九位」に論述せられている幽玄の美的体系を明らかにし、その上で、彼がいかにしてそういう幽玄美学を創造し、発掘するに至ったかという、幽玄美学の成立を、彼の能芸論の各篇に探ろうと思う。

「九位」は、彼の能芸論の重要なものが次々と書かれた、五十八歳の「至花道」、五十九歳の「人形」(「二曲三体絵図」)、六十二歳の「花鏡」、及び、このころの成立と思われる「遊楽習道風見」などとともに書かれた伝書で、成立年次は不明であるが、禅書に親しむことが多くなったころの書であることは明らかである。この「九位」は「九位住」と「九位習道の次第条々」の二部から成っている。「九位住」はおそらく「九位注」の誤写であろうと考えられている。なお、この「九位」は世阿弥の能における芸風を次序し、それぞれの美的価値を品等していることは明らかであるが、その美的価値が幽玄美であるということは、能の芸風の窮極として説かれている妙花風の解説の中に「当道の堪能の幽風」という一句があり、その「幽風」は幽玄風の意であることは、他にも用例があるから、明らかであって、本篇の価値は、世阿弥の幽玄の美的価値を品等したものとしてさしつかえないであろう。そのほか「九位習道の次第条々」の中に

中初・上中・下後と云ぱ、芸能の初門に入りて、二曲の稽古の条々を成すは、浅文風なり。これをよくよく習道して、既に浅風に文をなして、次第連続に道に至る位は、はや広精風なり。ここにて事を尽して、広大に道を経て、既に全果に至るは、正花風なり。これは、二曲より三体に至る位なり。

とあることによっても明らかなように、習道の基礎が二曲であり、二曲の発展が三体であり、さらに広精風において「事を尽して」とあるのは、「至花道」の「二曲三体の事」の中に「最初ノ児姿ノ幽風は、三体ニ残リ、三体ノ用風ハ、万曲ノ生景ト成ルヲ知ベシ。」とあるように、二曲から三体へ、三体から「万曲ノ生景」への展開を示したもので、その芸風の基礎が幽玄風であることを示している。なお、ここに「最初ノ児姿」とあるのは、歌舞二曲の稽古を指し、その児姿でする二曲の稽古のことを「人形」(「二曲三体絵図」)では「三体を児姿の間しばらくなさずして、児姿を三体に残す事、深き手立なり。」といっている。また、「至花道」には「童形の間は、しばらく三体をば習ふべからず。……これ則ち、後々までの芸態に、幽玄を残すべき風根なり。」とあることによって知られるように、世阿弥の芸風や芸態の基礎は幽玄であり、その美的価値を幽玄体系として捉えることが可能であり、至当であると考えられる。

中初

世阿弥の能における芸風の美的体系は、上三花・中三位・下三位の三段階に品等され、さらに、その上三花を妙花風・寵深花風・閑花風の三段階に、中三位を正花風・広精風・浅文風の三段階に、下三位を強細風・強麁風・麁鉛風の三段階に次序している。しかも、その「九位習道の次第」を述べるに当っては、中初・上中・下後という語を用い、能芸の修道においては、中三位を最初に、上三花を中に、下三位を最後にという順序をとって稽古し、美の展開を期さなくてはならないとしている。稽古の着手を、下三位に見出さないで、中三位に見出しているところに、すでに卓見の一端が示されているが、その理由は下三位を論ずる中で明らかにしている。

このようにして、稽古の最初は、中三位の出発点である浅文風に見出される。浅文風というのは、いかなる芸風の立場であるか。まず「道の道たる、常の道にあらず。」という「老子」の語を引き、「常の道を蹈んで、道の道たるを知るべし。」と問題点を明示した上で、「これ、浅きより文を顕はす義なり。しかれば、浅文風を以て、九位習道の初門と為す。」といって、浅文風と呼んだ謂われと、それが習道の初門であることを解説している。この問題点の指摘と解説を導いているものは、明らかに早春の美であり、それが能楽美の出発点であることを示している。

次に展開される中三位の第二位は、広精風と呼ばれているものである。その広精風は、「語り尽す、山雲海月の心。」という禅の公案を借り、「満目青山の広景を語り尽す所」と、その美の問題点を明示し、これが「広精風の習道に尤もこれあり。」と指摘している。これによって看取されることは、浅文風の発展として見出されている広精風は、夏の天地に展開された青葉の光景である。春の若葉から夏の青葉に至る自然美の展開である。季節的には青葉によって代表されているが、「山雲海月の心」といっているところには、その季節の天地の広景をもって能芸美の展開を示そうとしていることが明らかである。この広精風が「これより前後分別の岐堺なり。」といい、「九位習道の次第条々」には、この広精風を「芸能の地体」とし、あらゆる芸態の美を展開させる基礎であるとしている。

正花風は、「霞明かに、日落ちて、万山紅なり。」という禅語らしい文句をひき、「青天白日の一点、万山早白《いちじろき》遠見は、正花風なり。」といって、正花風の正花風たる点を、「万山紅なり」という紅葉の美で象徴している。「霞明かに」という発想をしているために、春の関係を思い合わせている注解者もあるが、これは決して春霞ではない。京都の秋に特有な、彩雲のようにたなびく秋の霞であって、「日落ちて、万山紅なり。」という語は、そういう彩雲のような霞のたなびく時と所とを充分に示し得ている。京都の上空に浮ぶ、あの美しい霞は、万山の紅を反照した彩雲ではないだろうか。(わたしは、先年の秋、京都大学で全国研究所長会議が開かれた時、会後、大学の車で大原の寂光院へ案内された帰途、八瀬のあたりへさしかかったころ、京都の上空と思われるあたりいっぱいにたなびいている彩雲のみごとさを見て驚き、その夜、ある座談会で湯川秀樹博士にこの不思議を話したところ、それは京都の秋にはよく見られる光景で、わたしにもそれを詠んだ歌があると言って示された。その歌を書きとめたノートがいま手許にないのが遺憾である。)世阿弥は、この秋の紅葉の美をもって広精風の満目青山の美的発展としているのであって、ここにも、自然の運行が現出する美の発展を的確にとらえていることが肯かれる。そうして、これを「既に、得花に至る初入頭なり。」といって、その芸風名にはじめて「花」を用いているところにも、美の展開を的確に跡づけている用意が認められる。

世阿弥が「得花」といっているのは、中三位までは「位」であるのに、上三花になると、閑花風・寵深花風・妙花風のように、その一つ一つに「花」を用いているからである。この「位」及び「花」

の位置と意義に関しては後に詳しく述べるつもりであるが、中三位の正花風を媒介として、上三花は上三位と呼ばないで上三花と呼んでいるところにも、世阿弥の美的体系の厳密さが示されている。なお、「九位習道次第条々」に「これは、今までの芸位を直下に見おろして、安得の上果に座段する位、閑花風なり。」といって、自然美の推移をもって示してきた中三位の美を直下に見おろして、もう一段飛躍的に発展したのが閑花風であるとしている。

上中

閑花風は、「銀垸裏に雪を積む。」という禅の公案を引き、「白光清浄なる現色、誠に柔和なる見姿、閑花風と云ふべき歟。」というように指摘している。これが冬の自然美である点においては、中三位の春・夏・秋に連続しているが、その美が白光清浄たる雪によって象徴され、さらに「柔和なる見姿」としているところに、雪の白光清浄美をありありと象徴化した芸風がはっきりと指摘されている。

が、これは上三花の序であって、破ともいうべき寵深花風は、例のごとく「雪千山を蓋ひて、孤峰如何か白からざる。」という禅の問答に用いられた句を引用し、さらに、ある人が「富士山高うして雪消せず」と言ったところが、唐人が難じて「富士山深うして」と言ったという話を借りて、「至りて高きは深きなり。高きは限りあり。深きは測るべからず。」となし、「しかれば、千山の雪、一峰白からざる深景、寵深花風に当る歟。」と解説している。(わたしは大正七年秋から大正十一年夏まで、松本市に住んでいた。北アルプス山系に雪が来てから翌年の初夏まで、さまざまな変化を見せながら、「雪千山を蓋ひて」という光景は、いつも、まのあたりに浮ぶ。その北アルプスの雪に蓋われた山脈の中に聳えている槍ヶ嶽の秀《ほ》だけが、深く意識の底に没しているかのように、いわゆる「白からざる深景」として時々経験されたように思われる。)

この寵深花風は「九位習道の次第条々」においては「有無中道」と呼ばれている。雪をもって象徴されている閑花風が「無位の位」と呼ばれる妙花風に飛躍するためには、この有無中道の寵深花風が媒介しなくてはならなかったはずである。この有無中道は有の美から無の美への展開を具体的に媒介するとともに、無の美そのものの発展を基礎づけている。

無の美として上三花の最高位に置かれているのは妙花風である。この妙花風の妙花風たるゆえんを、夢窓の『夢中問答』の句「新羅、夜半、日頭明らかなり。」を引き、さらに「妙と云っぱ、言語道断、心行所滅なり。」と断じている。新羅は、中国からみて、朝鮮半島の最南端に位する関係上、東方の意に用いられる。したがって、この句は、東方を望めば夜半に太陽が望まれるという意である。夜半の太陽など見えるはずはない。が、見えるはずのない太陽が明らかだといっているのは、矛盾も矛盾、絶対の矛盾である。そういう絶対の矛盾が実現しているのが「妙」そのものであるというのである。したがってそれは、言語で言うこともできないし、思考で達することもできない。そういう境地だというのである。それは、当道、すなわち能芸における堪能者の幽玄な見風の極致で、とても褒美の言葉など及ばない。その意味で、「無心の感、無位の位風の離見」、すなわち為手の客観的な自覚、それこそ「妙花にやあるべき。」と解説している。この無心の美を解説するのに、「感」といい、「離見」といっているところに、極致の美を示そうとしている用意が認められる。が、この「感」や「離見」については、後に改めて考察したいと思っている。

このように見てくると、彼の妙花は、有無中道を絶した無の美であり、それは、認識を絶した幽玄、すなわち「夜半の日頭」というような矛盾そのものであり、さらにその自覚である、といっているのである。

世阿弥のかくのごとき妙花は、この「九位」に至ってはじめて見出された美ではない。すでに、彼が父観阿弥から伝えられたものを伝えるという立場で書き残している、彼の三十八歳の奥書をもっている「風姿花伝」における「花は心、種は態なるべし。」という一句には、舞台芸術としての能芸の花を「心」と規定し、「種は態」といっているところにも、彼の美の方向と所在が示されている。なお、同じ篇の「年来稽古条々」の「五十有余」の項に、「せぬならでは手立あるまじ」という一句があり、さらに、六十二歳の「花鏡」における「万能綰一心事」の条に至って、「身になす態」に対し、「せぬ所と申すは、そのひまなり。」といい、「このせぬひまは何とて面白きぞと見る所、これは、油断なく心をつなぐ性根なり。」とあって、この「無心の感」だの、「無位の位風」だのといっている幽玄美の極致としての妙花は、彼が生涯をかけて発掘した美であることが認められなくてはならない。

歌・舞二曲の稽古から出発する浅文風から、さらに広精風を経て、正花風に至る稽古は、二曲から三体に至る発展で、そこに展開される美は、自然における春夏秋の自然美をもって象徴される。ここに、中三位から上三花への発展の方向がある。ところが、上三花になると、冬の雪をもって象徴される点では自然美展開の連続に過ぎないようであるが、閑花風から寵深花風を経ての妙花風への展開は、既に言って来たように、有の美から有無中道を経て無の美に至る、飛躍的な美的価値の展開であって、高次にして醇乎たる象徴美の展開であると認められなくてはならないであろう。ここにいう「無」については、六十二歳ころの伝書「遊楽習道風見」に「有を現はす物は無なり。」とあるが、この問題については後に考えたい。

下後

中三位・上三花の美的体系をこのように考えてくると、いったい、下三位は何であるか。

下三位の最上位は強細風である。「金鎚影動きて、宝剣光寒《すさま》し。」という「碧巌録」に見える句を引用し、さらに「金鎚の影動くは、強動風なり。宝剣光寒じきは、冷えたる曲風なり。細見にもかなへりと見えたり。」と注していることによっても明らかなように、「強き」美である。

次は強麁風である。「虎生れて三日、牛を食《くら》ふ気あり。」という、これも禅語を引用し、「虎生れて三日、則ち勢有るは強気なり。牛を食《くら》ふは麁《あら》きなりといへり。」と注している。これも「強き」ではあるが、「麁き」に陥っているそれであって、すでに美ではないと言っているのである。「強き」は幽玄と対立した美であり、「麁き」は既に美ではないということは、「花伝 第六 花修」において詳しく論じられている。

最下位は麁鉛風である。「五木鼠。」と掲げ、「孔子云はく」として「木鼠は五の能あり。木に登ること、水に入る事、穴を掘る事、飛ぶ事、走る事、いづれも其の分際に過ぎず」と引用しているが、これは『荀子』のことばである。麁鉛風は「麁《あら》くて鉛《なま》る」の意であって、そのままでは美は存しない。ただその分際の「わざ」にすぎないことを示している。上に触れてきた「花伝 第六 花修」における「幽玄」と「強き」の美については後に考察しなくてはならないが、そこにも「弱き」と「荒き」は美でないことが指摘されている。

このようにして、下三位には、すべて、中三位・上三花のような幽玄美はない。単なる機能の「働き」や動作としての展開を取り上げたものである。これは「年来稽古条々」七歳の条の稽古の要素に「舞・働きの間、音曲、もしくは怒れる事などにてもあれ」とある「働き」が思い合わされる。しかし、そのうちの強細風だけは「強き」美の発揮において、辛うじて上位に置かれ、下三位を美の体系である中三位・上三花に媒介する役目を担い得ている。したがって、「九位習道の次第条々」においては、「徒に下三位より入門したる為手は、無道・無名の芸体として、九位の内とも云ひ難かるべし。」といっている。つまり、九位という美的体系の中には、下三位は本来的には参加できないというのである。ただ、この非幽玄である下三位が非幽玄のままに下三位として九位の末端に認められるのは、習道において、中三位の浅文風から広精風に進み、広精風から一転して下三位にくだった場合であって、おそらくこれは広精風に至って、二曲三体が成立し、物真似が可能になった幽玄の為手が、非幽玄の人間の「わざ」や「働き」を取り入れる必要に迫られた場合の演出において、この強き美としての強細風や強麁風を始め、麁鉛風まで生かされるのであろう。このような下三位の芸風は、演能における大衆性獲得のために不可欠な芸風とされているが、これも後に改めて考察しなくてはならない問題点の一つである。

なお、重大な一事は「九位習道の次第条々」に「さて、下三位といつぱ、遊楽の急流、次第に分れて、さして習道の大事もなし。但し、この中三位より上三花に至りて、安位・妙花を得て、さて却来して、下三位の風にも遊通して、その態をなせば、和風の曲体ともなるべし。」といって、非幽玄である下三位を幽玄美の極致である上三花に転質させていることである。このような奇蹟は容易に現われるわけではない。「しかれども、古来、上三花に上る堪能の芸人どもの中に、下三位には下らざる為手どももありしなり。これは、『大象、兎蹊に遊ばず』と云ふ本文の如し。ここに、中初・上中・下後までを悉く成しし事、亡父の芸風にならでは見えざりしなり。」といって、ここでも、世阿弥は、亡父観阿弥を能芸における絶対者として位置づけている。世阿弥の幽玄美学は、この非幽玄の下三位を闌位として発見していることによって完成し、中三位としての自然美、上三花としての象徴美に対し、機能美ともいうべき美を位置づけることによって著しい発展を告げている。この闌位についてては後に改めて考察しなくてはならない。

世阿弥は、能芸の美を幽玄と呼んでいる点で、藤原俊成以後の歌論を継承し、二条良基以来の連歌論を受け継いでいる。けれども、彼の幽玄は、歌舞二曲を習道の出発点とする、声と姿を基本とした、行動の芸術美であった関係上、それによって展開された美の幅は、和歌・連歌のそれよりもはるかに広く、その深さは和歌・連歌・物語よりもはるかに深玄である。したがって、彼が幽玄美の体系として次序した九位は、前にも言ったように、中三位の浅文風が春の自然を、広精風が夏の自然を、正花風が秋の自然を表象した美として示され、上三花の閑花風が冬の雪によって象徴される有の美にはじまって、寵深花風を、認識を絶しようとする有無中道の、雪の深景をもって象徴し、さらに、妙花風が「無心の感、無位の位風」と呼ばれているような無の美によって象徴されているというような、いわば象徴美の展開を示している。ところが、下三位はその上位に挙げられている強細風でさえ、幽玄にあらざる「強き」美にほかならない。次の強麁風は「強き」美でさえない。「麁き」働きにすぎない。最後の麁鉛風に至っては、その「麁き」さえ鉛っている動作としてあげられている。

このような下三位が九位という幽玄美の体系に加えられているのは、習道の成果として「芸能の地体」と呼ばれている広精風に達した為手の位によって美的統一が行われるからであり、さらにいうと、習道において上三花に達した為手の「闌けたる心位」によって非幽玄を幽玄化する絶大な統一力によって、この下三位の芸風がそのまま上果の芸風に生かされるというのである。

世阿弥がこの下三位を非幽玄の動作として位置づけながら、為手の絶大な美的統一力によって幽玄の極致としての上果にも至り得るという位置づけを行っていることは、彼が、幽玄美体系において、自然美・象徴美のほかに、「わざ」や「働き」を含んだ機能美ともいうべきこの美を位置づけていることになり、これこそ、世阿弥の幽玄美体系の発展であり、大衆性を含む美の完成であるとしなくてはならない。

2

世阿弥の幽玄はいかなる幽玄であったか。平安時代末期から鎌倉時代にかけて広く行われた歌論の伝統を受けながら、それを広く豊かなものに発展させると同時に、深く真実なものに徹することによって日本美学の根源を開いたことは、日本文化史の上にめざましい事績であったとしなくてはならない。

「幽玄」の語は、もと中国の哲学および宗教における概念として用いられ、わが国に移入されてから後も、現象の奥にある実在とか、認識の底に潜む深玄なものを意味する語として用いられていたが、この語をはっきりと芸術的な意義として用いるに至ったのは、俊成・定家・長明以下の歌人・連歌師などである。そうして、それは、はじめに「余情幽玄」と呼ばれたように、余情、すなわちことばに表現されたものの上に漂う気分的な情趣であって、表現に即して成立する暗示的な気分象徴とも言えるであろう。その暗示的な情趣や気分象徴は、人によってさまざまな特色を示しているが、それが非限定的なものを暗示しているところに、幽遠を感じ、深玄に触れたものと思われる。

しかるに、そういう幽遠や深玄の美的体験は、平安時代の文化社会においては、都市的洗練と貴族的教養から蓄積されたものであったから、美としては、優とか雅とか艶とか呼ばれる情趣から傾いて来たものであることはいうまでもない。

けれども、このような美的体験は、平安末期から鎌倉初期においては、過去の美として追慕され、「あはれ」として回顧されるに過ぎなくなった。しかも、その「あはれ」は、平安時代中期までの詠嘆のそれではなく、失われたものに対する哀感にならざるを得なかった。そこにも余情幽玄の浸透する分野が開けていた。とともに、その「あはれ」を知ることを「有心」の語で言いあらわすに至った。

そういう幽玄は、歌論・連歌論には伝承されていたが、一一九二年に鎌倉幕府が開かれ、政治形態の上に一大革命を実現するとともに、これまでの京都的、公家的な生活や文化を排し、保元の乱(一一五六)以後、年とともに興隆を続けてきていた地方的な生活と武士的文化を、京都を遠く離れた一漁村、鎌倉にはっきり打ち立てた。この頃に至って、とかく涙の文学化の方向を取ろうとしていた和歌に対し、笑いの文学として頭を擡げてきた連歌が、「新古今和歌集」の撰者たちのような堂上歌人の間にも盛んにもてあそばれていたが、それが年とともに武家の間にその所を得て広まり、鎌倉を中心として、いわゆる地下連歌が盛んに行われ、京都の和歌的連歌に対する俳諧連歌興隆のきっかけをなした感がある。けれども、鎌倉文化は、ほどなく、京都文化の移入に傾き、和歌・連歌においても、京都・鎌倉の対立が混交を生むに至っている。とはいえ、定家の指導を受けた実朝が特色ある『金槐和歌集』を遺し、後世に至り、真淵によって「万葉以後ただ一人」と評されたような万葉歌人実朝を生み、堂々たる天下の将軍としての風格ある詠を遺しているところを見ると、頼朝によって企てられた地方的、武士的文化の創造は、頼朝の方針に背き、文弱に陥って、源氏の幕府をほろぼすに至ったといわれている実朝においてさえ、そこに「大丈夫《ますらを》ぶり」の歌風を持ちこたえている点で、決して俊成・定家の幽玄調の亜流であるとは認め難い。

それだけではない。「幽玄」という語は、和歌・連歌にかぎらず、時代の美意識を表わす語として広く用いられるに至ったが、それとともに幽玄美は、京都的、公家的優雅を意味する語として、その美意識が限定され、新しく起ってきた地方的、武士的なものの価値意識はそれとは別なものであるという意識が現われて来ていることも見逃せない。鎌倉末期の成立といわれている『つれづれ草』の百二十二段に、「詩歌に巧みに、糸竹に妙なるは、幽玄の道、君臣これを重くすといへども、今の世にはこれをもちて世を治むる事、漸くおろかなるに似たり。金《こがね》はすぐれたれども、鉄《くろがね》の益多きに及《し》かざるが如し。」とあって、幽玄は京都的、貴族的社会では重んじているけれども、現代にあっては、実用性の大きい鉄、すなわち武道のような強力な文化に及ばないと批判されている。

このような鎌倉時代以後における幽玄の美的価値の社会的変化は、観阿弥・世阿弥の能芸の上にはいかに継承されているかということを明らかにしようとすれば、それはなかなか複雑な考察を経なくてはならない。それは、世阿弥の幽玄美が、彼が生涯の稽古と習道を傾けて発掘し得た価値であり、その稽古と習道には一貫した対象の純化と一体化が究められている上に、彼を出発点から最後まで指導したのは父観阿弥の一言一行であり、その追憶であったからである。ところが、その父観阿弥は身をもって作品を創作し、演出はしたが、したがって口伝も少なくなかったようであるが、彼は先駆者らしい先駆者として、いかなる著述も遺さないで、世阿弥の一身にすべてを托して、世を去っている。そういう父に育てられ、導かれて、その一切を見聞きして来た感激から、彼は「風姿花伝」七篇を始め、二十篇に近い伝書を遺しているが、そういう伝書述作の原動力になっているものは、父観阿弥の人と芸とである。しかし、観阿弥から伝えられたものを伝えようという情熱に貫かれている「風姿花伝」の最初の三篇でも、二十二歳の世阿弥が五十二歳の父に別れてから十六年間の体験を経た見聞であり、自覚であるから、これだけが観阿弥の思想、これだけは世阿弥の思想として分明にすることは不可能である。

もっとも、彼の四十歳の伝書、「風姿花伝 第五 奥義」の奥書には、

凡そ、花伝の中、年来稽古より始めて、この条々を注す所、全く自力より出づる才学ならず。幼少より以来、亡父の力を得て人となりしより、廿余年が間、目に触れ、耳に聞き置きしまま、その風を受けて、道のため、家のため、是を作するところ、わたくしあらむものか。

といって、父観阿弥を伝えようとする情熱に貫かれている。ところが彼が六十二歳の伝書「花鏡」の奥書になると、

風姿花伝、年来稽古より別紙《ニ》至《ル》迄は、此《ノ》道を顕《ハス》二花智《ニ》一秘伝也。是は、亡父《ノ》芸能《ノ》色々を、廿余年《ノ》間《ニ》悉《ク》為《ル》レ書《キ》、習得《ノ》条々也。此《ノ》花鏡一巻、世、私に、四十有余より老後《ニ》至《ル》まで、時々浮《ム》所《ノ》芸得、題目六ケ条、事書十二ケ条、連続《シテ》為《シ》レ書《ト》、芸跡《ヲ》残《ス》所也。

といって、この「花鏡」は、父に別れて以後、「風姿花伝」の後、四十歳以後に「時々浮《ム》所《ノ》芸得」で

あるといっているように、世阿弥自身の芸術的体得を語っている点で、そのいっているところには体得の深さが感じられる。けれども、その深さは、「風姿花伝」に比べてはるかに深くなっているとはいえるが、その境目がどこであるかを画することは困難である。つまり、観阿弥と世阿弥を一体的なものとしてその発展を究めることはできるが、別個の思想として分析することは不可能である。のみならず、観阿弥の先駆者的体験の深さの中には、世阿弥の思想的自覚の深さが含まれているし、世阿弥の芸術論の窮極には、いつでも、観阿弥の芸が必ず思い合わされている。この考察において、わたしが、観世父子の体験とその自覚を表現するのに、ただ、世阿弥の名のみを用いるほかはなかったゆえんである。

以上の考察は、世阿弥の能芸論研究の結びである。彼の幽玄論は整然たる体系をもって構築されており、それは変化の豊かさと統一の深さ・確かさを極めた体系であった。その世阿弥の能芸論のすべてを幽玄の一語で説くことは、この変化の豊かさと統一の深さを見落し易いということを明らかにしようとしたものである。その点でわたしは、世阿弥をあえて日本美学の樹立者であると考えている。

（『文学』昭和四十二年十一月号）

二　幽玄の美的展開

1

世阿弥の幽玄が自然美・象徴美・機能美ともいうべき体系的美論であることを見て来たわたしは、そういう体系美が何によって展開されているかを究めなくてはならない。その一つは、「九位」のそれぞれに下三位・中三位・上三花といっているように、為手の主体的可能力としての「位」と「花」とであり、もう一つは歌舞二曲と、老・女・軍の三体を基本とした、人体の物まねと、それらの稽古・習道である。

位については、「位を一曲の歌詞、音楽、舞踊の表現を統一する律時として解釈することが出来る。世阿弥が幽玄と名づけて強調したものも、突きつめて云ふならば、此の律時の一定の現はれに過ぎないことを知るであらう。」と、故野上豊一郎博士は『能　研究と発見』において言われているが、それは現在の能に用いられている位であって、世阿弥の伝書においていっている位は、そういう曲の律時を成り立たせる、為手の主体的可能力である。

「風姿花伝　第三　問答条々」には、

凡そ、位の上るとは、能の重々の事なれども、不思議に、十ばかりの能者にも、この位、おのれと上れる風体あり。但し、稽古なからんは、おのれと位ありとも、いたづら事なり。

といって、位は生得のもので、先天的素質として考えられているが、後天的な稽古が加わることによってのみ、位として現われるという意味を明らかにしている。しかも、その稽古の必要性を説くために、位は「たけ」であるゆえんを、こう説明している。能を見る人が多くたけ(長)とかさ(嵩)とを同じように思っているが、それは似ているだけで、実は違っている。つまり、「嵩と申す物は、もの〳〵しく、勢ひのある形なり。又云はく、嵩は、一切にわたる義なり。位・長は、別の物なり。」といっていることによってわかるように、当時、「たけ」とか「かさ」とかいわれたのは、舞台に立った為手から受ける迫力ともいうべきもので、それが単に、堂々たる体格とか美貌とかいうに過ぎないものは「かさ」であるとし、「位」・「たけ」とは別なものだといっているところから推すと、「たけ」は、稽古からくる質的な迫力である。この稽古からくる迫力こそ、位なのである。

ところが、その位は、稽古の対象にしてはならないということを、「稽古に位を心掛けんは、返々叶ふまじ。」といい、稽古すべき対象は、「稽古とは、音曲・舞・働き・物まね、かやうの品々を極むる形木なり。」といって、位は、稽古の成果ではあるが、稽古の対象ではないことを明らかにし、真の稽古の対象は、ここにいう「形木」即ち型であると言いきっている。

なお、「問答条々」のこの項には、見落してはならない重大なことが注意されている。それは、「例へば、生得幽玄なる所あり。これ位なり。しかあれども、更に幽玄にはなき為手の、長《たけ》のあるもあり。これは、幽玄ならぬ長なり。」といっていることで、位には、幽玄と呼ばれる美的範疇に属するそれもあるが、為手によっては「幽玄にはなき為手の、長のある」場合もある。これは「幽玄ならぬ長」であると念を入れていっていることによっても明らかなように、美的範疇に属していない、言いかえると、主体的可能力のすぐれた「たけ」すなわち位があるといっていることである。この項の終りに「よく〳〵公案して思ふに、幽玄の位は生得の物か。たけたる位は劫入りたる所か。心中に案を廻らすべし。」と念を入れてくり返していることも注目されなくてはならない。

以上によって、位が、為手の主体的可能力であり、それには幽玄の位といわれるような美的範疇に属する位を主軸として、幽玄ではない位、すなわち稽古の劫を積むことによって達せられる「たけ」と呼ばれる主体的可能力に過ぎない位もある。が、この「幽玄ならぬ」、主体的可能力としての位は、彼が五十八歳の伝書「至花道」における「闌位の事」に発展的考察を示している。それを問題にするためには、まず、「至花道」を中心として広く言及されている「安き位」のことから考察を進めなくてはならない。

この安き位の基礎をなすものは、「至花道」の「無主風の事」の条で、「これは、まづ、生得の下地に得たらん所あらむは、主なるべし。」といっている「生得の下地」であるが、その発現は、「さりながら、習道の劫入りて、下地も又、おのづから出で来べきやらん。」とあるように、習道即ち稽古が先で、生得の下地が現われるのは後であるかも知れない。発生の先後はどうあろうとも、生得の下地即ち先天的素質が基礎であり、主体であるといっているのである。

こういう考察を前提として、「師によく似せ習ひ、見取りて、我が物になりて、身心に覚え入りて、安き位の達人に至るは、これ主なり。これ、生きたる能なるべし。」と、安き位の成立と意義を明らかにしている。さらに、これに続いて、「下地の芸力によつて、習ひ稽古しつる分力をはやく得て、その物になる所、則ち有主風の為手なるべし。」といって、対象を主体化し、主体を対象化することが、有主風、即ち主体的芸風であり、「安き位」であるとしているのである。

「花伝 第六 花修」の中に「たゞ物まねに任せて、その物に成り入りて、偽りなくは、荒くも弱くもあるまじきなり。」といっているのも、その傾向を示している一例である。ここで、「その物に成り入りて」といい、物まねに「偽りなくは」といっているのは、物まねにおいて主体を対象化し、対象を主体化する、主体的芸風をいっていることが明らかである。「風曲集」や「五音曲条々」になると、この「安き位」は「安位」または「安意」とよばれ、音曲における主体と曲との一体化がいわれている。「九位」の中に「安位感花に至る処」とあり、また、「中三位より上三花に至りて、安位妙花を得て」とあるところによると、この「安き位」すなわち「安位」と呼ばれている主体的可能力が、上三花を成り立たせ、妙花をも展開させていることは明らかである。このことを、彼が六十六歳の時に金春禅竹にあてた伝書「拾玉得花」には

当道も、花伝年来稽古より、物学・問答・別紙、至花道、花鏡、如レ此の条々を習道して、奥蔵を極め、達人になりて、何とも心のまゝなるは、安き位なるべし。しか云へども、猶も是は、稽古を習道したる、成功の安位なり。

と、まとめて伝えている。

ところが、「九位」の下三位を機能美として幽玄の美的体系に加えることを可能にしているのは、

このような「安き位」すなわち「安位」ではなく、それよりも一段強力な統一力、すなわち「非を是に化かす見体なり」という「闌位」でなくてはならない。

「闌位」のことを詳しく説いているのは、「至花道」の中の「闌位の事」の条である。

抑、闌けたる位のわざとは、この風道を、若年より老に至るまでの年来稽古を、こと〴〵く尽して、是を集め、非を除けて、已上して、時々上手の見する、手立の心力なり。これは、年来の稽古の程は嫌ひ除けつる非風の手を、是風に少し交ふる事あり。上手なればとて、何のため非風をなすぞなれば、これは上手の故実なり。善き風のみならでは上手にはなし。さる程に、善き所めづらしからで、見所の見風も少し目慣るゝやうなる処に、非風を稀に交ふれば、上手のためには、これ又めづらしき手なり。さるほどに、非風却つて是風になる遠見あり。これは、上手の風力を以て、非を是に化かす見体なり。されば、面白き風体をもなせり。

これは長い引用になったけれども、位の問題として極めて重大な飛躍を示す考察であるので、しかもそれが的確に分析されているので、特に主要と思われる部分をそのまま引用した。この引用でいっている主要点の一つは、この闌位は「闌けたる位のわざ」であり、「心力」であり、「上手の故実」であるといっていることである。さらに進んで、「闌くると云ふ事を、態よと心得て、上手の心位とは知らざるか。」といっていることが深く注意されなくてはならない。

というのは、前に「問答条々」の位の問題を考察した中に、「幽玄の位は生得の物か。たけたる位は劫入りたる所か。」とあったからである。してみると、この「闌位」は「安き位」すなわち安位が生得の素質の稽古による展開であるのと違って、あくまで、後天的な稽古の持続と累積から展開してくる強大な可能力にほかならないということになる。これは、単なる機能美にすぎない下三位を、幽玄の極致である妙花風に達した達人が却来して和風の曲として展開させる「上手の風力」であって、「非を是に化かす」といっている通り、非幽玄を幽玄化するのは、この「闌位」にほかならないことがうなずかれるであろう。とすると、「安位」は、上にもいってきたように、稽古の主体と稽古の対象との一体化であって、有から無への発展を跡づけている、有無中道と呼ばれている寵深花風も、同じ象徴美における向上・展開にほかならないが、下三位への美的展開は、機能美を象徴美化する、非連続の連続ともいうべき飛躍的展開である点において、飛躍的な一体化の成立として認めなくてはならない。

以上は、世阿弥が幽玄の美的体系を示すのに、下三位といい、中三位といって、主体的可能力としての位をもって呼んでいることに因んで、その位とは何であり、それがいかにして美的展開を可能にしているかを考察したのであるが、彼の上三花の品等は、その「位」の代りに「花」をもって品等している関係上、彼のいう「花」とは何であるかを考察しなくてはならない。

世阿弥の伝書には、「花」という語を用いた伝書名が甚だ多い。わけても、父観阿弥から伝えられたものを伝えようという情熱に貫かれた「風姿花伝」七篇には、どの篇にも「花」という語が数多く用いられているほかに、「花伝 第七 別紙口伝」は花の問題を考察することで終始している。「風姿花伝」以後の伝書には、花という語が用いられている数は「風姿花伝」よりも少ないけれども、花に関する考察の深さは年とともにいよいよ深くなっている点からかえりみて、「花」の問題は、位の問題とともに、彼の生涯を通じて常に発展してやまなかった主要概念であると思う。彼が「九位」において「上三花」と呼んで「上三位」としなかったことは、その意味で深く注意されるべきである。

花についての彼の考察の基本をなすものは、「風姿花伝 第三 問答条々」において、

花は心、種は態《わざ》なるべし。

といっていることである。「花は態」といっているなら誰にもすぐうなずかれる。「古今集」の序には「やまとうたは、ひとのこころをたねとして、よろづのことのはとぞなれりける。」とある。この考え方から推すと「種は心」ということになる。が、世阿弥ははっきり「種は態」と言い切っている。わたしは、ここに、歌論から能芸論への根本的な変革が示されていると思う。そうして、「花は心」の「心」は、心の働きであり、「風姿花伝」の所々に使われている「工夫」であり、「公案」であると早合点する向きが少なくないが、そうしてそれは全然否定することはできないけれども、「花は心」の「心」は「工夫」「公案」などよりも、すなわち心の働きであるよりも、心の質の問題であり、心の次元の問題であると考えなくてはならない。したがって、「別紙口伝」において、「十体の花」「年々去来の花」「因果の花」などの成立を説いている場合にも、それは計算であったり、按配であったり、活用であったりする工夫であるよりも、そういう計算や按配や活用を可能にする次元の高い心が根底をなしていることを見落してはならない。そういう次元の高い心は、態の稽古、すなわち習道によって鍛えに鍛えられた心なのである。言いかえると、「花は心」の「心」は、態を種とし

て、高次な可能性、すなわち位を獲得した心である。したがって、「花」は、こういう次元の高い心、すなわち「位」の直接表現にほかならない。これが上三花においては、「位」と呼ばないで、「閑花」といい「寵深花」といい「妙花」といっている所以である。

なお「花伝 第七 別紙口伝」で、能において花というのは、花の咲くのを見て、よろずに花と譬えはじめた花であるといい、だから、花というのは、面白く珍しい感を湧き起らせるものだといった後、音曲の花について、

　上手と申すは、同じ節懸りなれども、曲を心得たり。曲といふは、節の上の花なり。（中略）およそ、音曲にも、節は定まれる形木、曲は上手のものなり。

と言い、また、舞の花については、

　舞にも、手は習へる形木、品懸りは上手のものなり。

と説明している。音曲において曲を歌うということは花であり、それは上手のものだというのは、舞において品懸りは花であり、それは上手のものであるということとともに、花は上手という位の表現であることを明らかにしている。音曲・舞のみではなく物まねにおいても、「物まねに、似せぬ位あるべし。」といって、その「似せぬ位」が物まねの花であることを、老人の物まねを例証として詳しく説明している。これらによって、「花は心」の「心」は、態の稽古によって鍛えられた位そのものの直接的表現であることが明らかである。以下、「秘する花」「十体の花」「年々去来の花」「因果の花」「時の花」などは、「能に、万《よろづ》用心を持つべき事」として説かれているが、その「用心」

の「心」は、やはりこのような次元の高い心、すなわち位でなくてはならないことはいうまでもない。したがって「種は態」の「種」が、そういう位を展開させる原動力としての態の稽古であり、習道であることは、そこに引用している慧能の偈、

心地《シンヂニ》含《ミ》二諸《モロモロノ》種《ヲ》一、普雨《フウニ》悉《ク》皆萌《キザス》。
頓《トミニ》悟《リ》二花《ノ》情《ココロヲ》一已《ヲハレバ》、菩提《ボダイノ》果自《オノヅカラ》成《ズ》。

によってよりはっきり説明されている。

前に、わたしは、世阿弥のいう位とは何であるかの問題を考えたとき、位は稽古の成果であって、稽古の対象ではないといっていることに感激を覚えて来た。そうして、稽古の対象は「音曲・舞・働き・物まね、かやうの品々を極むる形木なり。」(「風姿花伝 第三 問答条々」)といっていることを指摘して来たが、上に考えられたように、稽古の主体的可能力としての位も、そのぎりぎりに至ると、花として、すなわち舞台における芸の面白さ・珍しさとして、そこに花咲く場合もはっきり認められなくてはならないことが注目される。

2

幽玄の美的体系は、稽古の主体たる為手の可能力である位、すなわち安位と闌位によって展開し、さらに、位の直接示現である花によって、その美的展開が可能にされるということを跡づけて来たわたしは、そういう幽玄の美的体系の展開も、それを可能にする位や花も、すべては稽古の対象た

る二曲三体を基礎として展開し、成立することは、すでにそのたび言及したところであるが、「至花道」における「二曲三体の事」には

当芸の稽古の条々、その風体多しといへども、習道の入門は、二曲三体を過ぐべからず。二曲と申すは舞・歌なり。三体と申すは物まねの人体なり。

といって、それがあらゆる稽古の基礎であり、あらゆる態も美も、この二曲三体の稽古から実現し、展開することを、改めて明快かつ的確に述べている。

二曲というのは、歌曲・舞曲、三体というのは、物まねの女体・老体・軍体の三である。まず、二曲の稽古というのは、師について音曲と舞とを習い究めることであるが、童形の間は、面をもつけず、ただ児姿《ちごすがた》で諸体の曲風をするのである。この生得の児姿のままで二曲の稽古をすることが、後々までの芸態に幽玄を残す風根だと断じている。元服して一人前の男になってからは、面をもかけ、姿を品々に変えて物まねを演ずるが、その基本になるのは三体である。「この外の風曲の品々は、みな、この二曲三体よりおのづから出で来る用風を、自然々々に待つべし。」といって、二曲三体が万曲を展開させる基礎であることを確言している。わけても、「自然々々に待つべし」というのは、基本要素の稽古から展開してくる趣をしっかり捉えている言いかたである。その上、

もし、なほも芸力おろそかにて、この用風生ぜずとも、二曲三体だに極まりたらば、上果の為手にてあるべし。

として、二曲三体が必要にしてかつ充分な基本要素であることを二たび確言し、「この二曲三体を、

定位本風地体と名附く。」と結んでいる。

以上のような考察を試みた後、そこで言おうとしていたところを、

最初ノ児姿ノ幽風ハ三体ニ残リ、三体ノ用風ハ万曲ノ生景ト成ルヲ知ルベシ。

と、体系的にまとめて、この条の結論としている。

このようにして、習道の基礎は二曲三体の稽古であるとし、「返す返す、二曲三体の道よりは入門せずして、はしぐの物まねをのみたしなむ事、無体枝葉の稽古なるべし。」といって、この稽古から安位・闌位などの位や花のような主体的可能力が展開するとともに、幽玄・物まね・鬼などのような美的様式が形成されることに説き及んでいる。

以上、わたしは、幽玄の美的展開を可能ならしめている位と花とがいかなる可能力であるかを考えて来たが、さらに、そういう位や花を成立させる基礎は二曲三体の稽古であって、この基礎的な稽古・習道は、主体的な可能力を展開させるとともに、「最初ノ児姿ノ幽風ハ三体ニ残リ、三体ノ用風ハ万曲ノ生景ト成ルヲ知ルベシ。」といって、万曲の生景を展開させるといっているのである。しかもその万曲の生景は、

神さび、閑全なるよそほひは、老体の用風より出で、幽玄、みやびたるよしかゝりは、女体の用風より出で、身動足踏の生曲は、軍体の用風より出でて、意中の景、おのれと見風に現はるべし。

といって、老体・女体・軍体の生景がそれぞれ類型を形成しながら「意中の景」を表現するといっ

ていることは、表現様式論の展開を基礎づけるものとして注目される。

（『文学』昭和四十二年十二月号）

三　幽玄の美的構造

1

明治から大正にかけてのわたしたちは、文明とか文化とかいうものを欧米から取り入れることに忙しく、しかも、それを生活化することがわれわれの任務であるというような、一面的な態度に陥っていた。つまり、文化を生活化し、理論を実践化することが窮極であるような一面観にとらわれていた。そのために、われわれの近代文化は欧米文化の植民地に過ぎないと慨かれもした。

ところが、われわれの中世においては、中国で発達していた仏教の理論的研究を盛んに採りいれ、最澄・空海を始め、源信・法然・親鸞・栄西・道元・日蓮その他の伝承者があらわれ、わけても法然・親鸞・栄西・道元・日蓮などの新興日本仏教は、いずれも実践的精進に集中し、行的な集中を力説したために、実践を窮極とする日本的思考の代表のごとく目されている。それらの中に、そういう実践から新しい理論を展開させ、生活から文化を創造する真実な実践も誕生していたことを見落してはならない。観阿弥・世阿弥の能芸の創造、わけても能芸論の樹立のごとき、道元の仏道修行を基礎とした、新しい芸術創造の日本的な理論の樹立であるとしなくてはならない。わたしには、この観点からして、われわれの近代文化も、実践から理論を見出だし、生活から文化を創造する方向に立ちさえすれば、外来の文化もわれわれの文化創造の栄養として役立ち、理論から実践へ、実践から理論へという、また文化から生活へ、生活から文化へという、円環的、螺旋的な展開が成立するのではないかと思われる。

わたしは、ある年の日本文学協会の研究会で、以上のような意見を述べたところ、こういうことを教えてくれる学者が現われた。それは、毛沢東の著書の中に見出だされる思想であるが、われわれの理性的認識は感性的認識に発展させなくてはならないし、またその感性的認識はやがて理性的認識を発展させなくてはならないという説で、つまり理性的認識と感性的認識とは相互に通達し、展開を可能ならしめる関係でなくてはならないというような意見であった。わたしは深い感銘を受けたけれども、視力が不自由なため、まだ毛沢東のその著を研究していないが、やはり東洋的なものの考え方であるように感じられたので、いまからこういうことを言うと古い問題の蒸し返しに過ぎないけれども、ここにはその時に聞いた記憶のままを引用させてもらった。

わたしが、世阿弥における幽玄の美的体系が展開したのは、為手の稽古と習道による主体的な可能力の成果によるものであることを上に考察してきた所以である。

2

そういう立場から、幽玄の美的展開をとりあげ、主体的可能力としての位と花を考え、さらに幽玄を基礎とした物まねの展開がやがて万曲の生景を成立させ、意中の景が表現されて千紫万紅ともいうべき芸術的形象を展開させる過程を跡づけてきたわたしは、ここで、そういう幽玄の美的構造を吟味しなくてはならない場合に立ち至っている。前にも一度引用したけれども、世阿弥は「風姿花伝 第三 問答条々」の位の問題をとりあげた中に、「又、稽古の劫入りて、垢落ちぬれば、この位、おのれと出で来る事あり。」といっている。つまり、稽古を積むのは垢を落すためだというのである。この垢とは何であろうか。いうまでもなく不要な技法であり、偶然的な要素でなくてはならない。したがって、必要欠くべからざる技法と、それに必然的な要素の結合が要求されているのである。それはすでに技法の構造が要求されていることにほかならない。そういう観点から世阿弥の能芸論を読んでいくと、まさに幽玄の美的構造論ともいうべき個所がある。それは『至花道』における「皮・肉・骨の事」の条である。

この構造論について、わたしは、昭和六年十月号の『国語と国文学』に「世阿弥の幽玄と芸態論」という考察を発表してある。が、今度、「世阿弥の幽玄の美的体系」を出発点とした一連の考察を試みるにあたって、この芸態論こそ世阿弥の幽玄の美的構造論であることに気づき、そういう観点からふたたびこの問題の考察を試みようと思う。

世阿弥は、この論の最初に「この芸態に、皮・肉・骨あり。この三つ、そろふ事なし。」といっている。

いったい、「芸態」とは何であるか。世阿弥の伝書で用いられているのはこの一箇所だけである。

「芸体」という用語は伝書の所々に用いられ、それは、「風体」の関連用語として、直観される表現様式を指すものと考えられるが、「芸態」は、ここでも明らかにいわれているように、皮・肉・骨を契機とした芸風の構造であって、そういう構造態の完成が困難であることを「この三つ、そろふ事なし」といっているものと解される。というのは、「この三つ、そろふ事なし」と断言しながらも、書道における弘法大師の筆跡だけがこの三つがそろった手跡であったという例を引いて、演能や鑑賞においてこの三つがそろうということは、この三つの契機にいかなる位置を与え、いかなる構造を持たせるか、また演じるか、という課題である点を丹念に考察し尽くしているからである。

世阿弥が芸態といい、美的構造の契機として用いている皮・肉・骨については、

まづ、下地の生得ありて、おのづから上手に出生したる瑞力の見所を、骨とや申すべき。舞歌の習力の満風、見に現はるる所、肉とや申すべき。この品々を長じて、安く美しく極まる風姿を、皮とや申すべき。

といって、その基本となるべき先天的素質の体得を骨とよび、その展開としての後天的な稽古の完成を肉とよび、この基本的、発展的要素の展開としての安く美しく極まるところを皮と呼んでいる。この骨・肉・皮という命名のしかたが既に立体的な深さとしての構造であることを示している上に、そういう契機のいずれもが、主体的な真実の展開として、体系的に発展させられている。それが世阿弥のいう能の芸態であり、美的構造である。

彼はこのような芸態の契機を挙げた後に、

ここに、当世の芸人の事を見るに、この三つを持したる人なきのみにあらず、かやうの事のあるとだに知れる者なし。これは、亡父のひそかに申し伝へしによつて、身にもわきまへたり。といって、この皮・肉・骨と呼ばれる芸態、即ち表現様式の存在は、一般には意識されていなかったが、彼は父観阿弥の口伝によってそれを知ったというほど、まだ公開されていない問題点であると考えられている。

彼の美的構造論を成立させるためには、もう一つ同代の能芸界の見解を批判しなくてはならなかった。それは

今ほどの芸人を見及ぶ分は、たゞ、皮を少しするのみなり。それも、まことの皮にはあらず。又、似する分も皮のみなり。然れば、無主の為手なり。

というものであって、これは彼の求めている美的構造のうちの尖端に位置する「皮」だけを抽象して、それが幽玄であると考える立場であって、「骨」や「肉」を欠如した「皮」はあり得ない。にもかかわらず、そういう「皮」だけの「皮」があるように迷妄しているところに、当時の能芸界の根本的な欠陥があるといっているのは、いつの時代にもありがちな一部の浅見者流を戒めているのである。

世阿弥は、このような二つの誤謬を批判した上に、皮・肉・骨の構造的位置と機能とを明確に分析している。すなわち「下地の得たらん所は骨、舞歌の達風は肉、人ないの幽玄は皮」というのがそれである。が、彼によれば、この三つがあることを知り、この三つを持っただけでは美的構造は

完結しない。したがって彼は、彼の美的構造論をこう結論している。

そろふと申さん位は、たとへば、かくの如きの瑞風をことごとく極めて、既に至上にて、安く、無風の位になりて、即座の風体は、たゞ面白きのみにて、見所も妙見に亡じて、さて後心に案見する時、何と見るも弱き所のなきは、骨風の芸劫の感、何と見るも事の尽きぬは、肉風の芸劫の感、何と見るも幽玄なるは、皮風の芸劫の感にて、離見の見に現はるゝ所を思ひ合はせて、皮・肉・骨そろひたる為手なりけるとや申すべき。

この結論の中には、注目しなくてはならない問題が二つ含まれている。その一つは、「即座の風体は、たゞ面白きのみにて」といい、「見所も妙見に亡じて」といっていることである。つまり、演能者からいっても、観能者からいっても、その演技は一点の隙もない完全な美的統一体になっていなくてはならないということである。もう一つは、それを「後心に案見する時」といって、直観されたものの印象を反省的に分析して、「何と見るも弱き所のなきは、骨風の芸劫の感」であり、「何と見るも事の尽きぬは、肉風の芸劫の感」であり、「何と見るも幽玄なるは、皮風の芸劫の感」であるとした末に、「離見の見に現はるゝ所を思ひ合はせて」とあるように、観能者が演能者の立場になりきって、はじめて「皮・肉・骨そろひたる為手なり」ということができるといっていることである。ここに、鑑賞者の立場に即しての「離見の見」を提起して、この構造論を完成している徹底ぶりは、彼の美的態度として深く注目されなくてはならない考え方であると思う。

もっとも、ここでわたしが「離見の見」を観能者のそれと解したのは、行き過ぎであるかも知れない。というのは、「離見の見」は、本来、舞における為手の「離見の見」であって、為手が見手の立場になり、見手の目になって為手の舞を見る立場であるからである。世阿弥のこの立場を、この場合の問題にそのまま適用するとすれば、この観能者が皮風・肉風・骨風の芸劫の感を分析したようにに、そういう芸劫の感を成り立たせている為手の「離見の見」を「思ひ合はせて」といっているのかも知れない。つまり、観能者が即座の芸態に感動して、妙見に我を忘れて「離見の見」を成立させたということは、即座を離れた後日の印象の分析になると、結局、即座の芸を忘我恍惚境として成立させたのは、その即座における為手の「離見の見」にほかならないことを「思ひ合はせて」といっているのかも知れない。この二つの考え方は、芸劫の感としては、二つではなく、一つである。けれども、この芸態論の解釈としてはこの二つが成り立つと思う。世阿弥の幽玄の美的体系の窮極において、「無位の位風の離見こそ」といっていることに思い及ぶと、世阿弥が美的表現の極致にこのような徹底した客観化を根本条件としていた点で、彼の能芸論を呼ぶのに美学の名をもってすることが不可欠であると考えられる。しかもそれは、前稿において言ったように、日本的美学と呼ばなくてはならないような特質を含んでいる点で、むしろ「世阿弥の美学」と呼ぶべきであるかも知れない。わたしは、ここで、彼が「花鏡」における「舞声為根」の条で、「離見の見」を詳細・的確に説いていることを引用しなくてはならない。

世阿弥はこの「離見の見」を説くために、まず、「舞に五智あり。」といって、舞い方を手智・舞智・相曲智・手体智・舞体智の五つに分類している。が、その基本になっているのは、手智と舞智とである。手智というのは、「合掌の手より、五体を動かし、手を指し引き、舞一番を序破急へ舞ひをさむる曲道を習得する事なり。」とあるように、手を主として舞ぅ舞であり、舞智というのは、「手と云ふも舞なれども、手足をあつかはずして、たゞ、姿かゝりを体にして、無手・無風なるよそほひをなす道あり。例へば、飛鳥の風にしたがふよそほひなるべし。」とあるように、姿かかりで舞う舞である。この両者の平均した舞が相曲智である。さらに、手智にアクセントが置かれた場合が手体風智、舞智にアクセントが置かれた場合が舞体風智であるとされている。この五智を説いた上で、「よく〱、物まねの人体によりて、風曲をなすべきなり。」といっているところまで読んでくると、この条の最初に「舞は、音声より出でずは、感あるべからず。」といっている「舞《ハ》声《ヲ》為《ス》レ根《ト》」の立場が改めて思い合わせられる。

世阿弥は、舞の舞い方についてこれだけ体系的な方法を説いた後で、そういう舞い方を可能にする、為手の主体的立場ともいうべき問題に説き及んでいる。その極致が「離見の見」である。この「離見の見」は、「我見の見」に対する「他見の見」ではなく、「我見」と「他見」との対立を止揚した、もう一段深い総合的立場であることが注意されなくてはならない。

それを彼はこう説いている。

舞に、目前心後と云ふ事あり。「目を前に見て、心を後に置け」となり。これは、以前申しつる舞智風体の用心なり。見所より見る所の風姿は、我が離見なり。しかれば、わが眼の見る所は、我見なり。離見の見にはあらず。離見の見にて見る所は、則ち、見所同心の見なり。その時は、我が姿を見得するなり。我が姿を見得すれば、左右・前後を見るなり。しかれども、目前・左右までをば見れども、後姿をばいまだ知らぬか。後姿を覚えねば、姿の俗なる所をわきまへず。さるほどに、離見の見にて、見所同見と成りて、不及目の身所まで見智して、五体相応の幽姿をなすべし。これ則ち、心を後に置くにてあらずや。返す〳〵、離見の見をよく〳〵見得して、眼まなこを見ぬ所を覚えて、左右・前後を分明に案見せよ。定めて花姿玉得の幽舞に至らん事、目前の証見なるべし。

よくよく読み味わってみると、舞についての窮極が説き尽されている。しかも、その舞は、能芸の主位を占め、中心的意義をなす「わざ」である。その極致を為手の主体的立場としてここまで追究している彼の達人ぶりには驚嘆のほかはない。彼はまずその問題を「目前心後」という一句として提出している。問題点は「心後」にあることはいうまでもない。この要求は「後姿を覚えねば、姿の俗なる所をわきまへず。」から発している。つまり、姿で舞う舞には、姿の隅から隅まで見えていなくてはならない。そこに盲点があれば、その舞が俗化する。舞は、それほど姿をはっきり意識していて、そのすべてを生き生きと生かさなくてはならない。が、後姿はこの目で見ることはできない。しかも、後姿を盲点として置くことは許されない。そこで目の代りに心を後に置けといっているのである。

それでは、為手が後姿を見るために心を後に置くという立場はどういう立場であるか。この疑問に答え、不可能と思われるような「離見の見」の成立について可能な立場を提言したのが、「見所同心の見」である。それはこう説かれている。「わが眼の見る所は、我見なり。」わが後姿はその我見では見えない。にもかかわらず、見所からは、何の覆う所もなく、わが後姿が見える。そこで為手が我見を離れ、見所の立場に成りきって見れば、すなわち見所同心の見に立てば、わが後姿をわきまえることができる。それを「我が離見なり」といっているのである。

常識からいうと、自分で自分の舞の後姿を見るということは不可能と考えられる。が、舞の体験を積み、稽古を重ねていくと、そういう不可能を可能にするような立場が現われる。しかも、そういう立場に立たないと舞の完成はできないということを、「眼まなこを見ぬ所を覚えて、左右・前後を分明に案見せよ。定めて花姿玉得の幽舞に至らん事、目前の証見なるべし。」と結論している。このように考えてくると、世阿弥が芸態論において、その契機の一つ一つを「骨風の芸劫の感」「肉風の芸劫の感」「皮風の芸劫の感」といって、「芸劫」なる語を用いている理由が問題となってくる。「芸劫」の「劫」は「永劫」の「劫」である。彼が「稽古の劫を経て」とか、「習道の劫入りて」とかいっているのを思い合わせると、他に誰も用いていない「芸劫」という語をあえて彼一人が用いているのも深くうなずかれるものがあるのではないだろうか。

このような不合理な立場の展開を認めざるを得なかった彼の達人ぶりに驚かされるとともに、そういう不可能と考えられるような立場がいかにして形成されるかという方法を、できるだけ具体的に一歩々々追究しているところに、彼の誠実な実践ぶりが感得されるとともに、為手が「見所同心の見」に達するというような、そうして我が後姿を心で見るというような、不可能としか思われないことが可能になって実現すると言い切っている稽古の徹底ぶりには、頭を下げざるをえないものがある。

この「離見の見」を問題にするとき、いつも思い起される一事がある。それは藤蔭桂樹君が法政大学文学部に在学の時のことで、多分、昭和十三年ごろであったろう。講義が終るやいなや、桂樹君はわたしの前に立ち、来週は山陰地方に開いている舞踊研究所の指導に行かなくてはならないので、今週中にお宅へうかがうから、この「離見の見」の続きを話してほしい、とのことであった。桂樹君は藤蔭静枝門下の名取りで、しかも当時、男性の名取りは桂樹君一人だけということであった。すでに三十年近く経過しているので、桂樹君が訪問してくれた日取りなどははっきりしていないが、時期は学校が夏休みになる前ごろであったかと思う。わたしが話したことは何一つ憶えていないけれども、桂樹君が形を改めて「先生。舞台に上って坐につくと、まるで別人になったようで口もきけないし、手も出ません。ただ扇を開くだけのことがいかにむずかしい仕事であるか、舞台に立ったことのない人にはわかりません。」と言って話しはじめた稽古の苦心談は、鋭くわたしの心に迫ってきた。

桂樹君は言った、「お話の『離見の見』というような立場は、まだわたしには見通しさえつきません。わたしたちは、今のところ、無我夢中でめちゃくちゃにやるほかはありません。何とかして、そういうめちゃくちゃではなく、本当の無我になって、踊りだけになりきりたいという段階です。ところが、師匠が言われるには、『わたしが、舞台で、なんにも考えないで、すっかり我を忘れて踊っていると、時々、見物席が舞台の上と一つになり、そのすべてがわたしの目に映ってくる。たとえば、ある人の手からハンカチが静かに落ちる。当人は気がつかないらしいが、わたしの目にはそれがはっきりと映っている、というように。』ということでした。こういう師匠のような立場までいくと、『離見の見』によほど近づいているのではないでしょうか。」と。

また、近年になってからも、観世寿夫さんが清経を演じたあとで、「無機物になってしまったような気持だ。」と言われたのを耳にしたことがある。舞台芸術としての舞踊や能舞などにあっては、日常における行動意識とは違った立場が稽古の累積から展開してくることが、われわれにも認識されるのではないだろうか。それをすでに『花鏡』の「舞声為根」の条でここまで追究し、『九位』の「妙花風」と『至花道』の「皮・肉・骨の事」の条で、みごとに客観化された芸風・芸態として指摘していることは、世阿弥の美学的徹底として驚嘆に価する。

以上は、わたしが「離見の見」の理解にいくらかでも近づこうとして、舞踊家や知り合いの能芸家から聞き得た断片を引用させてもらったものである。この考察においては一挿話に過ぎないけれども、「離見の見」が芸の精進・練達の極致として成立するものであることは想像することができる。その意味で、幽玄の深さを芸態として構造的に分析している彼が、さらに幽玄の豊かさを風体論として様式的に展開させていることに考察を進めなくてはならない。

(『文学』昭和四十三年一月号)

四　幽玄の美的様式

1

世阿弥のいう芸態の美的構造を問題としてきたわたしは、あのような立体的な構造として、幽玄の深さを問題としているとともに、世阿弥が幽玄の広さともいうべき豊かな様式を展開していることをも見逃してはならないと思う。それは、以上取りあげてきた芸態論の皮・肉・骨からいうと、皮の展開にほかならないが、それは、あくまで、骨・肉を長じて「安く美しく極まる風姿」で、皮だけの皮は本当の皮ではなく、したがって幽玄そのものではないというところに、世阿弥の様式論の深さがある。

したがって、彼の様式は、まず、歌論の伝統を受けて「姿」ということばで言いあらわされ、また、歌論と同じように「体」「風」「風体」などということばで、その様式の種類や段階が示されている。ただ、世阿弥の様式は、歌論のそれらのように、ことばによって創造されるのみではなく、声や身なりや動作によって創造され、表現される様式であるから、そこにさまざまな変化と多様性が可能になってくる。それを考察したものが、彼の風体論である。

彼の風体論は、当時の代表的な流派である近江猿楽・大和猿楽・田楽のそれらを構造的に分析し、さらに田楽の一忠、大和の観阿、近江の犬王のごとき、代表的な役者の個人様式に説き及び、「まことの花」を咲かせるためには、いわゆる十体にわたっていなくてはならないという立場から、個人様式の構造に言及しているけれども、いうところの十体がいかなる様式であるかということには説き及んでいない。ただ、漠然とした変化と多様性とが示されているだけである。

2

わたしがここで明らかにしたいと思っているのは、表題のように、世阿弥における幽玄の美的様式であるが、それと深い関連をもつ和歌の様式論は、周知のように、『古今和歌集』の「仮名序」における、六歌仙の歌の美的価値をいうのに、「さま」ということばを用いていることに始まり、ついで、『新撰髄脳』において「姿」と呼ぶに至ってから、俊成・定家・長明などにあっても、この「姿」ということばがしきりに用いられ、さらに連歌の良基・心敬・宗祇に及んでは、幽玄とともに「姿」ということばが用いられ、中世歌論・連歌論の中心問題たる観を呈して来ている。

ところが、近世歌論になると、この「さま」とか「姿」とかいってきた美的様式概念は、真淵の「調べ」となり、香川景樹になると、「歌は調べの名にして、調べ整へば歌、調べ整はざれば歌にてはあらず候。」(『随所師説』)というような歌の本質論が提唱されていることからも知られるとおり、中世においては「さま」とか「姿」とかいうような、いわば視覚表象的なものが歌の歌たるゆえんといわれていたのに、近世歌論になると「調べ」というような、いわば聴覚表象的なものが歌の本質だと考えられるようになった。この「姿」から「調べ」への変化は、中世和歌から近世和歌への発展を思い合わせて興味の深い問題であるが、ここでは、それよりも、中世に視覚表象的なものとして「姿」と呼ばれたものは、決して、歌から抽象される視覚的表象を指したものだけではなく、一首の歌から読者に鑑賞される美的形象、すなわち近来の言いかたからすれば、美的統一体としての形象を指したものであることの方がだいじな点で、それは、例えば、「新古今和歌集」の歌品になると、韻律的な美的統一体としても表現されるようになり、それをも「姿」と呼んでいたことによっても明らかにされる。わたしは、大正末年に、この「さま」とか「姿」とかいう語を「文学的形象」と呼び、その形象の類型として美的様式の概念をも展開させた。忠岑の「和歌十体」や定家の「和歌十体」なども合わせ考えるべきであるが、これらの十体論は充分な意味で文学の美的様式を分類したものでないことは明らかで、幽玄体・有心体・長高体・遠白体などに美的様式としての跡づけが辿られるのみであった。

さらに一方、近世末期の歌論になると、海野遊翁の「古今の序に、歌とのみ思ひて、其さま知らぬなるべしとあるは、一うたの調のひゞきをいへるなり。さまとは、ひゞきなり。入る息、出づる息によりて、歌のしらべのひゞきあり。」ということばが、井上文雄の『伊勢の家づと』という歌論書に引用されている。このようにして、わたしには、歌論の発達においても、「さま」「姿」「調べ」「響き」は、同じように、歌品の美的形象の意味であったことが理解できるように思われた。歌論において、「さま」や「姿」や「調べ」や「響き」のほかに、「体」とか、「風」とか、「風体」とかいうことばが微妙に用いられているが、それらは、まず、一首々々の「かたち」すなわち形象であり、したがってその類型としての様式であるとすると、中世・近世にわたる歌論史の中心問題が表現の美的様式にあったことがうなずかれると思う。

世阿弥の美的様式論は、このような歌論の伝統を受けて、すでに、室町時代において、著しい発達を示している。彼も歌論・連歌論と同じように、「姿」を美の所在としているけれども、「花鏡」の「幽玄之入レ堺事」の条に「見る姿の数々、聞く姿の数々の、おしなめて美しからんを以て、幽玄と知るべし。」とあるように、その「姿」には「見る姿」と「聞く姿」とがあることを明確に認め、しかも、そこに美しさがあり、幽玄があるといっている。歌論では近世にいたって「聞く姿」すなわち「調べ」の説が立てられたのに、世阿弥の能芸論では、すでに十五世紀の前半に、美的形象・美的様式が意識されていたことになる。これは歌や連歌においては、「姿」の創造はことばによるほかはなかったけれども、能芸においては、音曲とことばを主軸とするほかに、直接、姿態や動作による美的表現が参加しなくてはならなかった関係上、この姿、即ち美的様式の幅が拡大し、そこに創造され、演出される様式が多様性を加えて豊富になり、具体性をもって生き生きと生かされるようになったからであることはいうまでもない。このようにして、彼の幽玄美は、構造的に深さを持つと同時に、様式的にひろがりと生き生きとした現実性を具備するに至っていることが注目されなくてはならない。

世阿弥の幽玄論は、この美的様式の展開から分析しないと、その全貌を的確に捉えることはできない。何となれば、幽玄の美を単に理念として捉えることもできるが、しかし、その表現は作品における創造的な様式として展開されるか、または演出における個性的様式として展開されるかしなければ、美が美たり得ないからである。この点で、世阿弥の幽玄の、したがって中世における幽玄の研究には、まず、最も発達した世阿弥の美的様式を概観することが不可欠である。そうでないと、歌論・連歌論のそれと同じように、世阿弥の幽玄の研究も単なる理念としての哲学研究にとどまるほかはないであろう。

彼は、この「姿」をよぶのに「風姿」「風」「体」「風体」などの語を用いている。「十体」という語も所々に使われているが、それが何々であるかということは一度も言っていない。おそらく、歌論の「十体」が頭の中にあって、さまざまな体があることを概括的に「十体」といっていると解されている。が、「十体」の用いざまをいえば、ある場合には、一曲々々のイメージたる美的形象を指し、ある場合には、その類型として体得している個性的な様式を意味している場合もある。

なお、この十体というのは、前に引用した『至花道』の「二曲三体の事」の条に、「最初ノ児姿ノ幽風ハ三体ニ残リ、三体ノ用風ハ万曲ノ生景ト成ルヲ知ルベシ。」とある万曲の生景で、それはまた、「意中の景、おのれと見風に現はるべし。」とあるように、意中の景が見風になったものにほかならない。わたしが幽玄の美的形象をとりあげ、その類型たる美的様式を問題にしないではいられないのは、それが万曲の生景であり、幽玄が見風となったものであるからである。「姿」が幽玄の所在であり、ありかただからである。

このように、わたしは、世阿弥の風体に関する思想を芸術論の立場から分析しようとして、それが歌論以来の「姿」の発展であることから、彼の「姿」や「風」や「体」や「風体」をこの形象として理解してきたが、さらにその形象の類型としての様式概念を、この十五世紀前半においてこれほどまでに発達させていることには目を見張らせられるものがあった。こういう場合、彼は主として「風体」の語をもって論じている。そういう意味からすると、わたしのこの考察は風体論として分析することが穏当であるかも知れない。しかし、わたしの文学研究が形象論から様式論まで進んできている現在からいうと、歌論以来の世阿弥の「姿」や「風体」についての説は、創作においても、演出においても、また鑑賞・批判においても、それを形象論・様式論として分析する方が、今日のわれわれにとっては理解し易い。そういう意味で、世阿弥のすぐれた美的直観を、創作論として、鑑賞(批判)論として、また演出論として、的確に分析し、総合しているところの、彼の風体論について考えてみようと思う。

3

世阿弥の風体論を体系的に考察することは、関係用語の語彙調査をした上でないと確実を期することはできないのであるが、わたしがこれまで読んできた記憶と理解とから判断すると、「姿」とか「体」とかいっているのは、謡をうたい、舞をまう芸体(形象)であり、「かかり」とか「風」とかいっているのは、演技の趣で、芸風であり、花風である。そういう芸体が舞歌を主として演ずる芸風を「幽玄の風体」と呼んでいる。舞歌が幽玄風の基礎であるからである。

ところが、このことを、彼は、

およそ、この道、和州・江州に於いて、風体変れり。江州には、幽玄の境を取り立てて、物まねを次にして、懸りを本とす。和州には、まづ、物まねを取り立てて、物数を尽して、しかも幽玄の風体ならんとなり。しかれども、真実の上手は、いづれの風体なりとも、漏れたるところあるまじきなり。一向の風体ばかりをせん者は、まこと得ぬ人のわざなるべし。されば、和州の風体、物まね・儀理を本として、あるひは長《たけ》のあるよそほひ、あるひは怒れる振舞、かくの如くの物数を、得たる所と人も心得、たしなみもこれ専らなれども、亡父の名を得し盛り、静が舞の能、嵯峨の大念仏の女物狂の物まね、殊《こと》に〳〵得たりし風体なれば、天下の褒美・名望を得し事、世もて隠れなし。これ、幽玄無上の風体なり。（「風姿花伝　第五　奥義」）

といって、幽玄と物まねとを指して、「いづれの風体なりとも」と言っているところを見ると、幽玄の風体とともに、物まね風体をも認めているものと解される。しかるに、「幽玄の風体」とは呼びながら直接には「物まねの風体」とは呼んでいないのは何ゆえであろうか。『世阿弥十六部集』が刊行された当時の読者たちは、この幽玄の風体を理想的芸風と解し、それに対する物まねを写実的芸風と解した向きが少なくなかった。読み進めているうちに、どうも、それはここで言っている世阿弥の真意ではないということがわかって来て、ここで言っている「幽玄の風体」の幽玄は、物まねに対するわざとしていえば、舞歌でなくてはならないということに気づき、その舞歌は幽玄の根本であるから幽玄の風体と呼んでいるのであると考えると同時に、それを舞歌の風体と呼ばなかったのは、和州の風体が取り立てている物まねが、物まねわざだけでは風体と呼ぶことができないという立場に立っていたからであったと解される。観阿弥の「嵯峨の大念仏」の物まねを「幽玄無上の風体」と呼ぶに至っているのは、観阿弥のその物まねが物まねを本位としてはいながら、しかもそれが幽玄になっていたからである。言いかえると、その物まねは、舞歌と調和し、一体化した風体を成立させていたからであると考えられる。

このように解することが当っているとすれば、その風体を成立させる要素としては、舞歌とか、物まねとかいうようなわざそのものではなく、舞歌なり、物まねなりのわざが「姿」、すなわち形象として表現されていなくてはならない。のみならず、風体と呼ぶためには、この舞歌形象と物まね形象とが統一・調和を成立させていなくてはならない。そこでわたしは、風体構成の要素としての舞歌形象と物まね形象とは、それぞれの形象の類型としての舞歌様式と物まね様式として位置づけるのが妥当ではないかと考える。

わたしが世阿弥の風体論にこの様式なる概念を採り入れなくてはならないと考えるに至った理由は、次の通りである。わたしが文学研究において形象概念を用いるに至ったことは前にも述べてきた通りであるが、岡崎義恵氏は、その形象の類型が様式であるという立場から、昭和十四年に『日本文芸の様式』なる名著を公にされ、「様式の認識は、その完全な遂行を見た場合には、結局科学的又は哲学的なものとなつて来なければならない。」といい、さらに「様式の認識の十分に遂行される場合、其処には科学的・哲学的操作が参与するのは当然の事であり、従つて、それは単に観照とか移感とかいふ直観的作用のみではなく、寧ろ概念を以てする分析とか綜合とかに属する観察や思考が行はれるのである。」といっているように、形象直観の上に類型としての概念的、客観的な判断が加わらなくてはならない。言いかえると、様式も形象とともに直観されるイメージではあるが、その上に何らかの概念的、客観的な判断なり、自覚なりが成立していなくてはならないというのである。

岡崎氏はこの概念的、客観的な判断を「科学的・哲学的操作」としている。様式の認識はそれに違いないけれども、演出者としての世阿弥は、様式を、「稽古の劫入りて、垢落ちぬれば、この位、おのれと出で来る事あり。」(「風姿花伝　第三　問答条々」)ということばが示すように、長期にわたる稽古の持続によって実現するとしている。この考えかたは「風姿花伝　第一　年来稽古条々」の「三十四、五」の条に「この比《ころ》の能、盛りの極めなり。こゝにて、この条々を極め悟りて、堪能になれば、定めて、天下に許され、名望を得べし。もし、この時分に、天下の許されも不足に、名望も思ふ程なくは、いかなる上手なりとも、未だ、まことの花を極めぬ為手と知るべし。もし極めずは、四十より能は下るべし。それ、後の証拠なるべし。さる程に、上るは三十四、五までの比、下るは四十以来なり。返々《かへす》、この比、天下の許されを得ずは、能を極めたるとは思ふべからず。」とあるのがそれで、主体的可能力の発揮であるけれども、それはひとりよがりの体得ではなく、天下の名望という、客観的な認識を得なくてはならないと力説している。さらに、「こゝにて、なほ慎むべし。この比は、過ぎし方をも覚え、また、行先の手立をも覚《さと》る時分なり。この比極めずは、この後、天下の許されを得ん事、返々難かるべし。」といって、過去の稽古が自覚され、行く先の手立が見えてくるという、すなわち自分の様式が自覚されなくてはならないといっているのである。単なる態《わざ》の稽古ではなく、態の稽古を種として展開してくる様式の発現を期待していることが認められる。このように考えてくると、前稿において「花」の問題を考察した時、音曲の花は節の上の曲であり、舞の花は「手」の上のかかりであるとした上に、それらは「上手のものなり」と言っていたことによっても明らかなように、花は位の直接表現であると言ってきたが、そうして「花は心、種は態なるべし」の「心」は、その位としての心であると言ってきたが、ここまで考えを進めてくると、その「心」は、前節において考えて来たように、態の稽古によって鍛えられて来た、花を開かせる可能力としての位であり、その表現としての花は創造された形象であり、さらにその客観的自覚としての統一風体、即ち、一つの美的様式であるということができるであろう。

以上は、芸術の創作及び演出における、形象と様式との成立を世阿弥の稽古論において跡づけたものであるが、文学作品の鑑賞(享受)においては、この形象の直観から様式を客観的に認識し、理解するためには、一作品の反復熟読と同時に、多くの作品のそれによらなくてはならないことは、真淵や宣長がいっている通りであり、なお、中国の古書『魏略』からの引用であるとされる「読書百遍にして義自《おの》づから見《あら》はる」という古人の体験が伝えているように、客観性を含む様式の具現は反復熟読の成果による。ここに「義」とあるのは、「古今和歌集」の仮名序では「さま」となっているように思う。それは「さま」であり「姿」であって、様式を意味するものであるといってもよい。

これは文学研究の問題であるが、世阿弥が能芸論においてみごとにその認識を跡づけているので、ついでを借りて付言し、様式の成立を明らかにしようとした。

わたしは世阿弥の風体論を分析して、様式概念を導入し、歌舞と物まねが様式として発達を示すことによって、風体として認められることを明らかにした。ここで、前の「第五 奥儀」からの引用文中、「幽玄の風体」と呼びながら、直接には「物まねの風体」と呼んでいないのはなぜかという問題に立ち返ってみると、おそらく、幽玄は物まねよりも上位に立つ統一概念であって、この場合には、物まねと歌舞とは、一応、対立する概念だということになる。もしそうであるとすれば、ここで言っている和州・江州の風体論は、歌舞本位の江州風体に対し、和州のそれは物まねを本位として、しかもそれを歌舞化した風体であると主張しているのであって、そこには和州風体こそ内包の豊かな幽玄風体であるということを強調したかった意図が溢れている。そうして、それが大和申楽発展への課題であるという自覚に立っていることも見のがせない。だから、引用文中に、「しかれども、真実の上手は、いづれの風体なりとも、漏れたるところあるまじきなり。」と言っているところをみると、江州のそれと和州のそれとの総合的統一体としての美的様式を成立させ得るのは、真実の上手でなくてはならないし、しかも真実の上手ならば、どんな風体を演じても、欠けた所の無いものになると言っているようであり、同時に「一向の風体ばかりをせん者は、まこと得ぬ人のわざなるべし。」と言っているところをみると、ここでは、物まねの歌舞化し、幽玄になっていないもの、つまり単なる物まねわざだけにとどまっているのは幽玄風体のまことを得た能とは言えないのだといっていると解される。その上、観阿弥が「静が舞の能」と「嵯峨の大念仏の女物狂の物まね」との演技において「幽玄無上の風体」であると褒美されたといっているところをみると、「風体」はこの両様式の完備した幽玄の様式化を意味することばと解される。

では、このような歌舞と物まねの完備・調和した幽玄様式は、ここで言っているような、江州・和州というような流派様式だけのことであろうか。また、ここで言っている江州は近江三座、和州は大和四座のことであろうか。世阿弥がここで言っているのは、近江では日吉座のうち特に犬王、大和では結崎座のうち特に観阿弥を問題にしていることは明らかであると思う。さらに、ここで、流派様式の説明と解される、このような江州風体と和州風体についての考察を述べた後、もう一つの流派様式ともいうべき田楽の風体についての問題が次のように出されていることが注目される。

又、田楽の風体、殊に各別の事にて、見所も、申楽の風体には批判にも及ばぬと、皆々思ひ馴れたれども、近代にこの道の聖とも聞えし本座の一忠、殊に〳〵物数を尽しける中にも、鬼神の物まね、怒れる粧ひ、漏れたる風体なかりけるとこそ承りしか。しかれば、亡父は、常に、一忠が事を、我が風体の師なりと、正しく申ししなり。

これによってみると、田楽の一忠には「鬼神の物まね、怒れる粧ひ」など、漏れたところがなかったといっているので、和州の風体と同じように、物まねを本位とした風体であったと判断される。しかも、京都白河にあった田楽本座の一忠について、観阿弥が「我が風体の師なり」といったということを感激的に叙しているのは、世人が田楽の能を猿楽の能に及ばないものだとしているのに、観阿弥は田楽の完備した風体を見ぬき、推賞したことをいっているのである。そして、そこに観阿弥の風体の発展が認められるということを力説しているのであって、流派様式が完備した一風体であったことを示すとともに、和州の和州流派創造の課題がどこにあったかを暗に強調していることをも見落してはならないであろう。特に、田楽の風体をいうのに、「鬼神の物まね、怒れる粧ひ」に漏れたところがなかったといっている点は注目に値する。

このようにして、流派様式を考えた上に、一向の風体と十体との関係について触れている。すなわち、「一向《ひとむき》の風体ばかり」にとどまらないで、「十体にわたる」ことによって、時に応じ、場に適した珍しさを成立させることができるから、風体としての面白さが感得される。たとえ十体の七八分を得ただけでも、そのうち深く体得した風体をわが流派の型として極めたのが、しかも、そこに工夫があれば、天下の名望を得るだろうと言っている。が、そうはいいながらも、十分に至っていないと、やはり「都鄙上下に於いて、見所の褒貶の沙汰」があるのを免れないとしているところを見ると、この「一向の風体」なるものは、あくまで「一向」に過ぎないから、それだけでは、いつでも、どこでも、だれにも喜ばれるような能はできない。「十体にわたる」とか「物数を尽くす」とかいわれているように、さまざまな様式を合わせ体得することによって、はじめて、演出に変化を与え、珍しさと面白さを発揮することが可能になると言っているもののようである。が、この「十体」とか「物数」とかは、流派様式としての風体のように、舞歌様式と物まね様式との調和した幽玄風体ではなく、主として物まね様式の「十体」であり、「物数」であると解される。ただ、それらが表現に多彩な変化を与えることによって、珍しさと面白さを見物衆に感得させ、そこに面白さとしての花が成立するとしているもののようである。したがって、十中七八を得て天下の名望を得ている場合に対する警戒心を忘れないでいるところなど、至言と言うべきである。

このように、「十体にわたる」ことと「一向の風体ばかり」をすることとは、どういう関係として成立しているかということについては、次のような真実をうがった考察がなされている。

かやうに申せばとて、我が風体の形木《かたぎ》の疎《おろそ》かならむは、殊に〳〵、能の命あるべからず。これ、弱き為手なるべし。我が風体の形木を極めてこそ、あまねき風体をも知りたるにてはあるべけれ。あまねき風体を心に掛けんとて、我が形木に入らざらん為手は、わが風体を知らぬのみならず、よその風体をも、確かには、まして知るまじきなり。

ここで「我が風体の形木」といっている「我」はすでに、大和猿楽とか近江猿楽とかいうような座を指すと解されているように、流派的な「我」でなくてはならないが、さらにそれは流派的個性をも意味することは明らかである。そして、これはあくまで、「あまねき風体」に対する「我が風体」で、ことばどおり、個性に徹するとともに、その様式を確立することが普遍性に達する道であるという主張にほかならない。のみならず、その終りに「あまねき風体を心に掛けんとて、我が形木に入らざらん為手は、わが風体を知らぬのみならず、よその風体をも、確かには、まして知るまじきなり。」と結んでいることばは、周囲にばかり注意を払っている者たちに対し、その個性に徹することによって普遍性を獲得している真実者の、言わないではいられない一言であろう。

ここに考察した世阿弥の風体論は、彼が四十歳の応永九年(一四〇二)奥書の「風姿花伝 第五 奥義」の所説であるが、その後二十八年ほどを経た、次男元能の聞き書である「世子六十以後申楽談儀」になると、和州・江州・田楽の風体や流祖たちの風体をはじめ、同代の増阿の風体などにも説き及んでいる。大体は「奥義」の所説と変ってはいないようであるが、細かに観察すると、この間における能芸界の推移が漠然とではあるが察知される。

「申楽談儀」には、まず、「遊楽の道は一切物まねなりといへども」とある。これは単なる用語の問題にすぎないけれども、和州風体の物まね第一主義の能芸界における進出を反映しているのではないかと注目される。しかし、次に、いかに新風はそうであっても、猿楽とは本来が神楽であるのだから、舞歌二曲をもって本風とすべきだといっているのは、結局、猿楽の「猿」を「申」にすべきだという用字問題に過ぎないようであるが、彼の「風姿花伝 第四 神儀」に説く猿楽神聖職観の発現で、根本は動いてはいない。

なお、流祖として一忠・亀阿・観阿とあげながら、観阿が一忠を「わが風体の師なり」といったばかりでなく、道阿も一忠の弟子であるとした上に、世阿弥は一忠をば見なかったけれども、京極の道与、海老名の南阿弥陀仏などから聞いたところによって、「しやくめいたる為手なり。田楽能のゆゑなり。」と判断している。さらに、

田楽の風体、はたらきはたらき、音曲は音曲とするなり。並び居て、かく〳〵と謡ふなり。入り替りては、鼓をも「や、てい〳〵」と打ちて、蜻蛉返りなどにて、ちやく〳〵として、さ

と入るなり。

と言っているところをみると、田楽の物まねは極めて素朴で、能芸のように様式化が十分に行われていないことを、「しゃくめいたる」といっているらしい。してみると、この「しゃくめいたる」は、はっきりとはわからないけれども、「俗めいたる」というように近いのではあるまいか。にもかかわらず、観阿が一忠を「わが風体の師なり」といったといい、道阿も「一忠が弟子なり」といっているのは、単なる伝統の関係をいったものではなく、その田楽が、風体即ち大和の物まね様式以前のものであることを明らかにし、しかも、そういう素朴な様式をも芸の幅として認めようとしているのではないだろうか。

このような解釈のいかんにかかわらず、そこには観世父子の能芸創造の根の深さと幅の広さが示されていると思われる。当時の田楽は猿楽よりも劣った芸であると世上には判断されていたにしても、その田楽が先行芸能であり、しかも、一忠がその芸において第一人者であるというところから、観阿弥が「我が風体の師なり」といったということを「正しく申ししなり」と世阿弥が力をいれて証言しているところに、彼の能芸精進者としての謙虚さと真実さとが認められる。また、様式的発達を欠如した、素朴な物まねを吸収しようとしていたとすれば、それも、初心とそのわざを芸を新鮮にするためにいつも重んじていた観世父子の、能芸創造における総合的態度の真実さとして認められる。

このように観察してくると、世阿弥が、その有力なパトロンであった義満が催した天覧能に召されず、道阿が堂々とその天覧能を演じていても、何らの動揺をも示さず、また、義満没後、義持が将軍になってから勧進田楽が十回も興行されても、一糸も乱れることなく、後継者たる元雅・元能を始め、甥の元重、婿の禅竹などの育成に集中し、次々と主要な伝書を書き残し、しかも、われわれからみれば疎外者である義持をも「上方様の御目もいやたけて」などと推重して、能芸の創造と完成に日も足りないといったような真実な精進ぶりを見せているのを、われわれは何と評したらよいであろうか。順境にも思いあがるところなく、逆境にも乱れるところなく、ただ能芸完成への真実を尽すことだけが、世阿弥にとっての全生命であったと解するほかはない。

　そう考えて、「申楽談儀」における増阿評を見ると、「今の増阿は、能も音曲も閑花風に入るべき歟《か》。能が持ちたる音曲、音曲が持ちたる能なり。」と認めるとともに、「南都東北院にて、立合に、東の方より西に立ち廻りて、扇の先ばかりにて、そとあひしらひて止《とゞ》めしを、感涙も流るゝばかりに覚ゆる。」とほめ、また、「かやうの所見《み》る者なければ、道も物憂く」といって、世阿弥が同感の深さを示したと、元能は聞き書きしている。そこには、淡々たる態度と澄んだ目がものをいっている。さらに続いて、「しかれども、上果の所は、諸人の目にも耳にも及ぶやらん、『増阿が立合は、余《よ》のにも変りたる』など申す者有り。尺八の能に、尺八一手吹き鳴らひて、かく〱と謡ひ、様《よう》も無くさと入る、冷えに冷えたり。」と評し、「かの増阿は、打ち向きたる田楽にてはなし。何をもするなり。並びゐて謡ふ体《てい》、炭焼に薪《たきぎ》負ひたる様は、田楽なり。」と説いている。ここには、すでに、能(舞と物まね)と音曲との相応から発揮される個人様式としての風体の発達が認められる。義満在世時代の世阿弥の位置にとって代った田楽の増阿に対する世阿弥の観察であり、批判である。そういう社会的関係にわずらわされることなく、淡々として評し去り、評し来っているところに、さすがに一時代の芸能を創始し、完成した大芸術家の堂々たる風貌が窺われる。

わたしは、世阿弥の増阿評に心をひかれて、増阿の芸が物まね様式の面に特色を示した点で、すでに個人様式の一例として説いていることに注意を促がされた。してみると、喜阿の芸に対する批判も、音曲能の達人としての喜阿の個人様式を分析したものであることが思い合わされる。それはすでに「五位の声風、真中の位なり。」といっているように、音曲能が特技であり、しかもそれは「九位には寵深花風に上りたる者なり。」といっているように、美の体系からいうと、上三花の最高位に接近している。のみならず、「妙の位は、そうじてえ言はぬ重なり。」といって、妙花風につながっているが、妙の位は言いえない段階だから、そう言わないだけだという意向をほのめかしている。世阿弥が十二歳の時、南都法雲院《ほうおんいん》で催された装束賜《たば》りの能で、どんな音曲を聞くことができるかと胸をふくらませていたところ、「喜阿、尉《じょう》に成りて、麻《お》の附髪に直面《ひためん》にて、『昔は京洛《けいらく》の、花やかなりし身なれども』の一うたひ、様《よう》もなく、真直に、かく〱と謡ひし」といい、さらにそれを「よく〱案じ解《ほど》けば、後も猶面白かりしなり。」と感嘆したと記している。

また、「炭焼きの能に、麻《を》の附髪、いたゞきに折り返して結《ゆ》ひて、今増阿着る尉の面を、一色に彩《さい》色《す》き、練貫《ねりぬき》に水衣《みづごろも》、玉襷《たまだすき》上げ、薪負ひ、杖突いて、橋中にて、咳一《しわぶきひと》つし、『あれなる山人は荷が軽きか、家路に急ぐか、嵐の寒さに疾《と》く行くか、同じ山に住まば同じ插頭《かざし》の木をきれとこそいふに、疾《と》く行くか。重なる山の木末《こずゑ》より』と一声に移りし、くせ物なり。胡銅《こどう》の物を見るやうなりしなり。」と、見とれ、聞きほれたといって、「炭焼き」の能を舞っている喜阿の姿が、一箇の古代の貴重な遺物でもあるかのように、その時代的風韻の奥ゆかしさを語っている。個人的様式のすぐれていた、代表的な例として認めていたものと思われる。

ところで、その世阿弥自身の芸については、どのような自己批判を行っていたかというと、観阿弥の芸に対してはほとんど絶対者ともいうべき尊敬をもって至るところに言及しているのに、彼自身の芸については、次のような一節が語られているだけである。「静《しづ》かなりし夜、砧の能の節を聞きしに、かやうの能の味はひは、末の世に知る人有るまじければ、書き置くも物ぐさき由、物語せられしなり。」これはいうまでもなく、作者として孤高の域に達し、他の追随を許さない立場に立った天才としての彼の慨きであると同時に、続いて「しかれば、無上無味のみなる所は、味はふべきことならず。又、書き載せんとすれども、更に、その言葉なし。位上らば自然に悟るべき事と承はれば、聞書にも及ばず。」と、聞き手である元能がいっているように、音曲能において妙花の位に達していたことを示しているところに、彼の個人様式がいかなるものであったかを伝えている。しかし、そのために、世阿弥の能と幽玄を音曲的な特色にのみ限定し、彼の幽玄が舞歌様式と物まね様式との調和のほかに、さまざまな様式をも展開させて、芸に珍しさと面白さを発揮しているという、その多様性を見のがすことは、根本的な誤りであるとしなくてはならない。

なお、大和申楽において著しい発達を遂げた、能における特殊様式ともいうべき「鬼」についての世阿弥の考察をとりあげ、このような様式の成立と構造とを分析したいと考えている。

(『文学』昭和四十三年四月号)

あとがき

前々からの企画であった世阿弥に関する父の論文集刊行のことについて、岩波書店の編集担当の方が見え、父といっしょに相談したのは、昭和四十六年九月のことであった。その時の話では、『文学』の昭和四十三年四月号に載せた「世阿弥における幽玄の美的様式(上)」の続稿を書き加え、『日本文芸史における中世的なもの』・『中世的なものとその展開』・『道元と世阿弥』所収の十六篇の論文を除き、初期以来の八十余篇の中から然るべきものを選択・収載することであった。

しかし、父はその年の暮からヘルペスを病み、その後遺症が一昨年の夏ごろまで続いて、仕事も思うにまかせない状況にあった。幸い、秋から元気をとりもどし、「世阿弥の人と芸術」一二〇枚をすこしずつ口述して半年がかりで仕上げた。内容的には既に発表した論文の繰返しが多いが、父なりの総括の論といえよう。一方、わたしども両名は、山下宏氏の協力を得て、八十余篇の論文のうちから本書に収載すべき二十篇を選び、既刊の三冊の著書以前のもの十三篇を第二部とし、以後のもの七篇を第三部として、発表年月順に配列した。なお、新稿「世阿弥の人と芸術」は、第一部として巻頭に置くことにした。

近年の論文の口述筆記や論文目録の作製、本書所収の二十篇の浄書については、山下宏氏をはじめとして、山木ゆり・西尾道代・西尾ふさの三人の協力による。また、校正は片桐登氏にもお願いした。ここに記して、父とともに心からの謝意を表したい。

なお、かなづかいと漢字の字体、とくに第二部における旧体のそれらは、それぞれ現行のものに統一した。ただし、漢字の使いざまや送りがなの送り方などにおける時代差による表記上の不統一は、そのままとした。

伝書の名称については、各論篇の発表された時点の呼称そのままとした。それらは、大体、吉田東伍校註の『能楽古典世阿弥十六部集』に拠っているが、その後、新資料の発見と文献学的考証により、名称を改変されて現在に至ったものがあるので、それらの主なものをここで表示することにする。上にあるのが旧称、下にあるのが現在の名称である。

花伝書 → 風姿花伝（略称「花伝」）
至花道書 → 至花道
覚習条々 → 花鏡
二曲三体絵図 → 二曲三体人形図（略称「人形」）
能作書 → 三道
遊楽習道見風書 → 遊楽習道風見
曲附書 → 曲附次第
夢跡一紙 → 夢跡
世子七十以後口伝 → 却来華

金島集→金島書
九位次第→九位

老齢の父にとって、このような書物を上梓できるのは、まことに幸いなことであると思う。岩波書店の方々、とりわけ煩雑な編集に専ら当ってくださった中村寛夫氏に、末筆ながら父ともども厚く御礼申し上げたい。

昭和四十九年三月

西尾光一
安良岡康作

著者による世阿弥関係論文目録

凡　例

㈠　本書に収録したものは、もとの所載誌名などの上に○を附した。
㈡　既刊の拙著に収録したものは、もとの所載誌名などの上に、A…Gの注記を附した。

A　『日本文芸史における中世的なもの』（昭和二十九年三月　東京大学出版会刊）
B　『中世的なものとその展開』（昭和三十六年十二月　岩波書店刊）
C　『道元と世阿弥』（昭和四十年十一月　岩波書店刊）
D　『信州教育と共に』（昭和三十九年八月　信濃教育会出版部刊）
E　『信州教育のために』（昭和四十二年十一月　信濃教育会出版部刊）
F　『自然・人間・古典との対話』（昭和四十五年六月　国土社刊）
G　『伝統文化の課題』（昭和二十四年九月　刀江書院刊）

初心不可忘　D　『信濃教育』　大正八年十月号
愚かなる眼　D　『信濃教育』　大正十年四月号

芭蕉と世阿弥㈠・㈡・㈢	D	『潮音』 大正十一年二・三・五月号
伝統教育研究	D	『信濃教育』 大正十二年十一月号から大正十三年三月号まで
世阿弥雑記	○	『国文教育』 昭和三年二月号
世阿弥の芸道教育論㊤・㊥・㊦	○	『国文教育』 昭和三年三・四・六月号
稽古について	E	『信濃教育』 昭和四年七月号
世阿弥の幽玄と芸態論	○	『国語と国文学』 昭和六年十月号
世阿弥の芸術論に於ける大衆的傾向	○	『国文学誌』 昭和六年十月号
世阿弥元清	○	岩波講座『日本文学』 昭和七年三月
世阿弥の能楽論に於ける批判意識	○	『文学』 昭和九年十月号
世阿弥に於ける「物真似」の位置	○	『国文学誌要』 昭和十年六月
伝統の問題に因んで	E○	『信濃教育』 昭和十年七月号
世阿弥の闌位とその成立	○	『文学』 昭和十一年四月号
鑓と刀	F	『国文学誌要』 昭和十一年七月
世阿弥の能楽論に於ける「位」の問題	○	『日本文学論攷』 昭和十三年一月
世阿弥元清の稽古思想に於ける「位」の問題		『日本諸学振興委員会研究報告』第三篇(国語国文学) 昭和十三年三月

闌	F	『国語教室』　昭和十三年十二月号
勘と感	○	『国語と国文学』　昭和十四年四月号
世阿弥の基礎教育論（古典新生）		『文芸文化』　昭和十五年五月号
花伝書（教養の古典）		『日本読書新聞』　昭和十七年三月二十日
世阿弥の演能論に於ける「時」の意義	○	『文学』　昭和十六年九月号
伝統と古典		『短歌研究』　昭和十六年十二月号
今日只今の心		『柞葉』　昭和十七年九月号
世阿弥と観阿弥	○	『文学』　昭和十七年十一月号
世阿弥五百回忌に際して㈠・㈡・㈢		『東京新聞』　昭和十七年十一月十二・十三・十四日
世阿弥と観能論		『演劇』　昭和十八年二月号
芸能における態と心	A	『文学』　昭和十八年二月号
「花鏡」の問題	○	『能楽全書』（一）　昭和十八年三月
花伝書から花鏡へ		『謡曲界』　昭和十八年四月号
芸能学の樹立		長野師範学校友会誌『御楯』　昭和十九年六月
能と現代劇	G	『能』　昭和二十二年一月号
能楽と国立劇場の構想	G	『能』　昭和二十三年四月号
芸の解放か人間の解放か	G	『能』　昭和二十四年五月号

戸井田道三著『能芸論』について(書評)		『文学』 昭和二十四年七月号
型と花		『花』 昭和二十五年五月号
世阿弥の教育論ひとつ		『新しい小学校』 昭和二十五年十月号
中世芸能の意義とその限界	A B	『文学』 昭和二十六年五月号
現代の「万曲の生景」を		『能』 昭和二十六年九・十月合併号
能における遺産継承の問題	A B	『文学』 昭和二十六年十一月号
能と狂言(観阿弥と世阿弥)	○	『演劇の本質』(演劇講座)(1) 昭和二十六年十二月
能の大衆性		『観世』 昭和二十七年一月号
世阿弥が達した芸術意識の一極	C	『日本文学の遺産』 昭和二十七年五月
世阿弥の生涯と佐渡	A B	『国語と国文学』 昭和二十七年十月号
世阿弥		『国民の文学』 昭和二十八年六月
世阿弥の芸術論		『日本文学』 昭和二十八年十二月
能を現代の古典劇に	○	『文学』 昭和二十九年五月号
世阿弥		『日本文学史辞典』 昭和二十九年十月
花伝書	○	『日本文学講座 六』 昭和三十年一月
能を現代の古典劇として生かすための努力として		『銕仙』 昭和三十一年三月号
「華の会」に待つ		『華の会栞』 昭和三十二年六月

発見された「拾玉得花」を読んで　C　『文学』　昭和三十二年九月号

世阿弥　B　岩波講座『日本文学史』第四巻　昭和三十三年四月

世阿弥の能芸論に学ぶ　『初等教育資料』昭和三十三年四月号

歌舞劇としての能　C　『解釈と鑑賞』　昭和三十三年十月号

能楽界にのぞむ　『能楽思潮』　昭和三十四年十一月号

能の楽しさ　『銕仙』　昭和三十五年六月号

世阿弥芸論の特質　○　『観世』　昭和三十五年九月号

世阿弥の芸術論の特質と道元の影響　B　『文学』　昭和三十六年三月号

能芸における公衆の問題　C　『文学・語学』第二十一号　昭和三十六年九月

芸術論の極致　『観世』　昭和三十六年八月号

世阿弥『能楽論集』解説　○　岩波　日本古典文学大系65巻『歌論集 能楽論集』　昭和三十六年九月

世阿弥の稽古論　『更埴』　昭和三十六年十二月号

世阿弥の生涯　C　『現代謡曲全集』第一巻 解説　昭和三十六年十二月

世阿弥の創造的演技　C　愛知文化会館『窓口』　昭和三十七年五月

道元から世阿弥へ　C　『日本文学古典新論』昭和三十七年十二月

世阿弥の大衆的芸風（世阿弥の「衆人愛敬」）　C　『文学』　昭和三十八年一月号

花鏡の一節　「中日五流能」パンフ　昭和三十八年二月

五番立て能　（ビクターレコード解説）　昭和三十八年六月

能の世界　C　「世阿弥六百年祭記念能」プログラム　昭和三十八年九月

世阿弥の歌舞二曲論　「第一回伝統芸術研究集会記録集」　昭和三十八年十二月

私の好きな世阿弥の言葉
——能を捨てぬより外は稽古あるべからず——　『橘香』　昭和四十年一月号

世阿弥の主体的芸風　C　『道元と世阿弥』　昭和四十年十一月

能の伝統性　『道徳と教育』　昭和四十一年二月号

芸道と道元の教え　『読売新聞』　昭和四十一年二月二十日

わたしの注文
——親の心子知らずにならないように——　『橘香』　昭和四十一年三月号

世阿弥の能芸に及ぼした禅の影響　○　『観世』　昭和四十一年四月号

「花鏡」との対面　『福井新聞』　昭和四十一年七月五日

世阿弥の幽玄の美的体系　○　『文学』　昭和四十二年十一月号

世阿弥における幽玄の美的展開　○　『文学』　昭和四十二年十二月号

世阿弥における幽玄の美的構造　○　『文学』　昭和四十三年一月号

世阿弥における幽玄の美的様式(上)　○　『文学』　昭和四十三年四月号

■岩波オンデマンドブックス■

世阿弥の能芸論

1974年6月8日 第1刷発行
1980年3月21日 第2刷発行
2016年1月13日 オンデマンド版発行

著 者 西尾《にしお》 実《みのる》

発行者 岡本 厚

発行所 株式会社 岩波書店
〒101-8002 東京都千代田区一ツ橋2-5-5
電話案内 03-5210-4000
http://www.iwanami.co.jp/

印刷/製本・法令印刷

ISBN 978-4-00-730358-6 Printed in Japan